U0929116

本书的出版得到了以下项目资助：

国家自然科学基金项目(71303212);

浙江省自然科学基金重点项目(LZ13G030001);

国家社科基金重大项目(12&ZD099);

国家科技支撑计划项目(2012BAK22B02)

Research Progress on Energy and Carbon Emissions Across the Taiwan Strait

海峡两岸能源与碳排放研究进展

主 编：米 红
副主编：柏云昌 魏一鸣 周 伟

图书在版编目(CIP)数据

海峡两岸能源与碳排放研究进展/米红主编．—杭州：浙江大学出版社，2014.4

ISBN 978-7-308-11148-5

Ⅰ．①海… Ⅱ．①米… Ⅲ．①海峡两岸—能源经济学—学术会议—文集 Ⅳ．①F407.2-53

中国版本图书馆 CIP 数据核字（2013）第 037883 号

海峡两岸能源与碳排放研究进展

米　红　主编

责任编辑　孙秀丽

出版发行　浙江大学出版社

（杭州市天目山路 148 号　邮政编码 310007）

（网址：http://www.zjupress.com）

排　　版　杭州林智广告有限公司

印　　刷　浙江省良渚印刷厂

开　　本　710mm×1000mm　1/16

印　　张　24.25

字　　数　435 千

版 印 次　2014 年 4 月第 1 版　2014 年 4 月第 1 次印刷

书　　号　ISBN 978-7-308-11148-5

定　　价　49.90 元

前言

2011年10月22日至23日，第四届“海峡两岸能源经济学术研讨会”在杭州市浙江大学科技园国际交流中心隆重举行。本次研讨会会议主题是“人口城市化与低碳社会转型”。研讨会由浙江大学社会科学研究院主办，浙江大学公共管理学院、浙江大学非传统安全与和平发展研究中心、北京理工大学能源与政策研究中心、浙江阳光时代律师事务所共同承办；中国科学院科技政策与管理科学研究所和台湾“中国文化大学”、“中华经济研究院”等两岸学术研究机构协办。

本次会议共收到论文60余篇，参会者中台湾代表45名、大陆代表31名。大家共聚一堂，就能源、经济、社会、环境与气候变化等问题进行了深入而广泛的交流。会议在两个分论坛共举行了8场专题研讨会，涉及议题有能源、经济与环境模型，能源价格、能源体制与低碳经济转型，能源安全及相关法律保障，可再生能源开发，等等。代表们充分利用会议提供的交流平台，对感兴趣的议题进行了热烈的讨论。

本次会议邀请了两岸及海外能源学界的大批优秀专家和学者，搭建起两岸能源经济管理研究与信息交流的平台，会议使得高水平的学术交流和智慧的碰撞得以实现。本书是第四届“海峡两岸能源经济学术研讨会”的论文集。在本书编辑出版过程中，浙江大学非传统安全与和平发展研究中心的陈立影、郭璐璐、张田田、任正委、李骅、牛春晓、杨贞贞等同学，以及台湾“三益策略发展协会”的陈玟绮女士做了大量工作，在此谨表谢意。

本书的出版得到了以下项目资助：① 国家自然科学基金项目(71303212)；② 浙江省自然科学基金重点项目(LZ13G030001)；③ 国家社科基金重大项目(12&ZD099)；④ 国家科技支撑计划项目(2012BAK22B02)。

米　红

2014 年 3 月

目　录

海峡两岸清洁能源合作研究

——第四届“海峡两岸能源经济学术研讨会”主题演讲

蒋正华教授

2011年10月22日

各位朋友：

很高兴能与海峡两岸研究能源的各位专家聚在一起，来讨论全世界关注的能源问题。再过几个月，在南非举办的联合国气候变化大会即将召开，各国为此正在积极做准备。从2009年开始的3C会议(哥本哈根会议、坎昆、德班)，由于前两届没有取得令人满意的结果，希望第三届在不断取得共识的基础上，共同合作和进步。尽管世界各国能源问题、气候变化的争议很多，但也存在不少共同利益。

对于能源安全的全球化和能源使用的全球化影响，中国的警觉意识很高。早在1992年，中国意识到气候变化，开始采取措施，是20世纪90年代第一个递交21世纪白皮书的国家，多次在国际会议上提出积极建议。近年来，面对气候变化、灾害频发以及资源环境的多重压力，人类社会传统的“高消耗、高排放”的发展模式已经难以为继。海峡两岸均已意识到低碳经济是应对资源环境约束、争夺未来发展制高点的必然选择，并开始积极探索绿色增长路径。

作为第四届两岸能源会议，本次会议的主题是人口城市化和低碳社会的转型，正是国家“十二五”规划的议题之一。人口城市化能够带来经济发展，经济发展促进人口城市化，又带来大量能源消费。目前，各地正在努力构建资源节约型、环境友好型的低碳社会。政府把“资源利用效率显著提高”作为经济和社会发展的主要目标之一，《中国应对气候变化国家方案》明确了中国应对气候变化的具体目标及政策措施。以下就这个主题从四个方面进行讨论。

1　能源全球化中的环境保护问题与海峡两岸清洁能源合作的背景

1.1　能源全球化中的环境保护问题

海峡两岸清洁能源合作具有能源安全的全球化背景。能源使用的变化和发展迅速，能源内涵也在不断变化，时至今日，能源问题已经成全球化问题，有以下需要关注的内容：能源全球化中的环境保护问题，能源开发的全球化，能源应用的全球化，以及针对使用能源的全球化后果也波及全球，对于这些，我们应关心能源全球化的对策和能源合作的前景。

1.2 海峡两岸清洁能源合作的背景

大陆的能源消费方面存在着与经济发展不相协调的因素。2009年，大陆能源消费总量比改革开放初期增长了5倍，大大高于GDP增长速度。1978年能源消费总量是6亿吨标准煤，2010年为32.5亿吨标准煤，能源生产总量为28亿吨标准煤。中国能源储备中，煤炭（主要能源，储量1万亿吨，地质储量50万亿吨，但是难以开采）、石油、天然气在中国能源消费结构中的比重分别为69.6%、19.2%和3.8%，石油、天然气合计在中国能源消费结构中的比重仅为23%。我国目前能源消费主要是依靠自己生产。从世界供给的角度，我国作为能源消费总量大国，世界供给不足以满足我国能源消费；从安全的角度，重要产品如能源、食品的自给自足是必须的。

我国人均碳排放是美国的1/4，但是由于我国众多的人口，总碳排放量在世界前列。这个问题引起我国的高度重视。我国的经济发展立足于境内能源，能源消费对外依存度仅为9.8%。石油、天然气的对外依存度略高。对于能源的开发，有了自己的技术，如深化对于煤炭的应用。美国能源消费对外依存度为26.7%，整个OECD国家能源消费对外依存度为32.06%，两者都远高于中国。中国的对外依存度保持在安全的范围内。我国对石油的开发投入了大量的力量，如对大庆油田的开发、三次四次产业技术的研发。近20年来年产5000万吨以上，为保护能源，现年产量4000万吨，在一定意义上，中国在常规能源的开采和利用技术方面是世界领先的，以自身能源支撑了经济的快速增长。我国近年购买国外的油田，为世界经济发展和能源市场平衡作出了贡献。

作为亚洲较发达经济区的台湾，能源结构比较单一，对外能源依赖度高，近年来能源负担日益沉重。台湾地区对进口能源有91%的依赖度，能源进口值占岛内生产总值(GDP)的比例，2008年跃升至14.2%。2000年至2008年，岛内的最终能源消耗增加了40.4%，2006年平均每个人消耗的能源是全世界平均值的2.6倍。同时，二氧化碳排放量也在急剧增加。台湾地区人口占全球人口的3‰，但二氧化碳排放总量在2006年约占全球排放总量的9.7‰，在全球排名第22位，人均排放量居世界第16位[①]。按照《联合国气候变化框架公约》及《京都议定书》，台湾地区不需承担强制减排的责任。但台湾是一个受气候变化影响显著的海岛，根据联合国“国际减灾战略组织(UNISDR)”在2009年所发布的报

① 台湾能源主管部门.2007年“能源政策白皮书”。

告，台湾与全球各国和地区相比较，在受台风、泥石流等灾害的影响排名中排第5，而经济受泥石流影响更是全球第一，无法在气候变化威胁下置身事外。

可见，在能源安全的全球化背景下，我国包括台湾地区都有发展低碳经济的迫切需求。采取一系列措施，以减少能源消费（特别是煤炭消费）带来的碳排放和其他温室气体的排放，提升和开拓合作的潜力。低碳经济，是指在可持续发展理念指导下，通过技术创新、制度创新、产业转型、清洁能源开发等多种手段，尽可能地减少煤炭、石油等高碳能源消耗（特别是煤炭），减少温室气体排放，达到经济社会发展与生态环境保护双赢的一种经济发展形态。发展低碳经济的一个重要方面是提高传统能源的利用效率，积极开发清洁能源。在这方面，两岸可以优势互补，有较大的合作潜力。

2　两岸清洁能源的开发现状

2.1　我国清洁能源开发现状

作为世界上人口最多的发展中大国，无论是从经济发展还是从改善人民生活的角度，中国能源消费量持续增加都是必然的。中国石油需求超过2亿吨，且大部分需进口。

中国一直认真严肃地对待快速增长的能源消费问题，将其视做经济社会发展的挑战。一方面，中国将能源供应放在国内，立足本国资源满足供应；另一方面，坚定不移地推进节能减排，主动改善能源消费结构，大力提高能源消费效率，积极倡导节约利用能源。中国立足于能源结构特点解决了自身的能源需求问题，承担了更多环境压力，实际上为全世界的能源安全作出了贡献。在清洁能源发展方面，中国拥有四个全球第一：水电装机全球第一、太阳能热水器利用规模全球第一、核电在建规模全球第一、风电装机增速全球第一。

我国水能资源理论蕴藏量有6.78亿千瓦，居世界第一位，技术可开发量5.42亿千瓦，是仅次于煤炭的第二大常规能源。目前，美国、加拿大、巴西、日本、挪威已开发的水电占技术可开发水能资源的50%以上，而中国已开发的水电占技术可开发水能资源的31.5%，仍有巨大的发展潜力。

核电技术方面，截至2010年年底，已投运13台核电机组，容量超过1000万千瓦，还有近30个电站上百台机组在进行前期筹划。中国核电的反应堆的安全系数比较高，管理方面做了大量的工作。日本福岛电站的核泄漏危机，会对中国核电的扩张速度有一定影响，并使核电企业更加重视安全问题，但是中国发展核电的决心和发展核电的安排不会改变。根据国家“十二五”规划，2011年将开工建设首个内陆核电站，并力争2015年投产首台内陆机组。到2015年我国核电装机容量将达到4294万千瓦，2020年达到9000万千瓦。

风电方面具备比较完整的风能发展技术。进入21世纪之后，我国风电装机容量持续高增长。截至2009年年底，风电累计发电量约为516亿千瓦时，按照发电标煤煤耗每千瓦时350克计算，可节约标煤1806万吨，减少二氧化碳排放5562万吨，减少二氧化硫排放28万吨。2010年，风电新增装机超过1600万千瓦，累计超过4000万千瓦，居世界第一。通过一系列国家支持计划、科技攻关和技术引进，基本掌握了兆瓦级风电机组制造技术，国产设备市场占有率达到了69%，初步形成了生产叶片、齿轮箱、发电机和控制系统等主要部件的产业链。

太阳能方面，太阳能资源相当丰富，绝大多数地区年平均日辐射量每平方米在4千瓦时以上，西藏每平方米最高达7千瓦时。目前，太阳能产业规模已位居世界第一，是全球太阳能热水器生产量和使用量最大的国家和重要的太阳能光伏电池生产国。2008年我国已为世界第一大太阳能电池生产国，然而国内光伏市场迟迟没有启动，目前面临着“两头在外，利润最低”的局面。我国硅料39%进口自美国，18%来自欧洲，只有18%产自中国。在销售方面，多晶硅98%的产品均销往国外，仅有2%左右产品留在国内，造成产业与市场的脱节，要逐渐改变这个状况。

尽管清洁能源发展到了较高的水平，可再生能源技术发展较全面，但是清洁能源和可再生能源生产至关重要，对于促进清洁能源的生产，中国政府在七个方面实行政策优惠：

一是补贴政策，包括投资补贴、生产补贴、消费补贴。其中投资补贴着重对小水电的投资者进行补贴；生产补贴对生产者补贴；消费补贴主要针对沼气用户补贴。

二是税收政策，分为正负两方面。正税收政策即对清洁能源开发生产的优惠政策，例如光伏电池生产的减税，以加强对清洁能源的支持力度。而负优惠政策是对非可再生能源的生产标准的提高。

三是价格政策。清洁能源的价格远高于普通能源，所以对清洁能源和可再生能源价格采取强制性优惠，可对其推广发挥重要作用。与核电相比，价格差距很显著，火电成本每小时每度0.3元，太阳能价格有望降到1元以下，风电降到0.5元以下。风电储存很高。纽约市上空风电储存的能量密度每平方米16瓦，但是风电在纽约至今没有投入运行，主要是价格因素。

四是对新能源产业提供低息贷款。这项举措体现为当今股市新能源产业投资商方面看好。

五是政府采购，新能源设备被列入政府采购项目，从政策上保证新能源产业的持续发展。

六是从多渠道筹集专项基金，例如从国际合作、政府、民间渠道等筹集。

七是市场机制的作用。诸如制定有利于清洁能源进入的政策，进行长期的宏观调控，支持清洁能源和可再生能源的稳定发展。

对于我国的可再生能源技术水平，需要从四个层次进行提高：

一是将可清洁能源技术的应用商业化，如小水电、太阳能热水器、地热发电、沼气发电、生物质原料的应用。

二是需要支持的有待于商业化的技术比重较大。全部可再生能源占总能源的比重为6%，比例很低。大量相关技术需要商业化，特别是风电机组、沼气池。新中国成立后，最初我国风电技术主要从北欧进口，目前国内主要生产1兆瓦，亦可批量生产3兆瓦级风电机组，其次是4～6兆瓦，可见风电技术发展迅速。但是风电的主要储能手段为化学储能，效率很低，有待商业化，以便进一步发展。

三是试点示范技术有待提高，如太阳能干燥剂、有机废物利用、生物质气化等。尤其是对于生物质气化，我们付出诸多努力，如从国外引进技术，以及自己开发生产，但是其原料麦秆等的利用问题仍然有待解决，需从很多角度保证持续稳定的供给。

四是研究待开发的技术，如现代生物质能技术、海洋波浪发电、海洋温差发电、制氢技术、储氢技术等。我国在这个方面做出了很多努力，但是仍然存在一些问题。例如现代生物质能技术中的藻类转化都在实验，大量生产仍然存在问题；海洋波浪发电、海洋温差发电等还是试验技术；制氢、储氢技术等未应用，主要依靠化学制氢，是由一种能源转化成另一种能源，未能从根本上解决问题，电解制氢技术有待开发，以通过可再生能源发电。储氢材料，如稀土、太阳等大规模应用有待技术的提高。我国三种主要的核能技术，如结合能和锂电能的技术，尚处于研究当中，希望能与台湾地区进行研究合作，共研开发前景。

2.2 台湾地区的清洁能源开发

台湾地区对于清洁能源开发的反应比较强烈。

在发展核电方面，虽然相对于传统能源，核电更加清洁、安全、环保，但由于台湾地区面积狭小，核废料的储存难以解决，民间对发展核电的反应较强，核四电厂一度因为当局迎合民间反对力量而关闭。根据环境方面相关规定，台湾应逐步落实“非核家园”的目标，从长期来看，核电（现有的采用裂变技术的电站）最终可能会全部关闭。不过，因为台湾温室气体排放增长快速，加上国际温室气体减量的压力，核能将成为台湾从高碳走向低碳社会过渡时期的选项。

台湾沿海地区风能资源较为丰富，具有良好的开发前景。据台湾“工研院”统计，台湾地区西海岸的风力资源世界排名第三，每年平均有效风力发电时间有

2500 小时，是丹麦、德国等风电高密度国家或地区（平均有 1500 小时）的 1.7 倍，如同坐拥一座无形的绿色金矿。台湾主管部门已经确定了一个到 2025 年 15%（8450 兆瓦）的电力来自于可再生能源的目标。据估计海上风力是实现目标的最快方式，海上风电潜能将增长至少 3000 兆瓦。在海上开采平台方面，希望两岸能够积极合作。

台湾在清洁能源领域拥有一定的技术储备。以氢燃料电池为例，目前台湾地区已有 30 多家相关研发机构投入氢燃料电池技术开发，也具有分工雏形并形成产业价值链，包括系统应用、关键零组件等。燃料电池产业链从上游到下游包括贵金属触媒、质子交换膜等、燃料电池组及其零组件、控制系统与周边零组件、定置型发电系统、便携式电源产品、交通运输工具等，除了上游原材料技术外，台湾地区产业界拥有丰富的量产经验与成本优势，切入中下游产品市场具有相对优势，且台湾地区在发电机、电子信息与机车等产业已有良好基础，引入燃料技术后，具有能源效率与环保的特色，产品将更具国际竞争力。

3 两岸能源合作开发展望

2010 年 6 月 29 日，两岸海协会、海基会签订《海峡两岸经济合作框架协议》（ECFA），一致同意逐步减少或消除海峡两岸之间货物贸易的关税和非关税壁垒；逐步减少或消除海峡两岸之间服务贸易限制性措施；提供投资保护，促进双向投资；促进贸易投资便利化和产业交流与合作。

目前，大陆与台湾至今仍以经贸领域的合作为主，以台商在大陆投资制造业企业为主要形式。在投资结构上，以生产性项目为主，以服务业为辅；在生产性项目内部，以劳动密集型产业为主，对技术密集型产业的投资项目很少。在清洁能源开发领域，两岸的合作还很少。最近两岸签订的《核能安全协议》，反映了双方共同关注的问题，是两岸能源合作很好的开端，从安全的角度、使用的角度切入，克服各种障碍，设法将今后的合作扩展到能源方面。因此，鼓励、引导台资向技术密集型、资源节约型、环境友好型的产业转移成为当务之急。

新能源产业则是两岸合作有较大潜力的领域。光伏电池、LED 等制造产业已成为台商在大陆投资的新热点，大陆的多晶硅、电池片已销往台湾地区。但从宏观来看，两岸在世界清洁能源产业链上仍处于低端，与国际先进水平有很大差距。两岸在进行新能源产业合作时，需要跳出既有的代工模式，转向核心技术的研发与自主品牌的营销，这样才能站在产业发展“微笑曲线”的两端，创造出高附加值的新能源产品。

4 能源经济技术合作探讨

在全球应对气候变化的背景下，大陆与台湾都面临着低碳社会转型的任务，双方在新能源开发领域的合作可以实现更多的经济效益、社会效益与环境效益。

4.1 建立信息沟通和磋商机制

建立民间讨论会，以及和政府之间的讨论。论坛的渠道可进一步深化拓展，两岸新能源合作需建立常态化的信息沟通和磋商机制。建议论坛的渠道进一步深化拓展，学业界人士参加，研讨实质性问题。

在能源需求、价格、风险防范方面，两岸都需要建立完整的能源信息体系。台湾现有3座核电厂，核四厂也已接近完工阶段；大陆有6座核电厂13部机组在运转，还有12座核电厂24部机组正在兴建，且多集中在广东、福建、浙江沿海一带，与台湾一水之隔，因此，两岸核能安全的合作格外重要。大陆核电厂扩充过速，兴建、营运管理及监督的人才及经验均有不足，台湾可以在核能资讯、人员及经验交流上，提供大陆必要的协助。透过双方互利互补，共同建构核能安全网，才能强化两岸人民对核能安全的信心。

4.2 成立共同研发新能源技术的研究机构

由于新能源技术的开发投资大、周期长且存在一定商业风险，两岸主管部门可考虑合作建立非营利性的研发机构，有效组织两岸的科研力量共同开发。

从台湾新能源产业的发展前景来看，要确保产业继续发展，岛内产业必须升级，向高附加值方向发展，而大陆广阔的市场，便成为台湾地区新能源产业迈向国际化的最佳选择。大陆可以通过与台湾的合作。率先获得相关的技术，加快科技成果的转化与推广应用，推动节能减排工作的进行和低碳社会的转型。因此，加强两岸的科技合作，为两岸在新能源领域研究开发、成果转化和产业发展活动提供良好的环境和条件，将对两岸的科技和经济的发展起到深远的影响。

我国与美国的能源合作项目较多，很多部门与能源局合作。内地和香港合作的机制是：支持内地科学家与香港有关机构双方的研究经费，共同支持有关方面的合作和开采。因此，大陆与台湾的合作可以向之借鉴，引入政府、海外、企业、基金会等资金，在各个新能源产业方面，共同取得实质性的合作。

以光伏产业为例，目前大陆与台湾的光伏产业在国际市场上均占有重要的地位。目前大陆的多晶硅产业快速发展，但很多地区因为缺乏技术，采用的仍然是粗放式的经营方式，用多晶硅生产的太阳能电池98%出口国外。受国际金融危机的影响，欧美市场需求大幅下降，国内光伏企业也饱受重挫。

与大陆企业相比，台湾的光伏产业占据了产业链的高端位置。凭借其在半导体制造领域的优势，目前台湾地区已经形成了较为完整的光伏产业链，2007年太阳能电池产量占全球12.74%。台湾地区云集了光伏产业链上中下游的众多企业。台湾地区光伏产业的最大优势在于技术方面已十分成熟，瓶颈则在于上游原料的取得较为困难，以及岛内市场容量有限。对于资源和市场相当渴求的台湾光伏产业此时前来大陆投资，将实现双赢的局面。

4.3　合作开发燃料电池机动车

2010 年，我国汽车产销均突破 1800 万辆，同比增长 32%，并打破美国此前创下的 1700 万辆最高销售纪录。据预测，2015 年中国汽车销量将达到 2500 万辆，占世界汽车年产量的 30%。然而，由此带来的石油供应与环境污染问题，将严重影响我国经济的健康、可持续发展。开发新能源汽车，是应对这一问题的必然选择。2010 年 9 月份公布的《节能与新能源汽车产业规划》草案，确定了国家对节能减排和培育战略性新兴产业的总体要求。补贴政策亦在上海、长春、深圳、杭州、合肥等 5 个城市试点启动。2010 年，在新能源政策的鼓励下，各大车企几乎都将更多的精力投入在电动车的研发与推广上。

台湾具有机动车与电子产品的生产技术优势，在推动燃料电池应用方面，积极投入小型质子交换膜燃料电池发电系统的研发，目前已建立 1 千瓦移动式燃料电池发电系统、3 千瓦及 5 千瓦多重进料重组器的热电共生燃料电池发电系统。在燃料电池机车研发阶段，由于资金投入研发及相关基础设施建设，带动相关产业链的发展，并带动燃料电池汽车、氢能及相关产业产出的提升。

汽车是燃料电池系统最具挑战性的应用领域。台湾电动自行车、电动机车、电动轮椅与电动代步车方面，技术与产销都已有优异的表现，同时燃料电池系统与储氢罐等产品也有相当的实力，是具有发展优势的燃料电池产品。经由示范运行，开发燃料周边系统，验证长期使用的性能表现，鼓励车辆厂商投入共同开发，建立法规标准等，将是未来发展的目标。两岸相关企业合作开发生产燃料电池，抢占行业先机，市场空间极其广阔。

4.4　海洋油气资源

我国东海、南海蕴藏着丰富的油气资源。在海洋油气开采和汽探技术上取得了很大进步：最初我国的采油平台技术是进口的，在解决机械技术问题之后，仍然从英国等发达国家进口用于控制和保证汽探平台稳定的计算机技术，现在这一问题已经解决，目前已具备较为完善的稳定控制技术。然而当下我国在浅海的资源开发居多，在深海领域的开发力量相对薄弱。深海油气开发的问题值得两岸学者和技术人员研究，希望台湾方面能在深海领域与大陆合作。

这次论坛，为两岸有关方面的交流提供了很好的平台。我希望大家通过讨论，能够取得丰硕的成果，最好是有些现实的成果，推动两岸能够更紧密地合作共赢，达到两岸共同发展的目的。

谢谢大家！

已开发国家(地区)终端面能源效率分析

柏云昌[1]　陈玟绮[2]

(1 台湾"中国文化大学"经济学系，byc2@faculty.pccu.edu.tw；2 台湾三益策略发展协会，wenchi723@gmail.com)

【摘要】 人类自工业革命后，伴随着经济增长，能源的使用量与日俱增。但有限的化石能源终有耗尽之时，国际能源价格不断上涨，如何提高能源效率成为各国重要的课题之一。在面临能源不断减少的困境中，多数国家(地区)在能源政策上以提升能源效率和降低二氧化碳排放量为目标。其中，改善能源效率可降低能源价格高涨对经济面的冲击，减少能源进口的依赖度(即提高能源安全度)，并遏制全球变暖对环境的负面影响，因此为大多数国家(地区)所使用。为探讨 34 个已开发国家(地区)1990—2008 年能源效率，本文研究分为两个方面。能源密集度指数是藉由能源消费量与经济产出比较的一个数值。透过该指标可知计算年与基期年能源使用情形的差异，进行各国(地区)自我审查。此外，透过多层级能源效率垂直拆解，可进而检视不同层级的关联性，提供国家或区域能源使用的成效以及节约能源潜力的估计，并由上层产业向下层细部产业拆解出各产业的实质影响力，以确认出关键的能源效率产业。本文利用多层级能源效率拆解模型，计算出 2008 年前五名的能源效率改善国家为美国、日本、德国、加拿大、西班牙，利用垂直拆解出关键性产业，前四名国家关键部门皆为服务业部门。未来，将持续进行全球能源效率数据库的建置，期望建构全面化国际比较，建置开发中国家(地区)多层级能源效率垂直拆解模型，探讨各国能源效率改善成效，提供各国政府机关验证能源政策之参考。

【关键词】 能源密集度指数；多层级能源效率指数；能源效率垂直拆解

1　研究目的

本文以建置能源需求面数据库、计算各先进国家能源密集度指数、进行多层级能源效率垂直拆解模型与世界各先进国家能源效率改善排序。能源密集度指数为各业自我审查之最佳指标，可描述各业历年变动的情形。多层级能源效率指数可完全衔接跨部门数据，由上层产业向下层细部产业拆解出各产业的实质影响力，以确认出关键的能源效率产业。两种指数相互参考，同时进行纵断面及横断面之比较分析，再透过国际能源需求面数据库建构一套完善的国际评估标准。后续将提供客观且可作为国际比较的能源需求面效率指数评估模式，评比各国能源效率使用情况的优劣，借此检讨各国能源效率以改善政策的实际成效。

本文应用于分析各国（地区）节约能源效率，但限于目前全球数据库的工作尚未完成，故先以国际货币基金组织（IMF）定义的 34 个已开发国家（地区）作比较分析。为详尽说明各国（地区）的应用结果，以 2008 年已开发国家（地区）能源效率前五名为例，建置更细致的能源需求面数据库。

2 文献探讨

通常测量能源使用效率的指标有两种：一为能源生产力（energy productivity），指的是单位能源投入生产过程所得到的产出，另一则为能源密集度（energy intensity），为前者的倒数，指的是透过生产过程的单位产出所投入的能源量。Patterson（1996）将能源效率定义为：

$$能源效率=\frac{透过生产过程之有效产出}{生产过程之能源投入}$$

其中，有效产出可用热力学单位、物理单位或货币单位衡量；能源投入可用热力学单位或货币单位衡量。依照投入与产出衡量的单位不同，大致可分成四种能源效率指标（energy efficiency indicator）。

2.1 热力学指标（thermodynamic indicator）

产出或能源投入皆以热力学来计算，可对特定环境的生产程序或转换过程作单一客观衡量，缺点在于无法对总体阶层做衡量，因为跨不同生产过程有不同的能源投入和产出。

2.2 物理—热力学指标（physical-thermodynamic indicator）

以热力学单位计算能源投入，以物理学单位计算有效产出。优点在于可以客观衡量物理效率的变化，并可反映出终端服务（end use service）的物理能源效率；缺点是不同的产出时单位也跟着改变，无法加总，故不利总体分析。

2.3 经济—热力学指标（economic-thermodynamic indicator）

混合货币与热值单位，优点在于数据取得便利以及可以分析产业的贡献；缺点主要为无法衡量纯物理技术能源效率，以及容易受到物价与汇率等经济因素变动的影响。

2.4 经济学指标（economic indicator）

能源的投入和有效产出皆以货币单位表示，全国能源投入（\$）/全国产出（\$），由美国国会联合经济委员会（1981）提出，优点在于当能源效率改善时可看出省下了多少钱；缺点在于货币单位会随时间变动，无法与物理单位和热力学单位一样表达客观物理状态。

许多文献探讨在分析能源效率变动时，使用哪种的能源效率指标较佳。下述的两个研究就是主要的例子。Worrell，Price，Martin，Farla 和 Schaeffer (1997)利用物理面和经济面的指标进行因式分解分析，得到下述结论：物理面能源密集度指数可改善国与国之间的比较性，提供决策者部门内结构变动较佳的数据，并对能源密集指数变动提供详细的解释。然而，Zarnikau (1999)指出纯物理指标会限制经济学研究的使用，因为物理指标忽略各种能源资源在不同市场的价格和替代性。由此可见，因计划目的之不同，使得这样的争论很少达成共识。

在实证分析上能源效率指标学者通常使用经济—热力学指标和物理—热力学指标；另在因式分解法方法论上则使用拉氏指数(Laspeyres index)4 及迪氏指数(Divisia index)5，并皆可分为加法型和乘法型。加法型为各种不同变量之间的加减计算；乘法型则为各种不同变量之间的互相乘除。一般而言，能源消费变动量可进一步拆解为三个效果：产出效果、结构效果及能源密集度效果，但其运用性不大。因式分解法主要透过数学恒等式的概念，将分析目标的组成透过各种变量的拆解，得到不同的效果以分析其变化来自为何。

因式分解法又可分为指数因式分解法(index decomposition analysis)和结构因式分解法(structural decomposition analysis)。前者利用终端产业部门加总数据，较易取得；后者采用产业关联表，需要数据量较多，以达成总体经济因式分解的式子。Lin 和 Polenske (1995)即建构了投入产出的因式分解法，用以分析 1981—1987 年期间中国能源使用量的变动情形。此研究发现技术进步对于能源使用和产出都有极大的贡献。Chen 和 Rose (1990)，Han 和 Lakshmanan (1994)，Jacobsen (2000)，Mukhopadhyay 和 Chakraborty (1999)，Park，S. H. (1982)亦皆使用产业关联表来建构结构因式分解能源效率。然而产业关联表并非每个国家且每年发行，故在终端面能源效率相关研究文章多采用指数因式分解法为分析工具。

Bor(2008)指出因式分解法存在无法解释残差项的缺点。不过，许多研究利用不同数学处理技巧克服此困难。Ang 和 Zhang (2000)比较数十个研究和分解方法，并提出两个在应用分析时常见到的问题。即为因式分解法的残差问题和数据中存在零值问题。Ang 和 Choi (1997)修正迪氏指数，以对数权重取代算数平均数权重。此修改方法使因式能完美拆解，并且不留残差项。当有零值存在时，在允许误差范围的极小值来取代后，可达收敛因式分解结果。

Sun (1999)采用调整后完整的拉氏指数分解法解决残差的问题。另外，Sun

(1998)研究 OECD 国家在 1960—1995 年二氧化碳的增加量。虽然部分 OECD 会员国无法达到里约环境与发展宣言(The Rio Declaration on Environment and Development,1992)的要求,但研究显示提高能源效率和转换燃料是达到二氧化碳排放量大量减少的主要原因。

拉氏指数分解法被广泛地使用于能源总消费变动的分解,例如 Park (1992) 和 Zhang (2003)。Zhang (2003)提出一个新方法用于改善计算能源效率指标分解,且此方法没有残差的问题。Zhang (2003)使用 20 世纪 90 年代中国的工业数据来检验此方法,结果显示能源使用量降低的主要原因来自于能源密集度的下降。

为了国际研究和跨国际的比较,Farla 等 (1997)采用物理单位数据,利用简单平均参数的迪氏指数分解法,计算并比较八个 OECD 成员国家在 1973—1991 年的能源效率,而结果显示在这段时间内八个国家总计的能源消耗量增加 42%,平均每年增加 1.6%,这样的结果主要因为能源效率的下降。

Greening 等(1997)使用六个不同的因式分解方法去分析 10 个 OECD 成员国家在 1970—1992 年的能源密集度,结果可分为三类:第一类,挪威因为其制造业部门的生产力提高,能源密集度增加了 30%。第二类,美国、德国和日本因为产品组合的变动,能源密集度下降 5%~15%。第三类,剩下的六个国家也因为生产组合的变动使得能源密集度减少了 5%。

Howarth 等(1991)以拉氏指数法和迪氏指数法,对八个 OECD 国家的制造业在 1973—1983 年间之能源密集度变动做分析。研究发现大多数国家能源使用改善的主要原因为结构效果,尤其以日本的 36%和挪威的 20%效果最佳。拉氏指数和迪氏指数有相似的结果,但拉氏指数因基期固定故较易于解释。

Pearson 和 Fouquet (1996)利用能源、国内生产总值和人口数据,以简单的分解方法,找出影响发展中国家二氧化碳排放量最有潜力的能源效率或经济效率。研究结果发现如只考虑能源效率,会对工业部门、化石燃料、电力产业、交通运输等行业快速成长之发展中国家造成限制,使其贡献有限。

Schipper 等(2001)使用国际能源总署(IEA)会员国家的数据进行国际比较,显示产业型态差异是影响 IEA 国家中碳排放量的主要原因。若将二氧化碳排放量资料标准化为与国内生产总值同尺度,则运输产业的发展程度、能源密集度和碳排放量密集度会大致相等。此为造成国家之间碳排放量与国内生产总值比值不同的原因。而结构变动方面,运输业、服务业和家庭部门对于国际竞争的敏感度都比制造业低。

Unander (2007)利用拉氏指数方法,比较 IEA 国家的制造业在 1973—1998 年期间能源使用变化情形,研究发现大部分国家的制造业因其结构变动而减少能源的使用量，特别是美国和日本，且1986年以后的能源效率与1973—1986年相较，改善较为缓慢。

由以上文献可知，因式分解法常被用于能源效率研究。但却没有方法可达到上下层产业关联的垂直金字塔概念。因多数研究着重于横断面的分析和比较，而非垂直面的拆解分析。横断面分析较无法取得客观一致的数据，不但无法追踪整体能源效率变动的来源，亦无法计算贡献权重。一些研究能采用不同的能源效率指数或因式分解方法，像国际能源总署（IEA）（1997）和Schipper等（2001）都是值得探讨的例子。因此，横断面部门间的研究无法客观地分析或排名能源效率，纵使这些研究都有时序的资料呈现。

到目前为止，只有Ang（1995）和Bor（2008）曾试图提出能源效率垂直拆解的方法。Ang（1995）应用一般参数迪氏指数法将新加坡工业部门及其下层产业做能源效率的垂直因式分解，该研究假设上层变动效果等于下层变动效果加总。但由于Ang（1995）的假设过于严谨（详见下文说明），本文则采用Bor（2008）来分析多层级能源效率。以下的章节会简要讨论此研究方法及相关的数据处理。

3 研究方法

本研究的变量下标部分，时间 t 或 0，代表计算年及基期年（2005年）；层级 i、j 分别代表部门、产业。E 为能源消费量，A 为产出（实质GDP），I 为能源密集度（等于能源消费量除以产出）。

国家最终能源消费量与国家的产出、结构及能源密集度，其恒等式可表示如下：

$$E_t = A_t \sum S_{it} I_{it} \tag{1}$$

式（1）中 E_t 为第 t 年某国家能源使用量，A_t 为第 t 年该国的产出，S_{it} 为第 t 年 i 部门占该国产出的比重（$=A_{it}/A_t$），I_{it} 为第 t 年 i 部门的能源密集度（$=E_{it}/A_{it}$）。恒等式计算证明如下：

$$E_t = A_t \times \sum S_{it} I_{it} = A_t \times \sum \frac{A_{it}}{A_t}\frac{E_{it}}{A_{it}} = A_t \times \sum \frac{E_{it}}{A_t} = \sum E_{it} = E_t \tag{2}$$

式（2）说明了该国最终能源消费量可由国家的产出、结构及能源密集度三项计算所得到。

国际能源总署（1997）将国家节约能源效果定义为：

$$\Delta E_{efficiency} = \frac{A_t \sum S_{it}(I_{i0} - I_{it})}{E_t} \tag{3}$$

式（3）可展开为：

$$\Delta E_{efficiency} = \frac{A_t \sum S_{it}(I_{i0} - I_{it})}{E_t} = \frac{A_t \sum \frac{A_{it}}{A_t} I_{i0}}{E_t} - \frac{A_t \sum S_{it} I_{it}}{E_t}$$

$$= \left[\sum \frac{E_{it}}{E_t} \frac{A_{it} I_{i0}}{E_{it}} \right] - 1 = EI_{ES} - 1 \tag{4}$$

式(4)中 EI_{ES} 为国家能源效率指数，即为各部门能源效率指数的倒数（$= I_{i0}/I_{it}$）乘上部门能源消费量对国家能源消费量之贡献权数 $\widetilde{S}_{eit}$ 之后所得。部门别贡献权数定义为：

$$\widetilde{S}_{eit} = \frac{E_{it}}{E_t} \tag{5}$$

式(5)为各部门能源使用的结构。式(4)国家能源节约效果加 1 后再百分化即成为指数。因此，国家经济面能源效率指数可表示为：

$$EI_{ES} = \sum \widetilde{S}_{e_s} = \frac{I_{i0}}{I_{it}} \tag{6}$$

由式(6)可知，所谓节约能源效果系指当计算期能源密集度较基期年能源密集度小时，所产生的能源使用节省量效果。由于能源密集度可大致描述当期的能源生产技术水准，隐含政府应透过技术研发，大幅提升生产实质产出，并相对减少能源使用投入以达节约能源效果。式(6)为假设部门无法再分出下层产业时之能源效率指数。当部门存在下层产业别分类时，其能源效率指标计算公式将因有下层组成关系不同而会有所不同。假设 k 个部门当中第 1 至第 m 部门不存在产业别分类，而第 $m+1$ 至第 k 个部门存在下层 j 产业分类，则国家能源效率指标计算改变如下：

$$\begin{aligned}
EI_{ES} &= \sum_{i=1}^{k} \left(\widetilde{S}_{e_s} \frac{I_{i0}}{I_{it}} \right) = \sum_{i=1=1}^{m} \left(\widetilde{S}_{e_s} \frac{I_{i0}}{I_{it}} \right) + \sum_{i=m+1}^{k} \left(\widetilde{S}_{e_s} \frac{I_{i0}}{I_{it}} \right) \\
&= \sum_{i=1}^{m} \left(\widetilde{S}_{e_s} \frac{I_{i0}}{I_{it}} \right) + \sum_{i=m+1}^{k} \left(\widetilde{S}_{e_s} \sum_{j=1}^{p} \frac{1}{I_{it}} \times \frac{I_{i0}}{I_{ijt}} \times I_{ijt} \right) \\
&= \sum_{i=1}^{m} \left(\widetilde{S}_{e_s} \frac{I_{i0}}{I_{it}} \right) + \sum_{i=m+1}^{k} \left(\widetilde{S}_{e_s} \sum_{j=1}^{p} \frac{A_{it}}{E_{it}} \times \frac{I_{i0}}{I_{ijt}} \times \frac{E_{ijt}}{A_{ijt}} \right) \\
&= \sum_{i=1}^{m} \left(\widetilde{S}_{e_s} \frac{I_{i0}}{I_{it}} \right) + \sum_{i=m+1}^{k} \widetilde{S}_{e_s} \sum_{j=1}^{p} \left\{ \left[\frac{E_{jit}}{E_{it}} \left(\frac{I_{ij0}}{I_{ijt}} \right) \right] \times \frac{I_{i0}}{S_{ijt} I_{ij0}} \right\} \\
&= \sum_{i=1}^{m} \left(\widetilde{S}_{e_s} \frac{I_{i0}}{I_{it}} \right) + \sum_{i=m+1}^{k} \widetilde{S}_{e_s} \sum_{j=1}^{p} \left[\frac{E_{jit}}{E_{it}} \left(\frac{I_{ij0}}{I_{ijt}} \right) \right] \times \frac{I_{i0}}{(I_{i10} S_{ijt} + \cdots + I_{ip0} S_{ipt})}
\end{aligned} \tag{7}$$

式(7)等号右边第一项的括号内，代表在国家中，所有不具下层产业别分类结构的部门能源效率指数总和，为其贡献权数。等号右边第二项大括号内，代表在国家中，所有存在下层产业别分类的部门能源效率指数总和。下面为产业别能源效率指数透过权数转换至部门层级之推导：

$$\sum_{j=1}^{p}\frac{E_{ijt}}{E_{it}}\left(\frac{I_{ij0}}{I_{ijt}}\right)=\sum_{j=1}^{p}\frac{E_{ijt}}{E_{it}}\left(\frac{A_{ijt}I_{ij0}}{E_{ijt}}\right)=\sum_{j=1}^{p}\frac{A_{ijt}I_{ij0}}{E_{it}}=\sum_{j=1}^{p}\frac{A_{ijt}I_{ij0}}{E_{it}}\times\frac{S_{ijt}}{S_{ijt}}$$
$$=\sum_{j=1}^{p}\frac{A_{ijt}I_{ij0}}{E_{it}}\times\frac{1}{S_{ijt}}\times S_{ijt}=\sum_{j=1}^{p}\frac{A_{ijt}I_{ij0}}{E_{it}}\times\frac{A_{it}}{A_{ijt}}\times S_{ijt}$$
$$=\sum_{j=1}^{p}\frac{A_{ijt}I_{ij0}}{E_{it}}\times I_{ij0}\times S_{ijt}=\frac{A_{it}}{E_{it}}(I_{i10}S_{i1t}+\cdots+I_{ip0}S_{ipt})\tag{8}$$

将式(8)乘上一项加权项便可得到式(7)中括号项：

$$\frac{A_{it}}{E_{it}}(I_{i10}S_{i1t}+\cdots+I_{ip0}S_{ipt})\times\frac{1_{io}}{(I_{i10}S_{i1t}+\cdots+I_{ip0}S_{ipt})}=\frac{A_{it}I_{i0}}{E_{it}}=\frac{I_{i0}}{I_{it}}\tag{9}$$

透过式(8)与式(9)，便可定义产业别的贡献权数如下：

$$\tilde{S}_{e_{ijt}}=\frac{E_{ijt}}{E_{it}}\times\frac{1}{(S_{i1t}I_{i10}+\cdots+S_{ipt}I_{ip0})}\tag{10}$$

则式(7)国家能源效率指数可简化表示如下：

$$EI_{ES}=\sum_{i=1}^{m}\tilde{S}_{e_{it}}\left(\frac{I_{i0}}{I_{it}}\right)+\sum_{t=m+1}^{k}\tilde{S}_{e_{it}}\left[\tilde{S}_{e_{ijt}}\left(\frac{I_{ij0}}{I_{ijt}}\right)\right]\tag{11}$$

在式(11)中每一项的代表当部门存在下层产业别结构时，部门别能源效率指数与产业别能源效率指数之间的实质贡献权数，例如工业部门与其下层的能源密集产业。并且由式(11)可知产业别能源效率指数的总和并不直接等于部门的指数。

假设 p 个产业当中第 1 至第 o 产业不存在下层细项产业别分类，而第 $o+1$ 至第 p 产业存在下层 z 细项产业分类，则国家能源效率指标计算依此类推将改变如下：

$$EI_{ES}=\sum_{i=1}^{m}\tilde{S}_{e_{it}}\left(\frac{i_{i0}}{I_{it}}\right)+\sum_{i=m+1}^{k}\tilde{S}_{e_{it}}\left[\sum_{j=1}^{o}\tilde{S}_{e_{ijt}}\left(\frac{I_{ijo}}{I_{ijt}}\right)+\sum_{j=o+1}^{p}\tilde{S}_{e_{ijt}}\left(\frac{I_{ijo}}{I_{ijt}}\right)\right]$$
$$=\sum_{i=1}^{m}\tilde{S}_{e_{it}}\left(\frac{i_{i0}}{I_{it}}\right)+\sum_{i=m+1}^{k}\tilde{S}_{e_{it}}\left[\sum_{j=1}^{o}\tilde{S}_{e_{ijt}}\left(\frac{I_{ijo}}{I_{ijt}}\right)+\sum_{j=o+1}^{p}\tilde{S}_{e_{ijt}}\left(\sum_{z=1}^{q}\frac{E_{ijzt}}{E_{ijt}}\frac{I_{ijzo}}{I_{ijzt}}\frac{1_{io}}{(I_{i10}S_{i1t}+\cdots+I_{ip0}S_{ipt})}\right)\right]$$
$$=\sum_{i=1}^{m}\tilde{S}_{e_{it}}\left(\frac{i_{i0}}{I_{it}}\right)+\sum_{i=m+1}^{k}\tilde{S}_{e_{it}}\left[\sum_{j=1}^{o}\tilde{S}_{e_{ijt}}\left(\frac{I_{ijo}}{I_{ijt}}\right)+\sum_{j=o+1}^{p}\tilde{S}_{e_{ijt}}\left(\sum_{z=1}^{q}\tilde{S}_{e_{ijzt}}\frac{I_{ijz0}}{I_{ijzt}}\right)\right]$$
$$=\sum_{i=1}^{m}\tilde{S}_{e_{it}}\left(\frac{i_{i0}}{I_{it}}\right)+\sum_{i=m+1}^{k}\tilde{S}_{e_{it}}\left[\sum_{j=1}^{o}\tilde{S}_{e_{ijt}}\left(\frac{I_{ijo}}{I_{ijt}}\right)\right]+\sum_{i=m+1}^{k}\tilde{S}_{e_{it}}\left[\sum_{j=o+1}^{p}\tilde{S}_{e_{ijt}}\left(\sum_{z=1}^{q}\tilde{S}_{e_{ijzt}}\frac{I_{ijz0}}{I_{ijzt}}\right)\right]\tag{12}$$

其中，细项产业别能源效率指数需透过每一项中的实质贡献权数($\tilde{S}_{e_{it}}\tilde{S}_{e_{ijt}}\tilde{S}_{e_{t}}$)转换才能对应至国家层级能源效率指数部分。细项产业别贡献权数定义如下：

$$\tilde{S}_{e_{ijzt}}=\frac{E_{ijzt}}{E_{ijt}}\frac{I_{ijo}}{(I_{ij10}S_{ij1t}+\cdots+I_{ijq0}S_{ijqt})}\tag{13}$$

由式(5)、式(10)及式(13)三个层级贡献权数可知，各层权数大小与该层计算年能源消费结构十分密切，权数愈大的细项产业对上层产业影响能源效率指标的组成影响愈大，从而对部门层或国家层节约能源效率指标影响亦愈强烈。

4 数据源与处理

本文主要能源资料来自于国际能源署(International Energy Agency,IEA)的能源平衡表,而实质国内生产总值资料来自于联合国统计司(United Nations Statistics Division,UNSD)。本文参考国际货币基金组织(International Monetary Fund,IMF)将34个国家(地区)定义为已开发国家(Advanced Economies)(地区),散布于欧洲、亚洲、大洋洲、北美洲等四大洲,请参考表1国家(地区)分类表。本文多层级能源效率拆解模型将各国数据纵向划分为五个层级:第一层为已开发国家;第二层为欧洲、亚洲、大洋洲、北美洲等四大洲;第三层拆解成34个国家(地区);第四层将各国(地区)向下拆解出农业、工业、服务业等三大产业。最后一层将工业细分为三个行业别:① 制造业;② 营建业;③ 矿业(包括矿业、公用事业及其他)。服务业亦细分为三个行业别:① 运输服务业;② 商业部门(包括批发、零售、住宿及餐饮业);③ 其他服务业。世界各国(地区)能源数据与国内生产总值数据之行业分类,请参照表2世界各国(地区)行业分类表。

5 已开发国家(地区)能源与经济概况

本文共包含34个已开发国家(地区)(表1)。总人口占全球总人口数的14.94%。总国内生产总值(GDP)占全球的72.93%。在1990—2008年,整体经济平均成长率为2.40%,能源消费量平均成长率为0.93%,能源弹性为0.39。

2008年,已开发国家(地区)总国内生产总值达36.7万亿美元,其中美国36.08%、日本12.79%、德国8.16%、英国6.53%、法国6.12%,而中国台湾则占1.14%。2008年已开发国家(地区)总能源消耗量达2505百万吨油当量,其中美国占46.02%、日本9.36%、加拿大5.88%、德国5.72%、法国4.36%,而中国台湾则占1.56%(图1)。

表1 国家(或地区)分类表

已开发国家(地区)(Advanced Economies)					
欧洲(Euro)			亚洲(Asia)	大洋洲(Oceania)	北美洲(North America)
奥地利(Austria)	希腊(Greece)	挪威(Norway)	塞浦路斯(Cyprus)	澳大利亚(Australia)	加拿大(Canada)
比利时(Belgium)	冰岛(Iceland)	葡萄牙(Portugal)	中国香港(Hong Kong, China)	新西兰(New Zealand)	美国(United States)
捷克(Czech Republic)	爱尔兰(Ireland)	斯洛伐克(Slovak Republic)	以色列(Israel)		
丹麦(Denmark)	意大利(Italy)	斯洛文尼亚(Slovenia)	日本(Japan)		

续　表

已开发国家(地区)(Advanced Economies)					
欧洲(Euro)			亚洲(Asia)	大洋洲(Oceania)	北美洲(North America)
爱沙尼亚(Estonia)	卢森堡(Luxembourg)	西班牙(Spain)	韩国(Republic of Korea)		
芬兰(Finland)	马耳他(Malta)	瑞典(Sweden)	新加坡(Singapore)		
法国(France)	荷兰(Netherlands)	瑞士(Switzerland)	中国台湾(Taiwan,China)		
德国(Germany)	英国(United Kingdom of Great Britain and Northern Ireland)				

表 2　世界各国(地区)行业分类表

第三层	第四层	GDP (UNSD)	能源数据(IEA)
农业 agriculture		农林渔牧业 agriculture,hunting,forestry,fishing (ISIC A、B)	农林业 agriculture/forestry
			渔业 fishing
工业 Industry	矿业 mining,utilities,and others	矿业、公共事业 mining,utilities (ISIC C、E)	矿业及采集业 mining and quarrying
			其他工业 non-specified (industry)
	制造业 manufacturing	制造业 manufacturing (ISIC D)	钢铁业 iron and steel
			化工业 chemical and petrochemical
			有色金属业 non-ferrous metals
			非金属矿物业 non-metallic minerals
			运输工具制造业 transport equipment
			机械业 machinery
			食品烟草业 food and tobacco
			造纸印刷业 paper,pulp and printing
	营造业 construction	营造业 construction (ISIC F)	木制品业 wood and wood products
			纺织业 textile and leather
服务业 Services	商业部门 wholesale,retail trade,restaurants and hotels	批发零售及住宿餐饮业 wholesale,retail trade,restaurants and hotels (ISIC G、H)	零售业 residential
			商业 commerce and public services
	运输仓储业 transport,storage and communication	运输仓储服务业 transport,storage and communication (ISIC I)	运输业 transport
	其他服务业 other activities	其他服务业 other activities (ISIC J～P)	未分类其他服务业 non-apecified (other)

1990—2008 年各国平均经济成长率以新加坡 6.05%最高，爱尔兰5.73%次之，韩国 5.51%位居第三；能源消费平均成长率以冰岛 4.25%最高，新加坡 4.19%次之，韩国 4.14%位居第三(表 3)。

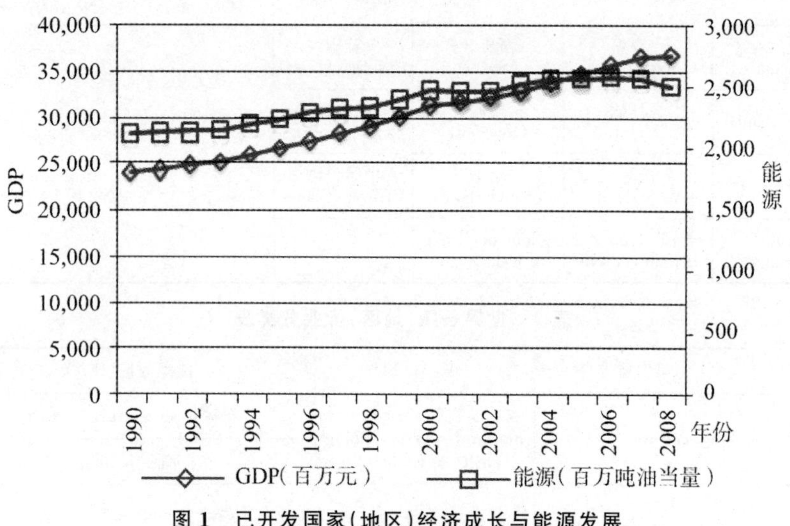

图 1　已开发国家(地区)经济成长与能源发展

表 3　已开发国家(地区)1990—2008 年能源消耗量平均成长率、经济平均成长率、能源弹性

国家或地区	能源消耗成长率	经济成长率	能源弹性	国家或地区	能源消耗成长率	经济成长率	能源弹性
冰岛	4.25	3.34	1.27	加拿大	1.37	2.63	0.52
新加坡	4.19	6.50	0.64	芬兰	1.36	2.48	0.55
韩国	4.14	5.51	0.75	荷兰	1.23	2.65	0.46
塞浦路斯	3.55	4.12	0.86	比利时	1.16	2.04	0.57
以色列	3.47	4.67	0.74	意大利	1.16	1.26	0.92
爱尔兰	3.33	5.73	0.58	挪威	1.13	3.04	0.37
中国台湾	3.14	4.20	0.75	美国	0.92	2.86	0.32
西班牙	2.83	3.02	0.94	法国	0.84	1.80	0.47
葡萄牙	2.60	2.04	1.27	丹麦	0.80	2.02	0.40
奥地利	2.32	2.37	0.98	瑞士	0.60	1.49	0.40
中国香港	2.27	4.20	0.54	瑞典	0.26	2.47	0.11
卢森堡	2.02	4.50	0.45	日本	0.17	1.21	0.14
斯洛文尼亚	1.93	2.98	0.65	英国	0.12	2.42	0.05

续　表

国家（或地区）	能源消耗成长率	经济成长率	能源弹性	国家（或地区）	能源消耗成长率	经济成长率	能源弹性
希腊	1.88	2.96	0.64	德国	－0.44	1.74	－0.25
澳大利亚	1.86	3.41	0.55	捷克	－1.46	2.01	－0.73
马耳他	1.80	3.74	0.48	斯洛伐克	－1.94	3.50	－0.55
新西兰	1.77	2.84	0.63	爱沙尼亚	－5.07	2.59	－1.96

图 2 为已开发国家(地区)能源密集度指数。1990—2008 年能源密集度指数逐渐攀升，即已开发国家(地区)能源密集度与往年相比皆是有效益的。2008 年已开发国家(地区)能源密集度指数为 108.50％，即相对于基期年(2005 年)，有 8.50％的能源密集度是有效益的。

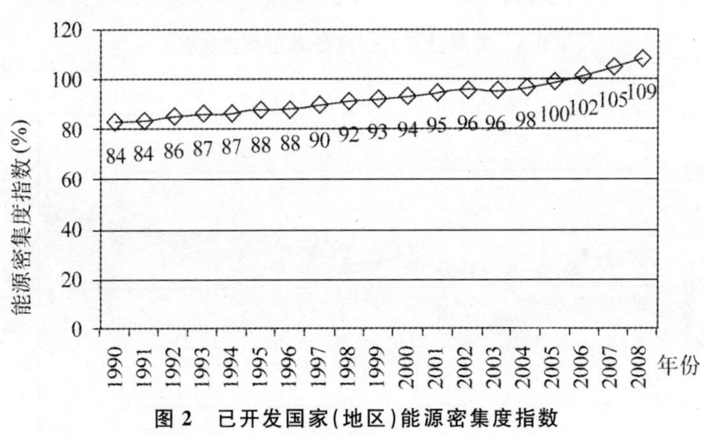

图 2　已开发国家(地区)能源密集度指数

6　已开发国家(地区)能源密集度指数

6.1　美洲

美洲的已开发国家包括加拿大和美国。2008 年加拿大的能源密集度指数为 106.09％，即相对于 2005 年，能源密集度改善了 6.09％。美国 2008 年的能源密集度指数为 106.39％，相对于 2005 年，能源密集度改善了 6.39％(图 3)。

6.2　欧洲

因欧洲已开发国家众多，故将国家分为东欧、西欧、南欧及北欧四类。

北欧已开发国家包括芬兰、瑞典、挪威、丹麦、冰岛。在 1990—2008 年间，芬兰、瑞典、挪威、丹麦四个国家能源密集度皆为有效益，以瑞典能源密集度改善最佳。2008 年四国能源密集度指数如下：芬兰 108.83％、瑞典 107.73％、挪威 103.92％、丹麦 102.97％。冰岛于 2005 年以后，能源密集度指数下滑，2008 年冰岛能源密集度指数为 77.63%，即与基期年(2005 年)相比，有 22.37%能源密集度是呈现无效益的(图 4)。

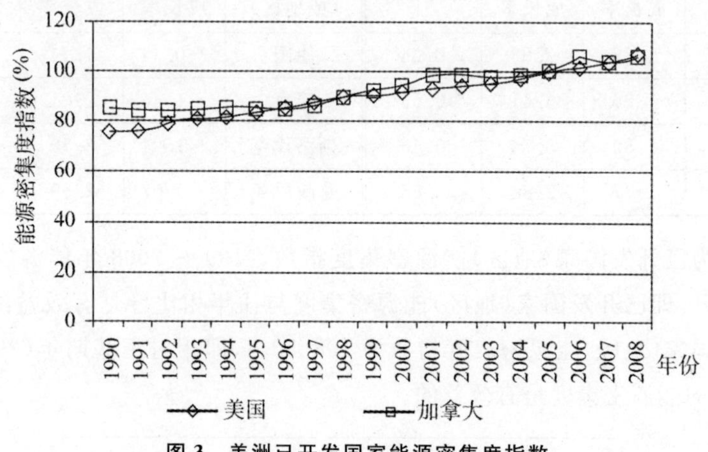

图 3　美洲已开发国家能源密集度指数

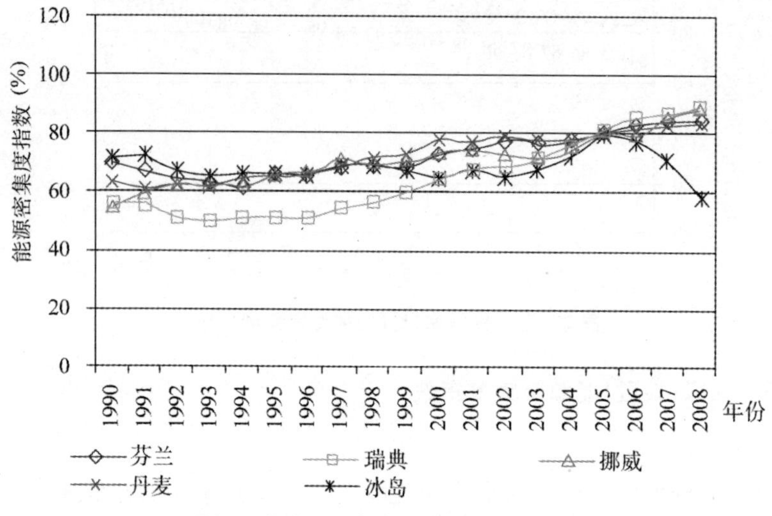

图 4　北欧已开发国家能源密集度指数

西欧已开发国家包括卢森堡、德国、奥地利、荷兰、瑞士、英国、法国、比利时、爱尔兰等九个国家。1990—2008 年卢森堡、德国、英国能源密集度指数上升最多，呈现有效益。而奥地利在 2001—2005 年能源密集度指数是退步的，2006 年后回复稳定成长的趋势，使奥地利成为西欧已开发国家进步最为缓慢的国家。2008 年西欧已开发国家能源密集度指数如下：卢森堡117.74%、德国115.52%、奥地利 112.04%、荷兰 111.33%、瑞士 108.31%、英国 108.21%、法国 106.11%、比利时 101.17%、爱尔兰 100.59%(图 5)。

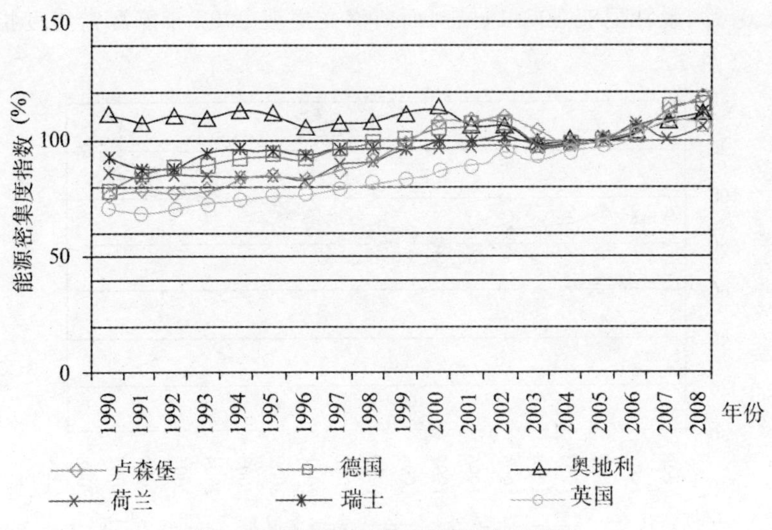

图 5　西欧已开发国家能源密集度指数

南欧已开发国家包含马耳他、西班牙、葡萄牙、意大利、希腊等五国。1990—2008 年间，马耳他、希腊能源密集度指数皆呈现有效益。意大利、葡萄牙、西班牙 2008 年的能源密集度指数虽有改善（与基期年相比），但从 1990 年能源密集度指数来看，仍有进步空间。2008 年南欧已开发国家能源密集度指数如下：马耳他 120.45%、西班牙 106.32%、葡萄牙 107.46%、意大利 106.55%、希腊 105.21%（图 6）。

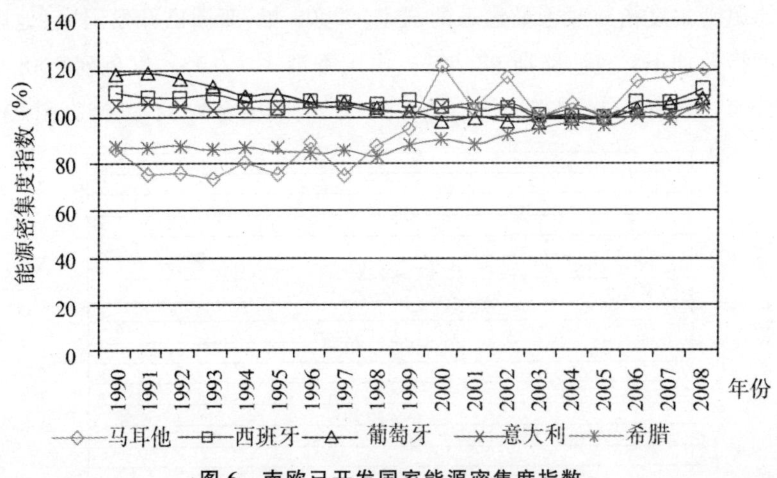

图 6　南欧已开发国家能源密集度指数

东欧已开发国家包括斯洛伐克、捷克斯洛伐克、爱沙尼亚、斯洛文尼亚。东欧已开发国家能源密集度指数进步显著，尤其以爱沙尼亚能源密集度指数上升最为明显。2008 年能源密集度指数如下：斯洛伐克 118.34%、捷克斯洛伐克98.61%、爱沙尼亚 107.14%。而斯洛文尼亚 2007 年能源密集度指数为 107.14%(图 7)。

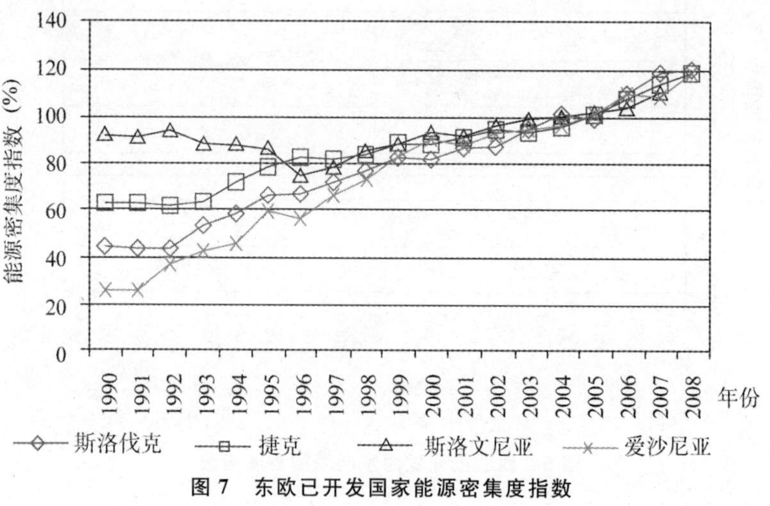

图 7　东欧已开发国家能源密集度指数

6.3　亚洲

亚洲已开发国家(地区)包括塞浦路斯、中国香港、以色列、日本、韩国、新加坡、中国台湾。中国香港于 1999 年能源消费量大增,而导致能源密集度指数低落。但 1999 年以后,香港能源密集度指数改善明显,2008 年已高达 107.79%。新加坡于 1990—2008 年间,能源密集度指数呈现规律上升,使其成为亚洲这段时期中能源密集度指数改善最显著的国家。2008 年,亚洲已开发国家(地区)能源密集度指数如下:塞浦路斯 98.61%、中国香港 107.79%、以色列 100.40%、日本111.94%、韩国 110.03%、新加坡 105.08%、中国台湾 117.50%(图 8)。

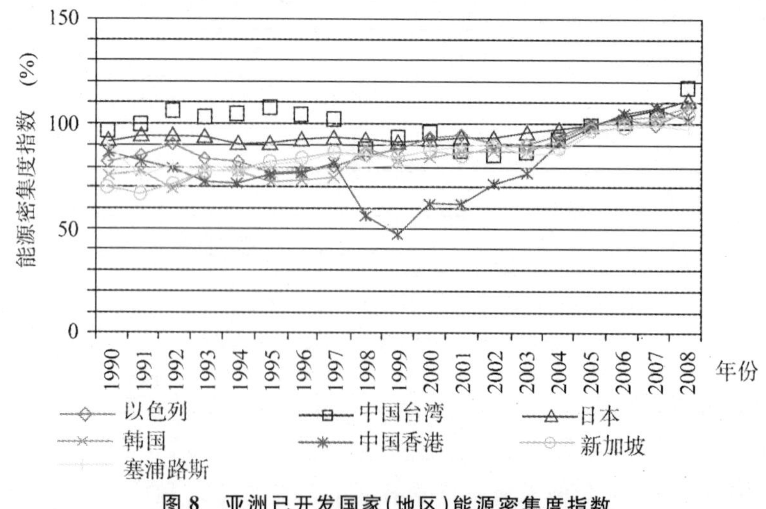

图 8　亚洲已开发国家(地区)能源密集度指数

6.4 大洋洲

大洋洲包括澳大利亚和新西兰。大洋洲两国能源密集度指数相似，但新西兰于 2005 年以后，能源密集度指数成长几乎停滞，需检讨与改进。澳洲 2008 年的能源密集度指数为 106.86%，新西兰则为 101.44%（图 9）。

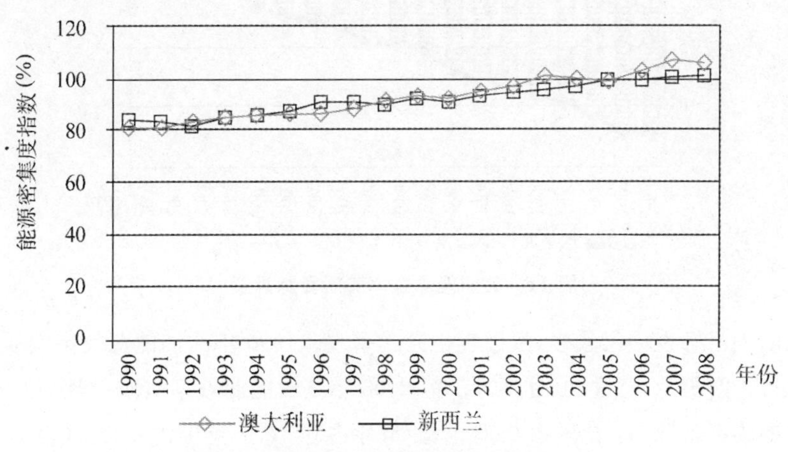

图 9 大洋洲已开发国家能源密集度指数

7 已开发国家(地区)多层级能源效率实质拆解

7.1 已开发国家(地区)能源效率实质贡献拆解

利用多层级能源效率实质拆解，已开发国家（地区）能源效率实质贡献主要来自于美洲。但近年来，欧洲及亚洲比重渐增。2008 年，已开发国家（地区）能源效率指数为8.41%，其中美洲为 3.29%，欧洲为 2.94%，亚洲为 2.00%，大洋洲为 0.18%（图 10）。

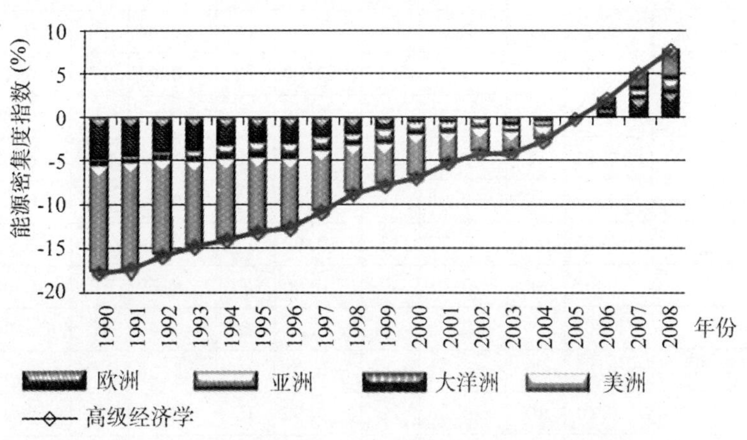

图 10 已开发国家(地区)能源效率实质贡献拆解

1990—2008 年美洲能源效率实质贡献主要来自于美国。2008 年美洲能源效率实质贡献为 3.29%，其中美国占 2.93%，加拿大占 0.36%(图 11)。

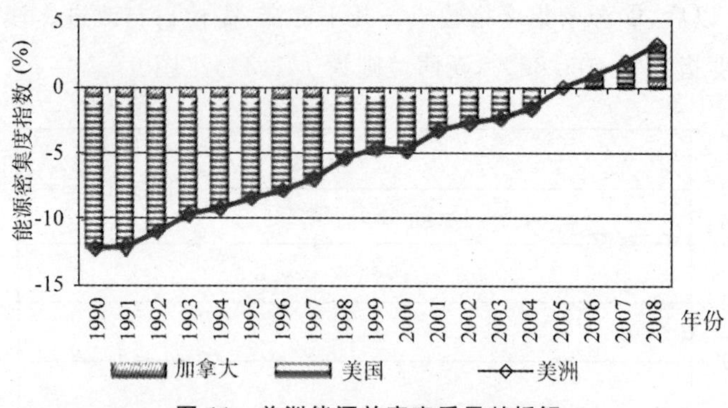

图 11　美洲能源效率实质贡献拆解

因欧洲已开发国家较多，故以表格方式呈现。1990 年欧洲能源效率实质改善主要来自于西班牙、意大利、葡萄牙。但 2008 年欧洲能源效率实质贡献为2.94%，其中主要改善来源为：德国占 0.91%、西班牙占 0.37%、英国占0.31%(表 4)。

表 4　欧洲能源效率实质贡献拆解

国家＼年份	1990		1995		2000		2004		2008	
德国	−1.59	23	−0.24	20	0.31	1	−0.13	23	0.86	1
西班牙	0.23	1	0.21	2	0.12	3	0.01	1	0.34	2
英国	−1.19	22	−0.87	23	−0.48	23	−0.04	16	0.28	3
法国	−0.47	21	−0.44	22	−0.15	21	−0.07	22	0.25	4
意大利	0.18	2	0.25	1	0.17	2	0.01	3	0.23	5
荷兰	−0.18	17	−0.19	19	−0.04	13	−0.04	18	0.16	6
捷克	−0.42	20	−0.16	18	−0.08	19	−0.04	17	0.12	7
奥地利	0.06	4	0.09	3	0.09	4	0.01	2	0.09	8
瑞典	−0.28	18	−0.32	21	−0.18	22	−0.05	20	0.07	9
芬兰	−0.08	12	−0.08	15	−0.06	18	−0.06	21	0.07	10
斯洛伐克	−0.31	19	−0.12	16	−0.05	17	0.00	4	0.06	11
瑞士	−0.05	9	−0.01	8	0.00	7	0.00	10	0.04	12
葡萄牙	0.08	3	0.06	4	0.00	8	0.00	12	0.04	13
斯洛文尼亚	−0.01	7	−0.02	9	−0.01	12	0.00	8	0.03	14
希腊	−0.07	10	−0.06	12	−0.05	16	0.00	7	0.03	15
卢森堡	−0.03	8	0.00	6	0.01	5	0.00	9	0.02	16
挪威	−0.15	15	−0.08	14	−0.04	14	−0.02	15	0.02	17

续　表

国家 \ 年份	1990		1995		2000		2004		2008	
丹麦	－0.07	11	－0.05	11	－0.01	10	－0.01	14	0.01	18
比利时	－0.13	14	－0.13	17	－0.11	20	－0.04	19	0.01	19
马耳他	0.00	5	0.00	5	0.00	6	0.00	6	0.00	20
以色列	－0.08	13	－0.06	13	－0.05	15	0.00	5	0.00	21
爱沙尼亚	－0.17	16	－0.03	10	－0.01	9	0.00	11	0.00	22
冰岛	0.00	6	－0.01	7	－0.01	11	0.00	13	－0.02	23

1990—2008 年亚洲能源效率实质贡献主要来自于韩国和日本。2008 年亚洲能源效率实质贡献为 2.00%，其中日本占 1.24%、韩国占 0.42%、中国台湾占0.29%、中国香港占 0.02%、新加坡占 0.01%(图 12)。

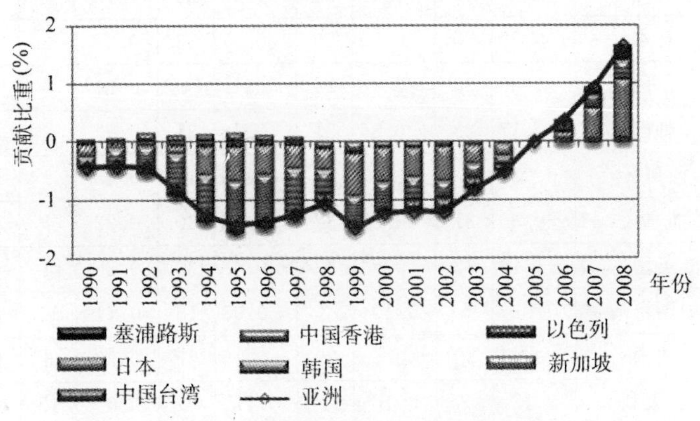

图 12　亚洲能源效率实质贡献拆解

1990—2008 年大洋洲能源效率实质贡献主要来自于澳洲。2008 年大洋洲能源效率实质贡献为 0.18%，其中澳洲占 0.17%，新西兰占 0.01%(图 13)。

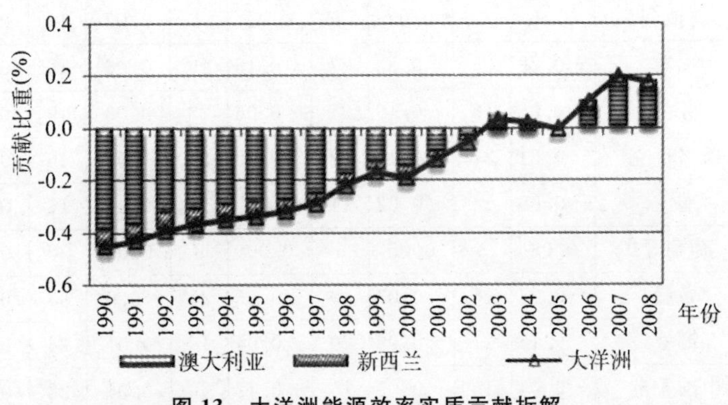

图 13　大洋洲能源效率实质贡献拆解

表5为已开发国家(地区)能源效率实质贡献。值得注意的是,美国1990年能源效率实质贡献为−11.33%,为34个已开发国家(地区)中能源效率最差,但2008年美国对已开发国家(地区)能源效率实质贡献为2.93%,转为已开发国家(地区)之冠,可见近年来美国改善能源效率政策之努力。日本近年来能源效率改善佳,实质贡献次于美国为1.24%。德国于1990年能源效率在已开发国家(地区)中排行为33,能源效率不佳,但在2008年名次已攀升至第三名,成就斐然,实质贡献为0.91%。中国台湾则刚由1990年的第5名滑落到2008年的第8名,有待努力。

表5 已开发国家(地区)能源效率实质贡献

	国家(地区) \ 年份	1990		1995		2000		2007		2008	
		(%)	排名	(%)	排名	(%)	排名	(%)	排名	(%)	排名
美洲	美国	−11.33	34	−7.49	34	−4.40	34	1.72	1	2.93	1
亚洲	日本	−0.20	25	−0.59	30	−0.57	33	0.55	3	1.24	2
欧洲	德国	−1.59	33	−0.38	28	0.31	1	0.81	2	0.91	3
亚洲	韩国	−0.17	23	−0.86	31	−0.48	31	0.24	5	0.43	4
欧洲	西班牙	0.23	1	0.15	2	0.12	3	0.18	9	0.37	5
美洲	加拿大	−0.82	31	−0.87	32	−0.33	30	0.22	7	0.36	6
欧洲	英国	−1.19	32	−0.94	33	−0.48	32	0.26	4	0.31	7
亚洲	中国台湾	0.03	5	0.15	3	−0.03	16	0.11	11	0.29	8
欧洲	法国	−0.47	30	−0.54	29	−0.15	27	0.22	6	0.28	9
欧洲	意大利	0.18	2	0.16	1	0.17	2	0.09	13	0.27	10
大洋洲	澳大利亚	−0.39	28	−0.29	26	−0.16	28	0.19	8	0.17	11
欧洲	荷兰	−0.18	24	−0.22	25	−0.04	18	0.13	10	0.17	12
欧洲	捷克	−0.42	29	−0.18	24	−0.08	24	0.09	12	0.13	13
欧洲	奥地利	0.06	4	0.07	4	0.09	4	0.07	14	0.09	14
欧洲	瑞典	−0.28	26	−0.34	27	−0.18	29	0.06	15	0.08	15
欧洲	芬兰	−0.08	18	−0.10	21	−0.06	23	0.03	19	0.07	16
欧洲	斯洛伐克	−0.31	27	−0.12	22	−0.05	22	0.05	16	0.06	17
欧洲	瑞士	−0.05	14	−0.02	11	0.00	7	0.04	17	0.05	18
欧洲	葡萄牙	0.08	3	0.05	5	0.00	8	0.03	20	0.04	19
欧洲	希腊	−0.07	16	−0.07	19	−0.05	21	−0.01	33	0.03	20
欧洲	挪威	−0.15	21	−0.09	20	−0.04	19	0.01	23	0.03	21
亚洲	中国香港	−0.04	13	−0.05	15	−0.12	26	0.01	22	0.02	22

续 表

	年份 国家（地区）	1990		1995		2000		2007		2008	
		(%)	排名	(%)	排名	(%)	排名	(%)	排名	(%)	排名
欧洲	卢森堡	−0.03	10	−0.01	7	0.01	5	0.02	21	0.02	23
欧洲	比利时	−0.13	20	−0.15	23	−0.11	25	0.04	18	0.02	24
欧洲	丹麦	−0.07	17	−0.06	17	−0.01	11	0.01	27	0.01	25
亚洲	新加坡	−0.03	11	−0.02	12	−0.01	14	0.01	26	0.01	26
大洋洲	新西兰	−0.05	15	−0.05	14	−0.03	17	0.01	28	0.01	27
欧洲	爱尔兰	−0.08	19	−0.07	18	−0.05	20	0.01	24	0.00	28
欧洲	马耳他	0.00	6	0.00	6	0.00	6	0.00	30	0.00	29
亚洲	塞浦路斯	0.00	7	−0.01	9	−0.01	10	0.00	32	0.00	30
欧洲	冰岛	0.00	8	−0.01	8	−0.01	12	−0.01	34	−0.02	31
亚洲	以色列	−0.03	12	−0.06	16	−0.03	15	0.00	31	N/A	N/A
欧洲	爱沙尼亚	−0.17	22	−0.03	13	−0.01	9	0.01	29	N/A	N/A
欧洲	斯洛文尼亚	−0.01	9	−0.02	10	−0.01	13	0.01	25	N/A	N/A

7.2 美国

在34个已开发国家(地区)中，1990年能源效率负向落差主因来自于美国，但2008年能源效率正向贡献却亦归因于美国。往下拆解美国各产业能源效率，发现1990—2008年能源效率实质改善主要来自于服务业，使美国能源效率实质贡献有极佳的表现。2008年美国能源效率实质贡献为2.934%，其中高达2.833%的实质贡献来自于服务业，农业为0.157%，工业则为−0.057%，值得检讨。由前述所知，影响已开发国家(地区)能源效率的最主要产业为美国服务业(图14)。

垂直拆解美国服务业，1990—2008年服务业能源效率实质贡献主要来自运输仓储业。2008年服务业能源效率实质贡献为2.833%，其中运输仓储业能源效率实质贡献高达2.225%，商业部门为0.184%，其他服务业为0.424%。因此，影响美国能源效率最重要的产业为运输仓储业(图15)。

美国于1990—1994年工业能源效率正向贡献来自于制造业，而负向落差来自矿业。1994—2008年矿业及制造业皆为负向的落差。2008年美国工业实质贡献为−0.057%，其中制造业能源效率实质贡献为−0.042%，矿业为−0.026%，营造业则为0.012%(图16)。

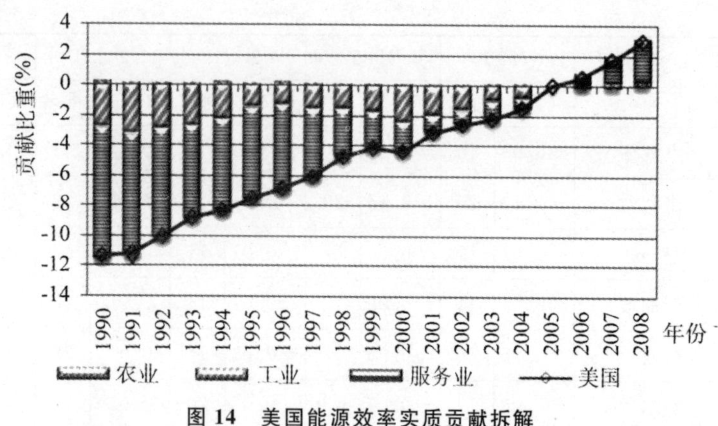

图 14　美国能源效率实质贡献拆解

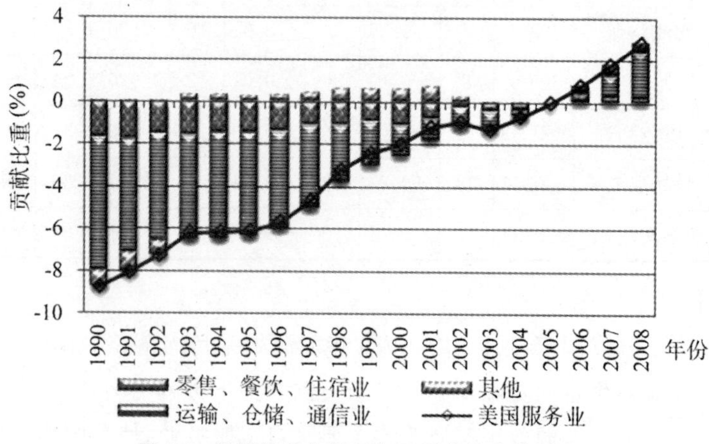

图 15　美国服务业部门与下层产业实质贡献

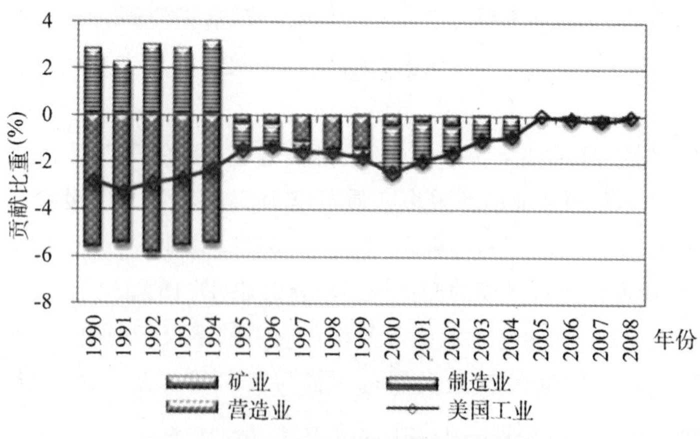

图 16　美国工业部门与下层产业实质贡献

7.3 日本

日本在1990年已开发国家(地区)之能源效率实质贡献排名为25,但2008年已攀升到第二名。垂直拆解日本能源效率实质贡献得知能源效率改善主因为服务业能源效率的提升。2008年日本实质贡献为1.242%,其中农业为0.058%,工业为0.356%,服务业为0.828%(图17)。

日本在1990—2008年服务业实质贡献主要来自于运输仓储业。2008年服务业实质贡献为0.828%,其中商业部门为0.290%,运输仓储业为0.539%,其他服务业为−0.002%。运输仓储业为日本能源效率改善的关键性产业(图18)。

工业能源效率实质贡献在1990—2008年主要来自于制造业。但在1991—1999年间,矿业亦有显著的正向贡献。2008年工业的实质贡献为0.356%,其中制造业0.223%,矿业0.113%,营造业0.020%(图19)。

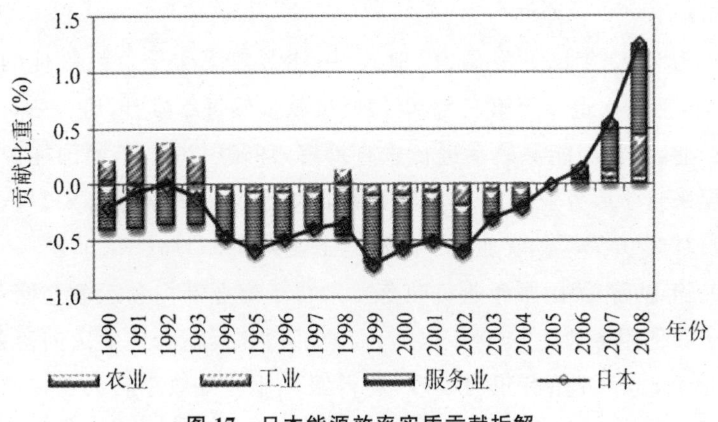

图17 日本能源效率实质贡献拆解

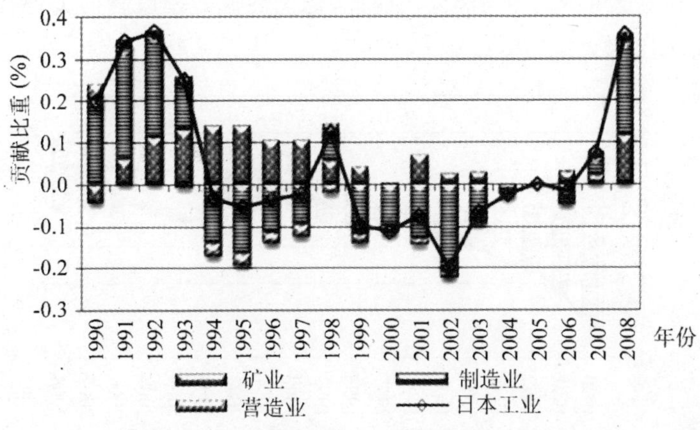

图18 日本服务业部门与下层产业实质贡献

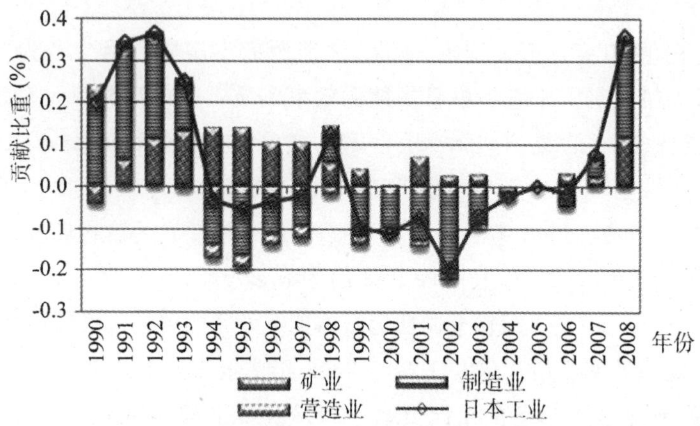

图 19　日本工业部门与下层产业实质贡献

7.4　德国

德国为 2000 年已开发国家(地区)中能源效率实质贡献最佳的国家。在 2008 年,虽然名次退步至第三名,但实质贡献依然每年攀升,值得赞许。为探讨关键性产业,将德国能源效率进行垂直拆解,1990—2008 年德国能源效率实质贡献主要来自于服务业。2008 年德国能源效率实质贡献为 0.911%,其中服务业实质贡献为 0.585%,农业为0.002%,工业为 0.324%(图 20)。

1999 年以前,德国服务业负向落差来自于商业部门和运输仓储业,正向贡献来自于其他服务业。2000 年以后,商业部门和运输仓储业负向落差减少,运输仓储业于 2007 开始有正向表现,使得服务业能源效率转为正向贡献。2008 年德国服务业实质贡献为 0.585%,其中商业部门为－0.037%,运输仓储业为 0.199%,其他服务业为 0.423%。因此,德国能源效率改善的关键性产业为其他服务业(图 21)。

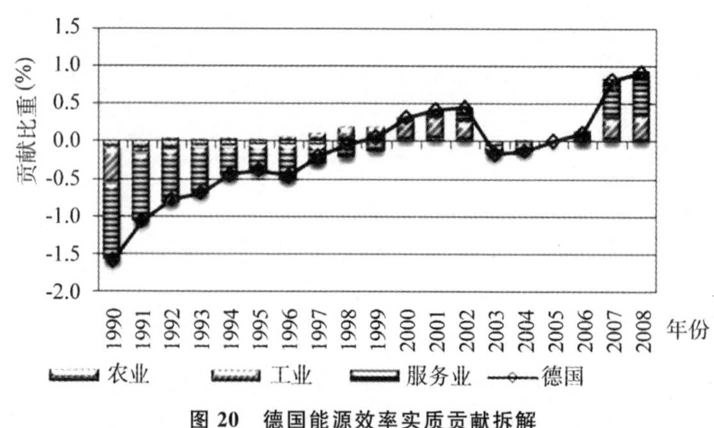

图 20　德国能源效率实质贡献拆解

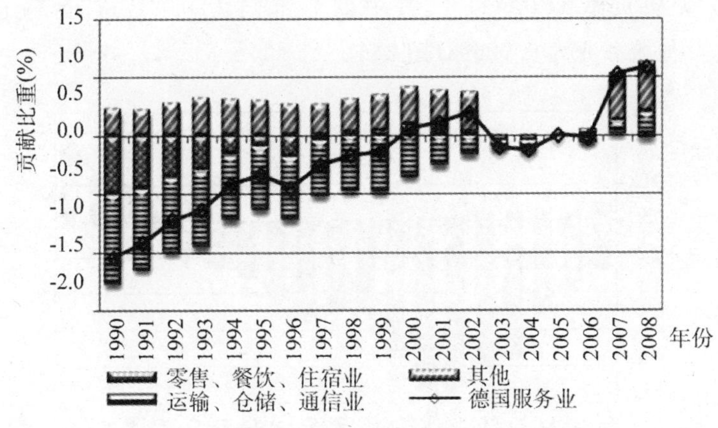

图 21　德国服务业部门与下层产业实质贡献

另外,1990—1999 年德国工业正向贡献来自于矿业,而负向落差来自于制造业。但在 2000 年以后,制造业的能源效率实质落差下降,使矿业为影响工业能源效率的主要原因。2008 年德国工业实质贡献为 0.324%,其中矿业为 0.421%,制造业为－0.116%,营造业为 0.019%(图 22)。

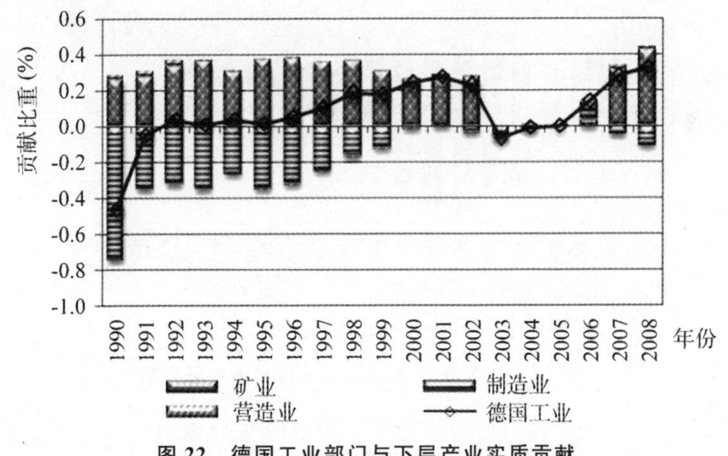

图 22　德国工业部门与下层产业实质贡献

7.5　韩国

韩国在 1995 年已开发国家(地区)之能源效率实质贡献排名为 31,但 2008 年已攀升到第四名。观察 1990—2008 年韩国能源效率实质贡献,主要能源效率改善来自于服务业。2008 年韩国实质贡献为 0.425%,其中高达 0.421%来自于服务业,而农业实质贡献为 0.007%,工业为－0.003%(图 23)。

韩国能源效率改善关键性产业为服务业,1995 年韩国服务业实质贡献为－0.735%,此数值为 1990 年以来最低,但后期能源效率不断攀升。2008 年韩国服务业实质贡献为 0.421%，其中商业部门为 0.217%，运输仓储业为 0.178%，其他服务业为 0.026%（图 24）。

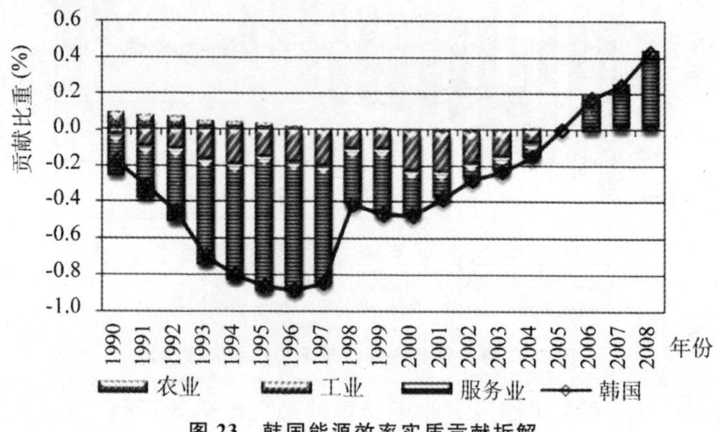

图 23　韩国能源效率实质贡献拆解

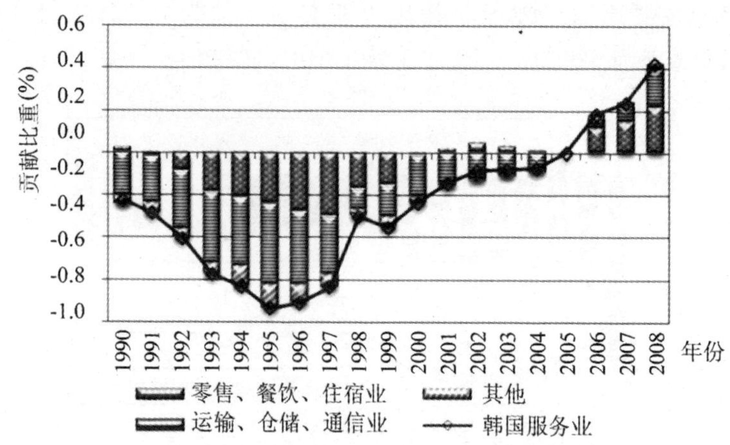

图 24　韩国服务业部门与下层产业实质贡献

另外，1990—2008 年工业能源效率实质贡献主要来自于制造业。2008 年工业能源效率实质负贡献为－0.003%，其中矿业为－0.033%，制造业为0.035%，营造业－0.005%。韩国服务业能源效率实质贡献主要来自于商业部门和运输仓储业（图 25）。

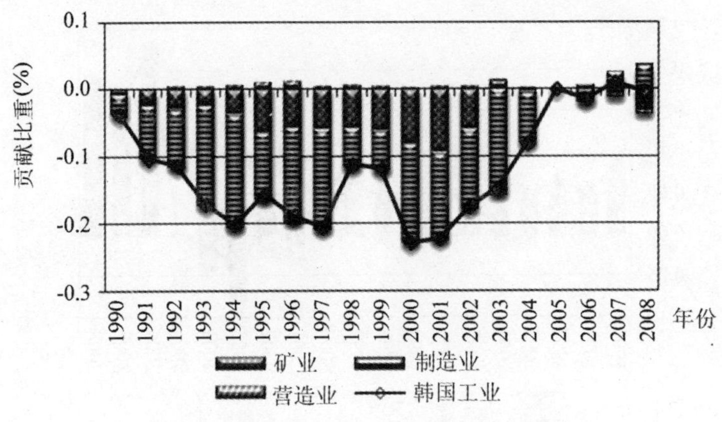

图 25 韩国工业部门与下层产业实质贡献

7.6 西班牙

西班牙于1990年能源效率实质贡献为已开发国家(地区)中最佳的,虽然2008年名次落至第五名,但1990—2008年能源效率皆为正向贡献,整体表现出色。1990—2003年西班牙能源效率实质贡献平均来自于三大部门,2006—2007年实质贡献主要来自于工业。2008年服务业实质贡献明显增加,使西班牙整体实质贡献成长近一倍。2008年西班牙实质贡献为0.365%,其中农业0.005%,工业0.191%,服务业0.169%(图26)。

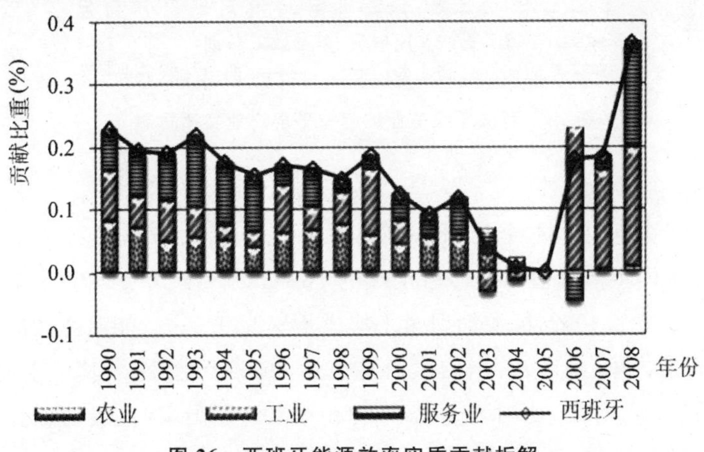

图 26 西班牙能源效率实质贡献拆解

1990—2008年工业能源效率实质贡献主要来自于制造业。2008年工业能源效率实质贡献为0.191%,其中矿业为0.051%,制造业为0.140%。服务业能源效率实质贡献主要来自于运输仓储业(图27)。2008年西班牙服务业实质贡献为0.169%,其中商业部门为0.013%,运输仓储业为0.182%,其他服务业为−0.026%(图28)。

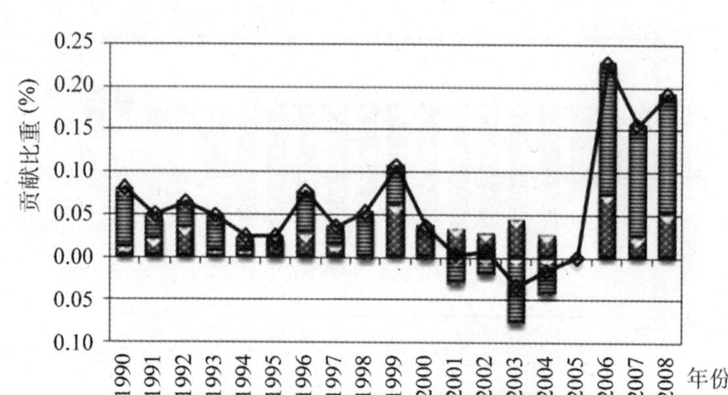

图 27　西班牙工业部门与下层产业实质贡献

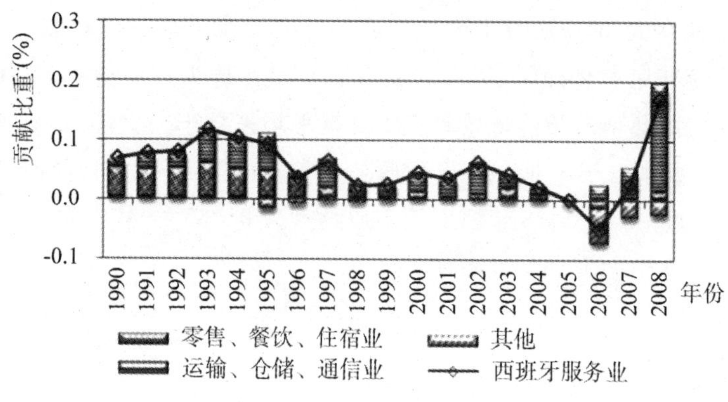

图 28　西班牙服务业部门与下层产业实质贡献

8　结　论

本文所述共涉及 34 个已开发国家(地区)，总人口占全球总人口数的 14.94%，总国内生产总值(GDP)占全球的 72.93%。在 1990—2008 年，整体经济平均成长率为 2.40%，能源消费量平均成长率为 0.93%，能源弹性值为0.39。2008 年已开发国家(地区)总国内生产总值达 36.7 万亿美元，其中主要美国占 36.08%，日本 12.79%，德国 8.16%。2008 年已开发国家(地区)总能源消耗量达2505百万吨油当量，其中主要美国占 46.02%，日本 9.36%，加拿大 5.88%。

2008 年已开发国家(地区)能源效率实质贡献为 8.41%。其中 3.29%能源效率实质贡献来自于美洲。欧洲实质贡献为 2.94%，亚洲为 2.00%，大洋洲为 0.18%。利用多层级能源效率垂直拆解美洲，拆解出 2.93%能源效率实质贡献来自于美国，使美国成为能源效率改善的关键国家。将美国继续往下拆解，则有高达2.833%的实质贡献来自于服务业，其中 2.225%能源效率实质贡献来自于运输仓储业。因此，美国的运输仓储业为已开发国家(地区)能源效率改善之关键产业。2008 年前五名的能源效率改善国家为美国、日本、德国、韩国、西班牙，利用多层级能源效率垂直拆解出关键性产业，前四名国家(美国、日本、德国、韩国)关键部门皆为服务业部门，且美国与日本关键性产业皆为运输仓储业。

目前，本研究持续进行全球能源效率数据库的建置，期望建构全面化国际比较(包含大多数已开发与开发中国家或区域)，分析各国(地区)节约能源效率的排名，并建置开发中国家多层级能源效率垂直拆解模型，探讨各国(地区)能源效率改善成效，提供各国(地区)政府机关验证能源政策之参考。

参考文献

[1] Ang B. W. (1995) Multilevel decomposition of industrial energy consumption. Energy Economics, 17(1): 39—51

[2] Ang B. W., Choi K. H. (1997) Decomposition of aggregate energy and gas emission intensities for industry: A refined divisia index method. The Energy Journal, 18(3): 59—73

[3] Ang B. W., Zhang F. Q. (2000) Survey of index decomposition analysis in energy and environmental studies. Energy, 25: 1149—1176

[4] Bor Y. J. (2008) Consistent multi-level energy efficiency indicators and their policy implications. Energy Economics, 30: 2401—2419

[5] Chen C. Y., Rose A. (1990) A structural-decomposition analysis of changes in energy demand in Taiwan: 1971—1984. The Energy Journal, 11(2): 127—146

[6] Farla J., Block K., Schipper L. (1997) Energy efficiency developments in the pulp and paper industry: A cross-country comparison using physical production dada. Energy Policy, 25(7): 745—758

[7] Greening L., Davis W. B., Schipper L., Marta K. (1997) Comparison of six decomposition methods: Application to aggregate energy intensity for manufacturing in 10 OECD countries. Energy Economics, 19: 375—390

[8] Han X., Lakshmanan T. R. (1994) Structural changes and energy consumption in the Japanese economy 1975—85: An input-output analysis. The Energy Journal, 15(3): 165—188

[9] Howarth R. B., Schipper L., Duerr P. A., Strom S. (1991) Manufacturing energy use in eight OECD countries: Decomposition of the impacts of changes in output, industry structure and energy intensity. Energy Economics, 13(2): 135—142

[10] IEA. (1997) Indicators of energy use and efficiency: Understanding the link between energy and human activity. Paris: International Energy Agency

[11] Jacobsen H. K. (2000) Energy demand, structural change and trade: A decomposition analysis of the Danish manufacturing industry. Economic System Research, 12(3): 319—343

[12] Lin X., Polenske K. R. (1995) Input-output anatomy of China's energy use changes in the 1980s. Economic System Research, 7(1): 67—84

[13] Mukhopadhyay K., Chakraborty D. (1999) India's energy consumption changes during 1973/74—1991/92. Economic System Research, 11(4): 423—438

[14] Park S. H. (1982) An input-output framework for analyzing energy consumption. Energy Economics, 4(2): 105—110

[15] Patteerson M. G. (1996) What is energy efficiency? Concepts, indicators and methodological issues. Energy Policy, 24(5): 377—390

[16] Pearson P. J., Fouquet G. R. (1996) Energy efficiency, economic efficiency and future CO_2 emissions from the developing world. The Energy Journal, 17(4): 135—160

[17] Schipper L., Murtishaw S., Unander F. (2001) International comparisons of sectoral carbon dioxide emissions using a cross-country decomposition technique. The Energy Journal, 22(2): 35—75

[18] Sun J. W. (1999) Decomposition of aggregate CO_2 emissions in the OECD: 1960—1995. The Energy Journal, 20(3): 147—155

[19] Unander F. (2007) Decomposition of manufacturing energy use in IEA countries: How do recent developments compare with historical long-term trends? Applied Energy, 84: 771—780

[20] Worrell E., Price L., Martin N., Farla J., Schaeffer R. (1997) Energy intensity in the iron and steel industry: A comparison of physical and economic indicators. Energy Policy, 25(7): 727—744

[21] Zarnikau J. (1999) A note: Will tomorrow's energy efficiency indices be useful in economic studies? The Energy Journal, 20(3): 139—145

[22] Zhang Z. X. (2003) Why did the energy intensity fall in China's industrial sector in the 1990s? The relative importance of structural change and intensity. Energy Economics, 25(4): 625—638

考虑事故概率风险的第三代核电技术投资评价

范 英 朱 磊

(中国科学院科技政策与管理科学研究所能源与环境政策研究中心,北京 100190)

【摘要】第三代核电的投资决策涉及多种不确定因素。本文运用实物期权理论建立了第三代核电的投资评价模型,模型考虑了与核电运营经济性最为相关的不确定因素,重点考察了核安全突发事件对投资价值的影响,同时讨论了不同的价格机制(电力价格和碳价格)对核电投资的影响。模型采用最小方差Monte-carlo方法(LSM)求解,并且可以被用作政策分析工具。通过研究我们发现,在现有国内核电上网电价水平下,第三代核电基本不具备投资价值,而市场化的电价机制可以极大地提高核电的投资吸引力;目前第三代核电的投资成本和风险均较高,理想的投资成本水平是第二代核电的1.2倍左右。希望本文的研究可以为评价第三代核电投资提供参考价值。

【关键词】第三代核电;价格机制;突发事件;实物期权;LSM

The Investment Evaluation of Third-Generation Nuclear Power Focused on Accident Probability Risk

Fan Ying, Zhu Lei

(Center for Energy and Environmental Policy Research, Institute of Policy and Management, Chinese Academy of Sciences, Beijing, 100190)

Abstract: The investment of nuclear power has several uncertainties. This paper establishes a nuclear power investment evaluation model by employing real options theory with Monte Carlo method to evaluate the value of nuclear powerplant from the perspective of power generation enterprises. Several technical and economic uncertainty factors have been taken into account in the model especially nuclear accident, and the model is solved by Least Squares Monte-Carlo (LSM) method. As an application, the model is used to evaluate Sanmen nuclear power plant in Zhejiang province, China. The impacts of three electricity price mechanisms and nuclear power investment cost reduction are investigated and discussed.

Key words：third-generation；nuclear power；price mechanism；nuclear accident；real options；least squares monte-carlo

1 前 言

世界人口的不断增长以及发展中国家人民生活水平的不断提高加速了化石能源的耗竭并导致了大量的温室气体排放。尽管可再生能源（风能、太阳能、水能和生物质能）在近年发展很快，但是这些能源资源本身存在的限制（例如：风电与太阳能发电的断续性供电特点，水电和生物质能的资源限制等）使得其难以在可以预见的未来得到大规模的使用并满足世界能源需求。

目前，核能技术在世界范围内受到了广泛的关注。核电被认为是一种清洁能源，不会造成 SO_2、NOx、烟尘以及碳排放。一个拥有严格辐射监控和风险管理系统的核电站可以安全运营并对周边环境造成极其微小的影响，对周围居民所造成的辐射仅为来自地底天然辐射的 1%。核能技术的发展可以增加能源来源，减轻化石能源的供给压力，并且较少因化石能源燃烧而导致的环境污染。同时核能技术的发展对于全球温室气体的减排也有着同样重要的影响。

过去十年，经历了经济的快速发展之后，亚洲成为了最大的核电市场，尤其是在中国和印度。亚洲国家在享受经济增长的同时，也不可避免地带来了能源消费的增加。一方面，考虑到近年来国际化石能源价格（尤其是石油）的大幅起落以及缺少有效的能源供给，亚洲国家普遍面临比较严重的能源安全问题；另一方面，化石能源消费导致了严重的环境问题以及大量的温室气体排放，在可再生能源发展存在障碍的情况下，亚洲国家需要找到其他新的、清洁的、稳定和大量的能源资源以满足国内能源需求。核电被认为是一种可靠的方式用来增加亚洲国家的能源安全并且被列为这些国家的未来能源发展中的首选。

作为世界上最大的发展中国家，中国正面临着国内能源资源限制、能源需求增加、进口石油依存度增加、环境恶化以及大量温室气体排放等问题。因此中国将核电作为未来能源发展的重要方向以应对国内能源安全所面临的挑战。中国电力结构的调整目标是逐步减少火电在发电结构中的比例，增加发电能源的多元化。电力工业"十一五"规划强调要优化发展核电，并且"核电中长期发展规划"的目标是在 2020 年核电新增装机为 40GW，占到总体装机容量的 4%。2009 年末，中国拥有世界最大规模的在建核电项目，在建核电规模为 20 台机组，总计装机容量 21.92GW。

在经过前两代核电的发展后，为了进一步提升我国核电技术的自主研发水平，中国计划优先示范和部署具有先进反应堆的第三代核电技术。第三代核电反应堆具有：① 各类型的反应堆采用标准化的模块设计以加快建造过程；② 更高的实用性和运营寿命；③ 大大减少堆芯融化事故的可能；④ 抗严重破坏；⑤ 高燃烧温度以减少核燃料使用以及核废料和可燃吸收剂的数量。2007 年，中国国家核电集团选择了 Westinghouse 公司的 AP1000 技术，通过全面技术转让，建设了浙江三门、山东海阳两个示范工程。其中，浙江三门建设的 AP1000 核电机组是全球首台，也是世界上唯一开工建设的第三代核电机组。

2 中国投资第三代核电技术的不确定性

已经有部分学者对第三代核电展开了多方面的研究，Yim (2006)讨论了核电发展与防止核扩散之间的关系，其认为核电的发展和第三、第四代核电技术在世界范围内的推广并不会导致核扩散风险。Popa-Simil (2008)认为微型异构网孔燃料可以在裂变反应中尽量燃烧并使得反应堆处于稳定状态，这中燃料特性在未来核电发展中十分重要。Marcus (2008)讨论了新型核反应堆的特性以满足世界范围的对核电的需求，包括核电在世界电力中的位置、创新技术的介绍、核电路线图以及下一代核电的国际合作等。Tronea (2011)介绍了欧洲第三代核电的设计标准，包括核电设计、反应堆规格以及安全性等。Yan 等(2011)介绍了核电在中国的发展，包括在建的第三代核电项目，并预测了未来中国对铀燃料的需求。

在核电的经济性研究方面，Kessides (2010)从核电投资的成本与效益角度出发，讨论和核电投资的风险和不确定性。他指出在核电估值时需要考虑的因素包括：核电投资的环境收益(对温室气体减排的贡献)，放射性核废料的处理成本，核电运营中的安全事故风险。其中最为重要的是核电的投资成本以及核电的建设期。作为一项新的能源技术，中国率先示范和部署三代核电将不可避免地面临较大的风险，具体包括：

(1) 首先风险来自技术本身，作为一个大规模的资本密集型技术，第三代尚处于研发和示范阶段，技术本身的不确定性较大，主要表现在第三代核电技术示范部署过程中的工程设计建造和反应装置调试安装等不确定性，与此对应的就是技术示范和部署所需要的投资成本存在不确定性。

(2) 第三代核电的上网电价机制也存在不确定性。目前国内核电上网电价是由国家核定的，执行“一厂一价”的方式，不同的核电厂上网电价不同。随着电力市场化改革的不断深入，电力价格市场化改革将逐步推进，未来随着“竞价上网”的推广，上网电价会逐步放开，完全放开后电力价格将会受到季节性电力需求、燃料价格变化等因素的影响，因而也存在不确定性。电力价格机制以及电价水平的变化将直接影响核电投资的效益核算。

(3) 第三代核电在设计中声称运营成本较第二代核电相当甚至更低，考虑到核燃料在运营成本中占了较大一部分比例，当前核燃料的价格相对稳定主要因为铀资源属于政府管制资源，如果未来更多的核电站被投入使用，全球范围内对铀资源需求的增加或将导致其价格增长并出现波动，而这将增加核电发电成本中的燃料价格风险，进而导致核电发电成本的不确定性。

(4) 尽管第三代核电的安全性在设计上要远远高于前两代核电，但是因为缺少实际运营经验，潜在的核泄漏风险难以完全被控制，国家核安全法规要求核电站必须进行概率安全评价(probabilistic safety assessment，PSA)，核电安全风险属于概率突发事件，现有研究在核电估值中均未考虑出现安全风险后对核电项目运营的影响以及所造成的损失。

现有的基于净现值的核电投资估值方法很难考虑这些不确定性对估值的影响。这些不确定性的存在使得我们有必要建立一个合适的评价方法，可以考虑多种不确定因素，用来评价第三代核电技术在中国的投资价值。

实物期权方法很适合评价不确定性较大的大型投资项目。在 Brennan 和 Schwartz(1985)首先将实物期权引入自然资源投资领域之后，实物期权被越来越多的应用在能源投资领域(Paddock et al，1988；Smith and Nau，1995；Smith and McCardle，1998，1999；Fan and Zhu，2010)。在评价电力投资项目方面，实物期权方法可以考虑市场环境、发电燃料价格、环境因素、电力需求及供给等不确定性等(Venetsanos et al，2002；Davis 和 Owens，2003；Siddiqui et al，2007；Abadie 和 Chamorro，2008a，2008b；Fuss et al，2008；Fleten 和 Nasakkala，2009)，因此可以很好地评价新型发电技术。在核电投资的研究方面，Gollier 等(2005)采用实物期权方法，考虑了电力价格的不确定性，对一次性投资大型核电项目和灵活的序列投资小型核电项目进行了比较，其认为核电投资中的序列投资对于动态最优投资规则具有规模效应，尤其是在投资第一台机组的最优时机确定上。

本文采用实物期权方法建立了一个投资评价模型，结合目前国内也是世界范围内第一个三代核电自主化依托项目——三门核电项目，从电力企业的角度评价第三代核电的投资。模型考虑了与核电运营经济性最为相关的不确定因素(第三代核电技术的投资转化成本、运营成本、核安全突发事件)以及不同的价格机制(电力价格和碳价格)对核电投资的影响，采用最小方差 Monte Carlo (LSM)方法求解，并且可以被用作政策分析工具。我们在给定核电站运营期限的情况下，首先根据国内实际，在现有固定上网电价的基础上评价了三门第三代核电项目的投资价值，然后讨论了不同的电价和 CDM 机制对核电投资的影响，并对第三代核电理想的投资成本水平进行了分析。

3 模型和参数设定

我们选择浙江三门第三代核电投资项目作为评价对象，考虑从在电力价格、发电成本、投资成本、碳价格以及核电安全突发事件存在不确定的情况下，通过建立的实物期权模型对该核电投资项目进行估值，并考察了不同因素变化对核电投资估值的影响。模型求解采用 LSM 方法。估值中包括核电项目的建设期和运营期两个部分。在投资建设期间，投资者（电力企业）可以根据不断获得的信息对核电投资项目作出继续投资或者放弃的决策。假设核电项目建设运营的总年限为 T 年，将 T 年分为 N 期，每期的长度为 $\Delta t=T/N$，并且设定 $t_n=n\Delta t, n=0,1,\dots,N$。

3.1 核电运营过程建模

首先需要计算核电运营期间的现金流。假设在核电运营期间，任一期 t_n 的发电量为 $Q_{Elec}(t_n)$，并且生产的电量可以全部上网。如果考虑核电安全事故风险，当核电建设投资结束后，在任一期 t_i，电力企业通过销售核电发电量可以获得的现金流 $CF(t_i)$ 为：

$$CF_{Nu}(t_i)=[P_{Nu}(t_i)-C_{Nu}(t_i)-Rw]\cdot Q_{Elec}(t_i)\cdot(1-Tax)-\Delta q$$

其中，$P_{Nu}(t_i)$ 为电力价格；$C_{Nu}(t_i)$ 为核电发电成本；Tax 为电力企业所得税率；Rw 为核废料的处理费用；Δq 为核电突发事件的影响。

在核电投资结束后的任一期，电力企业运营核电项目的现值 $V_{Nu}(t_i)$ 为：

$$V_{Nu}(t_i)=\sum_{n=i}^{N}e^{-r(t_n-t_i)}CF_{Nu}(t_n)$$

其中，r 为无风险利率。

在核电运营过程中，我们考虑了三种电价机制、两种 CDM 机制，发电成本不确定性（铀燃料价格）以及突发事件的对核电运营现金流及价值的影响。

对三种电价机制的建模如下：

(1) 电价机制遵循目前国内实行的固定电价机制，P_{Nu} 为电力价格，单位为元 / 千瓦时。即：

$$P_{Nu}(t_{i+1})=P_{Nu}(t_i)$$

(2) 电价机制是电力价格仍在政府管制下，但价格每期呈固定增长，即固定增长价格：

$$P_{Nu}(t_{t+1})=P_{Nu}\exp(\alpha_p\Delta t)$$

(3) 电价机制是电力价格的完全市场化。假设电力价格服从几何布朗运动，即：

$$P_{Nu}(t_{t+1})=P_{Nu}\exp(\alpha_p\Delta t+\sigma_p(\Delta t)^{1/2}\varepsilon_p)$$

其中，ε_p 为均值为 0，标准差为 1 的正态分布随机变量；α_p 和 σ_p 分别为电力价格的漂移参数和方差参数。

假设核电发电成本服从几何布朗运动，即：

$$C_{Nu}(t_{t+1}) = C_{Nu}\exp(\alpha_c \Delta t + \sigma_c (\Delta t)^{1/2} \varepsilon_c)$$

其中，C_{Nu} 核电发电成本，单位为元/千瓦；ε_c 为均值为 0，标准差为 1 的正态分布随机变量；α_c 和 σ_c 分别为核电发电成本的漂移参数和方差参数。

核电安全风险属于概率突发事件，我们利用一个 Poission 过程来定义核电在运营过程中的概率突发事件。记 q 为一个 Poission 过程，即：

$$\Delta p = \begin{cases} 0, & \text{Probability}: 1-\lambda\Delta t \\ u = \begin{cases} u_S, \text{Probability}: \eta_M \\ u_s, \text{Probability}: \eta_M \\ u_L, \text{Probability}: \eta_L \end{cases}, & \text{Probability}: \lambda\Delta t \end{cases}$$

其中，λ 为核电安全事件的平均发生率，在时间区间 Δt 上，核电安全事件发生的概率为 $\lambda\Delta t$，不发生的概率为 $1-\lambda\Delta t$。u 代表安全事件发生后对核电运营带来的损失，且 $\eta_S + \eta_M + \eta_L = 1$。

根据安全事故的等级不同，我们定义了三种损失水平，对应不同发生概率：

(1) 小型安全事故，发生概率为 η_S，核电站损失较小，为 u_S，不会影响电站运营。

(2) 中等安全事故，发生概率为 η_M，核电站损失中等，为 u_M，处于事故检修与安全保障以及泄露监测的需要，停止发电两年。

$$Q_{Elec}(t_{x+1}) = Q_{Elec}(t_{x+2}) = 0$$

(3) 大型安全事故，发生概率为 η_L，核电站损失较大，为 u_L，核电站关闭。

$$Q_{Elec}(t_{x+1}) = Q_{Elec}(t_{x+2}) = \cdots = Q_{Elec}(t_n) = 0$$

3.2 核电投资过程建模

在模型中，我们用可控扩散过程来描述核电投资成本的不确定性，期初完成核电项目投资所需要的期望总投资成本为 K_{Nu}，总的剩余投资成本在第 t_i 期为 $K_{Nu}(t_i)$。每期所需的项目投资额为 I_{Nu}。假设 K_{Nu} 服从可控扩散过程：

$$K_{Nu}(t_{i+1}) = K_{Nu}(t_i) - I_{Nu}(t_i)\Delta t + \beta[I_{Nu}(t_i)K_{Nu}(t_i)]^{1/2}(\Delta t)^{1/2}\varepsilon_x$$

其中，β 是一个规模参数，代表围绕着核电技术剩余投资成本 K_{Nu} 的不确定性的大小；ε_x 为均值为 0，标准差为 1 的正态分布随机变量；K_{Nu} 的方差为：

$$V_{ar}(K_{Nu}) = \left(\frac{\beta^2}{2-\beta^2}\right){K_{Nu}}^2$$

在核电投资建设期间，电力企业拥有放弃投资的主动权，相当于放弃期权。在投资期的任一期 t_i，企业所拥有的放弃期权价值为 $F_{Nu}(t_i)$，在投资完成的时刻

τ 放弃期权价值等于核电项目价值：

$$F_{Nu}(\tau)=V_{Nu}(\tau)$$

在核电投资建设尚未完成期间，在投资期 t_i，电力企业所拥有的放弃期权的价值为：

$$F_{Nu}(t_i)=\max\{0,E_{ti}[e^{-r(t_{i+1}-t_i)}F_{Nu}(t_{i+1})]-I_{Nu}(t_i)\}$$

其中，$E_{t_i}[*]$ 表示在 t_i 期，电力企业继续持有期权的期望价值。

3.3 模型求解

本文采用 LSM 方法来计算核电投资项目中的期权期望价值和项目价值，LSM 是一种基于 Monte-Calo 模拟和最小二乘的美式期权求解方法（Longstaff 和 Schwartz，2001；Schwartz，2004）。此外，我们还计算了不同路径上采用第三代核电之后等发电量替代现有火力发电可以避免的温室气体排放，即 CO_2 减排量。假设 τ_g 为某条路径上电力企业完成核电投资的时点，那么该路径上考察期内采用核电发电可以达到的减排量为：

$$ER(g)=e\cdot q\cdot(T-\tau_g)$$

其中，$ER(g)$ 为该路径的总减排量，e 为火电的排放因子，单位为 g_{CO_2}/kWh。对所有路径的碳减排量加总后求平均，便可以得到投资第三个核电技术运用发电后替代等量火力发电可以减少的碳排放量。

3.4 模型参数

模型中基准参数的设定和解释见表 1，数据基于 2009 年，项目相关数据主要来自公开报道，电力价格参考欧洲市场，铀燃料价格主要参考 EIA。

表 1　模型参数设定

参　数	模型符号	数　值	注　释
发电容量	Q_{Elec}	15000×10^6 kWh	三门核电一期工程建成后，将提供 250 万千瓦供电能力、年均 175 亿千瓦时发电量，可以满足浙江新增电力需求
总投资成本	K_{Nu}	40000×10^6 元	三门核电工程一期将建设 2 台 125 万千瓦级核电机组，投资成本为 400 亿
单年内投资成本	I_{Nu}	8000×10^6 元	核电项目建设一般需要 5 年左右的时间，三门核电工程在 2009 年正式开工建设，预计 2014 年一期工程建成投产
核电技术不确定性	β	0.5	参考 Schwartz (2003)，Dixit 和 Pindyck (1994)的设定
核发电成本	C_{Nu}	0.25 元/kWh	数据来自之前研究对核电发电燃料成本风险的估计，见 Zhu 和 Fan(2010)

续 表

参　数	模型符号	数　值	注　释
核发电成本	α_C	0.01/年	本研究设定
核发电成本标准差率	σ_C	6.24%/year	数据来自之前研究对核电发电燃料成本风险的估计，见 Zhu 和 Fan(2009)
电价	P_{Nu}	0.45 元/kwh	参考最新投入运营的江苏田湾核电站的上网电力价格，这也是本文计算的基准电价
电价波动	α_p	0.01/year	本研究设定
电价标准差率	σ_p	5.00%/year	本研究设定，考虑到随着中国经济的发展，电力需求在很大程度上是刚性的，因此这里设定的波动率较低
电价和发电成本相关参数	ρ_{PCNu} 0.3	本研究设定	
核电事故发生率	λ	0.01%/year	这里将事故发生概率设为万分之一
小型事故发生率	η_S	98.90%	发生安全事故后，本文假设主要为小型事故
中型事故发生率	η_M	1.00%	发生安全事故后，本文假设有百分之一的可能为中型事故
严重事故发生率	η_L	0.10%	发生安全事故后，本文假设有千分之一的可能为严重事故
小型事故损失	u_S	50×10^6 元	发生小型安全事故所付出的损失，但是不会影响核电站的正常运营
中型事故损失	u_M	500×10^6 元	发生中等安全事故所付出的损失，并且停止发电两年用于检修和维护监测，以保证安全运营
严重事故损失	u_L	5000×10^6 元	发生严重安全事故所付出的损失，核电站关闭，不能再继续运营
核废料处理成本	R_w	0.02 元/kWh	核废料处理成本一般为发电成本的 10%不到
无风险利率	r	0.05%	数据采用国内长期存款利率作为无风险利率
所得税税率	Tax	25%	参考国内现有所得税水平
观察期限	T	30 年	我们考虑是核电运营的前 30 年，这段时间相对来说属于核电投资核算的主要考虑期限
模拟步幅	Δt	1 年	
模拟次数	G	5000	一般路径模拟结果在达到 1000 步时开始收敛，因此本文将不同情景的路径模拟次数均设为 5000

图1和图2显示了不同路径下核电发电成本和剩余投资成本的变化，图3～5显示了单条路径上突发事件发生后，不同程度的核电事故对该路径上核电现金流以及运营的影响。大样本随机路径的Monte-Carlo模拟可以模拟各种因素可能的变化，能更好地量化不确定因素对核电投资项目估值的影响。

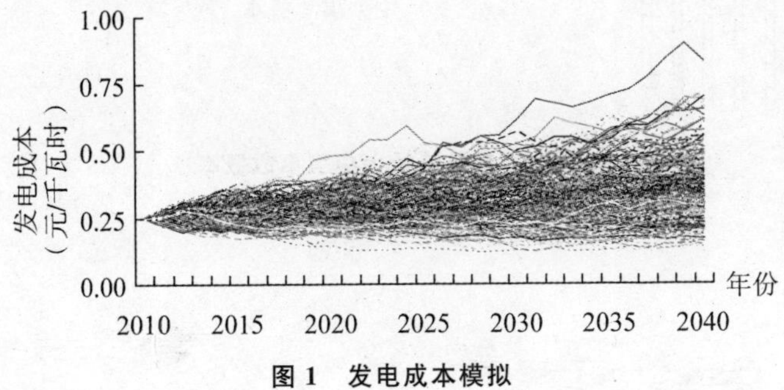

图1　发电成本模拟

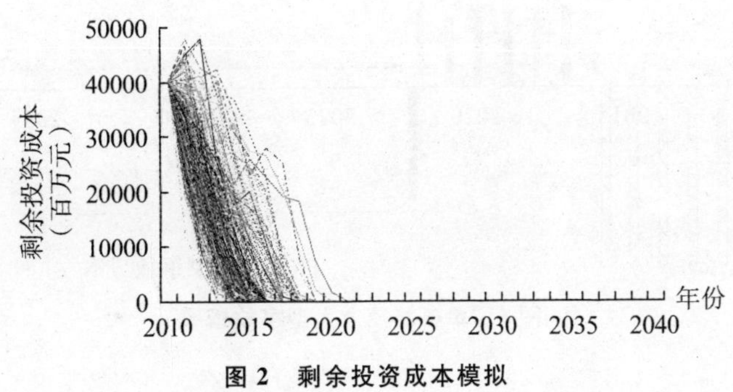

图2　剩余投资成本模拟

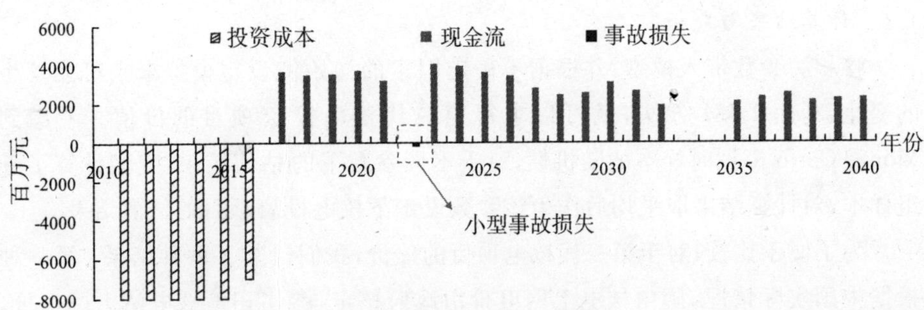

图3　单条路径上小型事故概率

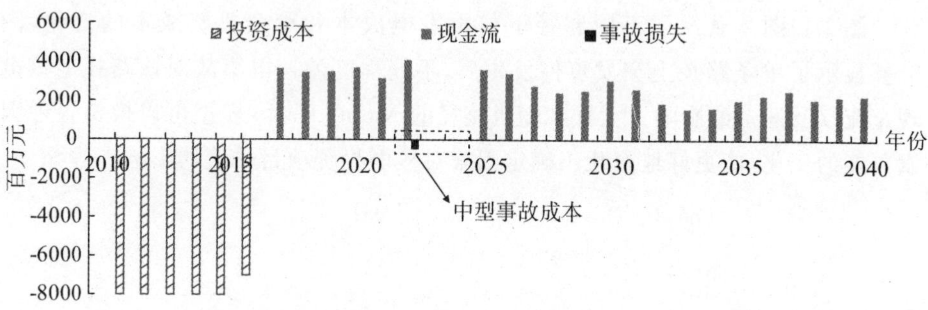

图 4　单条路径上中型事故概率

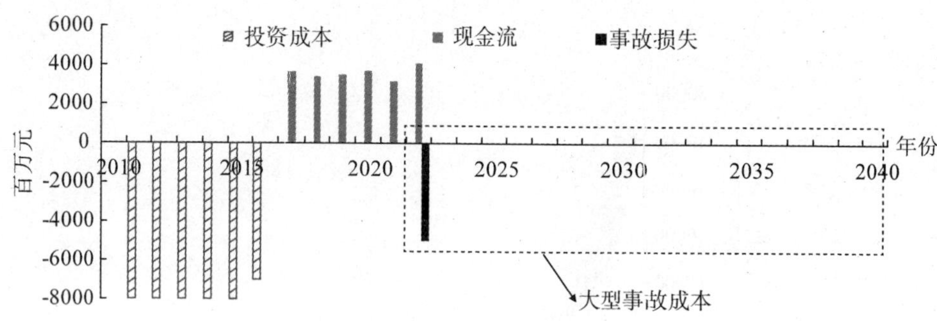

图 5　单条路径上大型事故概率

4　中国第三代核电技术投资分析

4.1　计算结果与分析

将相关参数带入模型,并根据不确定因素的初始值设定模拟未来可能发生的变化,利用 LSM 方法,就可以求得第三代核电投资项目的价值。考虑到 Monte-Carlo 模拟时样本的随机性,对于不同参数下的估值结果,我们计算了五组样本,对计算结果取平均后作为该参数设定下核电投资项目的估值结果。

为了便于比较,对于第三代核电项目的评价,我们计算了两种结果:第一种根据中国实际情况,国内核电上网电价由政府核定,参考田湾核电站上网电价,将电价设为固定电价 0.45 元/千瓦时。第二种考虑了核电上网电价的市场化,并且初始上网电价为 0.575 元/千瓦时,这是一种比较理想的情况。计算结果见表 2。

表 2　不同组结果下的核电投资价值分析

方案 1：固定电价（0.45 元/千瓦时）	第 1 组	第 2 组	第 3 组	第 4 组	第 5 组	平均
核电投资项目估值	0	0	0	0	0	0
被放弃路径概率	100%	100%	100%	100%	100%	100%
方案 2：市场化电价（0.575 元/千瓦时）	第 1 组	第 2 组	第 3 组	第 4 组	第 5 组	平均
核电投资项目估值	12980.56	13087.21	13182.96	12985.05	12754.88	12998.13
被放弃路径概率	0.27%	0.28%	0.27%	0.20%	0.38%	0.28%

由计算结果可以看到，在第三代核电的投资中，如果核电上网电价由政府核定并且核电不能参与CDM机制，第三代核电投资项目的价值为0，在所有路径上投资均被放弃。说明在目前的固定上网电价水平下，第三代核电因技术不确定性较大，投资成本较高，在国内并不具备投资价值。如果考虑电力价格市场化和碳价格（单边 CDM）的不确定性，核电投资项目价值在 17979.49 百万～18582.92 百万元之间，平均值为 18322.38 百万元；项目被放弃的路径概率很低，仅为 0.74%，相应的 CO_2 减排量为 325.78 百万吨。说明在该种情况下核电的投资风险较小，投资具有较强的吸引力。

接下来，我们将深入讨论电力价格和发电成本这两个因素变化对第三代核电投资的影响。

4.2　电力价格机制对核电投资的影响

核电电力价格是投资核电时需要考虑的最重要因素，在模型的介绍中，我们引入了三种电价机制，分别为目前国内实行的固定电价、固定增长电价和市场化电价（电力价格服从随机过程）。本部分考察在三种电价机制下，不同的核电上网电价水平对核电投资估值的影响（在固定电价下，核电上网电价由目前的0.45元/千瓦时逐渐上调到 0.575 元/千瓦时，在固定增长电价和市场化电价下，核电初始上网电价由 0.45 元/千瓦时逐渐上调到 0.575 元/千瓦时）。在固定电价机制下，仅在上网电价达到 0.575 元/千瓦时时，核电项目投资价值大于 0，为88.74百万元，相比整个项目 40000 百万元的投资额，投资效益很低。并且0.575元/千瓦时上网电价在田湾核电站上网电价（0.45 元/千瓦时）的基础上提高了127.78%，相对较高，也就是说，如果要使得第三代核电在国内具备一定的投资价值，固定上网电价至少需要在田湾核电站上网电价的基础上提高 30%。

再看另两种电价机制下的核电项目投资价值，在固定增长电价和市场化电价机制下，核电项目价值随着初始上网电价水平的提高而增加，并且在相同初始电价水平下，市场化电价机制下的核电项目价值始终高于固定增长电价机制（在初始电价水平为 0.45 元/千瓦时和 0.575 元/千瓦时时，市场化电价机制下的核电项目投资价值分别为 70.52 百万元和 14187.34 百万元，均大于固定增长电价机制下的 0 和 12998.13 百万元）。可见，电力价格市场化之后，未来电价的不确定性可以增加核电项目的投资价值，从而使第三代核电投资具有更多的吸引力。

我们来考察三种电价机制下不同路径上核电投资被放弃的比例。在固定电价机制下，当电价水平低于 0.55 元/千瓦时时，核电投资在所有路径上都被放弃，在电价水平为 0.575 元/千瓦时时，核电投资被放弃路径比例为 98.8%，投资风险很大。在固定增长电价和市场化电价机制下，核电投资风险随着初始电价水平的提高而降低（初始电价水平为 0.45 元/千瓦时时，固定增长电价和市场化电价机制下核电投资被放弃路径比例分别为 100%和99.05%；初始电价水平同为0.575元/千瓦时时，固定增长电价和市场化电价机制下核电投资被放弃路径比例分别为 0.28%和 2.30%）。

在初始电价水平较低时，固定增长电价机制下核电的投资风险要略高于市场化电价机制（初始电价水平同为 0.475 元/千瓦时时，固定增长电价机制下核电投资被放弃路径比例为 99.93%，略高于市场化电价机制下的94.74%），而在初始电价水平较高时，固定增长电价机制下核电的投资风险却略低于市场化电价机制（初始电价水平同为 0.55 元/千瓦时时，固定增长电价机制下核电投资被放弃路径比例为 6.55%，略低于市场化电价机制下的 9.75%），但是在相同初始电价水平下，市场化电价机制下的核电项目价值始终高于固定增长电价机制。固定增长电价实际上属于固定电价，只要初始电价水平足够高，加上固定的增长率，其投资风险是可以被规避的。但是在市场化电价机制下，尽管可以设置一个较高的初始电价水平，但是因为电力价格不确定性的存在，因此投资风险始终存在。

由计算结果可以看出，在目前国内固定上网电价的背景下，第三代核电基本不具备投资价值，如果要使得第三代核电在国内具备一定的投资价值，相应的固定上网电价至少需要在田湾核电站上网电价的基础上提高 30%。而在固定增长电价和市场化电价两种机制下，核电投资价值较固定电价机制有很大幅度的提高，并且在市场化电价机制下，因为未来电价的不确定性增加了核电项目的投资价值，所以在此机制下第三代核电的投资价值最大，投资最具吸引力。

4.3 第三代核电投资成本变化对核电投资的影响

根据三门核电站的数据，第三代核电的期初总投资成本为40000百万元，发电装机为250万千瓦(2×125)，平均单位投资成本为16000元/千瓦，投资成本较高，在很大程度上影响了核电投资的估值，并加大了第三代核电的投资风险。本部分主要考虑第三代核电投资成本降低对核电投资的影响。假设上网电价仍然为0.45元/千瓦时的固定电价，并且核电没有被纳入CDM机制。目前国内第二代核电的单位投资成本为10000元/千瓦，我们将核电期初总投资成本由40000百万元逐步下调，直到25000百万元，此时单位投资成本与国内第二代核电投资成本相同。

先来考察核电投资价值随投资成本变化的变化趋势。边际投资成本的下降对第三代核电投资价值的影响呈先升后降的趋势(当总投资由37500百万元下降到35000百万元时，核电投资价值增加了2250.96百万元；当总投资由35000百万元下降到32500百万元时，核电投资价值增加了2700.83百万元，但当总投资由27500百万元下降到25000百万元时，核电投资价值仅增加1928.53百万元)。因此，当第三代核电投资总投资成本低于32500百万元时，边际投资成本下降对核电投资价值的贡献递减。

再来考察不同路径上核电投资被放弃的比例随投资成本变化的变化趋势。第三代核电投资风险变化趋势与核电投资价值变化趋势相反，投资成本下降可以有效降低核电投资风险。当第三代核电总投资降低到30000百万元以下时，投资路径被放弃比例均低于5%；在总投资为25000百万元时，投资路径被放弃比例仅为0.26%，投资风险较小。随着核电投资成本的下降，投资风险下降幅度同样呈先增后减的趋势。当第三代核电投资总投资成本低于32500百万元时，边际投资成本下降对降低核电投资风险的贡献也递减。

由计算结果可以看出，在基准固定电价水平下，第三代核电投资成本的变化对核电投资价值的影响十分明显，如果核电投资成本可以下降到30000百万元，即单位投资成本为12000元/kW时，第三代核电投资风险小于5%，投资具有较高的可行性。此时的单位投资成本约为第二代核电平均单位投资成本的1.2倍。

5 结论和进一步工作

本文运用实物期权理论，针对第三代核电技术在中国的投资，将第三代核电技术看做一个投资期权，在考虑第三代核电技术本身不确定因素的基础上，综合考虑了多种与核电投资相关的不确定因素，对电力企业投资第三代核电技术建模。应用该模型分析了第三代核电在中国的投资价值，并分析了三种电价机制、投资成本变化对核电投资价值的影响。由结果分析可以得到以下结论：

(1) 在固定电价机制下，如果参考田湾核电站固定上网电价，第三代核电在国内基本没有投资价值。而在同样初始价格水平的市场化电价机制下，第三代核电则具备了一定的投资价值，并且在所有价格水平下，市场化电价机制下的核电投资价值均要高于其他两种电价机制。由此可见，在当前的投资成本水平下，国内要促进第三代核电的发展，电力价格市场化改革无疑将是一个十分有效的促进方式。

(2) 第三代核电属于国外引进技术再加上国内自主研发，三门核电站作为第一个三代核电自主化依托项目，目前的投资成本较高。核电投资价值变化对成本变化较为敏感，在目前基准固定电价水平下，第三代核电的单位投资成本如果下降到二代核电的1.2倍以内，投资将具有较高的可行性。这也要求国内相关企业加大对第三代核电技术的消化吸收，提高设备的国产化水平，以提高第三代核电技术的经济性，促进第三代核电的进一步推广。

第三代核电技术是一个具有很高不确定性的发电技术，我们的模型仍然存在局限。首先，在数据方面，模型对于核电突发事件概率以及相应的损失数据都是来自估计，并没有实际的核电概率风险数据作为支撑；第二，模型仅考虑了三门核电项目投资中的放弃期权，而在核电整个投资中，投资者会根据市场和核电运营情况考虑是否进行后期工程建设，将复合期权纳入我们的第三代核电投资模型也是未来研究的重要方向。这些都是我们在未来工作中需要进一步研究的。

参考文献

[1] Abadie L. M., Chamorro J. M. (2008a) Valuing flexibility: The case of an integrated gasification combined cycle power plant. Energy Economics, 30: 1850—1881

[2] Abadie L. M., Chamorro J. M. (2008b) European CO_2 prices and carbon capture investments. Energy Economics, 30: 2992—3015

[3] Aguerrevere F. L. (2003) Equilibrium investment strategies and output price behavior: A real-options approach. The Review of Financial Studies, 16(4): 1239—1272

[4] Bar-Ilan A., Strange W. C. (1996) Investment lags. The American Economic Review, 86(3): 610—622

[5] Blyth W., Yang M. (2007) Modeling investment risks and uncertainties with real options approach. Working Paper LTO/2007/WP01, IEA, Paris

[6] Brennan M. J., Schwartz E. S. (1985) Evaluating natural resource investments. Journal of Business, 58: 135—157

[7] Davis G. , Owens B. (2003) Optimizing the level of renewable electric R&D expenditures using real option analysis. Energy Policy, 31(15): 1589—1608

[8] Dixit A. K. , Pindyck R. S. (1994) Investment under uncertainty. Princeton: Princeton University Press

[9] Fan Y. , Zhu L. (2010) A real options based study on overseas oil investment and its application in China's oversea oil investment. Energy Economics, 32, 627—637

[10] Fleten S. E. , Nasakkala E. (2010) Gas-fired power plants: Investment timing, operating flexibility and CO_2 capture. Energy Economics, 32(4): 805—816

[11] Fuss S. (2008) Investment under market and climate policy uncertainty. Applied Energy, 85: 708—721

[12] Fuss S. , et al. (2009) Impact of climate policy uncertainty on the adoption of electricity generating technologies. Energy Policy, 37(2): 733—743

[13] Gollier C. , et al. (2005) Choice of nuclear power investments under price uncertainty: Valuing modularity. Energy Economics, 27: 667—685

[14] Held H. , et al. (2009) Efficient climate policy under technology and climate uncertainty. Energy Economics, 31(S1): 50—61

[15] Heydari S. , et al. (2012) Real options analysis of investment in carbon capture and sequestration technology. Computational Management Science, 9(1): 109—138

[16] IEA. (2009) CO_2 emissions from fuel combustion. Paris: International Energy Agency

[17] Kessides I. N. (2010) Nuclear power: Understanding the economic risks and uncertainties. Energy Policy, 38: 3849—3864

[18] Kumbaroglu G. , et al. (2008) A real options evaluation model for the diffusion prospects of new renewable power generation technologies. Energy Economics, 30 (4): 1882—1881

[19] Longstaff F. A. , Schwartz E. S. (2001) Valuing American options by simulation: A simple least square approach. The Review of Financial Studies, 14(1): 113—147

[20] Majd S. , Pindyck R. S. (1987) Time to build, option value, and investment decisions. Journal of Financial Economics, 18(1): 7—27

[21] Maribu K. M. , et al. (2007) Distributed energy resources market diffusion model. Energy Policy, 35: 4471—4484

[22] McDonald R. , Siegel D. (1986) The value of waiting to invest. The Quarterly Journal of Economics, 101(4): 707—728

[23] Myers S. G. , Turnbull S. M. (1977) Capital budgeting and the capital asset pricing model: Good news and bad news. The Journal of Finance, 32(2): 321—333

[24] Paddock J. L. , Siegel D. R. , Smith J. L. (1988) Option valuation of claims on real assets: The case of offshore petroleum leases. The Quarterly Journal of Economics,

103：479—508

[25] Pindyck R. S. (1999) The Long-run evolution of energy prices. MIT-CEEPR Working Paper

[26] Pindyck. R. S. (1993) Investment of uncertain cost. The Journal of Financial Studies, 34：53—76

[27] Ross S. (1978) A simple approach to the valuation of risky streams. Journal of Business, 51(3)：453—475

[28] Schwartz E. S. (2004) Patents and R&D as real options. Economic Notes by Banca Monte dei Paschi di Siena SpA, 33：23—54

[29] Siddiqui A. S., et al. (2007) Real options valuation of US federal renewable energy research, development, demonstration, and deployment. Energy Policy, 35 (1)：265—279

[30] Siddiqui A. S., Maribu K. (2009) Investment and upgrade in distributed generation under uncertainty. Energy Economics, 31：25—37

[31] Siddiqui A. S., Marnay C. (2008) Distributed generation investment by a microgrid under uncertainty. Energy, 33：1729—1737

[32] Smith J. E., McCardle K. F. (1996) Valuing oil properties：Integrating option pricing and decision analysis approaches. Operations Research, 46：198—217

[33] Smith J. E., Nau R. F. (1995) Valuing risky projects：option pricing theory and decision analysis. Management Science, 41(5)：795—816

[34] Venetsanos K., et al. (2002) Renewable energy sources project appraisal under uncertainty：the case of wind energy exploitation within a changing energy market environment. Energy Policy, 30(4)：293—307

[35] Zhou W., et al. (2010) Uncertainty modeling of CCS investment strategy in China's power sector. Applied Energy, 87：2392—2400

[36] Zhu L., Fan Y. (2010) Optimization of China's generating portfolio and policy implications based on portfolio theory. Energy, 35：1391—1402

[37] 范英，朱磊，张晓兵(2010) 碳捕获和封存技术认知、政策现状与减排潜力分析. 气候变化研究进展，5：362—369

节能减排动态演化模型及情景预测

田立新　刘雅婷

（江苏大学能源发展与环境保护战略研究中心，江苏镇江 212013）

【摘要】从中国能源环境现状出发，基于产业结构发展趋势，运用动态投入产出分析法，对现有数据进行分析，结合演化理论提出能源消耗演化目标和污染排放演化目标，建立节能减排下的离散动态演化模型，探讨节能减排策略和优化产业结构方法。该模型对中国2000—2008年的数据进行拟合检验，得出中国三次产业经济产值、中国能源消耗量及污染排放量，并从节能减排和产业结构优化两个方面给予实证分析。基于文章建立的模型结合情景分析法对中国2015年的经济产值、能源消耗及污染排放进行情景预测，为中国制定节能减排策略、实现产业结构优化提供了理论依据，为实现可持续发展提供了一个全新的视角和路线。

【关键词】节能减排；产业结构；演化模型；情景分析

Dynamic Evolution Model of Energy Conservation and Emission Reduction and Scenario Forecast

Tian Lixin, Liu Yating

(Energy Development and Environment Protection Strategy Research Center, Jiangsu University, 212013, Zhenjiang)

Abstract: Considering the situation of China's energy and environment, and based on the development tendency, this paper analyzes the existing data using input-output analysis method. Based on the evolution theory, the research puts forward energy consumption and pollution emission evolution goals, and establishes a discrete dynamic evolution modelon the basis of energy conservation and emission reduction. It is to study the strategy of energy conservation and emission reduction and in search of the method of optimizing industrial structure. The model calculates the data from 2000 to 2008, getting the economic output of each industry, national energy consumption and pollution emission. Energy conservation and emission reduction and industrial structure optimization are analyzed empirically. Based on the model and using analysis of scenario, the paper forecasts the economic output, energy consumption and pollution emission of China in 2015, and analyzes the results. It provides theoretical basis for formulating the strategies to reduce energy consumption and emissions. In the long run, it provides a new perspective for the sustainable development.

Key words: energy conservation and emission reduction; industrial structure; evolution model; analysis of scenario

1 引 言

随着经济的迅速发展,中国的能源消耗量不断增长,从 1978 年的 5.7 亿吨标准煤上升到 2010 年的 32.5 亿吨标准煤,其中煤炭消耗量为 22.7 亿吨标准煤,约占 69.94%。这样高耗能经济增长方式和能源消费结构导致了严重的环境污染,经济发展与能源消耗、环境污染的矛盾日趋尖锐,节能减排的压力进一步加大。目前国内外学者对节能减排问题已经展开了大量的研究。吴智泉、何伟、陈一萍等通过建立节能减排评价体系及评价模型,对中国节能减排情况进行评估。原毅军等从产业结构、经济增长、能源消耗、碳排放、政府调控及企业决策等方面对中国节能减排问题进行分析研究。Olutomi I. Adeyemi 等分析通过改进节能技术,提高能源效率的方法来减少能源消耗,实现节能目标。Ferda Halicioglu 运用时间序列法对土耳其 1960—2005 年的碳排放数据进行分析,研究能源消耗与对外贸易之间的因果关系。Sérgio M 等通过研究中国产业发展情况,建立模型分析能源供应与需求的趋势,分析能源强度情况及可持续能源的供应和效益。Stela Z. Tsani 研究了希腊 1960—2006 年时期内能源消耗和经济增长的因果关系,指出对能源和环境问题的解决不影响经济的增长,应该重视能源需求,提高能源利用效率。田立新、刘晶利用索罗生产函数模型,构造能源价格与能源强的关系,运用计量分析法研究能源相对价格对于能源强度的影响作用。包森、田立新提出了能源结构的双组份模型,分析了未来几年能源结构的发展趋势,并对中国碳排放问题进行了研究。张蓓蓓、田立新基于非线性动力系统,提出一种新的能量强度模型分析中国能源效率,并对中国能源强度进行预测。

文章从中国能源环境现状出发,基于产业结构发展趋势及其演变规律,对能源消耗和污染排放演化进程进行定量分析,建立节能减排下的离散动态演化模型。运用模型拟合已有数据,结合情景分析法对经济产值、能源消耗及污染排放进行预测,深入探讨节能减排和优化产业结构理论。第二部分运用演化理论,结合演化函数和演化率的概念,建立了节能减排下的动态演化模型;第三部分对模型中的数据进行处理;第四部分运用数学软件 LINGO 9.0 对模型进行求解并对拟合结果进行实证分析;最后一部分给出了主要结论并提出节能减排的相关措施。

2 模型的建立

2.1 模型假设

(1) 假设每个产业只生产一种同质(投入结构相同)产品,不同产业的产品之间不能相互替代。

(2) 假设一个产业每生产一个单位的产值所需要的其他产业的投入固定不变的,并且一个产业每单位产出投入到其他产业的比例是固定不变的。

(3) 假设几个产业的产值合计等于对这几个产业分别投入量的合计,不存在本身生产活动之外的"外部经济(非经济)因素"的影响。

(4) 假设在一定时期内,代表产业间投入产出关系的直接消耗系数相对稳定,这是利用投入产出模型进行经济分析的前提。

(5) 不考虑各种污染物之间的差异,将污染物简单地分为废水、废气和固体废弃物三种,假设各污染物内部无差异。

2.2 演化理论的运用

演化经济学理论自 20 世纪 80 年代兴起以来不断涌现和壮大,被应用到技术变迁、制度变迁和产业演化等领域。许多学者也将其不断地运用到各研究领域中,如演化博弈动力学的研究、环境经济学研究、金融理论研究等。随着经济的快速发展,全球出现了金融危机,经济形势的不断变化使得演化成为描述经济活动的主要手段。

文章将演化经济学理论运用到能源环境系统,分析能源消耗和污染排放的演化进程,以演化函数和演化率作为指标对其描述。演化函数在文中指以时间为演化变量,以能源消耗量和污染排放量为动态变量的函数,设时间序列为 t_0,t_1,$\cdots t_n$,且相邻时间点间隔相同,考察在此时间序列上被研究系统中变量的演化进程,其表达式如下:

$$F(t_1) = \frac{G(t_i) - G(t_{i-1})}{\Delta t} \quad (i = 1, 2, \cdots) \tag{1}$$

式(1)中,$G(t_i)$表示 t_i 时刻能源消耗量(或污染排放量),$F(t_i)$表示能源消耗量(或污染排放量)在 t_i 时刻相对于 t_{i-1}时刻的变化量。

由于文章主要研究能源消耗变化量和污染排放变化量,这两个量量纲不同,在分析其演化过程时不便于比较,因此,提出演化率的概念,在经济学领域中称其为增长率,表达式为:

$$D(t_i) = \frac{F(t_i)}{G(t_{i-1})}\text{，即}$$

$$D(t_i) = \frac{G(t_i) - G(t_{i-1})}{\Delta t \cdot G(t_{i-1})} \quad (i = 1, 2, \cdots) \tag{2}$$

2.3 建立模型

文章在2.2中将系统演化进程定量化，从整个演化进程的时间序列中抽取2000—2008年的数据为样本，考察时间间隔为一年，结合演化函数及演化率的思想，建立动态演化模型。

(1) 目标函数

文章从能源环境现状出发，基于产业结构发展趋势及演变规律研究节能减排问题，因此目标函数的提出从能源和环境两个方面出发，同时考虑它们的增长率及演化情况，提出四个目标函数。

1)能源消耗目标。通过对中国三次产业能源消耗进行定量分析，提出能源消耗目标，即规划期内三次产业能源消耗总增长量最小，为统一量纲，以其总量与前一时期能源消耗量之比计算，表达式为

$$\min f(t) = \sum_{t=1}^{T} \sum_{i=1}^{3} \frac{c_i(t) x_i(t)}{C(0)} \tag{3}$$

式(3)中，$f(t)$为规划期内三次产业能源消耗总增长量；$x_i(t)$为第i产业第t期的国内生产总值，文章称为经济产值；$c_i(t)$为第i产业第t期能源消耗强度，即单位经济产值的能源消耗量；$C(0)$为第0期能源消耗总量，即规划期前一时期的能源消耗量；i表示产业($i=1,2,3$)；t表示某产业生产经济产值的生产周期($t=0,1,2\cdots T$)；T表示整个规划期($T>0$，且为整数)。

2)能源消耗演化目标。结合演化函数和演化率的概念提出能源消耗演化目标，即各生产周期能源消耗演化率不断降低，表达式为

$$\min \Delta f(t) = \sum_{t=2}^{T} \sum_{i=1}^{3} \frac{c_i(t) x_i(t) - c_i(t-1) x_i(t-1)}{\Delta t \cdot c_i(t-1) x_i(t-1)} \tag{4}$$

式(4)中，$\Delta f(t)$表示规划期内能源消耗总演化率。

3)污染控制目标。环境污染主要包括废水污染、废气污染和固体废弃物污染，三种污染的排放量分别以其平均废水、废气和固体废弃物的污染排放强度来计算，实际污染物的排放量由初始污染物排放量减去污染物回收量所得，废水$E'_\alpha(t)$、废气$E'_\beta(t)$和固体废弃物$E'_\gamma(t)$实际排放总量表示如下：

$$E'_\alpha(t) = \sum_{i=1}^{3} \alpha_i(t) x_i(t) - \eta_\alpha(t) + \varepsilon_\alpha(t);$$

$$E'_\beta(t) = \sum_{i=1}^{3} \beta_i(t) x_i(t) - \eta_\beta(t) + \varepsilon_\beta(t);$$

$$E'_{\gamma}(t) = \sum_{i=1}^{3} \gamma_i(t) x_i(t) - \eta_{\gamma}(t) + \varepsilon_{\alpha}(t);$$

其中，$\alpha_i(t)$、$\beta_i(t)$、$\gamma_i(t)$分别为第 i 产业第 t 期废水、废气和固体废弃物的平均污染排放强度，即单位经济产值所产生的废水、废气和固体废弃物排放量；$\eta_{\alpha}(t)$、$\eta_{\beta}(t)$、$\eta_{\gamma}(t)$分别为三次产业第 t 期废水、废气和固体废弃物的回收量；$\varepsilon_{\alpha}(t)$、$\varepsilon_{\beta}(t)$、$\varepsilon_{\gamma}(t)$分别为三次产业第 t 期由随机事故引起的废水、废气和固体废弃物总排放量。

文章考虑随机事故对污染的影响。由于随机事故发生与否不可预测，随机事故的发生存在一定的概率，文章以随机事故对污染排放的影响率来表示随机事故(文章特指那些影响废水、废气和固体废弃物排放的随机事故)发生的概率。影响率分别由 $p(t)$、$q(t)$、$r(t)$表示，即指第 t 期随机事故引起的废水、废气、固体废弃物排放量占废水、废气、固体废弃物总排放量的百分比。若随机事故发生，则 $\varepsilon_{\alpha}(t)$、$\varepsilon_{\beta}(t)$、$\varepsilon_{\gamma}(t)$发生，若不发生则 $\varepsilon_{\alpha}(t)$、$\varepsilon_{\beta}(t)$、$\varepsilon_{\gamma}(t)$不发生。所以最终废水 $E'_{\alpha}(t)$、废气 $E'_{\beta}(t)$、固体废弃物 $E'_{\gamma}(t)$排放量表示为：

$$E'_{\alpha}(t) = p(t) \cdot \left[\sum_{i=1}^{3} \alpha_i(t) x_i(t) - \eta_{\alpha}(t) + \varepsilon_{\alpha}(t) \right] + [1 - p(t)] \cdot \left[\sum_{i=1}^{3} \alpha_i(t) x_i(t) - \eta_{\alpha}(t) \right]$$

$$E'_{\beta}(t) = q(t) \cdot \left[\sum_{i=1}^{3} \beta_i(t) x_i(t) - \eta_{\beta}(t) + \varepsilon_{\beta}(t) \right] + [1 - q(t)] \cdot \left[\sum_{i=1}^{3} \beta_i(t) x_i(t) - \eta_{\beta}(t) \right]$$

$$E'_{\gamma}(t) = r(t) \cdot \left[\sum_{i=1}^{3} \gamma_i(t) x_i(t) - \eta_{\gamma}(t) + \varepsilon_{\beta}(t) \right] + [1 - r(t)] \cdot \left[\sum_{i=1}^{3} \gamma_i(t) x_i(t) - \eta_{\gamma}(t) \right]$$

污染控制目标表述为规划期内污染物排放总增长量最小，为统一量纲，分别以其总量与前一期排污总量之比计算，表达式为

$$\min g(t) = \sum_{t=1}^{T} \left(\gamma_1 \frac{E_{\alpha}(t)}{W(0)} + \gamma_2 \frac{E_{\beta}(t)}{G(0)} + \gamma_3 \frac{E_{\gamma}(t)}{W(0)} \right) \tag{5}$$

式(5)中，$g(t)$为规划期内污染物排放总增长量；$W(0)$、$G(0)$、$S(0)$分别为第 0 期废水、废气和固体废弃物等污染物排放量，即为规划期前一时期的各污染物排放量；γ_1、γ_2、γ_3 分别为废水、废气和固体废弃物等污染物对总污染物的影响系数，即废水、废气、固体废弃物排放量分别占污染排放总量的比例。

4)污染排放演化目标。结合演化函数和演化率的概念提出污染排放演化目标，即各生产周期污染排放演化率不断降低，表达式为：

$$\min \Delta g(t) = \sum_{t=2}^{T} \left(\lambda_1 \frac{E_{\alpha}(t) - E_{\alpha}(t-1)}{\Delta t \cdot E_{\alpha}(t-1)} + \lambda_2 \frac{E_{\beta}(t) - E_{\beta}(t-1)}{\Delta t \cdot E_{\beta}(t-1)} + \lambda_3 \frac{E_{\gamma}(t) - E_{\gamma}(t-1)}{\Delta t \cdot E_{\gamma}(t-1)} \right) \tag{6}$$

式(6)中，$\Delta g(t)$表示规划期内污染物排放总演化率。

(2) 约束条件

1)动态演化投入产出平衡约束。运用投入产出理论，分析经济产值，资本形成与经济消费和出口的关系，提出该约束条件，表达式为：

$$X(t)=A\cdot X(t)+ZB(t)+XF(t)+CK(t) \tag{7}$$

式(7)中，$X(t)=[x_1(t),x_2(t),x_3(t)]^T$ 为第 t 期三次产业经济产值列向量；$A=(a_{ij})_{3\times3}$ 为投入产出直接消耗系数矩阵；元素 $a_{ij}=\frac{x_{ij}}{x_j}$ 为直接消耗系数，表示生产过程中第 j 产业的单位经济产值所消耗的第 i 产业生产的经济产值；$ZB(t)$ 表示资本形成总额列向量；$XF(t)$ 表示第 t 期最终消费列向量；$CK(t)$ 表示第 t 期净出口列向量。

2)能源供给需求约束。能源的供给指能源的生产量和进口量，能源需求指能源的国内需求(包括三次产业能源消耗量、生活能源消耗量和能源储存量)和出口量。因此，能源的供给需求约束表示为：

$$y(t)+\Delta_O(t)\geqslant\sum_{i=1}^{3}c_i(t)x_i(t)+z_1(t)+z_2(t) \tag{8}$$

式(8)中，$y(t)$ 表示第 t 期能源生产量；$\Delta o(t)=o_{in}(t)-o_{out}(t)$ 表示第 t 期能源进出口差量，$o_{in}(t)$ 为第 t 期能源进口量，$o_{out}(t)$ 为第 t 期能源出口量；$z_1(t)$ 表示生活能源消耗量，$z_2(t)$ 表示能源库存量，由年初库存量减去年末库存量所得，能源库存量为正表示库存减少，为负则表示库存增加。

3)能源消耗演化约束。通过控制能源消耗量的上涨幅度来控制能源消耗量，约束式为：

$$\sum_{i=1}^{3}\frac{c_i(t)x_i(t)-C(t-1)}{C(t-1)}\leqslant k \tag{9}$$

式(9)中，$C(t-1)$ 表示第 $t-1$ 期实际能源消耗量；k 表示能源消耗增长幅度的上限。

4)经济增长演化约束。中国实施节能减排的前提是经济可持续增长，设定经济增长约束为：

$$\frac{e^T[X(t)-A\cdot X(t)]-e^T[X(t-1)-A\cdot X(t-1)]}{e^T[X(t-1)-A\cdot X(t-1)]}\geqslant\rho \tag{10}$$

其中，$e=(1,1,1)^T$ 为单位列向量，ρ 为三次产业总经济产值在第 t 期相对第 $t-1$ 期的增长幅度。

5)污染控制约束。对污染排放提出总量约束，约束式为：

$$E_\alpha(t)\leqslant W(t),E_\beta(t)\leqslant G(t),E_\gamma(t)\leqslant S(t) \tag{11}$$

其中，$W(t)$、$G(t)$、$S(t)$ 为第 t 期允许废水、废气和固体废弃物排放的最大值。

6)非负约束。由于 $x_i(t)$ 表示经济产值，为保证其有实际意义，设它为非负量，表示为：

$$x_i(t) \geqslant 0 \qquad (i=1,2,3;\quad t=1,\cdots,T) \quad (12)$$

(3) 模型的构建

前面中提四个目标函数，因此文章研究的是多目标规划问题，需将多目标转化为单目标进行求解，采用评价函数法，设定四个目标的权数 θ_1、θ_2、θ_3、θ_4，且 $\sum_{i=1}^{4}\theta_i = 1(\theta_i \geqslant 0)$，构造评价函数：

$$u=\theta_1 \cdot f(t)+\theta_2 \cdot \Delta f(t)+\theta_3 \cdot g(t)+\theta_4 \cdot \Delta g(t)$$

则目标函数转化为

$$\begin{aligned}\min\ & \theta_1 \cdot \sum_{t=1}^{T}\sum_{t=1}^{3}\frac{c_i(t)x_i(t)}{C(0)}+\theta_2 \cdot \sum_{t=2}^{T}\sum_{t=1}^{3}\frac{c_i(t)x_i(t)-c_i(t-1)}{\Delta t \cdot c_i(t-1)x_i(t-1)} \\ & +\theta_3 \cdot \sum_{t=1}^{T}\left(\lambda_1 \frac{E_\alpha(t)}{W(0)}+\lambda_2 \frac{E_\beta(t)}{W(0)}+\lambda_3 \frac{E_\gamma(t)}{S(0)}\right) \\ & +\theta_4 \cdot \sum_{t=2}^{T}\left(\lambda_1 \frac{E_\alpha(t)-E_\alpha(t-1)}{\Delta t \cdot E_\alpha(t-1)}+\lambda_2 \frac{E_\beta(t)-E_\beta(t-1)}{\Delta t \cdot E_\beta(t-1)}+\lambda_3 \frac{E_\gamma(t)-E_\gamma(t-1)}{\Delta t \cdot E_\gamma(t-1)}\right)\end{aligned} \quad (13)$$

因此最终模型表示为：

$$\begin{aligned}\min\ & \theta_1 \cdot \sum_{t=1}^{T}\sum_{t=1}^{3}\frac{c_i(t)x_i(t)}{C(0)}+\theta_2 \cdot \sum_{t=2}^{T}\sum_{t=1}^{3}\frac{c_i(t)x_i(t)-c_i(t-1)}{\Delta t \cdot c_i(t-1)x_i(t-1)} \\ & +\theta_3 \cdot \sum_{t=1}^{T}\left(\lambda_1 \frac{E_\alpha(t)}{W(0)}+\lambda_2 \frac{E_\beta(t)}{W(0)}+\lambda_3 \frac{E_\gamma(t)}{S(0)}\right) \\ & +\theta_4 \cdot \sum_{t=2}^{T}\left(\lambda_1 \frac{E_\alpha(t)-E_\alpha(t-1)}{\Delta t \cdot E_\alpha(t-1)}+\lambda_2 \frac{E_\beta(t)-E_\beta(t-1)}{\Delta t \cdot E_\beta(t-1)}+\lambda_3 \frac{E_\gamma(t)-E_\gamma(t-1)}{\Delta t \cdot E_\gamma(t-1)}\right)\end{aligned}$$

$$\begin{aligned}s.t.\ & X(t) = A \cdot X(t) + ZB(t) + XF(t) + CK(t) \\ & y(t) + \Delta o(t) \geqslant \sum_{i=1}^{3} c_i(t)x_i(t) + z_1(t) + z_2(t) \\ & \sum_{i=1}^{3}\frac{c_i(t)x_i(t) - C(t-1)}{C(t-1)} \leqslant k \\ & \frac{e^T[X(t) - A \cdot X(t)]}{e^T[X(t-1) - A \cdot X(t-1)]} \geqslant \rho \\ & E_\alpha(t) \leqslant W(t) \quad E_\beta(t) \leqslant G(t) \quad E_\gamma(t) \leqslant S(t) \\ & x_i(t) \quad (i = 1,2,3;\quad t = 1,\cdots,T)\end{aligned}$$

该模型称为基于产业结构优化的节能减排离散动态演化模型，由四个目标函数和六个约束条件构成，所有目标函数和约束条件针对一个规划期提出，并综合运用投入产出理论、演化理论和节能减排理论。

3 数据处理

3.1 投入产出分析数据处理

文章采用2005年的投入产出直接消耗系数表，表中共有17个部门，包括众多行业。文章在运用时加以整理，将原来17个部门的投入产出直接消耗系数按产业归类：农业归为第一产业；工业各行业（包括采矿业、食品、饮料制造及烟草制品业、电力、热力及水的生产和供应业、金属产品和机械设备制造业等等）及建筑业归为第二产业；运输仓储邮政、信息传输、批发零售贸易、住宿和餐饮业、房地产业及金融产业等归为第三产业。将原来17个部门的投入产出直接消耗系数表转化为三次产业的投入产出直接消耗系数表。文章采用其投入产出直接消耗系数矩阵进行计算，即 $A=(a_{ij})_{3\times3}$，直接消耗系数 $a_{ij}=\dfrac{x_{ij}}{x_j}$ 表示生产第 j 产业产值过程中对第 j 产业产值的直接消耗量，反映了三次产业投入产出系统的生产直接消耗关系。

3.2 系数处理

模型计算需对模型中的系数进行合理的设定。第一，多目标转化成单目标时，四个目标的权数分别为 θ_1、θ_2、θ_3、θ_4，由于各目标之间没有主次之分，所以设 $\theta_1=\theta_2=\theta_3=\theta_4=0.25$；第二，污染控制目标中，$\gamma_1$、$\gamma_2$、$\gamma_3$ 分别表示废水、废气和固体废弃物对污染排放总量的影响系数，由2000—2008年各污染排放量占污染总排放量的比例平均值计算而得，即 $\gamma_1=0.998099$，$\gamma_2=0.000954$，$\gamma_3=0.000947$；第三，在污染控制目标和污染控制约束中，$p(t)$、$q(t)$、$r(t)$分别表示随机事故（文章特指那些影响废水、废气和固体废弃物排放的随机事故）发生的概率，由第 t 期随机事故引起的废水、废气、固体废弃物排放量占废水、废气、固体废弃物总排放量的百分比计算而得，文章采用2000—2008年的数据；第四，在能源总量约束中，表示能源消耗增长幅度的上限，文章根据2000—2008年能源消费增长率确定，将增长率最大值赋予，即 $k=0.161399$；第五，在经济增长约束中，ρ 为第 $t+1$ 期相对第 t 期三次产业产值的增长幅度，根据中国2000—2008年三次产业国内生产总值增长率计算而得，将增长率最小值赋予 ρ，即 $\rho=0.084260$。

文章中 $C(t)$、$W(t)$、$G(t)$、$S(t)$；$\varepsilon_i(t)_{i=\alpha,\beta,\gamma}$、$\eta_i(t)_{i=\alpha,\beta,\gamma}$；$ZB(t)$、$XF(t)$、$CK(t)$；$y(t)$、$z_1(t)$、$z_2(t)$、$\Delta o(t)$等数据均来源于《中国统计年鉴2000—2010》。

4 模型求解及实证分析

运用数学软件Lingo 9.0计算2.3.3中建立的模型，拟合2004—2008年中国各产业经济产值、能源消耗量及污染排放量，根据拟合结果分析中国节能减排情形及产业结构优化情况，并运用情景分析法对中国2015年经济产值、能源消耗及污染排放进行预测。

4.1　节能减排分析

运用数学软件Lingo 9.0计算中国各产业经济产值，结合能源消耗强度和污染排放强度求得2000—2008年的能源消耗量和污染排放量，同实际量进行比较，分析中国节能减排情形。

图1为经济产值图，从中可以看出，由模型拟合计算所得的经济产值相对于实际产值相差不大，仅2007年和2008年略低于实际产值，说明2.3中构建的模型保持了较高的经济增长。图2和图3分别为能源消耗图和污染排放图，可以看出模型拟合的能源消耗量和污染排放量均低于实际量，说明文章模型实现了降低能源消耗、减少污染排放的目标。由此可知，文章模型在实现节能减排目标的同时，保持了较高的经济增长，该模型具有合理性和可行性。

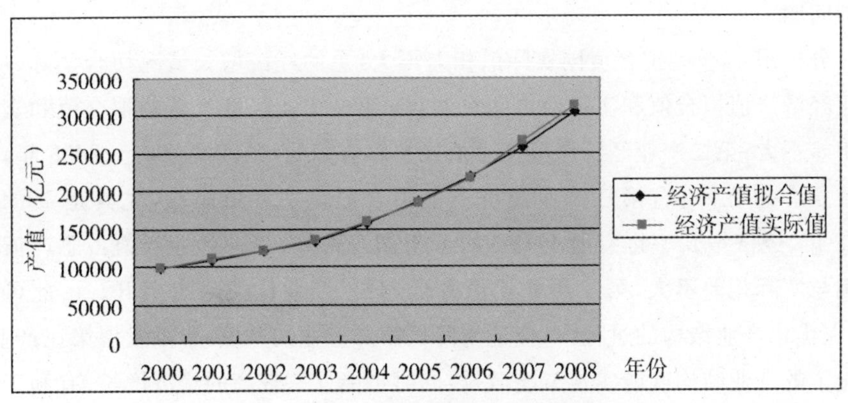

图1　2000—2008年经济产值折线图

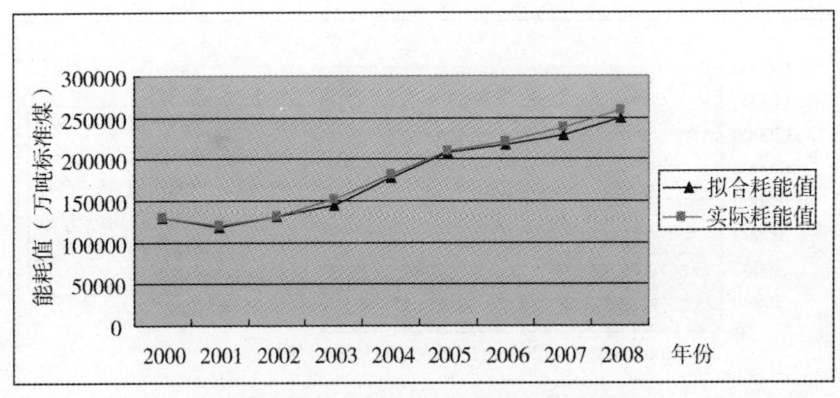

图2　2000—2008年产业能源消耗折线图

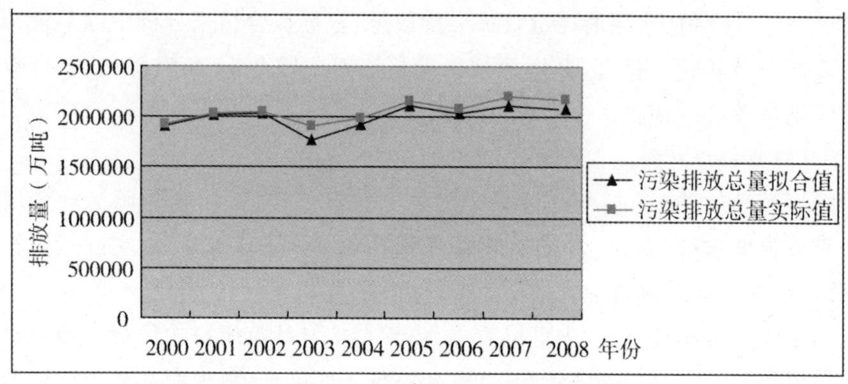

图3　2000—2008年产业污染排放折线图

4.2　产业结构优化分析

运用数学软件 Lingo 9.0 拟合 2000—2008 年中国三次产业经济产值，分别计算各产业经济产值其占总经济产值的比值，以该比值作为指标分析中国产业结构问题。

分析图 4，模型拟合值同实际值相差不大，总的经济增长情况切合实际。各产业经济产值拟合值和实际值之间有差异：第一产业经济产值的拟合值和实际值相差不大；第二产业经济产值拟合值比实际值偏低，尤其是 2004—2008 年，经济增长率也在降低；第三产业经济产值拟合值比实际值略高，尤其是 2004—2008 年，经济增长率也有所上升。再分析图 5 可知，第一产业产值占总产值的比例与实际相差不大，第二产业比值降低，第三产业比值略有上升。由此可分析，在优化产业结构的过程中，应适当降低第二产业的产值，重点发展第三产业。优化了的产业结构既能实现节能减排，同时也能保持较高的经济增长，有利于实现可持续发展，因此，优化产业结构是实现节能减排的策略之一。

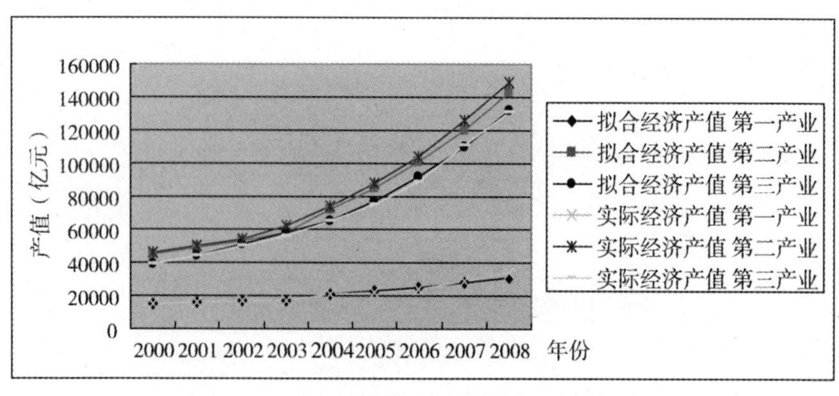

图4　2000—2008年各产业经济产值折线图

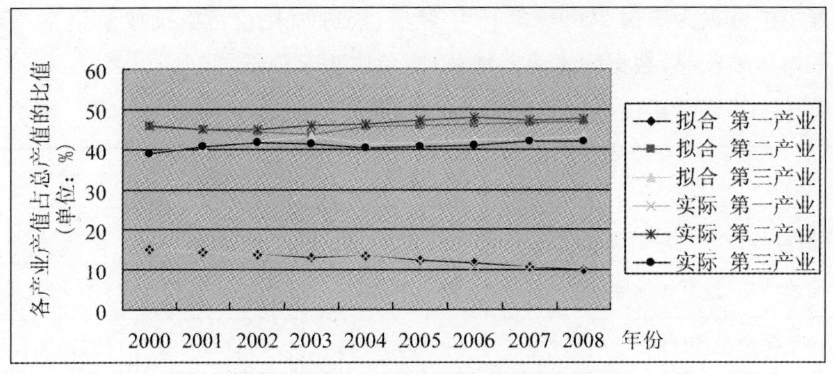

图 5　2000—2008 年经济产值结构图

4.3　演化情景分析

(1) 演化情景设定

文章以节能减排为研究目标，考察中国能源消耗和污染排放演化进程，到 2015 年实现低能耗低污染的目标。为了全面反映中国节能减排前景，综合考虑经济发展、产业结构调整及节能减排政策对中国节能减排的影响，设定以下情景。

情景一：由于经济全球化的今天，中国经济的发展必将与未来全球发展趋势相适应，经济建设仍然是中国的重心工作。因此设定一个不采取节能减排对策，以经济发展为主要驱动因素的情景。

情景二：中国节能减排政策能够全面实施，节能减排技术不断提高，设能源消耗强度和污染排放强度逐年降低。

情景三：产业结构与经济发展水平密切相关，在经济发展过程中，产业结构不断优化，第二产业经济产值比重有所降低，但仍占主导地位，第三产业发展速度增快，其比重明显上升。

(2) 演化情景分析

基于文章建立的模型结合情景分析法对中国 2015 年经济产值、能源消耗及污染排放进行预测，并对 2009—2015 年经济、能源消耗及污染排放演化情景进行分析。

通过表 1 分析，三种情景下 2015 年经济、能源消耗量及污染排放量的预测情况，情景一经济产值较情景二和情景三也较大，但同时其能源消耗量和污染排放量也大；情景二能源消耗量和污染排放量较小，但同时经济产值也偏小；情景三经济产值低于情景一，却高于情景二，同时能源消耗量和污染排放量低于情景一和情景二。

表2中数据为中国2009—2015年经济、能源消耗及污染排放演化率，即各变量平均年增长率，数据为正表示增长，为负则表示降低。

表1 2015年经济产值、能源消耗及污染排放情景

	情景一	情景二	情景三
经济产值(亿元)	595341.05	592588.32	592626.61
产业能源消耗量(万吨标准煤)	445929.13	441872.56	439055.64
产业污染排放量(万吨)	2165504.82	2141210.01	2119994.94

表2 2009—2015年经济产值、能源消耗及污染排放演化率表

	情景一	情景二	情景三
经济产值(%)	9.5690	9.4967	9.4986
产业能源消耗量(%)	8.6732	8.5167	8.4187
产业污染排放量(%)	−0.0380	−0.1810	−0.3431

分析表2中经济产值、能源消耗及污染排放的演化情形，情景一的经济演化率和能源消耗演化率最高，减排演化率最低，说明经济增长快但同时造成的能耗和污染也大；情景二经济演化率最低，能源消耗演化率较情景一略低，却高于情景三，污染排放演化较快，说明考虑节能减排政策有利于降低能源消耗和减少污染排放，但同时会降低经济增长；情景三经济增长低于情景一，但高于情景二，能源消耗演化率最低，污染排放演化最快，即与情景一和情景二相比，情景三更有利于实现节能减排目标，但经济增长演化较慢。

通过以上情景分析及比较，综合考虑经济增长、能源消耗及污染排放演化情景，将情景三作为未来中国实现节能减排的基本情景，将促进节能减排目标的实现，有利于经济、能源和环境可持续发展。

5 结 论

从中国能源环境现状出发，采用动态投入产出分析法，基于产业结构发展趋势，利用现有数据，对能源消耗和环境污染情形进行定量分析。结合演化理论提出能源消耗和污染排放演化目标，建立节能减排下的离散动态演化模型。运用数学软件Lingo 9.0对模型进行计算求解，拟合中国三次产业经济产值、中国能源消耗量和污染排放量，并对其进行实证分析。针对文章的分析，认为文章的模型实现了节能减排的目标，且实现了产业结构的优化。文章得出以下结论：产业结构优化是实现节能减排的策略之一，且优化产业结构的方法为适当降低第二产业的产值，重点发展第三产业。文章为中国制定相应的节能减排策略、实现产业结构优化提供了理论依据，为实现可持续发展提供了一个全新的视角和路线。

参考文献

[1] Coad A. (2010) Neoclassical vs evolutionary theories of financial constraints: Critique and prospectus. Structural Change and Economic Dynamics, 21(3): 206—218

[2] Faber A., Frenken K. (2009) Models in evolutionary economics and environmental policy: Towards an evolutionary environmental economics. Technological Forecasting and Social Change, 76(4): 462—470

[3] Ferda H. (2009) An econometric study of CO_2 emissions, energy consumption, income and foreign trade in Turkey. Energy Policy, 37: 1156—1164

[4] Long R. Y., Yu L. (2009) Study on regulation design about energy-saving and emission-reduction based on game theory. Procedia Earth and Planetary Science, 1: 1641—1646

[5] Miranda-da-Cruz S. M. (2007) A model approach for analyzing trends in energy supply and demand at country level: Case study of industrial development in China. Energy Economics, 29(4): 913—933

[6] Olutomi I. A, Lester C. H. (2007) Modelling OECD industrial energy demand: Asymmetric price responses and energy-saving technical change. Energy Economics, 29: 693—709

[7] Saidur R., Rahim N. A., Hasanuzzaman M. (2010) A review on compressed-air energy use and energy savings. Renewable and Sustainable Energy Reviews, 14(4): 1135—1153

[8] Tsani S. Z. (2010) Energy consumption and economic growth: a causality analysis for Greece. Energy Economics, 32(3): 582—590.

[9] Zhang B. B., Tian L. X. (2010) Analysis of China's Energy Intensity and Its Forecast. International Journal of Nonlinear Science, 9(3): 320—324

[10] Zhang X. P., Cheng X M. (2009) Energy consumption, carbon emissions, and economic growth in China. Ecological Economics, 68: 2706—2712

[11] Zhou D., Wu B., Ge H. (2010) Evolutionary stability and quasi-stationary strategy in stochastic evolutionary game dynamics. Journal of Theoretical Biology, 264 (3): 874—881

[12] 包森，田立新，王军帅(2010)中国能源生产与消费趋势预测和碳排放研究. 自然资源学报，25(8)：1248—1254

[13] 陈一萍(2010)基于密切值法的节能减排评价研究. 生态环境学报，19(2)：419—422

[14] 何伟，秦琨宁，何玘霜，王雁，徐福留(2010)节能减排绩效及其与经济效益协调性的监控和评估. 环境科学学报，30(7)：1499—1509

[15] 田立新，刘晶(2010)能源强度研究中能源价格影响的实证分析. 自然资源学报，25(9)：1—6

[16] 吴智泉，周少祥，安连锁，史海林(2010)基于终端产品燃料单耗的节能减排评价体系. 动力工程学报，30(6)：467—472

[17] 原毅军，董琨(2008)节能减排约束下的中国产业结构优化问题研究. 工业技术经济，27(8)：53—55

Causality Relationship between Energy Consumption and Economic Growth in Brazil

Hsiao-Tien Pao[1], Hsin-Chia Fu[2]

(1 Department of Management Science, Taiwan Chiao Tung University;
2 College of Engineering, Hua Qiao University, Quanzhou, 362021)

Abstract: This study has investigated the causality relationship between energy consumption and economic growth in Brazil during the period of 1980—2008. Granger causality test was used to examine the causal relationship between variables. Prior to testing for causality, the ADF, PP and KPSS unit root tests and Johansen co-integration rank test were used to examine unit roots and co-integration. The Johansen co-integration tests indicate the long-run equilibrium relationship between energy consumption and economic growth exists, and energy consumption appears to be real GDP elastic in Brazil. This elasticity suggests a high responsiveness of energy consumption to changes in income. The causality results indicate that there is a bidirectional strong causality running between energy consumption and economic growth. Thus, Brazil should adopt a dual strategy of increasing investment in energy infrastructure, and stepping up energy conservation policies to reduce any unnecessary waste of energy, in order to avoid having a negative effect on economic growth by reducing energy consumption. In contrast, energy conservation is expected to increase the efficient use of energy and, therefore, enhance economic growth.

Key words: energy consumption; economic growth; granger causality; Brazil

1 Introduction

Energy is the foundation of economic development and constitutes one of the vital infrastructure investments in social development. Both economy and energy consumption in Brazil have been growing rapidly. In the recent five years (2003—2008), Brazil has experienced a greater growth rates in both energy use (4.18%) and income (4.81%) than the global growth rates for corresponding variables. The world's recent five-year growth rates in energy use and real GDP are 2.97% and 3.43%, respectively. The Olympic Committee has chosen Brazil as the host country for the 2016 Olympic Games, highlighting the fact that Brazil is one of the future bright stars of the world. Official energy projections for Brazil indicate a continuing increase in demand for energy, in the next two decades. There are numerous studies that deal with the causality relationship between energy consumption and economic growth. The findings from the studies vary not only across countries but also across methodologies for the same country. In a summary of the literature on the causal relationship between energy consumption and economic growth, there is evidence to support bidirectional or unidirectional causality, or no causality, between energy consumption and economic growth.

Evidence in either direction will have a significant bearing on policy. If, for example, there is unidirectional causality running from economic growth to energy consumption, it could imply that energy conservation policies may be implemented with little or no adverse effect on economic growth. Unidirectional causality running from economic growth to energy consumption was revealed by Ghosh for India, by Mozumder and Marathe for Bangladesh, by Narayan and Smyth for Australia, by Yoo for Indonesia and Thailand, and by Chen et al. for Korea, Singapore, India, Malaysia and the Philippines.

In contrast, if a unidirectional causality runs from energy consumption to economic growth, reducing energy consumption could lead to a fall in economic growth while increasing it may contribute towards a country's economic growth. Unidirectional causality running from energy consumption to economic growth was revealed by Shiu and Lam and Yuan et al. for China, by Wolde-Rufael for Shanghai, China, by Ho and Siu for Hong Kong, China, by Altinay and Karagol for Turkey, by Lee and Chang for Taiwan, China, and by Chen et al. for Indonesia.

On the other hand, if bidirectional causality is found, economic growth may demand more energy whereas more energy consumption may induce economic growth. Energy consumption and economic growth may complement each other and energy conservation measures may negatively affect economic growth. For example, Jumbe for Malawi, Tang and Yoo for Malaysia, Yoo for Singapore, Morimoto and Hope for Sri_Lanka, Zachariadis and Pashourtidou for Cyprus, Yoo for Korea, and Chen et al. for Hong Kong found bidirectional causality between energy consumption and economic growth. In addition, Chen et al. found bidirectional causality for 10 Asian countries using panel data.

Finally, no causality in either direction would indicate that energy conservation policies may not affect economic growth, and rise in real income may not affect electricity consumption. Chen et al. found that there was no causality between economic growth and energy consumption in China and Thailand.

The purpose of this study is to investigate the causality relationship between energy consumption and economic growth, and to obtain policy implications from the results in Brazil. This purpose is accomplished by the following steps: First, stationarity and co-integration are tested; second, error-correction models are estimated to test for the Granger causality; finally, the F tests are performed to determine the joint significance levels of causality between the two variables. The remainder of this paper is organized as follows: Section 2 outlines the model and methodology. Section 3 discusses the data and empirical findings. The final section summarizes and concludes the paper.

For modeling purposes, all of the data was converted into natural logarithms prior to conducting the empirical analysis. Thus, the series can be interpreted in growth terms after taking the first difference into account

2 Model and methodology

2.1 Model

Following the empirical literature in energy economics, it is plausible to form a long-run relationship between energy consumption and economic growth in linear logarithm form, as follows:

$$LEC_t = \beta_0 + \beta_1 LGDP_T + \mu_t, \quad (1)$$

where LEC and LGDP represent natural logarithms of energy consumption and real GDP, respectively. The error term, μ_t, is assumed to be independent and identically distributed with a zero mean and a constant variance. The long-run income elasticity is given by:

$$\frac{\partial LEC}{\partial LGDP} = \beta_1 \quad (2)$$

The signs of β_1 is expected to be positive because a higher level of economic growth should stimulate energy use.

2.2 Econometric methodology

The empirical analysis tests for the existence of a long-term relationship between the variables (estimation of Eq. (1)) while the utilization of the vector error-correction model captures the short-run dynamics of the variables. The analysis is performed in three steps, the first of which is to verify the order of the integration of the variables, since variousco-integration tests are only valid if the variables have the same order of integration. Three different unit root tests, namely Augmented Dickey-Fuller (ADF), the Phillips-Perron (PP) and Kwiatkowski-Phillips-Schmidt-Shin (KPSS) are used to investigate the stationarity and the order of the integration of the variables. In terms of literature, tests designed on the basis of the null hypothesis that a series is I (1) have a low power of rejecting the null. Hence, KPSS is sometimes used to complement the widely used ADF and PP tests in order to obtain robust results.

In the second step, when all of the series of the same order are integrated, the Johansen maximum likelihood method is used to test the co-integration relationship between the variables in Eq. 1. If co-integration exists among the variables, OLS applied to estimate Eq. 1 does not lead to a spurious regression result. Furthermore, the parameters estimated by OLS are super-consistent. The existence of co-integration indicates that there are long-run equilibrium relationships between the variables, and thereby, Granger causality exists between them in at least one direction.

In the last step, if all of the variables are I(1) and co-integrated, the error correction model (ECM) is used for correcting any disequilibrium in the co-integration relationship, captured by the error-correction term (ECT), as well as testing for long-run and short-run causality among the co-integrated variables. The ECM for Eq. (1) is specified as follows:

$$\Delta LEC_t = \gamma_{10} + \sum_{i=1}^{n_1} \gamma_{11i} \Delta LEC_{t-i} + \sum_{i=1}^{k_1} \gamma_{12i} \Delta LGDP_{t-i} + \partial_1 ECT_{t-1} + \mu_{1t} \quad (3a)$$

$$\Delta LGDP_{1t} = \gamma_{20} + \sum_{i=1}^{n_2} \gamma_{21i} \Delta LGDP_{t-i} + \sum_{i=1}^{k_2} \gamma_{22i} \Delta LEC_{t-i} + \partial_2 ECT_{t-1} + \mu_{2t} \quad (3b)$$

$$ECT_{t-1} = LEC_{t-1} - b_0 - b_1 LGDP_{t-1} \quad (4)$$

where is derived from the long-term co-integration relationship described in Eq. (1). The sign Δ is the first-difference operator; the optimum lag lengths ni and ki are determined on the basis of Akaike's information criteria (AIC); and μ_{it} are the serially uncorrelated error terms. The parameter δ_1 is interpreted as being the speed of the adjustment coefficient which measures the speed at which the values of LEC come back to long-term equilibrium levels, once LEC violates the long-run equilibrium relationship. The negative sign of the estimated speed of adjustment coefficient is in accord with the convergence toward long run equilibrium. The ECM represented by Eq. (3) includes both the dependent variables with their own lags and the previous disequilibrium in terms of ECT_{t-1}. This specification can test the short-run and long-run causality among co-integrated variables. In terms of short-run causality in Eq. (3), the causality runs from the real output to energy consumption if the joint null hypothesis, $\gamma_{12i}=0$, i is rejected via a Wald test, whereas the causality runs from energy consumption to the real output if the joint null hypothesis $\gamma_{21i}=0$, i is rejected. With respect to long-run causality if the null hypothesis $\delta_1=0$ is rejected, energy consumption respond to deviations from the long-run disequilibrium. If the null hypothesis $\delta_2 = 0$ is rejected, then the real output responds to deviations from the long-run equilibrium. Finally, the strong Granger-causality runs from the real output to energy consumption if the null hypothesis $\gamma_{12i} = \delta_1 = 0, i$ is rejected, whereas the strong Granger-causality runs from energy consumption to real output if the null hypothesis $\gamma_{21i} = \delta_2 = 0$, i is rejected.

3 Empirical findings

This study collects annual data on energy consumption and real GDP for the period between 1980 and 2008 from the Energy Information Administration (EIA) and the World Development Indicators (WDI). Real GDP is measured in US dollars at 2000 prices. Energy consumption is measured in BTU (British thermal unit). Table 1 displays the summary statistics associated with the two variables.

Fig. 1 shows the change trend of each series for Brazil, all of which have increased across time. The energy consumption than the real GDP has exhibited a larger coefficient of variation (CV) shown in Table 1. Table 2 shows average percentage growth rates in the years to 2008 of each series. Fifteen-year, ten-year, and five-year growth rates are calculated as the growth between 1993 and 2008, 1998 and 2008, and 2003 and 2008, respectively. In the most recent five years (2003—2008), Brazil has experienced a greater growth rates in both energy use (4.18%) and income (4.81%) than the global growth rates for corresponding variables. The world's most recent five-year growth rates in energy use and real GDP are 2.97% and 3.43%, respectively.

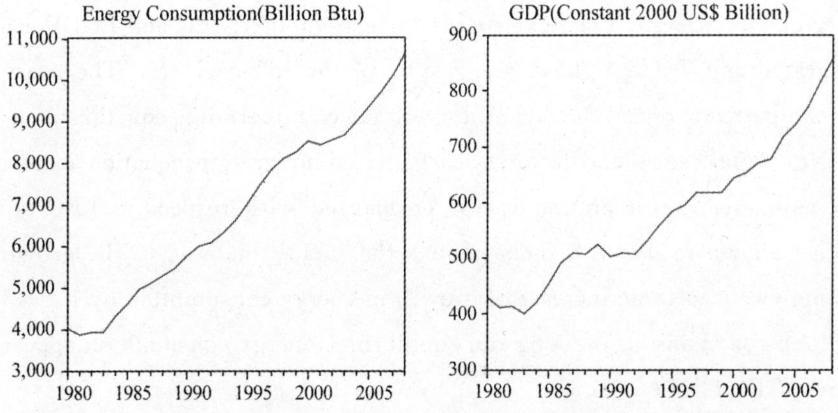

Fig. 1 Time series plots of the energy consumption and real GDP, 1980—2008

Table 1 Summary statistics for Brazil, 1980—2008

Energy consumption (Billion Btu)			Real GDP(constant 2000 US$ Billions)		
Mean	S. D.	CV (%)	Mean	S. D.	CV (%)
6823.80	2063.677	30.24	577.411	124.920	21.64

Table 2 Average growth rates in percentages to 2008 for each variable

	Brazil		World	
	Energy consumption	Rea lGDP	Energy consumption	Real GDP
15 year growth	5.15	3.25	2.41	3.11
10 year growth	2.75	3.36	2.57	3.09
5 year growth	4.18	4.81	2.97	3.43

For the time period between 1980 and 2008, the energy consumption-income relationship (Fig. 2) shows a monotonic increase in Brazil. Therefore, Eq. (1) is employed to examine how the energy consumption and economic growth are related in the long-run. Both the values of adjusted R2 and Jarque and Bera (JB) statistic shown in Table 3 indicate Eq. (1) is appropriate to test whether the two series are co-integrated. Table 4 shows the stationarity results for both LEC and LGDP through three different unit root tests, namely ADF, PP, and KPSS. All of the series appear to contain a unit root in their levels but are stationary in their first difference, indicating that they are integrated at order one i. e., I (1). The next step is to test whether LEC and LGDP are co-integrated and Table 5 shows the results of the Johansen test. The trace and eigenvalue tests reject the hypothesis of no co-integrating equation at a 5% level of significance, and have at least one co-integration equation existence. The estimated co-integrating vector normalized with respect to LEC is (1, 1.454) shown in Table 3. This implies that a 1% increase in the growth of income will lead to an increase of growth in energy consumption by 1.454% in the long run. Thus, in the long-run equilibrium, energy consumption appears to be real GDP elastic in Brazil.

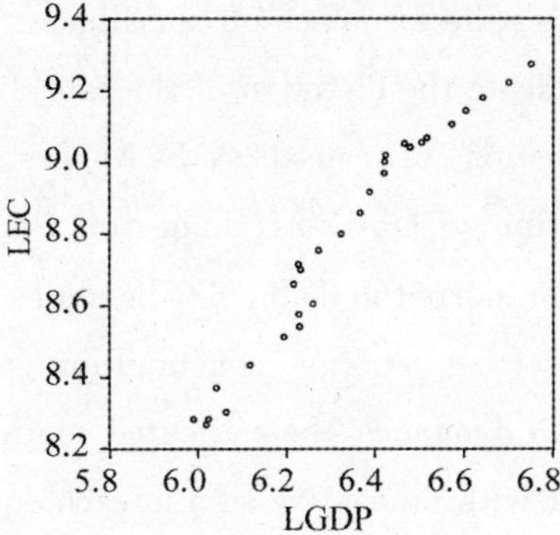

Fig. 2 The ln (energy consumption)-ln (GDP) plots for Brazil, 1980—2008

Table 3 Coefficients of equations (1)

Dep. var.	Indep. var				
	LGDP	Intercept	Adj-R2	JB	p-val.
LEC	1.454 * (24.977)	−0.431 (−1.168)	0.9570	1.909	0.385

Note: Figures in parenthesis indicate t-statistics. * indicates the rejection of a null hypothesis at 1% level of significance.

Table 4 Results of unit roots tests

	ADF		PP		KPSS	
	Level	1st diff.	Level	1st diff.	Level	1st diff.
LEC	−0.2761	−4.2798*	−0.3208	−4.2760*	0.6629**	0.0882
LGDP	2.2491	−4.2497*	0.5498	−4.2427*	0.6664**	0.1337

Note: All unit roots (except the KPSS) have a null hypothesis in that the series has a unit root against the alternative of being stationary. The null of KPSS states that the variable is stationary. Individual intercepts are included in test regressions. * and * * mean that the null of the unit root test is rejected at a 1% and 5% level. The lag lengths are selected using AIC.

Table 5 Results of Johansen's co-integration test

Eigenvalue	Trace Stat.	5% critical value	Max Eigen. Stat.	5% critical value	Number of co-integrations
0.673	36.765*	25.872	29.023*	19.387	None
0.258	7.742	12.518	7.742	12.518	At most 1

Note: The optimal lag lengths are selected using AIC. * indicates the rejection of a null hypothesis at 5% level of significance.

Co-integration implies the existence of causality, at least in one direction. However, it does not indicate the direction of the causal relationship. Hence, to shed light on the direction of causality, ECM based causality tests are performed. The short-run χ^2-statistics, long-run t-statistics and joint F-statistics for Eq. (3) are reported in Table 6. The short-run dynamics suggests unidirectional causality from energy consumption to real output. With respective to the long-run dynamics, the estimated coefficient of the ECT term is statistically significant with a negative sign in each equation, i. e. a change in one variable is expected to affect the other variables through a feedback system. This implies that there is a long term bi-directional causal relationship between them. Moreover, the estimated coefficients of the interaction terms are statistically significant in Eqs. (3a) and (3b). This implies that a bidirectional strong Granger-causality is running between real output and energy consumption. In other words, whenever a shock occurs in the system, each variable makes a short-run adjustment to restore the long-run equilibrium. These findings are broadly consistent with the results of the BRICs as a whole.

Table 6 Results of causality tests

	Source of causation (independent variables)				
	Short-run χ^2-statistics		Long-run t-statistics	Joint (short-run/long-run) F-statistics	
	ΔLEC	ΔLGDP	ECT	ΔLEC/ECT	ΔGDP/ECT
ΔLEC		1.116	−0.199*		5.640**
ΔLGDP	9.527*		−0.358*	11.962*	

Note: The optimal lag lengths are selected using AIC. * and ** indicate a 1% and 5% level of significance, respectively.

4 Conclusion and policy implications

This study has investigated the causality relationship between energy consumption and economic growth in Brazil during the period of 1980—2008. Granger causality test was used to examine the causal relationship between variables. Prior to testing for causality, the ADF, PP and KPSS unit root tests and Johansen co-integration rank test were used to examine unit roots and co-integration. The Johansen co-integration tests indicate the long-run equilibrium relationship between energy consumption and economic growth exist, and energy consumption appears to be real GDP elastic in Brazil. A 1% increase in the growth of income will lead to an increase of growth in energy consumption by 1.454% in the long run. This elasticity suggests a high responsiveness of energy consumption to changes in income.

A bidirectional strong Granger causality between economic growth and energy consumption implies that the two variables are jointly determined and affected at the same time. That is, an increase in energy consumption raises economic growth and vice versa. This can be explained by at least three factors: scale, technique effects and energy efficiency. Firstly, the scale effect occurs as energy consumption increase with the size of the economy. Secondly, the energy-income relationship depends on the techniques of production. An improvement in the techniques of production, i. e., the technique effect, may reduce the amount of energy use and increase profitability per unit of production. Finally, in pursuit of continuing economic growth, Brazil's government will need to put more effort into improving the energy efficiency of energy appliances and equipment, reducing the loss in power transmission and distribution, and introducing various kinds of tariff reforms to control energy consumption patterns. Figures for 2007 show that Brazil consumed 10046 Btu of energy for every dollar of GDP output at market exchange rates, which is only marginally higher than the world energy intensity of 9800 Btu. So, Brazil was the most efficient energy user. The disconcerting note in Brazil's record of energy use is that, while energy intensity has decreased by an annual average rate of 0.27% in the South and Central American region as a whole, Brazil has shown an annual average increase of 0.26% in energy intensity since the nineties. But it is still credible that the energy intensity in Brazil is almost a third lower than that of Venezuela, the largest source of oil in South America. However, Brazil is the 10th largest energy consumer in the world and the third largest in the Western Hemisphere, behind the United States and Canada. Thus, an improvement in energy efficiency is essential. Thus, Brazil should adopt a dual strategy of increasing investment in energy infrastructure, and stepping up energy conservation policies to reduce any unnecessary waste of energy, in order to reduce emissions and avoid having a negative effect on economic growth by reducing energy consumption. In contrast, energy conservation is expected to increase the efficient use of energy and, therefore, enhance economic growth.

References

[1] Altinay G., Karagol E. (2005) Electricity consumption and economic growth: evidence from Turkey. Energy Economics, 27: 849—856

[2] Alves D. C. O., Bueno R. D. (2003) Short-run, long-run and cross elasticities of gasoline demand in Brazil. Energy Economics, 25: 191—199

[3] Chen S. T., Kuo H. I., Chen C. H. (2007) The relationship between GDP and electricity consumption in 10 Asian countries. Energy Policy, 35: 2611—2621

[4] Dickey D. A., Fuller W. A. (1981) Likelihood ratio statistics for autoregressive time series with a unit root. Econometrica: Journal of the Econometric Society, 49: 1057—1072

[5] Engle R. F., Granger C. W. J. (1987) Co-integration and error correction: representation, estimation, and testing. Econometrica, 55: 251—276

[6] Ghosh S. (2002) Electricity consumption and economic growth in India. Energy Policy, 30: 125—129

[7] Ho C. Y., Siu K. W. (2007) A dynamic equilibrium of electricity consumption and GDP in Hong Kong: An empirical investigation. Energy Policy, 35(4): 2507—13

[8] Jarque C. M., Bera A. K. (1980) Efficient tests for normality, homoskedasticity and serial independence of regression residuals. Economics Letters, 6: 255—259

[9] Johansen S., Juselius, K. (1990) Maximum likelihood estimation and inferences on co-integration with approach. Oxford Bulletin of Economics and Statistics, 52: 169—209

[10] Jumbe C. B. L. (2004) Cointegration and causality between electricity consumption and GDP: empirical evidence from Malawi. Energy Economics, 26: 61—68

[11] Kwiatkowski D., Phillips P., Schmidt P., Shin Y. (1992) Testing the null hypothesis of stationarity against the alternative of a unit root: how sure are we that economic time series have a unit root? Journal of Econometrics, 54: 159—178

[12] Lee C. C., Chang C. P. (2005) Structural breaks, energy consumption, and economic growth revised: Evidence from Taiwan. Energy Economics, 27: 857—872

[13] Marathe A., Mozumder P. (2007) Causality relationship between electricity consumption and GDP in Bangladesh. Energy Policy, 35(1): 395—402

[14] Morimoto R., Hope C. (2004) The impact of electricity supply on economic growth in

Sri Lanka. Energy Economics, 26: 77—85

[15] Narayan P. K., Smyth R. (2005) Electricity consumption, employment and real income in Australia evidence from multivariate Granger causality tests. Energy Policy, 33: 1109—1116

[16] Oxley L., Greasley D. (2008) Vector auto-regression, co-integration and causality: testing for causes of the British industrial revolution. Applied Economics, 30: 1387—1397

[17] Pao H. T., Tsai C. M. (2011) Modeling and forecasting the CO_2 emissions, energy consumption, and economic growth in Brazil. Energy, 36: 2450—2458

[18] Pao H. T., Tsai C. M. (2010) CO_2 emissions, energy consumption and economic growth in BRIC countries. Energy Policy, 38: 7850—7860

[19] Pao H. T., Tsai C. M. (2011) Multivariate Granger causality between CO_2 emissions, energy consumption, FDI (foreign direct investment) and GDP (gross domestic product): Evidence from a panel of BRIC (Brazil, Russian Federation, India, and China) countries. Energy, 36(1): 685—693

[20] Phillips P. C., Perron P. (1988) Testing for a unit root in time series regression. Biometrika, 75(2): 335—346

[21] Shiu A., Lam P. L. (2004) Electricity consumption and economic growth in China. Energy Policy, 32: 47—54

[22] Tang C. F. (2008) A re-examination of the relationship between electricity consumption and economic growth in Malaysia. Energy Policy, 36(8); 3077—3085

[23] Wolde-Rufael Y. (2004) Disaggregated industrial energy consumption and GDP: the case of Shanghai. Energy Economics, 26: 69—75

[24] Yoo S. H. (2006) The causal relationship between electricity consumption and economic growth in the ASEAN countries. Energy Policy, 34(18): 3573—3582

[25] Yoo S. H. (2005) Electricity consumption and economic growth: evidence from Korea, Energy Policy, 33: 1627—1632

[26] Yuan J., Zhao C., Yu S., Hu Z. (2007) Electricity consumption and economic growth in China: Cointegration and co-feature analysis. Energy Economics, 29: 1179—91

[27] Zachariadis T., Pashourtidou N. (2007) An empirical analysis of electricity consumption in Cyprus. Energy Economics, 29(2): 183—198

基于投入产出优化模型的边际减排成本曲线演化研究

夏 炎　范 英

（中国科学院科技政策与管理科学研究所能源与环境政策研究中心，北京 100190）

【摘要】本文定义了边际减排成本的概念，提出减排成本估计方法，建立了基于投入产出的目标优化模型，并拟合出指数型减排成本函数形式。利用模型，论文实证研究了我国不同时期的减排成本演化规律，分析了世界主要国家的减排成本差异性及其原因。研究结果表明：无论是发展中国家还是发达国家，边际减排成本都呈现逐量递增的趋势，减排量越大，减少单位二氧化碳付出的成本也越大，相对的减排也更困难；从我国的实证结果来看，边际减排成本曲线的动态演化体现了技术进步的成果。

【关键词】边际减排成本；投入产出目标优化模型；指数型减排成本函数；宏观经济减排损失

The MAC Curve Evolution Research Based on Input-output Optimization Model

XIA Yan, FAN Ying

(Center for Energy and Environmental Policy research, Institute of Policy and Management, Chinese Academy of Sciences, Beijing, 100190)

Abstract: This paper defines the concept of marginal abatement cost (MAC) and proposes a method to estimate emission reduction cost, which is developed by input-output optimization model and fit the exponential MAC function. It is investigates evolution rule of Chinese reduction cost in different times and analyzes the difference reasons of national reduction cost among major emission countries. The international empirical research shows that, both developing and developed countries, the MACs are increasing amount trends, the greater emissions reduction, the bigger the MACs, relatively, the more difficult implementation of reduction. The Chinese results show that the dynamic evolution of MAC curve displays the effect by technology progress.

Key words: marginal abatement cost (MAC); input-output optimization model; exponential MAC function; macro-economic reduction loss

1 引 言

为了减缓气候变化，将全球温室气体浓度控制在安全的范围之内，二氧化碳的减排问题已经引起国际社会的广泛关注。控制温室气体排放只有通过降低能源使用总量、调整能源结构、控制人口增长等方式才能实现，它本质上是个经济社会如何发展的问题，必然关系到不同国家之间、行业之间、人群之间的利益调整和再分配，因而是个高度敏感、十分复杂的难题。而对减排成本的研究是解决这一复杂问题的基础，也是制定减排策略时优先考虑的关键问题之一。值得注意的是，长期来看，减排目标的实现主要是依靠科技进步和结构优化，但是短期内的减排则只能靠限制高排放部门的发展来实现。因此，短期内的强制减排需要付出较大的经济代价。事实上，各个国家由于发展阶段、经济结构以及能源消费结构的不同，其减排的代价存在巨大差异；同一个国家在不同的发展阶段，减排成本也有所不同。因此，通过科学的分析方法对不同国家不同时期的减排成本进行客观地评估，不仅具有重要的科学意义，而且可以有效地支撑气候变化领域的国际合作，因此具有较强的现实意义。

目前，国际上对边际减排成本函数的研究可以归纳为四种主要形式：二次曲线型、对数型、幂函数型和指数型。

(1) 二次曲线形式函数应用最为广泛，主要由麻省理工学院能源与环境政策研究中心提出的排放预测和政策分析（Emission Prediction and Policy Assessment，EPPA）模型得到(2008)。清华大学陈文颖等(2004、2005)利用Markai-Macro模型研究中国的二氧化碳减排成本，拟合出二次曲线形式函数；Maddison(1995)利用动态规划模型研究气候变化的成本效益分析，提出成本函数的三次曲线形式；世界银行和中国科技部合作研究中国清洁能源发展机制(2004)；Eyckmans(2001)利用世界模型(MACGEM)通过碳价格(即边际减排成本)研究 Marrakesh 协议和京都议定书的缺陷；韩一杰、刘秀丽(2010)利用该函数研究中国减排的减排成本；张晓兵等(2010)利用投入产出多目标规划模型提出宏观经济成本函数等；其他研究还包括 Blanchard，Criqui 和 Kitous 2002；den Elzen 和 de Moor 2001；den Elzen 和 de Moor 2002；Loeschl 和 Zhang 2002；Lucas，den Elzen，和 Vuuren 2002；Steenberghe 2002。

$$MC = aR^2 + bR \quad (1)$$

(2) 对数形式主要由著名经济学家 Nordhaus 利用一般均衡模型提出。随后,Nordhaus(1991)利用该成本函数研究温室效应的经济影响;李陶等(2010)利用非线性规划模型研究中国区域碳强度等。

$$MC = a + b\text{in}(1 - R) \tag{2}$$

(3) 幂函数形式主要由 Criqui(1999)提出的 POLES 模型得到。应用方面如 Zhang(1996)对比中国 15 种发电厂二氧化碳边际减排成本。

$$MC = aR^{b} \tag{3}$$

(4) 指数形式主要由澳大利亚农业和资源经济局的全球贸易和环境模型(global trade and environment model,GTEM)得到(2000),但该形式的应用并不广泛。

$$MC = a(\exp(bR) - 1) \tag{4}$$

虽然函数形式不同,但是都认为随着减排量的增加,减排成本呈现单增的凸函数性质。不同的是成本增加的速度和规律不同,即凸性大小不同。

从减排成本曲线的文献来看,主要涉及宏观经济减排成本、边际社会减排成本和福利减排成本等。Richels(1991)提出了一个评估减少二氧化碳排放的成本与收益的非线性规划模型——Global 2100,并对二氧化碳减排对美国宏观经济的影响进行了系统估计;Rose 和 Steven (1993)提出了一个非线性规划模型来模拟并估算八个国家由二氧化碳减排策略而导致的净福利变化;Ellerman, Decaux (1998) 和 Criqui 等(1999) 利用CGE 模型研究碳减排成本,表明边际减排成本随着减排比例的上升而上升;Zhang (1996)对比了中国 15 个发电厂发电成本和二氧化碳的边际减排成本,发现大型煤电厂和水电厂的边际减排成本最低,在实施碳减排的时候应该首先考虑;Hsu 和 Chou (2000)基于多目标规划的方法对我国台湾地区的二氧化碳减排进行了整体的规划并对若干情形下减排的宏观经济成本进行了估计;杨浩彦(2000)通过构建一个基于多目标规划的模型,估计得到台湾地区的二氧化碳减排的宏观经济成本;陈文颖(2004)利用中国的 Markai-Macro 模型,预测中国 2050 年的一次能源的消费和碳的排放量,估算碳的边际减排成本;王灿等(2005)采用综合描述中国经济、能源、环境系统的动态 CGE 模型,测算减排边际社会成本和边际技术成本;范英、张晓兵等(2010)利用基于投入产出的多目标规划方法对中国 2010 年二氧化碳减排的宏观经济成本进行了系统的估算和分析。

本文提出了一种减排成本估计方法,研究减排成本曲线的动态演变规律。建立投入产出—目标规划相结合的投入产出优化模型估算边际减排成本,并基于此提出指数型减排成本函数和应用。本文主要结构如下:第二部分定义了边际减排成本的概念，并建立投入产出优化模型，拟合不同国家的边际减排成本曲线；第三部分以中国 1987—2007 年和主要国家 2005 年的相关数据为样本，研究我国和主要排放国的边际减排成本曲线的动态演变规律；第四部分为主要结论和建议。

2 边际减排成本曲线

2.1 边际减排成本

二氧化碳边际减排成本是指额外减少一单位二氧化碳排放量所引起的经济总量(GDP)的减少，是二氧化碳减排的机会成本。影子价格是指有限资源或产品在最优分配、合理利用条件下，对社会目标的边际贡献或边际收益。其理论基础是边际效用价值，反映资源稀缺性，该方法最早由苏联经济学家 Kantorovitch 和荷兰经济学家 Jan Tinbergen 提出并研究。由于影子价格与边际成本均反映了资源或产品的机会成本，因此本文以影子价格刻画边际减排成本，利用线性规划对偶问题研究二氧化碳减排的边际成本，通过建立和求解资源优化配置的线性规划模型，来推求总体最优情况下的减排量约束对应的拉格朗日乘子，即影子价格，拟合出边际减排成本曲线。

2.2 减排成本估计的投入产出优化模型

目标函数为增加值(GDP)最大化：

$$\max V = \sum_{j=1}^{n} a_{vj} X_j \quad (j = 1, 2, \cdots 24) \tag{5}$$

约束条件包括：投入产出约束、总产值约束、二氧化碳排放量约束、出口约束和进口约束：

$$\begin{aligned} & AX + Y + E - I \leqslant X \\ & X^1 \leqslant X \leqslant X^h \\ & \sum a_{cj} X_j \leqslant C \\ & 0 \leqslant E \leqslant E^h \\ & 0 \leqslant I \leqslant I^h \end{aligned} \tag{6}$$

模型中的变量含义为：

V——国民经济中各部门增加值总量，即国内生产总值 GDP；

X——总产出列向量，X_j 为第 j 部门的总产出，X^h，X^I 分别表示总产出的上下界向量；

A——直接消耗系数矩阵；

Y——最终产品列向量，包括消费和投资；

E——出口列向量，为出口上界向量；

I——进口向量，为进口上界向量；

a_{vj}——增加值系数；

a_{cj}第 j 部门的单位产值碳排放量，即直接碳排放系数；

C——二氧化碳排放量。

定义 1　直接消耗系数

$$a_{ij}=X_{ij}IX_j,j=1,2,\cdots,n. \tag{7}$$

定义 2　增加值系数

$$a_{vj}=V_jIX_j \tag{8}$$

定义 3　直接碳排放系数

$$a_{cj}C_jIX_j \tag{9}$$

3　边际减排成本曲线的演变规律研究

数据来源主要包括：① 统计局公布的 1987、1992、1997、2002、2007 年的可比价投入产出序列表（以 2000 年价格为基准的可比价表），部门分类为 24 部门（见表 1）；② 能源消耗量数据来源于统计局公布的历年中国能源统计年鉴及中国统计年鉴；③ 二氧化碳排放系数主要根据《IPCC（2006）温室气体排放清单》和统计局编制的《能源统计年鉴》中公布的计算公式和相关数据；④ 同时选取 OECD 网站公布的中国、智利、印度尼西亚、墨西哥四个发展中国家以及美国、澳大利亚、加拿大、韩国四个发达国家的投入产出表进行减排成本的国际比较。

表 1　边际成本模型的投入产出表部门分类(24 部门)

序号	名　称	序号	名　称
1	农业	13	非金属矿制品
2	煤炭开采和洗选	14	金属冶炼及压延业
3	石油和天然气加工	15	金属制品业
4	金属矿采选业	16	机械设备加工制造业
5	非金属矿及其他	17	其他工业
6	食品制造业	18	电力、热力生产和供应业
7	纺织业	19	燃气生产和供应业
8	服装皮革羽绒制品业	20	水的生产和供应业
9	木材加工及家具制品业	21	建筑业
10	造纸印刷及文教用品	22	运输邮电仓储业
11	石油及核燃料加工业	23	批发零售餐饮业
12	化学工业	24	其他服务业

考虑到二氧化碳减排量本身的稀缺性，本文中拟合的边际减排成本曲线为指数形式，初始值为正值。经过模型(5)(6)的测算和拟合，得到边际减排成本函数如下：

$$MC = a^{1+R} \tag{10}$$

其中，MC 表示边际减排成本（美元/吨 CO_2）；R 表示减排率，即 R＝减排量/排放总量×100；a 表示技术参数。

图 1 分别显示了等量减排下历年边际减排成本的动态演化趋势，表现了边际减排成本与减排量和减排时间的动态关系。从等量减排来看，边际减排成本呈现了逐年递减的趋势，主要体现了技术进步的效果，随着减排技术水平的提高，减排行动更加容易。如果考虑减排 8 亿吨二氧化碳，1987 年的成本高达 1449 元/吨二氧化碳，1992 年、1997 年、2002 年和 2007 年的成本逐年有所减少，依次为 1355 元/吨二氧化碳、1308 元/吨二氧化碳、1218 元/吨二氧化碳和 864 元/吨二氧化碳。

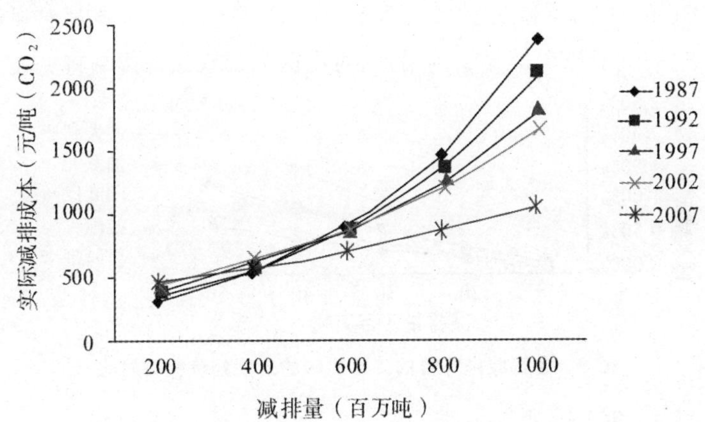

图 1　历年边际减排成本的动态演变实证结果

为体现减排成本对于一国经济的负担程度不同，我们定义减排的宏观经济损失为减排成本占当年 GDP 的比重。从实证结果来看，减排等量的二氧化碳带来的宏观经济损失逐年递减，说明较晚减排的宏观经济损失较小。图 2 为等量减排下历年减排引起的宏观经济损失，减排 2 亿吨二氧化碳，从 1987—2007 年的宏观经济代价依次为：1.88％、1.43％、1.10％、0.79％和0.35％。

基于各国边际减排成本曲线，测算各国减排的宏观经济损失，比较结果表明，减排等量的二氧化碳，发展中国家所要付出的成本并不比发达国家少，甚至比某些发达国家更多。静态角度分析，发展中国家所要付出的宏观经济减排损失明显高于发达国家(如图 3)。比如，分别减少 10 万吨，三个发展中国家的宏观经济代价分别为：智利(1.73%)，墨西哥(0.18%)，印度尼西亚(0.27%)；三个发达国家分别为：澳大利亚(0.18%)，加拿大(0.11%)，韩国(0.13%)。从中美两国比较来看(图4)，减排等量的二氧化碳，美国的边际减排成本大于中国。如果减排2亿吨二氧化碳，美国和中国的边际减排成本分别为139美元/吨二氧化碳和51美元/吨二氧化碳。但从中美两国的宏观经济损失来看，美国减排2亿吨和10亿吨二氧化碳的宏观经济损失相当于其2005年GDP的0.22%和0.38%，而中国减排2亿吨和10亿吨二氧化碳的宏观经济成本占2005年GDP的0.45%和0.82%。因此，减排等量的二氧化碳对宏观经济损失要远大于美国，而且随着减排量的增加，对中国的宏观经济影响将更大。

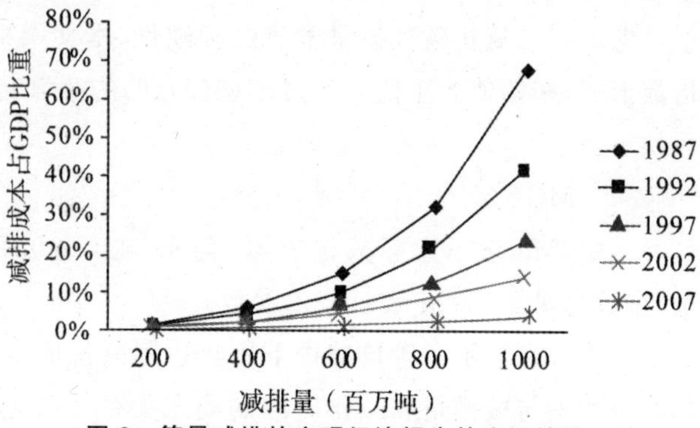

图2　等量减排的宏观经济损失的实证结果

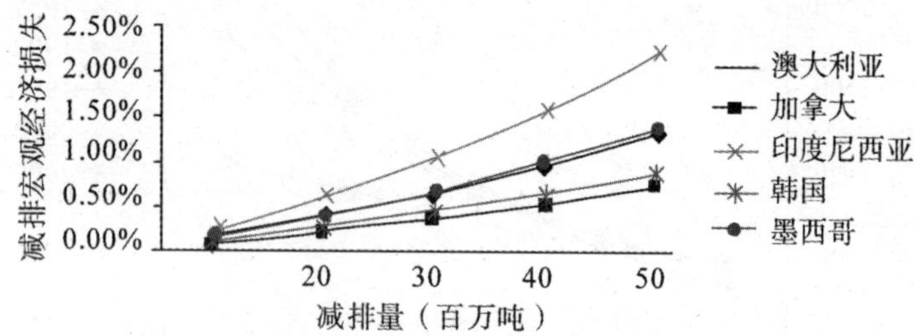

图3　各国减排等量的二氧化碳的宏观经济损失对比

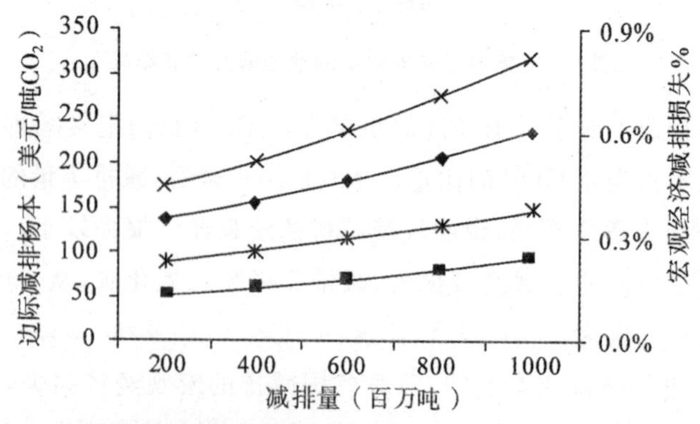

图4　中国和美国减排等量的二氧化碳的宏观经济损失对比

4 结 论

本文通过建立投入产出优化模型，研究边际减排成本曲线的演变规律，分析我国和主要排放国的减排成本代价，对于推动国内减排行动的实施、支持国际减排承诺，提供重要的定量依据。论文得到的主要结论有：

(1) 从我国动态演变规律来看，二氧化碳减排成本曲线动态演变规律具有技术进步特点。同等减排量下边际减排成本呈现逐年递增的趋势。而从减排的相对宏观经济损失来看(即减排等量二氧化碳的宏观经济代价相对于基期年份GDP的比重)，也呈现了相同的趋势，且逐年差距更大。因此，越晚实施减排政策，对我国的经济发展越有利。

(2) 从国际比较来看，无论是发展中国家还是发达国家，边际减排成本都呈现逐量递增的趋势，减排量越大，减少单位二氧化碳付出的成本也越大，相对的减排也更困难。等量减排下，发展中国家的边际减排成本一般比发达国家要高。但随着减排量的增加，印度尼西亚的边际减排成本会低于澳大利亚、加拿大、韩国等发达国家。但是从等量减排所要付出的宏观经济代价来看，发展中国家减排的相对宏观经济损失要明显大于发达国家。一方面是因为等量减排的相对减排率高，另一方面由于发展中国家相对减排技术落后造成其边际成本高。另外，产业结构及能源消费结构的差异也是造成不同国家二氧化碳减排的边际成本差异的重要因素。

(3) 从中美比较来看，等量减排下，美国的边际减排成本要大于中国的二氧化碳边际减排成本。从等量减排付出的经济代价来看，中国减排的相对宏观经济损失要大于美国，而且随着减排量的增加，两国等量减排的宏观经济损失的差距还将越来越大。

因此，中国是率先进行减排的国家，这一方面表现了我国减排的决心和责任，另一面过早的减排确实会付出过多的减排成本，承担更多的压力。而且越晚开始减排，不仅技术水平更高，而且有更多的可供选择的技术。同时，随着经济水平的提高，和产业结构调整的逐渐完成，越晚开始减排，经济的承受能力越强，越有利于减排工作的顺利而长期的开展。同时，对发展中国家来说，减排成本占GDP的比重较发达国家要高，承担的风险和损失也更大。而且发达国家已经完成工业化阶段，历史累计排放远高于发展中国家，因此应主动承担减排义务，向发展中国家免费提供减排技术支持和资金保障。

参考文献

[1] Blanchard O., Criqui P., Kitous A. (2002) After The Hague, Bonn and Marrakech: the future international market for emissions permits and the issue of hot air

[2] Chen W. Y. (2005) The costs of mitigating carbon emissions in China: findings from China MARKAL-MACRO modeling. Energy Policy, 33: 885—896

[3] Criquil P., Mima S., Viguier L. (1999) Marginal Abatement Costs of CO_2 Emission Reductions, Geographical Flexibility and Concrete Ceilings: an assessment using the POLES model. Energy Policy, 27: 585—601

[4] Ellerman D. A., Decaux A. (1998) Analysis of post-Kyoto CO_2 emission trading using marginal abatement curves [C] massachusetts institute of technology. MIT Joint Program on the Science and Policy of Global Change, Report 40

[5] Elzen M. G. J. den, Berk M. M., Both S., Faber A., Oostenrijk R. (2001 FAIR 1.0: An interactive model to explore options for differentiation of future commitments in international climate policy making, RIVM-report 728001013 Bilthoven, the Netherlands, http://www.rivm.nl/FAIR/

[6] Eyckmans J., Van Regemorter D., V. van Steenberghe (2001) Is Kyoto fatally flawed? An analysis with MacGEM, Energy, Transport and Environment Working Paper Series No. 2001—18, Center For Economic Studies, Katholieke University Leuven, Leuven Belgium

[7] Gruetter J. (2000) CERT (Carbon Emission Reduction Trading) Model. http://www.ghgmarket.info

[8] Hsu G. J. Y., Chou F. Y. (2000) Integrated planning for mitigating CO_2 emissions inTaiwan: A multi-objective programming approach. Energy Policy, 28: 519—523

[9] Jennifer M., Sergey P., John R. (2008) Marginal Abatement Cost and Marginal Welfare Costs for Greenhouse Gas Emissions Reductions: Results from the EPPA Model. Massachusetts Institute of Technology, Joint Program on the Science and Policy of Global Change, Report 164

[10] Klepper G., Peterson S. (2003) On the robustness of marginal abatement cost curves: the influence of world energy prices (No. 1138). Kieler Arbeitspapiere

[11] Klepper G., S. Peterson, K. Springer (2003) Dart97: A description of the multi-regional, multi-sectoral trade model for the analysis of climate policies. Kiel Working Papers, forthcoming, Kiel Institute for World Economics

[12] Loeschl A., Zhang Z. X. (2002) The economic and environmental implications of the US repudiation of the Kyoto Protocol and the subsequent deals in Bonn and Marrakech. Nota di la Voro 23 Fondazione Eni Enrico Mattei

[13] Lucas P. L., M. G. den Elzen, D. P. v. Vuuren (2002) Multi-gas abatement analysis

of the Marrakech Accords. Paper prepared for the conference on Global Trading; Kiel 30

[14] Maddison D. (1995) A cost benefit analysis of slowing climate change. The Centre for Social and Economic Research on the Global Environment (CSERGE) Working Paper GEC: 94—28

[15] Manne A. S, Richels R. G. (1991) Global CO_2 emissions reduction: the impact of rising energy costs. The Energy Journal, 12 (1): 87—107

[16] Nordhaus W. D. (1991) The cost of slowing climate change: a survey. Energy Journal, 12: 37—65

[17] Rose A., Steven B. (1993) The efficiency and equity of marketable permits for CO_2 emissions. Resource and Energy Economics, 15: 117—146

[18] Steenberghe V. (2002) CO_2 abatement costs and permit's price: Exploring the impact of banking and the role of future commitment. Kiel: Paper prepared for the conference on Global Trading

[19] Zhang Z. X. (1996) Cost-effective analysis of carbon abatement options in China's electricity sector. Energy Sources, 20: 385—405

[20] 陈文颖,高鹏飞,何建坤(2004)未来二氧化碳减排对中国经济的影响.清华大学学报(自然科学版),44 (6):744—747

[21] 陈文颖,高鹏飞,何建坤(2004)用中国 MARKAL-MACRO 模型研究碳减排对中国能源系统的影响. 清华大学学报(自然科学版),44(3):342—346

[22] 丁仲礼,段晓男,葛全胜,张志强(2009)2050 年大气 CO_2浓度控制:各国排放权计算. 中国科学 D 辑:地球科学,39(8):1009—1027

[23] 范英,张晓兵,朱磊(2010)基于多目标规划的中国二氧化碳减排的宏观经济成本估计. 气候变化研究进展,6(2):130—135

[24] 韩一杰,刘秀丽(2010)中国二氧化碳减排的减排成本测算. 管理评论,22(6):100—105.

[25] 李陶,陈林菊,范英(2010)基于非线性规划的我国省区碳强度减排配额研究. 管理评论,22(6):54—60

[26] 王灿,陈吉宁,邹骥(2005)基于 CGE 模型的 CO_2减排对中国经济的影响.清华大学学报(自然科学版),45(12):1621—1624

[27] 杨浩彦(2000)台湾地区与能源使用相关的二氧化碳减量成本估计:多目标规划分析法之应用.人文及社会科学集刊,12(3):459—494

可再生能源产业发展路径：基于制度变迁的视角

陈　艳　朱雅丽

（中国地质大学经管学院，武汉 430074）

【摘要】常规化石能源面临资源储量和环境恶化的双重约束，可再生能源可以循环利用，对环境的影响小，有利于能源、经济与环境的可持续发展。本文运用新制度经济学中的技术锁定、制度竞争、资源赋存、制度安排、主导价值目标等原理来讨论可再生能源取代化石能源的产业发展路径。得出结论：可再生能源产业发展存在路径依赖。原因是技术锁定使得可再生能源技术水平在短期内难以获得突破性进展；可再生能源与常规化石能源相比，不具有价格优势；可再生能源资源赋存与消费空间的矛盾，导致短期内还不能以合理的价格获得廉价的可再生能源；与可再生能源制度配套的相关制度安排短期难以建立和完善；目前的技术水平条件下，可再生能源还不能保证经济持续高速发展。

【关键词】可再生能源；路径；制度变迁；技术锁定；制度竞争

Industry Development Path of Renewable Energy: From the Perspective of Institutional Transition

Chen Yan, Zhu Yali

(Economy and Management College, China University of Geosciences, Wuhan, 430074)

Abstract: Conventional fossile energy is facing double restricts of resources reserve volume and environmental deterioration, renewable energy is recyclable and has low side effects to environment, so it is in favor of sustainable development of energy, economy and environment. this paper by using principles in new institutional economics, like technique lock in, institutional competition, dominant value goal to discuss the industry development path of renewable energy replacing fossile energy. The conclusion is, technique lock in makes renewable energy technique immature, technique immature leads the cost keeping high, and makes renewable energy no price advantage compared with conventional fossile energy. For the value goal, because every country regards economic efficiency as more important, there exists the problem of free ride in their common value goal of environment protection.

Key words: renewable energy; path; institutiontransition; technique lock in; institutional competition

人类历史上经历了两次能源结构转型,即从木材时代向煤炭时代的过渡,再经由煤炭时代向石油时代的转变。如今正面临着第三次能源结构转型,即由以石油为主的能源结构向可再生能源时代的演变。从历史的经验看,每一次能源结构转型都经历了一个漫长的时期;而从制度变迁的视角看,一套低效率的制度往往能够长期存在。因此,无论是从历史的经验还是制度变迁的视角,可再生能源产业取代化石能源产业将会是一个长期的过程。从目前常规化石能源日趋枯竭和全球生态环境不断恶化的双重约束背景来看,可再生能源不仅储量丰富,而且可以循环利用,对环境的影响也小,从根本上克服了常规能源存量有限、污染严重的特点,从而有利于能源、经济与环境的可持续发展,同时也是未来经济和技术发展的制高点。尤其是作为世界上第二大能源消费国的中国而言,由于技术锁定、制度竞争、资源赋存、制度安排、主导价值目标等原因,导致经济和社会发展长期依赖常规化石能源。资料显示:2009年的能源消费量已达到 31×10^8 吨标煤,其中化石能源占 90%以上,煤炭消费占 70%以上,新能源与可再生能源消耗所占比重不足 10%。本文试图运用制度变迁的原理来解释可再生能源产业发展路径,由于技术锁定、制度竞争、资源赋存、制度安排、主导价值目标等原因综合导致可再生能源产业将会是一个缓慢的过程。

1 文献回顾

文献研究表明,不管是从能源安全还是环境要求来看,可再生能源都已成为各国实施可持续发展的重要选择,国内外围绕可再生能源产业如何发展已有相当多的文献。国内对可再生能源产业的研究主要集中在以下几点:一是介绍国外可再生能源产业发展的各个方面。李俊峰、时璟丽(2006)对国内外可再生能源政策进行了综述,并为我国可再生能源发展提出了政策建议。江涛(2005)介绍了欧盟为达到可再生能源技术走向市场的战略目标所依次推行的可再生能源促进计划、非核能技术研究计划和兆卡计划。周良虹、陈志(2010)汇总了国外可再生能源文献信息。二是分析我国可再生能源产业发展战略与政策。史立山(2004)分析了可再生能源产业现状与发展规划。李京京、任东明等(2001)根据可再生能源资源的特性以及它与技术、市场之间的内在联系,从一般系统论的观点出发，对可再生能源资源的系统评价方法进行了研究。张正敏、王革华(2004)分析了我国可再生能源产业发展战略与政策研究。时璟丽(2010)对我国可再生能源电力费用分摊政策进行了研究。李虹、董亮、段红霞(2011)根据自底向上的建模方法构建了中国可再生能源综合评价与结构优化模型(REAO 模型)。刘岩、于渤、洪富艳(2011)论证了可再生能源价值的三个构成要素，并给出了每个要素的计算模型，完善了可再生能源价值与定价理论模型。李虹、谢明华、杜小敏(2011)采用实证分析方法对比分析了中国可再生能源三种补贴措施的有效性。三是分析可再生能源产业发展的技术基础。严陆光(2007)等中国科学院院士及专家对我国大规模可再生能源基地与技术的发展进行了研究。四是可再生能源产业地区发展研究。刘贞、张希良、阎建明(2011)对区域可再生能源规划理论进行了研究。刘威、尚金城(2010)构建了吉林省可再生能源战略环境评价指标体系。

国外对可再生能源的研究比国内早，产业发展也比国内更成熟，鉴于本文研究的需要，只选取了在可再生能源变迁的路径方面的文献。Yuan Xueliang、Zuo Jian(2011)在解读中国“十二五”规划的基础上，分析了中国的能源政策向低碳方向的转变。Frano Barbir(2009)分析了现有的能源系统如何变迁到以氢为能源载体的可再生能源系统。Binu Parthan，Marianne Osterkorn，Matthew Kennedy 等(2010)从可再生能源与能源效率两个角度分析了低碳背景下能源变迁的经验。Olli Tahvonen，Seppo Salo(2001)分析了在经济增长过程中的可再生能源与非可再生能源之间的转变。Bill Eggertson(2002)报道了南非向可再生能源的转变。Moriarty，Patrick(2011)认为可再生能源的转变是欲速则不达。Fronk，Brian M(2010)根据对人口趋势、能源利用率和估算的能源储量的调查表明：全球的能源使用向可再生能源的转变在未来的 100 年内是必须的，并检查了一个可能的转变方案，即如何实现在这个时间段内向可再生能源时代演变。Matuszewski，Michael(2010)分析了如何把可再生能源与化石能源结合起来向低碳时代过渡。Shukla P. R.(2010)介绍了印度可再生能源与低碳经济的转变。

综上所述，上述研究对于推动我国可再生能源产业的发展起到了积极作用，但从研究的视角来看，国内文献侧重于介绍国外发展经验、可再生能源产业发展战略、技术以及地区发展状况等方面，很少讨论可再生能源产业发展的路径问题。国外虽有相关文献，但出发点大多是从能源替代与经济发展的角度探讨可再生能源产业的发展路径问题。

2 制度变迁在能源产业发展中的作用机理

制度(institution)是一个含义广泛的概念,国内外学者对"制度"的理解差异较大。哈耶克认为制度是一种秩序;科斯则把它看做一种建制结构;诺斯倾向于把制度视做一种约束规则;康芒斯则将组织(从家庭、公司、工会、同业协会直至国家本身)称之为制度;与此相应,科斯也将企业称为制度。基于以上认识,我们可以把能源使用形式看做重要的和正式的资源经济制度形式,那么能源使用形式的变化就是制度变迁,人类历史上能源使用的制度变迁便是木材时代向煤炭时代的过渡,煤炭时代向石油时代的转变,以及即将进行的以石油为主的化石能源向可再生能源的演变。笔者根据历史数据大致勾勒出 1860—2000 年全球能源结构变化趋势图(见图 1)。

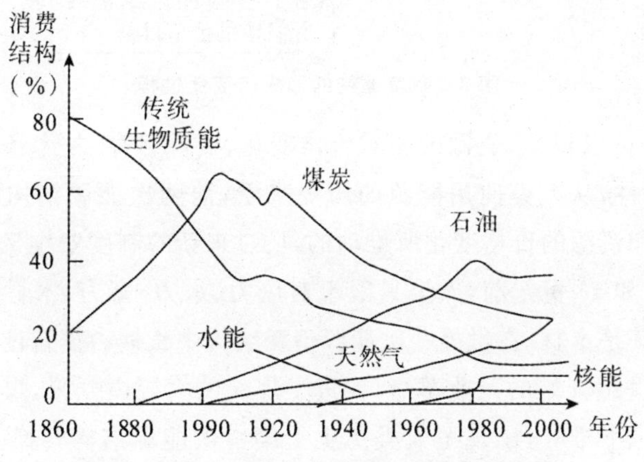

图 1 1860—2000 年全球能源结构变化趋势

任何一种制度的变化受多种因素制约,新制度经济学认为制度变迁主要来源于相对价格和偏好的变化。举一个例子来说,在 18 世纪的西欧,人口增长导致相关的要素稀缺性悄然发生了变化:劳动的价值不断下降,土地的价值不断上升。土地价值的上升导致人们为形成排他性的土地所有制和可转让性的土地产权而努力,从而使得日益稀缺的土地资源能得到更为有效使用。但要素的相对价格和偏好即使发生了变化,也并不意味着必然地导致制度变迁。要素的相对价格发生变化只是制度建构的约束条件之一,同时技术条件、主导价值观念、资源赋存以及不同制度之间的竞争同时发生作用才能导致制度变迁的发生和实施。图 2 表明了上述各种制约条件与制度变迁之间的相互关系。

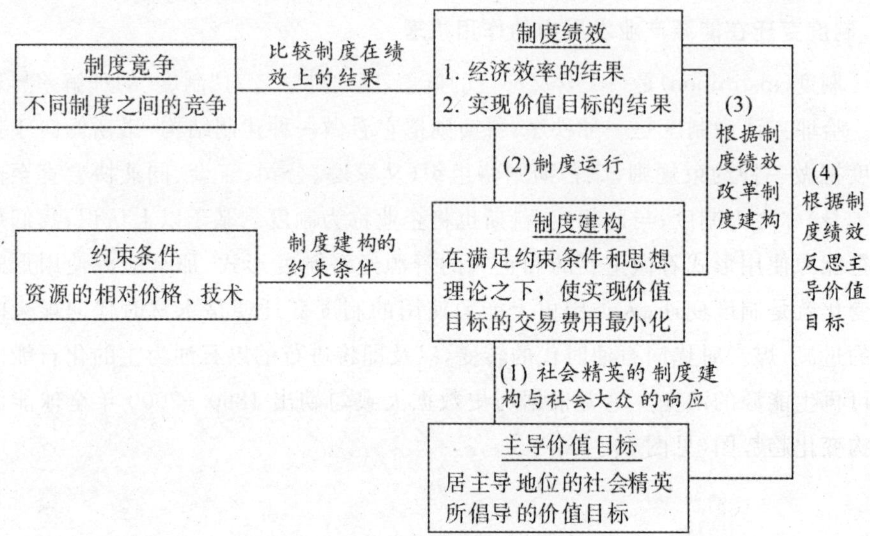

图 2　制度建构的形成与变迁过程

从图 2 中可以得知，资源的相对价格变化、资源赋存、技术条件构成了制度变迁的约束条件，从人类使用能源的历史来看，前两次能源结构的转变就是技术、资源赋存和资源的价格变化所推动的，反过来新的制度安排又进一步促进能源结构转变。如 18 世纪前，人类只限于对风力、水力、畜力、木材等天然能源的直接利用，尤其是木材，在世界一次能源消费结构中长期占据首位。蒸汽机的出现加速了 18 世纪开始的产业革命，促进了煤炭的大规模开采，煤炭变得相对便宜。到 19 世纪下半叶，出现了人类历史上第一次能源结构转换。1860 年煤炭在世界一次能源消费结构中占 24%，到了 1920 年就上升为 62%，标志着人类开始进入“煤炭时代”。19 世纪 70 年代，电力代替了蒸汽机，电器工业迅速发展，煤炭在世界能源消费结构中的比重逐渐下降。1965 年，石油首次取代煤炭占居首位，全球进入“石油时代”。1979 年，世界能源消费结构的比重是：石油占 54%，天然气和煤炭各占 18%，油、气之和高达 72%。石油取代煤炭完成了能源的第二次结构转换。由此可知，在前两次能源使用形式的制度变迁过程中，技术、资源赋存、资源的价格起主要的推动作用，而能源结构的转变反过来又影响人们的生活方式，形成新的制度安排，学习效应和示范效应又进一步强化了人们对主要能源的依赖，形成当时的价值目标指引下的主流思想观念。

主导价值目标、约束条件、制度安排和制度竞争综合发生作用，导致新的制度建构，当新制度实施以后，如何评价其制度结果，上图给出了两个方面的评价标准：

(1) 制度建构在鼓励人们创造财富方面的效率之高低，即制度在经济效率上的结果，可以用人均收入水平来表示。如煤炭比木材、石油比煤炭能给消费者带来更高的经济效益(评价标准便是最小的投入带来最大的产出)。

(2) 制度建构在实现价值目标方面的结果，即是否实现了价值目标。前两次能源使用形式制度变迁发生的时代，经济发展占据主导地位，环境还没有恶化到现在的状况，所以人们的环保意识还刚刚萌芽或根本就没有，在当时的社会，其价值目标就是发展经济，让人们生活得更便捷。从这个角度来看，前两次能源使用形式的制度变迁均实现了社会的价值目标。

3 可再生能源产业发展存在路径依赖

传统的化石能源日益稀缺，按目前探明的化石能源资源看，最多可使用上百年的时间。但能源需求却在不断增加。据国际能源署在《世界能源展望2009》25 中的测算，在 2007—2030 年，全球一次能源需求量会以每年1.5%的速度增长，从 120 亿吨油当量增长到 168 亿吨油当量——总体增幅达 40%。发展中的亚洲国家是这一需求增长的主要驱动因素。随着化石能源的日趋枯竭，可再生能源终将成为化石能源的替代品，但其转变过程受制于制度变迁的路径依赖。

3.1 技术锁定使得可再生能源技术水平在短期内难以获得突破性进展

阿瑟考察了技术演变过程后指出，技术变迁过程中存在着自我强化、自我积累的性质，即技术锁定。这种自我强化机制主要来源高昂的建立成本、学习效应、合作效应、适应性预期等几个原因。人们对常规化石能源前期已经投入了高昂的建立成本，而人们通过对这项技术的不断投资也得到单位成本不断下降的回报；其次，人们在不断地使用常规化石能源技术的过程中，学会了如何从继续利用中得到更高的回报；第三，每个人的收益因为有更多的人使用化石能源技术而增加；第四，化石能源技术未来还会继续流行的预期，会使个人调整自己的行为，努力使这些预期实现。鉴于此，常规化石能源技术存在的自我强化的机制阻碍了可再生能源技术水平的显著提高。

技术的可行性以及局限性是决定可再生能源发展的重要因素。综观人类历史上前两次能源使用形式的制度变迁，科技革命起到了很重要的促进作用，技术进步最终导致能源使用形式的变迁。如煤炭大规模取代薪柴缘于蒸汽机技术、电力技术和煤化工；油气大规模替代煤炭同样也是缘于技术进步，在蒸汽机基础上发明的内燃机、燃气轮机，带动了汽车工业、航天工业的发展，使得煤化工逐渐被石油化工替代。可再生能源发电是新兴、成长中的技术，所以技术水平还不高，而由于技术锁定的缘故，可再生能源技术水平显著提高也不是短期内能够完成的。表 1 详细列举了可再生能源电力技术的特点，表 2 列举了基于可再生能源电力技术特点的电力成本。从表1和表2中不难发现，可再生能源(除生物质能外)发电与传统火电发电相比，前期成本均很高，需要较高的前期投资，导致资金成本比重高居各类电站之首，但在建成发电后，不需要任何燃料成本。而且在目前的技术水平下，可再生能源发电除了水电外，在经济上与常规能源发电相比仍处于商业化前期阶段，经济竞争力弱。

表1　可再生能源电力技术特点

<table>
<tr><th colspan="2">发电技术类型</th><th>技术发展水平特征</th></tr>
<tr><td colspan="2">水力发电</td><td>技术成熟，与传统煤电相比，价格竞争力较强</td></tr>
<tr><td rowspan="2">风力发电</td><td>并网型</td><td>技术较为成熟，市场和产业体系初步建立，处于商业化发展初期阶段。目前估算成本略高于传统煤电(1～2倍)</td></tr>
<tr><td>离网型</td><td>技术较为成熟，我国已建立国际最大的小风机制造产业市场</td></tr>
<tr><td rowspan="3">太阳能发电</td><td>并网光伏</td><td>技术较为成熟，制造业发达，近几年成本降低较快，目前估算成本仍为传统煤电的3倍左右</td></tr>
<tr><td>离网光伏</td><td>技术较为成熟，制造业发达，估算成本高于传统煤电</td></tr>
<tr><td>热电</td><td>技术不成熟，处于研发和示范阶段。估算成本高于传统煤电5倍甚至更高</td></tr>
<tr><td colspan="2">生物质发电</td><td>发电技术类型多样，大部分技术成熟，处于商业化发展初期阶段，估算成本高于传统煤电(2倍左右)</td></tr>
<tr><td colspan="2">地热能发电</td><td>技术成熟度不够，还处于试点示范阶段</td></tr>
<tr><td colspan="2">海洋能发电</td><td>仍处于技术研发阶段</td></tr>
</table>

资料来源：中国风能协会，http://www.cwea.org.cn/main.asp

表2　贴现率为5%时的各类电力成本的构成(%)

	建设成本	运行和维护成本	燃料成本
煤电	35.00	20.00	45.00
气电	<15.00	<10.00	80.00
核电	50.00	30.00	20.00
风电	95.00	5.00	0.00
太阳能光伏	99.00	1.00	0.00
生物质发电	50.00	20.00	0.00—40.00
地热发电	80.00	20.00	0.00

资料来源：中国风能协会，http://www.cwea.org.cn/main.asp

3.2 短期内可再生能源与常规化石能源相比不具有价格优势

实现能源使用形式的制度变迁，除了技术条件外，另一个重要的原因就是制度竞争优势。可再生能源要取代传统的化石能源，就必须满足可再生能源要比传统的化石能源更具竞争力，而竞争力的直接表现形式就是价格。一种能源形式要在社会上占主导地位，必须要有大量企业生产它，同时还要有大量的市场需求，要让普遍的消费者一致性地接纳它，那么降低成本、价格低廉就是基础。这一点在石油替代煤炭的过程中表现突出，特别是中东油田的大规模开采，使得“黑色金子”像水一样便宜。事实上，1970 年以前的近 100 年时间，国际石油价格基本上在 2 美元/桶以下，即使考虑到物价上涨因素，换算成 2006 年美元也只有 20 美元/桶左右。特别是在 1920—1970 年 50 年间，石油价格长期处于低位，这是石油能够取代煤炭的最直接原因。但是到了 20 世纪 80 年代中东战争、两伊战争爆发以后，石油价格开始大幅度上涨，其间价格仍有回落，2005 年以后石油价格又开始新一轮的上升，给可再生能源的发展提供了契机。但即便是在高价位的石油时代，可再生能源的价格仍然不具竞争力。图 3 描绘了可再生能源发电价与传统火电价的对比。

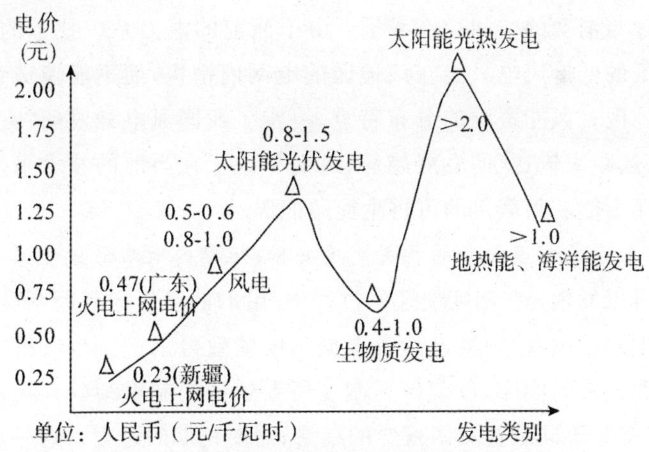

图 3 可再生能源发电价与传统火电价的对比

备注：笔者根据中国风能协会，http://www.cwea.org.cn/main.asp 上的数据描绘

从图 3 中很容易发现，如果不考虑传统火电的负外部性，各种可再生能源发电价格远远高于传统的火电价格，即便是在技术条件和资源条件两个方面最具竞争力的风力发电，其价格也远高于传统火电价格。据有关专家的预测，我国风力发电可能在 2020 年之后超过核电成为第三大主力电源，2050 年可能超过水电成为第二大主力电源。至于可再生能源发电完全取代传统的火电就需要更长的时间。

3.3 可再生能源资源赋存与消费空间的矛盾，导致短期内还不能以合理的价格获得廉价的可再生能源

从制度变迁的条件来看，以合理的价格获得廉价的能源(即资源赋存条件)也是很重要的影响因素。综观前两次能源利用方式的变迁，除了技术、价格两个直接推动原因外，煤炭和石油的大规模开采以及煤炭和石油产品的易运输性质确保了消费者能够以合理的价格及时获得廉价的能源。这一条件也是确保前两次能源利用方式得以顺利变迁的重要原因。

我国可再生能源资源丰富，但利用程度普遍不高。就其资源赋存来看，以风能为例，我国幅员辽阔，海岸线长，风能资源丰富。根据全国 900 多个气象站陆地上 10 米高度资料初步估算，全国平均风功率密度为 100 瓦/平方米，风能资源总储量约 32.26 亿千瓦，可开发和利用的陆地上风能储量约 2.53 亿千瓦，开发潜力世界第一。但我国风能资源的地理分布与电力负荷并不匹配，沿海地区电力负荷大，风能资源丰富的陆地面积却很小；而风能资源丰富的北部地区，电力负荷却很小，使风电的经济开发带来困难。即能源需求多集中在东部沿海地区，而风能富集区多在能源需求不高的“三北”地区(东北、华北、西北地区)。这样就导致资源赋存与消费的空间存在矛盾：由于当前的电力系统技术的特征，风力资源丰富地区的低价风电只能在该地区的电网内销售，而不能输送到电能需求大的较发达地区。风能资源的分布特点，决定了我国风电开发的“大规模发展、集中式建设、远距离输送”的发展趋势，进而导致了在当前的技术水平条件下以合理的价格还不能获得廉价的可再生能源能源。

3.4 与可再生能源制度配套的相关制度安排，短期内很难形成和完善

从图 3 可以发现：在制度变迁的过程中，由旧制度变迁到新制度，新制度开始运行并产生制度绩效，制度设计者根据制度绩效再来进一步反思主导价值目标进而补充和完善新制度，以确保新制度所要达到的制度绩效。在这一循环过程中，每一步都是不同利益集团博弈的结果，需要长期的过程。这一点在煤炭资源取代木材资源的过程中表现尤为明显。工业革命后，大量的煤炭资源被开采和利用，促使相应的产业结构调整。制度设计者根据煤炭资源取代木材资源的制度绩效，重新设计和制定各种保护煤炭产业发展的财税制度。以煤炭为主导能源的一系列制度的确立才能确保煤炭时代最终取代木材时代。

我国即将出台新的能源发展规划，根据规划目标：2020 年非化石能源占一次能源消费 15%，可再生能源产业日益重要，其发展目标也将逐步提高。从而进一步实现可再生能源规模化开发利用，培育具有国际竞争力的可再生能源产业。为实现这些目标，就需要科学的规划和监管、协调的价格和财税政策、创新

的技术和发达的产业来支撑发展，还需要更进一步的电力市场等关键体制改革来保障发展。从可再生能源产业发展规划来看，可再生能源产业的地位正在逐步提高，但要可再生能源完全取代常规化石能源还需完善可再生能源市场、价格、财税等政策，出台新能源配额制、落实可再生能源发电全额保障性收购制度。从制度建构的过程来看，上述这些制度正是对可再生能源制度的补充和完善，绝不是短期内能完成的。

3.5 目前的技术水平条件下，可再生能源因其供给的波动性不能保证经济持续高速发展，短期内还不能完全替代常规化石能源

评价制度变迁的绩效有两个方面的标准：即经济效率和价值目标。但这两个标准之间又有冲突，经济高速发展必须依靠持续不断的能源供应，很显然用可再生能源完全替代化石能源，虽然实现了保护环境的价值目标，但在目前的技术水平下不能保证经济高速发展。这是任何一个国家都不愿意看到的结果。正如本文前面所言，在经济发展相对比较落后的国家，往往更看重经济效率，并不是特别重视价值目标。即便是在经济高度发达的国家，他们也总是高度关注经济发展速度很快但并不是那么发达的发展中国家，如中国和印度的环境和能源问题。这样就带来一个问题，经济发展是自己的事情，环境保护是全球的事情，于是各个国家之间关于经济发展与保护环境的问题形成著名的囚徒困境。根据博弈论的观点：该博弈重复一次只存在唯一的纳什均衡，如表 3 所示，即甲、乙两国为了自己的利益都选择经济发展；若该博弈重复无穷次，如果参与国有足够的耐心，就会达到一个子博弈精炼纳什均衡结果，即由发展经济走向保护环境，但前提条件是无穷次重复。很显然，无穷次的重复博弈并不是短期内能够完成的。

表 3　甲、乙两国在发展经济与保护环境之间的博弈

乙国 \ 甲国	发展经济	保护环境
发展经济	−1,−1	1,−2
保护环境	−2,1	0,0

人类历史上已经实现的经济发展模式——“先发展、后治理”，即以牺牲环境为代价的快速工业化以及工业化扩张过程中带来了经济的繁荣，同时也带来了环境的恶化。发达国家基本上都是如此，但这种模式在面临能源与环境双重约束的今天已不能为继。受制于制度变迁的绩效评价标准，各国更注重经济效率，环境保护是全人类共同的价值目标，具有很强的外部性，容易搭便车。

4 结论及建议

可再生能源取代化石能源是大势所趋，从制度变迁的角度看，可再生能源产业发展存在路径依赖。其原因是技术锁定使得可再生能源技术水平在短期内难以获得突破性进展；技术原因导致成本居高不下，使得可再生能源与常规化石能源相比，不具有价格优势；可再生能源资源赋存与消费空间的矛盾，又导致了短期内还不能以合理的价格获得廉价的可再生能源；与可再生能源制度配套的制度安排，短期内也很难形成和完善；同时从制度变迁的绩效来看，目前的技术水平条件下，可再生能源因其供给的波动性不能保证经济持续高速发展，短期内还不能完全替代常规化石能源。据此，得出以下建议：

第一，研发可再生能源开发利用技术，降低成本。可再生能源是未来的主流能源，要充分利用这段时间，加强我国的可再生能源开发利用技术的自主研发，为可再生能源的广泛应用奠定基础。

第二，研究并制定可再生能源激励政策。从可再生能源产业发展路径来看，由于其发展受制于强劲的路径依赖，需要外部力量的扶持才能冲破原有的格局，那么制定恰当的激励政策就势在必行。而从世界各国(地区)对可再生能源的态度来看，但凡可再生能源发展较好的国家均制定了可再生能源激励政策，以扶持可再生能源向可持续发展的方向发展。

第三，面临能源与环境双重约束的现实情形，提高化石能源效率是当务之急。可再生能源既能缓解能源压力，也能减轻环境污染，是解决能源与环境问题的最佳选择。但正如本文所言，其发展过程却也非常缓慢。鉴于此，提高化石能源的效率在当前具有非常紧迫的现实意义。

参考文献

[1] Bill E. (2002) Clear intentions? South Africa's transition towards renewable energy. Refocus, 3(5): 42—44

[2] Binu P., Marianne O., Matthew K. (2010) Lessons for low-carbon energy transition: experience from the renewable energy and energy efficiency partnership (REEEP). Energy for Sustainable Development, 14(2): 83—93

[3] Frano B. (2009) Transition to renewable energy systems with hydrogen as an energy carrier. Energy, 34(3): 308—312

[4] Fronk B. M. (2010) Evolution of the transition to a world driven by renewable energy. Journal of Energy Resources Technology, Transactions of the ASME, 132 (2): 0210091—0210097

[5] Michael M., Robort, S. (2010) Transitioning to low carbon power generation by integrating renewables with fossil energy. AIChE Annual Meeting, Conference Proceedings, 10AIChE—2010 AIChE Annual Meeting, Conference Proceedings, New Haven: American Institute of Chemical Engineers

[6] Moriarty P., Honnery D. (2011) The transition to renewable energy: make haste slowly. Environmental Science and Technology, 45(7): 2527—2528

[7] Olli T., Seppo S. (2001) Economic growth and transitions between renewable and nonrenewable energy resources. European Economic Review, 45(8): 1379—1398

[8] Shukla P. R. (2010) Renewable energy and low carbon economy transition in India. Journal of Renewable and Sustainable Energy, 2(3): 1—15

[9] Yuan X, Zuo J. (2011) Transition to low carbon energy policies in China-from the Five-Year Plan perspective. Energy Policy, 39(6): 3855—3859

[10] 黄为一(2010)可再生能源的开发利用及投融资. 北京: 中国石化出版社

[11] 江涛(1995)欧洲可再生能源技术现状及发展战略. 全球科技经济瞭望, 9: 16—18

[12] 李虹, 董亮, 段红霞(2011)中国可再生能源发展综合评价与结构优化研究. 资源科学, 33(3): 431—440

[13] 李虹, 谢明华, 杜小敏(2011)中国可再生能源补贴措施有效性研究——基于居民环境支付意愿的实证分析. 财贸经济, 3: 102—109

[14] 李京京, 任东明, 庄幸(2001)可再生能源资源的系统评价方法及实例. 自然资源学报, 7: 373—380

[15] 李俊峰, 时璟丽(2006)国内外可再生能源政策综述与进一步促进我国可再生能源发展的建议. 可再生能源, 1: 1—6

[16] 刘威, 尚金城(2010)吉林省可再生能源战略环境评价指标体系的建立. 四川环境, 29(6): 92—97

[17] 刘岩, 于渤, 洪富艳(2011)可再生能源价值构成与定价模型研究. 预测, 1: 61—65

[18] 刘贞, 张希良, 阎建明(2011)区域可再生能源规划理论研究. 中外能源, 16(3): 36—41

[19] 罗必良等(2005)新制度经济学. 太原: 山西经济出版社

[20] 时璟丽(2010)可再生能源电力费用分摊政策研究. 中国能源, 2: 15—21

[21] 史立山(2010)我国可再生能源发展对策. 中外能源, 3: 29—32

[22] 史立山(2004)中国能源现状分析和可再生能源发展规划. 可再生能源, 5: 1—4

[23] 严陆光(2007)我国大规模可再生能源基地与技术的发展研究. 电工电能新技术, 26(1): 13—24

[24] 张正敏, 王革华(2004)中国可再生能源发展战略与政策研究. 经济研究参考, 84: 26—32

[25] 赵勇强, 时璟丽, 高虎(2011)中国可再生能源发展状况、展望及政策措施建议. 可再生能源, 4: 5—9

[26] 周良虹, 陈志(2003—2010)国外可再生能源文献信息. 可再生能源

台湾可再生能源发电保价收购政策研析与探讨

王京明　郑郁儒

(台湾“中华经济研究院”能源与环境研究中心,台北 10672)

【摘要】2009年台湾地区通过了所谓的“再生能源发展条例”,确立以再生能源发电的馈网电价(FIT)保价收购作为主要的推广措施,FIT的设定以达成再生能源推广目标和促进绿能产业的发展为主要目的,因此订定合适的价格是此制度成功的关键。本文即在探讨台湾FIT制度的成败经验,研究方法除采用各国实证经验比较分析外,也对FIT制度的优缺点进行理论剖析,并与世界各国(地区)采用再生能源配比义务(RPS)制度进行比较,找出如何改良台湾FIT趸购制度的方法。研究结果发现,正确的FIT在面临不确定的市场情况变化时几乎无法订定,必须搭配RPS的各项关键因素如总量控制、竞标程序等方有可能避免订价错误时所引爆的后遗症。研究的结论指出再生能源的发展最终还是必须走向搭配以市场机制为代表RPS制度,方有可能有效率地达成再生能源发展的目的。

【关键词】再生能源;馈网电价;再生能源配比义务

The Analysis of Feed-in Tariff Renewable Deployment Policy in Taiwan

King Min Wang, Emily Cheng

(“Chung-Hua Institution for Economic Research, Research Fellow”, Taipei, 10672)

Abstract: In 2009 Taiwan approved “the Renewable Energy Development Law” and the renewable energy feed-in tariffs (FIT) for each kind of renewable energy have been implemented. Setting tariff rates for renewable energies relates to two major goals: the achievement of renewable energy development targets and green industry development. Therefore, the calculation of an appropriate tariff level that provides appropriate incentives, captures renewable energy development targets and involves the most efficient method for fund collection is the key factor to the success of FIT. The purpose of this study is to explore the merits and shortcomings of Taiwanese FIT policy. We adopted the comparative study of the experiences of implementing FIT by several important countries of the world. Further, we analyzed the advantages and disadvantages of FIT policy theoretically and compared it with renewable portfolio standards (RPS) policy to find out how to improve it. The results indicated that accurate tariffs can never be found under the uncertain market conditions. Therefore, it is necessary to adopt some key factors of PRS such as bidding process and setting cap amount in designing a successful FIT policy. The conclusion is that a FIT policy alone can not achieve its goals and it needs to be coupled with PRS policy to be able to develop renewable energy efficiently and effectively. Hopefully, the experience of FIT renewable purchase policy in Taiwan can contribute to the successful deployment of renewable energy in the world.

Key words: renewable energy; feed-in tariffs; renewable portfolio standards

1 前 言

台湾地区的经济高度依赖化石能源的进口，能源安全与自主是其经济发展首要议题，而开发利用再生能源以降低对进口能源的依赖，改善能源供给结构，逐渐建立低碳能源供给体系、迈向低碳社会与生活方式，是其经济转型的必经之路，也将是台湾是否能永续发展的关键，因此，如何引进与推广再生能源应是现阶段发展新能源的重要核心政策目标。在历经近八年的立法迟滞后，台湾所谓“再生能源发展条例”(以下简称“条例”)终于在 2009 年 6 月 12 日通过，并于同年公布生效实施。“条例”的施行，是台湾发展再生能源之一里程碑，也为今后再生能源的推广完成了必要的蓝图规划与道路铺陈工作。但其中所规范的再生能源保价收购趸购政策是否真能从此有效率地改善台湾能源供给结构，真正推动永续能源在能源供给结构中生根与茁壮成长，还是只是一个集各种补贴特定再生能源产业大成的钱坑法案，这一切还有待未来法案实行后续绩效审慎评估。

再生能源保价收购趸购政策(feed-in tariffs)目前已是全世界最为广泛采用的推广政策，全球已有 70 多个国家和地区正在实施之中，主要的原因是因为欧盟成员国德国、西班牙、法国、意大利等在采用了 FIT 政策后，其再生能源开发便如火如荼地展开，也成功地改变了当地国的能源结构。FIT 政策的迅猛效果，使得原本无意采用 FIT 政策的国家也都纷纷转向开始规划实施，如英国、美国、澳大利亚等原本系采用以市场机制搭配再生能源配以义务为主(renewable portfolio standards, RPS)的推广政策也重新考虑如何引进适当的 FIT 制度，以加速再生能源的发展。

台湾通过“条例”确立以再生能源发电的馈网电价(FIT)保价收购作为主要

的推广施，FIT 的设定在台湾是以达成再生能源推广目标和促进绿能产业的发展为主要目的，但从 2010 年实施后，亦如世界各地所发生的情形一样，因补贴价格订定的差错导致再生能源装置容量暴冲以及业者故意延宕完工时日等待成本下降等形势，导致政府购买再生能源的基金预算迅速用尽，产生无法再继续支持收购的窘境，而必须重新制定费率或对推广的总量加以限制。因此订定合适的价格是 FIT 制度成功的关键。本文即在探讨台湾 FIT 制度的成败经验，研究方法除采用各国实证经验比较分析外，也对 FIT 制度的优缺点进行理论剖析，并与世界各国(地区)采用再生能源配比义务(RPS)制度进行比较，找出如何改良台湾 FIT 趸购制度的方法。由研究结果可知，正确的 FIT 在面临不确定的市场情况变化时几乎无法订定，必须搭配 RPS 的各项关键因素如总量控制、竞标程序等方有可能避免订价错误时所引爆的后遗症。研究的结论同时指出再生能源的发展最终还是必须走向搭配以市场机制为代表 RPS 制度，方有可能有效率地达成再生能源发展的目的。

2 世界各国(地区)再生能源推广政策与措施

2.1 世界各国(地区)推动再生能源发展之推广机制

世界各国(地区)为推动再生能源发展，主要采取下列之各项推广机制为之：

(1)趸购费率之馈网电价(FIT)

(2)再生能源配比义务(RPS)

(3)资本补贴、投资补贴(capital grants)

(4)投资或其他租税抵免(investment or other tax credit)

(5)营业税、能源税、消费税或附加价值税之减免(tax rebate/ credits)

(6)可交易之再生能源凭证(tradable certificates)

(7)依据能源产出之加成费率(energy production payment)或与其类似(且依据能源产出量)之租税减免(tax credit)

(8)净量电表(余电趸购制度)(net metering)

(9)公部门投资、贷款或提供资金(third party Financing)

(10)竞标制度(bidding system)

(11)绿电价格(green pricing)

(12)自愿方案(voluntary program)

(13)其他方案

若将上述世界再生能源发展与推广政策之类型，以系统性的分类观点来区分，可依照补贴发电量、设备容量、供给端、需求端面向的四个象限来进行归类，各国(地区)的再生能源发展与推广政策汇整如图 1 所示。

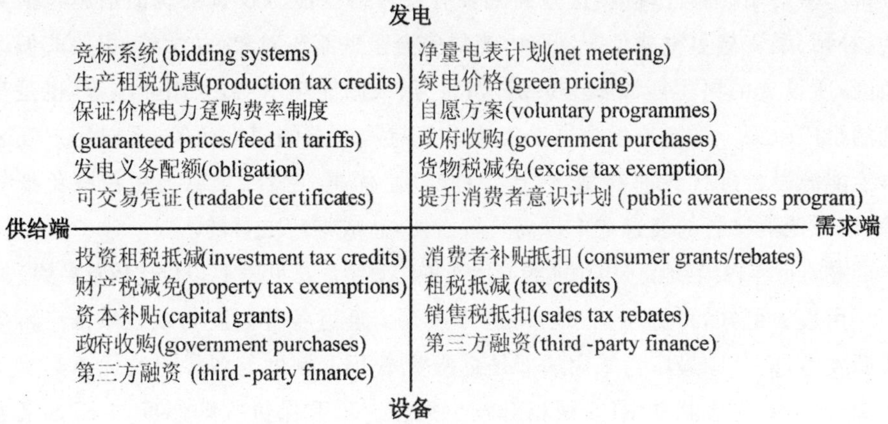

发电

供给端	需求端
竞标系统(bidding systems) 生产租税优惠(production tax credits) 保证价格电力趸购费率制度 (guaranteed prices/feed in tariffs) 发电义务配额(obligation) 可交易凭证(tradable certificates)	净量电表计划(net metering) 绿电价格(green pricing) 自愿方案(voluntary programmes) 政府收购(government purchases) 货物税减免(excise tax exemption) 提升消费者意识计划(public awareness program)
投资租税抵减(investment tax credits) 财产税减免(property tax exemptions) 资本补贴(capital grants) 政府收购(government purchases) 第三方融资(third-party finance)	消费者补贴抵扣(consumer grants/rebates) 租税抵减(tax credits) 销售税抵扣(sales tax rebates) 第三方融资(third-party finance)

设备

图 1　再生能源推广与发展政策类型

数据来源：IEA(2004). Renewable Energy：Market and Policy Frends.

由图 1 可知，再生能源推广制度与政策可按照支持的对象与补贴的方式而异，可以补贴需求端的消费者，也可以补贴供给端的生产者，可以对再生能源发电设备进行补贴以降低设置成本，亦可以对所发电量进行补贴以确保达成再生能源发电配比的目标。当然有许多补贴方式可以在不同的对象重复地使用。

第一象限强调供给端与发电量，最著名的为保证价格收购的趸购费率制度(FIT)和发电义务配额的竞标制度(RPS)，此两种制度可以互补也可以互竞，通常以互补性质居多，因为单一制度有其盲点，正好可以另一制度加以补强，这在世界各国(地区)先后实施 FIT 与 RPS 即为证明(如英、美、澳)，台湾目前则是在 FIT 制度之下引进了竞标系统制度，在保证价格上限之下由竞标方式决定最后的补贴价格水平，通常世界各国(地区)的竞标体系多按照再生能源的种类与规模来分别进行。各种租税优惠则是用来降低业者的投资成本。可交易凭证(RECs)则是用来活化再生能源市场的衍生性商品之创新，可搭配 RPS 与绿电市场或自愿型市场使用。第二象限为发电与需求端的属性政策，自愿方案最早由丹麦、日本等国采用，电力公司自愿与再生能源业者签订购售电合约，对该国之风力与太阳光电推广卓有成效。绿电市场，则是由电力公司提供给消费者选择购买绿色电力的权利以支持该公司或国家之再生能源推广，这种制度早在电业自由化之前就已由世界各地采用如欧盟、美、澳等。净量电表计划系对用户安装再生能源发电余电保证价格收购的一种制度，通常计算是以一个收费期为标准，保证价格早期多以零售价格水平，现今则改为 FIT 下更为优惠的价格。消费端亦可采用许多租税优惠的政策，包括各种能源有关之货物税、燃料税、能源税或碳税等以弥平化石燃料与再生能源间外部性之差异。第三象限为再生能源设备与供给端的属性政策，这方面主要有各种再生能源投资的诱因措施包括奖励、补贴、融资与租税减免等，此外，当局完全采购某些对象（如学校、机关或偏远地区）所设置的再生能源发电系统，如风力、太阳能热水器，太阳光电等，也是常见的推广政策。第四象限为再生能源设备与需求端的属性政策，系对用户安装再生能源设备进行各种补贴，包括各种奖励、优惠、融资、贷款与租税减免抵扣等，以降低消费者的装置成本提高装置意愿，达成推广之目的。

兹将世界各国（地区）再生能源制度与推广政策汇总见表1，以供比较及参阅。

由表1可知，世界各国（地区）皆不遗余力透过各种制度与政策来推广再生能源发电，而其中最广为采用的即是趸购费率FIT制度与各种租税优惠与奖励措施，而另一主流制度RPS则相对较少采用。FIT保价收购制度与RPS义务配比制度已形成了当今世界各国（地区）发展再生能源的主要政策。

表1 各国(地区)再生能源制度与推广政策

国家（地区）	电力趸购费率制度（FIT）	再生能源配比标准（RPS）	资本补贴、奖励、抵扣	投资或其他税收抵减	销售税、能源税、货物税、增值税减免	可交易权证	能源生产支付租税减免	净量电表计划	公众投资、借贷或融资	公开竞标
EU-27										
奥地利	×		×	×		×			×	
比利时		(*)	×	×	×	×		×		
保加利亚	×		×						×	
塞浦路斯	×		×							
捷克	×		×	×	×	×		×		
丹麦	×		×	×	×	×		×	×	×
爱沙尼亚	×		×		×		×			
芬兰	×		×		×	×	×			
法国	×		×	×	×	×			×	×
德国	×		×	×	×			×	×	
希腊	×		×	×				×	×	
匈牙利	×		×	×	×				×	×
爱尔兰	×		×	×		×				×
意大利	×	×	×	×	×	×		×	×	

续 表

国家（地区）	电力趸购费率制度（FIT）	再生能源配比标准（RPS）	资本补贴、奖励、抵扣	投资或其他税收抵减	销售税、能源税、货物税、增值税减免	可交易权证	能源生产支付租税减免	净量电表计划	公众投资、借贷或融资	公开竞标
EU－27										
拉脱维亚	×				×				×	×
立陶宛	×		×	×	×				×	
卢森堡	×		×	×	×					
马耳他			×		×			×		
荷兰			×	×	×	×	×			
波兰		×	×		×	×			×	×
葡萄牙	×		×	×	×		×		×	
罗马尼亚		×			×	×			×	
斯洛伐克	×			×	×				×	
斯洛文尼亚	×		×	×	×	×			×	×
西班牙	×		×	×	×	×			×	
瑞典		×	×	×	×	×	×		×	
英国	×	×	×		×	×				
其他已开发国家(地区)										
澳大利亚	(*)	×	×			×			×	
白俄罗斯									×	
加拿大	(*)	(*)	×	×	×			×	×	×
以色列	×				×			×	×	
日本	×	×	×	×		×		×	×	
马其顿	×								×	
新西兰			×						×	
挪威			×		×	×			×	
俄罗斯			×			×				
塞尔维亚	×									
韩国	×		×	×	×				×	
瑞士	×		×		×					
乌克兰	×									
美国	(*)	(*)	×	×	(*)	(*)	×	(*)	(*)	(*)

续 表

国家（地区）	电力趸购费率制度（FIT）	再生能源配比标准（RPS）	资本补贴、奖励、抵扣	投资或其他税收抵减	销售税、能源税、货物税、增值税减免	可交易权证	能源生产支付租税减免	净量电表计划	公众投资、借贷或融资	公开竞标
开发中国家（地区）										
阿尔及利亚	×			×	×					
阿根廷	×		×	（*）	×		×		×	×
玻利维亚					×					
巴西					×			×	×	
智利		×	×	×	×			×	×	
中国	×	×	×	×	×		×		×	×
哥斯达黎加						×				
多米尼加	×		×	×	×					
厄瓜多尔	×			×						
埃及				×					×	

（*）表示该国中有某些州实施

数据源 Renewables 2010 global status report.

2.2 世界各国（地区）再生能源 FIT 与 RPS 趸购政策

目前世界各国（地区）多采用 FIT 保价收购政策，主要原因除了 FIT 行政交易成本较低外，技术上容易推行且易于达成再生能源全面推广目标也是重要原因，而 RPS 制度牵涉较为复杂的市场与竞标设计以及盘查验证申报的复杂手续，虽然可以以低成本达成再生能源总量发展目标，但在市场机制竞争下通常都会偏重集中在少数商业化的再生能源技术之发展。此两种制度可以同时采用也可以单独采用。总之，各国（地区）都是透过各种生产、消费、发电、设备端之制度搭配使用来推动再生能源发展。世界各国（地区）采用 FIT 与 RPS 制度的情形整理见表 2。

表 2　世界制定 FIT 趸购费率政策国家（地区）与发展情形

年代	累积国家（地区）数	加入国家（地区）/ 州 / 省
1978	1	美国
1990	2	德国
1991	3	瑞士
1992	4	意大利

续 表

年代	累积国家(地区)数	加入国家(地区) / 州 / 省
1993	6	丹麦、印度
1994	8	西班牙、希腊
1997	9	斯里兰卡
1998	10	瑞典
1999	13	葡萄牙、挪威、斯洛文尼亚
2000	13	—
2001	15	法国、拉脱维亚
2002	21	阿尔及利亚、奥地利、巴西、捷克、印度尼西亚、立陶宛
2003	27	塞浦路斯、爱沙尼亚、匈牙利、韩国、斯洛伐克、马哈拉施特拉邦(印度)
2004	33	以色列、尼加拉瓜、爱德华王子岛(加拿大)、安得拉邦(印度)、中央邦(印度)
2005	40	卡纳塔克邦(印度)、Uttarakhand(印度)、北方邦(印度)、中国、土耳其、厄瓜多尔、爱尔兰
2006	45	安大略省(加拿大)、卡拉拉邦(印度)、阿根廷、巴基斯坦、泰国
2007	54	南澳(澳洲)、阿尔巴尼亚、保加利亚、克罗地亚、多米尼加、芬兰、马其顿、蒙古、乌干达
2008	67	昆士兰(澳洲)、加利福尼亚州(美国)、洽地斯加尔(印度)、古吉拉特邦(印度)、旁遮普邦(印度)、拉贾斯坦邦(印度)、泰米尔纳德邦(印度)、西孟加拉邦(印度)、肯尼亚、菲律宾、坦桑尼亚、乌克兰
2009	77	首都特区(澳洲)、新南韦尔斯(澳洲)、维多利亚(澳洲)、日本、塞尔维亚、南非、中国台湾、夏威夷、俄勒冈州(美国)、佛蒙特州(美国)
2010	78	英国、澳洲

数据源：Renewables 2010 global status report.

表 3　世界制定再生能源配比标准(RPS)政策国家与发展情形

年代	累积国家数	加入国家 / 州 / 省
1983	1	爱荷华 (美国)
1994	2	明尼苏达 (美国)
1996	3	亚利桑那 (美国)
1997	6	缅因州(美国)、马萨诸塞州(美国)、内华达州(美国)
1998	9	康乃迪克州(美国)、宾州(美国)、威斯康星州(美国)

续 表

年代	累积国家数	加入国家／州／省
1999	12	新泽西州(美国)、德州(美国)、意大利
2001	15	法兰德斯(比利时)、澳大利亚
2000	13	新墨西哥州(美国)
2002	18	加州(美国)、瓦隆尼亚(比利时)、英国
2003	19	日本、瑞典、马哈拉施特拉邦(印度)
2004	34	科罗拉多(美国)、夏威夷(美国)、马里兰州(美国)、纽约(美国)、罗得岛州(美国)、新斯科细亚省(加拿大)、安大略省(加拿大)、爱德华王子岛(加拿大)、安得拉邦(印度)、中央邦(印度)、奥里萨(印度)、波兰
2005	38	哥伦比亚特区(美国)、特拉华州(美国)、蒙大拿州(美国)、古吉拉特(印度)
2006	39	华盛顿州(美国)
2007	44	伊利诺伊州(美国)、新罕布什尔州(美国)、北卡罗纳州(美国)、俄勒冈州(美国)、中国
2008	49	密歇根州(美国)、俄亥俄州(美国)、智利、菲律宾、罗马尼亚
2009	50	堪萨斯州(美国)

数据源：Renewables 2010 global status report.

2.3 小 结

总而言之，现今 FIT 制度已有超过 70 个国家或地区正在实施，RPS 亦有 50 多国(地区)采用。而 FIT 在德国与西班牙等欧盟国家成功采用的情形下，世界各国(地区)对 FIT 制度已发展出多样化的型式，基本上 FIT 的费率可依再生能源技术种类、规模大小、产品质量、地点或其他属性而有不同费率的设定，订价结构方式亦可区分为固定收购费率(fixed-price FIT model)，与“市场电价加成补贴(the premium-price FIT model)”，虽然世界大多数国家(地区)都采用固定收购费率以加强再生能源业者的投资保障与降低其融资成本。但亦有很多国家(地区)开始采用市场电价的加成补贴以反映电能现货市场的价格信息，透过差价补贴(如荷兰)或比例加成(如西班牙)一样可以达到保障再生能源业者投资利润、降低其融资成本之目的，且还可反映未来电能市场的价格信息，当现货电能价格超过补贴价格水平时即可自行停止补贴，当然这要有一个业已自由化的现货电能批发市场作为先决条件才行。与 RPS 制度相比较，设计完善的 FIT 制度具有下列优点：① 再生能源业者投资利润的保障与融资条件满足较易；② 成本有效的采购机制，以降低政府达成发展目标的成本；③ 减低再生能源计划拖延或取消的风险;④ 强调合理成本的各项再生能源发展;⑤ 可确保新兴或非商业化再生能源科技发展;⑥ 可获得用户的广大支持。FIT 缺点则包括:① 无法降低最适费率订定的行政成本;② 无法降低业者的初设置成本;③ 若不设上限可能无法控制此制度的总成本,造成过多的财政负担;④ 每年时常变动的费率会导致政策的不确定性增加,也可能因此造成业者融资的困扰。因此,决策者可以考虑 FIT 与 RPS 平行搭配推行,亦可分开单独实施,或者混合使用(如英国、澳洲),更可以和自愿方案及其他补贴优惠措施一同采用来凸显优点降低缺点,加速国家再生能源之发展。

3 台湾"再生能源发展条例"

3.1 "条例"内涵

台湾"条例"主要目的为推广再生能源利用,增进能源多元化,改善环境质量,带动相关产业及增进当地永续发展。"条例"共计 23 条,其中与推广再生能源发电有关之机制可分为主要与辅助推广机制,如表 4 所示。

表 4 "条例"推动再生能源发电发展之机制

<table>
<tr><th></th><th colspan="2">推广措施</th><th>主要相关条文</th></tr>
<tr><td rowspan="5">主要推广机制</td><td colspan="2">再生能源发展基金</td><td>第七条</td></tr>
<tr><td colspan="2">再生能源趸购制度(FIT)</td><td>第八条、第九条、第十条</td></tr>
<tr><td rowspan="2">投资补贴</td><td>设备补贴</td><td>第七条第四项</td></tr>
<tr><td>示范补助</td><td>第七条第四项、第十一条</td></tr>
<tr><td colspan="2">并联</td><td>第八条</td></tr>
<tr><td rowspan="4">辅助推广机制</td><td colspan="2">再生能源发电目标</td><td>第六条</td></tr>
<tr><td colspan="2">租税诱因</td><td>第十六条</td></tr>
<tr><td colspan="2">公共工程、公共建物优先设置</td><td>第十二条</td></tr>
<tr><td colspan="2">其他优惠措施</td><td>—松绑电业法针对小型再生能源发电设备之限制及提供管制之明确性(第五条)
—用地取得之优惠(第十四条、第十五条)
—免杂项执照之优惠(第十七条)
—强制调解制度(第十九条)
—政府齐力推动(第二条)</td></tr>
</table>

数据源:台湾经济能源主管部门,再生能源趸购制度智库及政策言计划,2011 年

在 23 项法条中原则性地规范了未来 20 年内,推动再生能源发电装置容量奖励目标至 650 万～1000 万千瓦,以及如何达成这个目标的机制与方法。主要

内容包括：

(1)以推广再生能源“发电”为主;热利用及生质燃料为辅。

(2)仿照德国做法,采取 FIT 趸购制度,强制台电公司应以固定价格,于一定年限内,收购再生能源发电设备装置者之再生能源发电。

(3)设置“再生能源发展基金”作为提供再生能源电价补贴、设备补贴、示范补助及推广利用等之重要资金来源。

(4)明订再生能源发电设备与电业并联之有关规范,以有助于强化 FIT 制度之实践。

(5)投资补贴机制：包括,提供有发展潜力之再生能源示范补助及提供设备补助。

(6)提供再生能源热利用奖励补助。

3.2 推广目标与奖励总量

在“条例”的规范架构下,所谓的再生能源推广目标与奖励总量是不同的概念,奖励总量是推广目标的下限,推广目标所包含的再生能源种类较广,包含“条例”第三条所定义的所有再生能源技术,但所谓奖励总量,系排除传统水力发电及直接燃烧废弃物之发电方式,且经主管机关认定之合格的再生能源发电装置才能纳入奖励总量,享有优惠 FIT 价格收购。而推广目标之订立,则委由主管机关自“条例”施行之日起 20 年内,每两年订定再生能源推广目标及各类别所占比率。在“条例”规范架构下再生能源发电设备奖励总量为总装置容量 650 万～1000 万千瓦,约占 2025 年总发电装置预估容量的 11％。

3.3 再生能源趸购机制

为确保再生能源发电设备所产生之电能得以销售,“条例”规定再生能源发电设备及其所产生之电能,应由再生能源发电业所在地经营电力网之电业(现即台电公司),在技术上合适之最近处应予以并联、趸购及提供该发电设备停机维修期间所需之备用电力,经营电业网的电业,除经主管机关许可,不得拒绝。而关于与再生能源发电设备与电业网电力并联的线路,由再生能源设备设置者自行兴建及维护,且费用由其负担,但为了达成电力并联,如果需加强电力网之成本,则由电业(即台电)与再生能源发电设置者分摊。而台电公司趸购再生能源所支出的费用,得由“再生能源发展基金”贴补。在再生能源电能趸售收购机制上,原本采取法定固定电价优惠收购,但因争议过大导致立法延滞,因此改采为公式费率,将趸购电价订价,由主管机关组成委员会,审定、公告再生能源电能的趸购费率及计算公式,并每年检讨修正,必要时主管机关召开听证会。趸购费率及计算公式必须综合考虑不同类型的技术、成本等因素,依不同的再生能源类型分别订之。但“条例”亦规定，为鼓励与推广无污染之绿色能源，提升再生能源设置者投资意愿，趸购费率不得低于岛内电业化石燃料发电平均成本(回避成本)。

由于再生能源发电装置其成本仅有初期之建置成本及往后营运、维修成本，因此以年均化成本计算之优惠价格收购其有效年限内之发电，具备财务诱因足以确保业者获利，超过寿年即不应使其再享有优惠收购价格，过度保障。因此“条例”规定再生能源发电设备若已运转超过 20 年(一般公认再生能源的有效期限不超过 20 年)，或是于再生能源发电总容量装置达“条例”所定之奖励总量上限后设置者，电业应以回避成本或是公告趸购价格取其较低者趸购。

3.4 再生能源基金运作机制

为有效建构再生能源发展环境与财务来源，“条例”设置再生能源基金制度，由传统化石能源与核能发电者缴交特别公课作为基金来源，以达成传统化石能源及核能外部成本内部化的目标。依“条例”的规定，电业及设置自用发电设备达一定装置容量以上者，应每年按其不含再生能源发电部分之总发电量，缴交一定金额充作基金，作为再生能源发展之用。装置容量门槛及缴交金额则由主管机关订立。但“条例”亦规定，必要时，基金亦可由当局编列预算拨充。基金的用途限于再生能源之电价、设备及示范补助与推广利用，及其他经主管机关核准再生能源之相关用途。电业或是设置自用发电者依“条例”缴交基金者，经主管机关核定后，“得”将缴交基金的费用，附加于其售电价格上。

4 台湾 FIT 制度与执行情况

4.1 再生能源电能趸购费率

依据“条例”第九条，主管机关应邀集相关部门、学者专家、团体组成委员会，审定再生能源发电设备生产电能之趸购费率及其计算公式，必要时得依行政程序法举办听证会后公告之，每年并应视各类别再生能源发电技术进步、成本变动、目标达成及相关因素，检讨或修正之。费率计算公式则由主管机关综合考虑各类别再生能源发电设备之平均装置成本、运转年限、运转维护费、年发电量及相关因素，依再生能源类别分别订定之。2011 年已完成再生能源费率审定(见表 5)。其中“太阳光电发电设备”区分为屋顶型 4 个级距，分别为：1kW 以上未达 10kW；10kW 以上至未达 100kW；100kW 以上至未达 500kW；500kW 以上(含)及地面型等。2011 年因设置设备成本大幅降低，其趸购费率为 7.33～10.32元/度。至于“风力发电设备”则区分为风力发电离岸系统、陆域风力系统，其中陆域风力系统分为 1 千瓦以上至 10 千瓦、10 千瓦以上风力等 2 个级距，其费率分别为 7.35 元/度、2.61 元/度，较 2010 年度分别提高约1.17%、9.7%。

离岸风力为 5.56 元/度，较 2010 年度提高 32.5%。废弃物衍生燃料发电为 2.68元/度，较 2010 年度提高 28.7%，其余除地热因设置成本有降低趋势，其费率为 4.80 元/度，较 2010 年度降低 7.33%，其余皆较 2010 年度提高 5.85%。

表 5　2011 年度台湾各类别再生能源 FIT 趸购费率

再生能源类别	分类	级距(kW)	2011 年度费率(元/度)	2010 年度公告费率(元/度)	变化率(%)
太阳光电	屋顶型	≧ 1 ～ <10	10.3185	11.1883 *（相当于无设备补助 14.6030）	−29.34
		≧ 10 ～ < 100	9.1799	12.9722	−29.23
		≧ 100 ～ < 500	8.8241		−31.98
		≧ 500	7.9701	11.1190	−28.32
	地面型	无区分	7.3297		−34.08
风力	陆域	≧ 1 ～ < 10	7.3562	7.2714	1.17
		≧ 10**	2.6138	2.3834	9.67
	离岸	无区分	5.5626	4.1982	32.5
川流式水力	—	无区分	2.1821	2.0615	5.85
地热能	—	无区分	4.8039	5.1838	−7.33
生物质能	—	无区分	2.1821	2.0615	5.85
废弃物（衍生燃料）	—	无区分	2.6875	2.0879	28.72
其他	—	无区分	2.1821	2.0615	5.85

注 *：1kW 以上未达 10kW 太阳光电 2010 年公告再生能源趸购费率另提供 5 万元/kW 设备补助，2011 年则不另提供 5 万元/kW 设备补助。

2011 年再生能源电能趸购费率，历经审定会 5 次委员会议、11 场次分组会议及 2 场次听证会后，经充分沟通与意见交换，完成 2011 年度“再生能源电能趸购费率及其计算公式”，依法公告后实施。该费率适用至 2011 年 12 月 31 日止，2011 年度新设再生能源发电设备所生产电能，按此公告趸购费率收购 20 年。此次审定通过之 2011 年度再生能源电能趸购费率计算公式仍维持与 2010 年相同之计算公式，同时 2011 年度依然采取给予业者 5.25%合理利润之方式订定电能趸购费率。

台湾主管经济部门指出，现阶段再生能源推动策略，短期应以技术相对成熟且具经济效益之再生能源，例如陆域风力发电等为主；中长期则基于岛内离岸风力发电之潜力，应鼓励离岸风力发电的发展。至于，太阳光电因现阶段发电成本仍远高于其他再生能源，应依据岛内场址设置条件与民众电费负担能力，审慎规划各阶段可行的设置目标。因此，经济主管机关依据“条例”考虑岛内再生能源开发潜力、对岛内经济及电力供应稳定之影响等因素每二年订定再生能源推广目标及各类别所占比率之规定，规划 2011 年陆域风力 100MW 及太阳光电 70MW 等再生能源推广目标。对于各类别再生能源推广目标之分配方式，经考虑外设置成本、施工作业期、趸购费率等因素，风力发电分配方式以先到先审方式，签约即适用趸购费率。至于太阳光电分配方式，以住宅所有权人于自有屋顶设置 1kW 以上不及 10kW 太阳光电为最优先鼓励对象，并采先到先审方式；其他级距及类型之太阳光电则以竞标方式鼓励价格较低者优先设置，以贴近市场实际设置价格，降低趸购再生能源电能之经费，实质减少民众电费之再生能源附加费用。

同时指出，太阳光电近年来技术进步快速、成本大幅下降，故其费率订定也反映当局以成本概念，审慎、逐步、有次序、采循序渐进的方式，择其成本低者、技术相对成熟者优先推动之政策思维。另外，考虑国际发展趋势、土地利用、土地资源有限等因素，现阶段太阳光电以屋顶型为优先发展场址，并区分为 4 个级距，以住宅所有权人于自有屋顶设置 1kW 以上不及 10kW 太阳光电为最优先鼓励对象；基于土地整体规划，地面型太阳光电现阶段不鼓励设置，故在费率水平的订定也一并加以考虑。

$$购买费率=\frac{期初建设成本\times资本还原因子+年运转费}{出售电量(千瓦时)}$$

4.2 再生能源电能趸购费率计算公式

2011 年的再生能源趸购费率计算公式仍沿用 2010 年审定之年均化成本公式如下，以再生能源发电每度均化成本的计算方式来计算各类别再生能源的趸购费率。

$$资本回收因子=\frac{折现率\times(1+折现率)^{购买期间}}{(1+折现率)^{购买期间}}$$

以均化成本的方式来反映再生能源业者合理成本加利润的趸购费率，必然牵涉合理成本的项目如何订定以及如何表达利润于此公式之中，在历次的审定会与听证会上，每次争议不休的项目有：① 期初投资成本如何厘定；② 资本还原因子如何选定利率水平；③ 年运转维护费如何设定；④ 年售电量是否每年固定。此外在此公式外的相关因子如通货膨胀、保险费用、期中更新大修以及不同类别再生能源的风险报酬亦是可以引起争议的主题。通常公式中最终参数数值的决定都是经过多方争议与讨价还价的结果,虽不能让各方满意,但大都能接受。

4.3 完工日与签约日费率之争议

由于"条例"并未提及趸购费率的采用应采"签约日"或"完工日"之费率,而主管机关又忽略此一问题之重要性与可能衍生之法律漏洞,在2010年时所有类别的再生能源购售电合约一律以"签约日"发生的时点为该年趸购费率适用的标准。然而依主管机关之"再生能源发电设备设置管理办法",容许业者申请再生能源发电设备经认定后由签约至完工,期程可长达2.5年时间,完全忽视太阳能发电装置建设期程短及光电产品成本与价格急速下滑之特性,以致办法施行不及半年,即发现太阳光电业者申设量失控、故意延后完工,以求厚利,造成全民电费负担将巨额增加等严重问题,于2010年年底仓促修正趸购费率及其计算公式,并将太阳光电收购改为依"完工日"费率,因损及厂商的预期利益引发厂商严重抗争,而后续处理争议的方式事先既未与业者协商,又未预拟配套措施,违反诚信原则与不溯及既往原则。最终更招致有关部门纠正。

最后,经济主管部门对2010年因签约日与完工日费率适用之争议做出决议,处理方式如下:

(1) 2010年12月17日前签约的设置案,在2011年2月28日前完工将依据2010年公告费率趸购20年;在2011年3月1日至5月31日完工则依据2011年公告上限费率趸购20年。

(2) 2010年12月18日至2010年12月31日前签约的设置案,在2011年1月1日至2011年5月31日完工,将依据2011年公告上限费率趸购20年。

(3) 2010年12月31日前签约的设置案,在2011年6月1日至12月31日完工,配合第一期竞标结果费率,将以(1—相同级距平均得标折扣率)×2011年公告上限费率,趸购20年。若有后续期别竞标,其趸购费率比照上述结果办理。

4.4 2011年太阳光电趸购费率竞标机制与结果

依据规划,第一期开放竞标容量为15MW。其余推广容量将视第一期竞标结果,再行办理后续竞标容量相关事宜。有关太阳光电竞标机制,将以折扣率(百分数,小数点后2位)进行报价,折扣率高者优先得标,即趸购费率为完工时公告费率乘以(1—折扣率)。基于不鼓励地面型设置的政策,如果折扣率相同时则以屋顶型优先;同为屋顶型者,以投标容量低者优先。同时,每一申请案装置容量以1kW以上2000kW以下为限。为保证参与竞标者皆属具意愿之设置者,加入保证金制度作为竞标机制之配套措施,保证金以投标装置容量(kW)乘以

1000 元为保证金额度，范围在新台币 1 万元至 100 万元之间。今年(2011 年)4 月底已完成第一期开标作业。第一期竞标结果，屋顶型竞标入选的有 123 案，总容量为12173.123kW，折扣率最高的为 25%，最低者为 0，平均折扣率为 2.6%，地面型入选的有两案，总容量为 1,379.4kW，平均折扣率 0.31%，总计为 13552.523kW，不合格的报价仅有三案。

第二期的竞标机制如今正在规划中，与第一期竞标方式不同的是将采用三阶段竞标方式办理，投标者按规定应将各阶段竞标单分置于封套与标单，写明投标阶段后，一并投标，且经投标后不得要求收回、更正、补充、补正或声明弃权。前阶段竞标已得标者，后阶段竞标标单视为撤回；前阶段竞标未得标者，后阶段竞标之标单仍有效。决标将依折扣率由高至低排列，依次选取，最后得标者之装置容量累计后，若超过该期装置容量，得加计竞标容量之 3%为容许量，超出容许量部分，则予扣除。标单应以折扣率(百分数，小数点后以 2 位为限)进行报价，即趸购费率为完工时公告上限费率乘以(1—折扣率—100 年第 1 期太阳光电发电设备竞标相同级距平均得标折扣率)。

因此，此种竞标系统为以公告趸购费率为上限之报价成交定价系统(pay as you bid)，此种决标方式在经济学理上系属不完全竞争市场的常用定价方式，削减生产者剩余以避免供给方的超额利润并达到降低趸购的总成本支出，但如果当供给方呈现近乎完全竞争市场且有超额供给时，比较有效率的方式则应改为市场均衡价格(market clearing price)，也就是所有入围的报价标单中，市场最后一个成交的价格作为所有入围业者的趸购价格，如此可保留所有合格业者的生产者剩余与合理利润，对有效率的业者具有强烈的诱因降低报价水平，也比较公平，不会因报价策略的失误导致差别待遇。

今年度的竞标机制与“条例”第九条第三项费率订定条款的立法意本质上有相当大的冲突，主管机关有必要在适法性方面做出说明与准备，以免到时又起如同今年太阳光电趸购合约之签约日与完工日无谓之争议。

5 台湾与世界各国(地区)实施 FIT 的经验与讨论

5.1 各国实施 FIT 制度的经验

台湾实施再生能源趸购 FIT 制度，因未对太阳光电趸购设定总量上限，且未顾及太阳能发电装置建设期程短及光电产品价格急速下滑之特性与其他类别再生能源迥异，而对所有再生能源皆一视同仁以签约日作为趸购费率之依据。确实存有规划上有待强化之处，致经济主管机关必须于实施一段时期后进行修正，在“2011 年再生能源电能趸购费率及其计算公式”中之太阳光电趸购办法已改采总量控制下以完工日费率为基准，并采两期分阶段以趸购费率搭配混合竞标方式进行趸购。

此次 FIT 制度发生问题，最重要原因是国际太阳光电设备成本下降幅度过速过大所造成，趸购费率预测错误必须进行修正，这在其他再生能源趸购制度已建置多年、经验丰富且体制较成熟的欧洲国家也接连发生，也带来欧洲各国家制度大幅变动，例如德国每四年调整一次费率因装机量快速增加变成去年及今年多次调整费率，致民众电费负担及厂商风险大增；法国、意大利、英国、澳洲和西班牙等国在爆量后也大幅调整制度、降低费率或有用行政手段阻碍并网或直接停止与业者签约。兹举法国、意大利、英国、西班牙和澳洲的情形说明如下：

(1) 法国。2001 年法国开始实施 FIT 趸购制度。2009 年法国的太阳光电 FIT 费率中，由于屋顶型 BIPV 的费率是全球最高，后来又加上简易型 BIPV，引发业者大量建盖专门只用来装设太阳光电设备的简易建筑，造成大量不当申设问题。2009 年 11 月法国政府开始规定安装太阳光电需要遵循一定的行政程序，主要是对于 250kW 以上的太阳光电设备安装需要取得兴建许可、电力冲击分析及公共意见询问，2010 年法国新 FIT 费率公告时，也一并对相关申设条件加严，才缓和上述不当申设问题。但由于法国 2010 年太阳光电费率相当优惠，且原先保证费率到 2012 年都不变，乃至申设热潮持续高涨，法国政府被迫在 2010 年 9 月调整费率，2010 年 12 月宣布暂停接受太阳光电申设，在 2011 年 3 月 9 日开始制订新的太阳光电制度调整及 FIT 费率，未来 100kW 以上的太阳光电系统都要改采用公开评选方式，而 100kW 以下的太阳光电系统才继续采用 FIT 制度，但费率较 2010 年 9 月公告的费率约低 20%。

(2) 意大利。意大利乃兼采再生能源收购义务配比制度（于 1999 年引进 RPS 制度）与强制保价收购制度（于 1992 年引进 FIT 制度）之国家。在 2005 年太阳光电法令，其适用 FIT 之对象，仅限于大于 1kW 且小于 1MW 之系统（AEEG 34/05）。2007 年太阳光电法令则取消 1MW 之上限，结果 2010 年太阳光电发生爆量之争议。于 2010 年，意大利在短短一年中，太阳光电之装置容量就达 1.9GW，若再加上尚未联网之机组，将高达 7GW 之量，相较于四年前仅 100MW 装置容量高出 70 倍有余，而其默认之 2020 年目标为 8GW 之情况，更可发现其爆量程度之严重。意大利政府也随即于年中颁布新措施，包括以行政程序拖延并网，以处理此一爆量之情况。意大利根据 2011 年 5 月 5 日公布的一部法案制定 Conto Energia Ⅳ，取代原有的 Conto Energia Ⅲ，于 2011 年 6 月 1 日正式施行。FIT 趸购费率 2011 年将每个月适度地调降一次；2012 年费率则每半年调降一次;2013年上半年费率将可能调升,但其他补助例如税赋减免及投资补助都会取消,而2013年下半年费率将再调降。根据2011年7月初的路透社报道,在意大利债务危机之下其政府最终赤字削减计划的实施,可能进一步削弱再生能源的激励机制。假如削减赤字计划确定,新的立法可能促使再生能源趸购电费下调幅度会高达30%。

(3) 英国。英国对再生能源发展最早起始于1990—1998年的非化石燃料义务(non-fossil fuel obligation, NEFO)。2002年起改推动再生能源义务(Renewable Obligation,RO)制,即一般认为的再生能源推广的RPS制。英国于2010年4月1日起开始实施趸购费率FIT制度与RO并行,且一次公告3年(2010—2012)费率,每年检讨一次,数年后再进行总检讨。2011年2月进行了第一次费率检讨,并公布经过物价指数调整修正之2011—2013年的费率。但因太阳光电之FIT费率订得过高,而光电产品之成本急速下滑,且未对个别再生能源趸购量设限,导致大型太阳光电(50kW以上)申设爆量,将政府趸购基金用罄,严重影响其他类别再生能源之推广,因此不得不于2011年3月18日委托顾问公司进行快数复评检讨fast-track review,并根据检讨报告于6月9日大幅地修正大型太阳光电的收购趸购费率,由原先每度电31.4分下调至19分/度(50~150kW)与15分/度(150~250kW),超大型太阳光电则由29.3分下调为8.5分/度(250kW~5MW),调整幅度在50%~70%。新的费率已于8月1日开始实施,在不溯及既往与信赖保护原则下,旧的申请业者只要在8月以前完工,皆可适用旧有的高昂费率,但新的申请案或8月以后才完工之业者则开始采用新的调整过之费率,这也导致业者赶在8月前大量申设大型太阳光电与装设报量问题。

(4) 西班牙。西班牙在1997年推动电力自由化立法之同时,即对再生能源引进FIT馈网电价制度。但2007年再生能源皇家令,提供高额太阳光电收购费率,并且仿照德国制度,未设有太阳光电装置总量上限。西班牙原本希望至2010年累积太阳光电装设量达371MW,结果因为价格过于优惠加上收购量无上限,在2007年就安装了560MW,在2008年更有2500MW的太阳光电设置(约占当年全球太阳光电装设量的一半),造成太阳光电爆量发展必须加以节制,嗣后颁布2008年太阳光电法令,乃大幅降低补贴金额,却导致2009年太阳光电装设量马上暴跌,造成其太阳光电产业7万多人失业,此即有名的“西班牙太阳光电泡沫”(Spain bubble)。对于太阳光电费率总补助额,估计规模达200亿欧元(262亿美元),光2009年一年的补助额就约达27.5亿欧元。为了降低预算赤字,2010年11月又进行调降太阳光电费率的动作,决定要减少补助额约

30%，并且藉由检查太阳光电设备之作法，削减补助办法将可回溯到2008年以前所兴建的太阳光电设备，此溯及既往的方式对西班牙太阳光电业者带来相当大的冲击。

(5) 德国。德国再生能源趸购费率制度最早可回溯至1990年通过执行的电力趸购法案(Electricity feed-in legislation，Stromeinspeisungsgesetz；StrEG)，德国《再生能源法》则自2000年起实施。德国FIT馈网电价依法每4年检讨1次，立法明定第1年之电价水平与其后3年之递减率。2010年因太阳光电市场投资过热，产品价格下降30%，故2010年年中德国众议院修法调降太阳光电馈网电价，并溯及既往生效(从8月11日溯及7月1日)，2010年费率调整了三次，分别为1月、7月及10月，2011年1月再调整，之后2011年及2012年再用安装量动态决定费率调整幅度。在德国，经过日本福岛核灾后，30年争议不休之核能问题已于7月新通过的再生能源法案(EEG)达成共识：2022年将终止所有核能发电，并以再生能源作为部分替代能源，EEG设立再生能源发电比例的下限：至2020年，再生能源占总电力供给比例不得低于35%，至2030年不得低于50%，至2040年不得低于65%，至2050年不得低于80%。此法令也规定2012年除太阳光电与风力外，所有再生能源发电价格都将大幅提升。这项政府政策变革也显现了德国展现了更积极的手段来扩展再生能源发展。

(6) 澳大利亚ACT。澳大利亚原本采用再生能源配比义务的RPS制度，但为了推广太阳能发电，各州也先后陆续实施FIT制度，虽然有部分州政府系采用净量电表计划。各州中以首府ACT的FIT最为优惠，也因此同样地于2011年5月产生申设报量的问题。但基于信赖保护与法律不溯及既往原则，ACT政府会保护那些有诚实信用和已经进行装设PV的业者。任何业者或用户只要签订了PV装置合约并在5月底前已支付定金，将仍可维持旧有固定FIT的费率。ACT能源部长表示只要业者或用户具备下列三个条件之一即可豁免采用新的FIT制度：

1) 在计划期限截止前订立有效的装设合约。

2) 在计划期限截止前能提出已支付合约定金的证据。

3) 能提供以上的法律宣誓证明文件(a statutory declaration)。

澳首府ACT政府在未来的12个月内将引进40MW总量限制的大型光伏电厂(solar farms scale)趸购计划，此计划将不再以固定FIT费率趸购而系以竞标方式(a reverse auction)决定趸购费率来进行。新的反向竞标制度细节将于今年年底前立法后公布实施。原则上系将40MW的总量分批次进行拍卖，以上限价格开始往下竞拍，直到每个批次的数额卖完为止。这将是澳洲第一个实行竞标制度决定 FIT 的州政府。

5.2 FIT 费率检讨与修正周期

台湾目前一年公布一次费率,并在一年之间依照多期次(多阶段)的竞标结果进行数次费率调整,以反映变化快速的太阳光电市场。我们认为在目前的制度下,依然可以采取一次公布数年的费率预测值,但此费率仅供参考用途,不作为未来 FIT 费率的趸购基准。国际上,英国 FIT 每年检讨一次,数年后进行总检讨,一次公告三年费率。德国 PV 是每年检讨数次,FIT 是一次公告四年费率,但每年不断变更修正公告之费率。其他多数国家基本上系每年检讨一次,但遇到政经社技情况变化过剧时,会一年内进行数次调整。因此一次公告数年的固定费率作法实质上已无多大意义,仅供作为未来的参考信息。综言之,数年一次的费率审议,虽可降低业者风险,但当局承担的风险过剧,若市场与成本的变化超出原先的预期,财政上将无法支撑,反而严重影响太阳光电产业的永续发展。

5.3 世界各国(地区)FIT 制度所面临的挑战

保证价格收购的 FIT 趸购费率制度,是政府在保证长期购电合约下,按总能量(千瓦时)产出付给再生能源电力供给者的价格,以使其能回收投资成本,进而产生诱因去发展促进再生能源的开发与利用。但由于太阳光电市场为新兴技术的市场,技术进步快速导致成本下滑速度也相对迅速,供需与库存也因各国政策执行而经常变动,因此太阳光电的趸购费率需要频繁地动态调整机制来反映市场供需与成本的变动,没有一个国家(地区)可以准确地订定适当的 FIT 费率而不需经常调整。而错误地费率更会引起业者们故意拖延完工或违约,或者一窝蜂涸泽而渔申请量激增,造成重大财政负担,因此,完善的 FIT 制度设计,就必须面临下列的挑战: ① 如何防止拖延完工或违约;② 如何周期性地修正费率以反映市场供需及成本,以及如何降低最适费率订定的行政成本;③ FIT 制度无法降低业者期初设置成本,要降低业者的期初设置成本需有融资机制的配套措施;④ 如何控制 FIT 的总成本,以免造成过多的财政负担;⑤ 每年频繁变动的费率会导致政策的不确定性增加,也可能因此造成业者融资的困扰;⑥ FIT 政策需能带动整体经济成长效果及创造就业机会,否则政策无法永续。

5.4 FIT 制度成功的关键因素

考虑世界各国(地区)与台湾现今 FIT 制度面临的问题与挑战后,我们认为 FIT 制度成功的关键必要因素有: ① 政策必须持久稳定,不可停停走走忽快忽慢;② 购电合约要能回收长期(15~20 年)的投资成本;③ 要能提供业者一个合理稳健的获利机会，也藉此推广再生能源产业；④ 要能设计一套动态滚动式的费率调整机制来反映成本的不确定性，且能逐年调降费率使政府不至于因财政超支而破产；⑤ 要能根据再生能源类别、装置容量规模及装设质量，进行费率差异化制定；⑥ 申设程序要流畅、简化、透明以降低行政程序的复杂度；⑦ 要能反映至电价使使用者付费；⑧ 每年预算或收购量必须设有上限。

5.5 台湾 FIT+竞标制度能否有效鼓励再生能源业者

由于补贴费率难于捉摸，市场变幻高深莫测，"审定会"每年都会花上好几个月来制定 FIT 费率，而费率制定后却总赶不上市场的变化情况，有鉴于此，台湾于今年起改采 FIT 搭配竞标制度来决定业者的补贴费率，堪称世界创举之一，也大幅地降低了 FIT 价格必须修正的压力，而此种方式下，FIT 价格只是竞标价格的参考上限，而非真正补贴的价格，补贴的价格由过去的已知变成现今的未知，价格未知部分系竞标方式采购本身的特性，采用竞标方式的目的除了降低正确订定价格的压力外，就是要以低成本进行采购，业者透过竞标方式必然会承担不确定的风险，除非又回到以前的固定 FIT 费率方式，否则不确定性在竞标体系下必然会存在，不过风险与不确定性透过竞标制度的精心设计是可以大幅降低。例如公布以往各期竞标的价量关系信息，以及改变目前报价成交的价格决定规则，都可以是检讨的方向。

在做法上，建议可以透过修正"第二期太阳光电竞标作业要点修正草案"：① 应允许业者同期多阶段投标时有更改标单的权利；② 更改目前报价成交的方式为报价若在平均折扣率以下，仍按报价成交方式，但若在平均折扣率以上时，可改为全部按平均折扣率的价格成交。以降低业者面临的风险。

(1) 应允许业者同期多阶段投标时有更改标单的权利

若可允许业者在同期多阶段投标时更改标单，将可大幅降低业者无法得标或错误报价与面临突发状况的风险。因此，在行政程序与时效许可时，应可朝允许更改的方式进行。通常按外国经验，都会设定更改期限(gate closure)，换言之，在期限前可允许业者有更改报价的机会，而行政单位也可考虑作业所需时程订定更改期限时间。

(2) 更改目前报价成交的方式

目前采用的竞标系统为以公告趸购费率为上限之报价成交订价系统，此种决标方式在经济学理上系属不完全竞争市场的常用订价方式，目的在削减生产者剩余以避免供给方的超额利润，并达到降低趸购的总成本支出，但如果当供给方呈现近乎完全竞争市场且有超额供给时，比较有效率的方式则应改为市场均衡价格。如此可保留所有合格业者的生产者剩余与合理利润，对有效率的业者具有强烈的诱因降低报价水平，也比较公平，不会因报价策略的失误导致差别待遇。

可行的折中做法是将目前价格决目标报价成交方式改为：业者报价若在平均折扣率以下，仍按报价成交方式，但若在平均折扣率以上时，可改为全部按平均折扣率的价格成交。如此可大幅降低得标业者风险，也同时鼓励较有竞争力与低成本的业者。目前的报价成交制度对有竞争力的业者，是一种惩罚，因为报的价格越低，得到的价格就越低，反而那些报价较高的业者，却得到较高的价格。因此，在此规则下，不会鼓励业者降低成本报价，反而会强化业者策略性竞标的行为。

按经济学理，当市场为完全竞争时，最有效率的订价规则为市场结清的均衡价格，也就是最后一个入围标单的价格决定了所有入围者的价格，在此价格水平下，所有入围的业者都获得同样的价格，既能公平也可维持经济效率，如此成本低的可获得较多的利润，成本高的则可获得较少的利润，而最后一个入围者则获得了正常利润(normal profit)，目前报价成交的方式，却是惩罚业者的方式，因为不论是高成本或低成本的业者，其生产者剩余(producer surplus)均被剥夺，大家都仅能维持正常利润，因此对成本高低不同的业者无法产生市场诱因。

当然若在市场不是完全竞争时，报价成交的方式是可以避免市场力的操控值得采用，然而，如果能使市场参与者范围扩大，建议可更改订价规则：① 采报价成交与均衡市价的折中方式如上或② 采市场均衡结清价格，如此对有效率的业者，以及非要得标的业者而言，是一大值得鼓励的利多，可大幅降低业者面临的价格不确定风险，短期政府因此多付的支出也有限，长期而言，在此生产者剩余保有的诱因下，业者会朝降低成本的方式经营，也可增加产业的竞争力，大幅降低政府未来采购的成本。由于采用②的前提是要有一个充分可竞争的市场环境，因此，必须注意到市场供需双方的筹码，也就是说必须供给要远大于需求(例如至少要达130%)，且供给方人数要分散，各个市场参与者的市占率不可大于30%，如此方可避免其操控市场成交价格。因此，在采购行政程序上可采各种方式来尽量满足这些条件，例如不要一次就将一年的预算或采购量用罄，可分批次，如多期多阶段方式或按规模、地点分别竞标，以降低每次竞标的需求量，创造出需求远小于供给的条件，即可实行市场结清订价规则。

6 FIT与RPS制度之搭配

RPS制度是属于数量管制的再生能源趸购制度，早期由英、美等国实施，系由政府透过立法规范电业或能源用户之再生能源发电配比义务，业者必须透够再生能源市场购买再生能源权证来满足其义务，否则则需被课以罚金，所以 RPS 制度亦被称为配额制度（quota-based mechanism）、配额义务（quota obligation）或再生能源义务（renewable obligation），换言之，政府只要建置健全的再生能源市场而不需决定价格，价格则交由市场的供需法则来决定，这是与 FIT 制度只决定价格而不会分配义务，最大的差异之处。

6.1　RPS 制度的优缺点

由于强调市场经济的机制，除了再生能源数量配比的义务外，许多风险与不确定性都交由市场参与者来决定，所以 RPS 制度的优点为：① 政府不再扮演交易员或趸购费率价格制定者角色；② 价格可透过市场供需调节决定；③ 拥有交易制度让义务目标以最低成本方式达成；④ 低成本的再生能源制度可快速发展；⑤ 再生能源凭证 REC 交易机制不但提供义务人短时间无法完成法定义务量的解套方式，也形成 REC 交易的次级市场，使 REC 拥有类似金融的流动性，增加筹资的便利性；⑥ 由于能源产业大多是温室气体的最大制造者，REC 交易机制也可以与温室气体减量之查核机制结合，节省政策监督运作的成本。但由于再生能源发电形式的选择是由企业和市场决定的，所有再生能源发电形式得到的是同样的市场电价，在这种情况下，低成本的再生能源技术就快速发展，相对地，较高成本或技术离市场化较远的技术就很难得到推广，因此 RPS 制度的缺点包括：① 没有能充分达成鼓励多样化与目标外之再生能源长期发展的目的；② 因市场决定价格，在价格波动下再生能源发电业投资与融资风险提高；③ 如果市场属不完全竞争，易造成再生能源企业间的不公平竞争；④ 会造成各种再生能源发电技术间因成本不同的不公平竞争。

6.2　FIT 与 RPS 制度如何互动

全世界采用单独 RPS 制度的国家和地区不多，只采用 FIT 的国家和地区也正在逐渐减少中，目前世界的趋势是往中间移动，亦即原来采 FIT 的国家和地区，逐渐引进 RPS 制度的各种要素（如总量控制、部分义务承担、电网公司并联或收购义务、竞标制度、拍卖制度、绿色权证等），以便控制预算、降低采购成本、增加经济效率促进竞争；而原采 RPS 的国家和地区也早已开始并行 FIT 制度，以加速 RE 推广，均衡发展各项再生能源。

未来要研究两种制度如何搭配与互动才能最有效地达成再生能源发展目标。以台湾的现况，在既有的 FIT 制度下，如何就 RPS 制度的优点，引进其制度的要素包括：总量限制＋公平竞争（减少各方利益的竞租行为），义务范围界定，市场建置＋竞标系统与规则，违约处理与罚金，报告盘查与核实，凭证创造销毁登录与转让等；如果采全盘引进，就如同英、澳两国的双轨并行制（FIT

与 RPS)同时并行，如果采部分引进，就如目前实行的上限设定与竞标系统。未来这方面如何搭配还需要进一步深入的研究。总之，我们认为台湾应符合世界潮流逐步引进 RPS 制度的各项要素，待时机成熟时，全面落实 FIT 与 RPS 并行制度。

7 结论与建议

推广再生能源的利用是当今全世界的潮流，而如何推广，考验着每一个国家和地区决策者的智慧。在欧盟大举采用 FIT 制度成功地引进再生能源发电后，各国和地区也开始竞相追随采用该制度，FIT 制度行政交易成本较低外，技术上容易推行且透过优惠价格易于达成再生能源全面推广目标是重要原因，而 RPS 制度牵涉较为复杂的市场与竞标设计以及盘查验证申报的复杂手续，虽然可以以较低成本达成再生能源总量发展目标，但在市场机制竞争下通常都会偏重集中在少数商业化的再生能源技术之发展，因而不能全面均衡发展再生能源。但实施多年的 FIT 制度后，FIT 制度的缺点也逐一浮现，最大的缺点是补贴价格的难订与订太高时的爆量问题。因此，越来越多的国家和地区又重新思考要如何引进 RPS 制度来克服 FIT 制度的缺点。

保证价格收购的趸购费率制度(FIT)和发电义务配额的竞标制度(RPS)，此两种制度可以互补也可以互竞，通常以互补性质居多，因为单一制度有其盲点，正好可以另一制度加以补强，而偏执单一制度会造成许多问题难以解决，所以如何进行最适调和与搭配两种制度是比较好的方式。这在世界各国和地区先后实施 FIT 与 RPS 即为证明，台湾则是在 FIT 制度之下对部分太阳光电引进了竞标系统制度，在保证价格上限之下由竞标方式决定最后的补贴价格水平，通常世界各国和地区的竞标体系多按照再生能源的种类与规模来分别进行。

因此针对两种制度的优缺点以及台湾再生能源发展的目标，我们建议决策者可以考虑 FIT 与 RPS 平行搭配推行，混合使用，更可以和自愿方案及其他补贴优惠措施一同采用，来凸显优点降低缺点，加速国家和地区再生能源之发展。总之，RPS 制度可以说是要达成再生能源发展基本目标的必要与保证方式，而透过 FIT 则是超越目标必要的工具。此外，未来的 FIT 制度在再生能源发展到一定程度时，我们也建议目前的竞标价格订定规则需要进一步研究以促进有效率与有价值的再生能源业者，目前采用固定 FIT 费率的方式是不考虑再生能源的价值，只考虑其平均发电成本。未来透过竞标价格的订定应逐步引进再生能源发电的效益与价值观念，而非只是成本导向。

参考文献

[1] IEA (2004) Renewable energy: market and policy trends

[2] Karlynn C. , et al. (2009) Feed-in tariffpolicy: design, implementation, and RPS policy interactions. national renewable energy laboratory, Technical Report NREL/TP - 6A2 - 45549, Colorado

[3] Renewable Energy Policy Network for the 21st Century (2010) Renewables 2010 global status report ren21. Paris: REN21 Secretariat

[4] Toby C. , Karlynn C. (2009) State clean energy policies analysis (SCEPA) project: an analysis of renewable energy feed-in tariffs in the United Sates. National Renewable Energy Laboratory, Colorado: Technical Report NREL/TP - 6A2 - 45551

[5] 蔡岳勋(2009)能源法制新探/跛脚的能源法案—评析“再生能源发展条例”. 台北：台湾月旦法学杂志

美国温室气体强制性申报条例及对我国的启示

刘兰翠　蔡博峰　张战胜　曹　东

（环境保护部环境规划院，北京 100012）

美国环保署根据《2008 财年综合拨款法案》①中的国会要求以及《清洁空气法案》的授权，制定并颁布了《温室气体强制性申报：最终条例》。该《条例》是为收集温室气体排放量数据而采取的一项具体行动，不包含温室气体削减要求，要求对因燃料供应商等上游来源生产或进口的化石燃料或工业气体的燃烧或使用而产生的温室气体排放量以及生产设施（下游排放源）通过其工艺和/或燃料燃烧所产生的温室气体排放量进行申报。此外，还要求车辆和发动机生产厂家申报其所生产的重型和越野车辆发动机的排放数据。年温室气体排放量在 25000 吨二氧化碳当量或以上的大型生产设施以及大多数化石燃料和工业温室气体的上游供应商以及车辆和发动机生产厂家都需要申报。

该《条例》要求申报 CO_2、CH_4、N_2O、SF_6、HFCs、PFCs 和其他氟化气体的年排放量（联邦法规法典第 40 编第 98 部分子部分 A），单位为吨。对于供应商而言，所申报的温室气体排放量为所供应产品燃烧或使用所产生的排放量。申报在生产设施②级进行，化石燃料和工业气体的某些供应商在企业级申报。

环保署对申报实体、申报限值、申报频率，记录保留、监测、排放验证等都做了具体的要求。该申报《条例》与美国政府和一些州的现有计划（如气候政策和研究计划等）为补充和互补关系，而不是重复关系。希望通过该《条例》收集的数

① 2007 年 12 月 26 日签署的《2008 财年综合拨款法案》批准为 EPA 拨付资金，要求环保署“在《法案》颁布之日起九个月内制定和印发关于强制性要求美利坚合众国所有经济部门申报超过规定门限值的温室气体排放量的草案，并于十八个月内发布最终条例”。

② 在本《条例》中，生产设施指设置在实际上直接接触或者由一条公共道路或其他公共道路用地单独隔开的一个或多个邻近或相邻物业上且具有共同所有权或共同控制权的、任何排放或可能排放任何温室气体的有形财产、设备、建筑物、结构物、排放源或固定式设备。军用设施经营者可根据相邻军事财产内的特有和独立的功能分类将此类设施划分为多个生产设施。

据，环保署、各州和公众能够更好地了解全国各行各业的相对排放量以及各类生产设施的排放量在这些行业的分布情况、了解影响生产设施温室气体排放的各种要素以及生产设施未来可以采取或目前已经采取的排放量削减行动，并提高美国政府制定气候政策的能力，评估哪些行业会受到影响，以及这些行业会如何受到潜在政策的影响。此外，这些数据还可与地方政府、州政府和联邦政府的各项工作结合起来，帮助企业和生产设施确定其温室气体足迹并识别排放削减机会。

1 美国《温室气体强制性申报：最终条例》的主要规定

1.1 要求生产设施和供应商申报温室气体排放

申报者必须针对以下生产设施和供应企业提交温室气体年报。

(1) 从 2010 年起的任何日历年中含有下列(联邦法规法典第 40 编第 98 部分子部分 C 至 JJ 中定义的)排放源类别的任何生产设施[①]。具体如下：

* 发电设施
* 生产
* 铝的生产
* 制氨
* 水泥生产
* HCFC－22 的生产
* 未与 HCFC－22 生产设施共处同一场地且每年消灭 2.14 吨以上的 HFC－23 的 HFC－23 消灭工艺
* 石灰生产
* 硝酸生产
* 石化生产
* 炼油厂
* 磷酸生产
* 金刚砂的生产
* 苏打灰的生产
* 二氧化钛的生产

每年 CH_4 产生量相当于 2.5×10^4 吨 CO_2e 或以上的城市固体废物(MSW)填埋场

每年 CH_4 和 N_2O 产生量(混合排放量)相当于 2.5×10^4 吨 CO_2e 或以上的

① 除非另行规定，本通知中的年份和日期均为公历年和日期。

粪肥管理系统。

这些生产设施的温室气体年报需包含联邦法规法典第 40 编第 98 部分子部分 C 至 JJ 中提供计算方法的所有排放源类别和温室气体。

(2) 从 2010 年起的任何日历年中含有下列(联邦法规法典第 40 编第 98 部分子部分 C 至 JJ 中定义的)任何排放源类别并且每年固定式燃料燃烧装置、碳酸盐的其他用途以及所列出的所有排放源类别的混合排放量在 2.5×10^4 吨 CO_2e 或以上的任何生产设施。这些生产设施的温室气体年报需包含联邦法规法典第 40 编第 98 部分子部分 C 至 JJ 中提供计算方法的所有排放源类别和温室气体。

* 钛合金生产
* 玻璃生产
* 氢的生产
* 钢铁生产
* 铅生产
* 纸浆和造纸
* 锌的生产

(3) 从 2010 年起的任何日历年中满足以下所列的所有三个条件的任何生产设施。这些生产设施的温室气体年报仅需包含固定式燃料燃烧排放源的排放量。对于 2010 年,生产设施可根据联邦法规法典第 40 编第 98.3(d)部分提交温室气体简报。

* 不满足上述两段所述要求的生产设施。

* 固定式燃料燃烧装置的最大额定总供热能力为每小时 30 百万英热单位(mmBtu/小时)或以上;而且

* 生产设施的所有固定式燃料燃烧源每年排放 2.5×10^4 吨 CO_2e 或以上[①]。

(4) 从 2010 年起的任何历年中供应下列任何产品的(联邦法规法典第 40 编第 98 部分子部分 LL 至 PP 所定义的)任何供应商。这些供应商的温室气体年报包含联邦法规法典第 40 编第 98 部分子部分 KK 至 PP 中提供了计算方法的所有适用的产品。

* 煤炭液体燃料:煤制油燃料的所有生产厂家;年进口量或年出口量相当于每年排放 2.5×10^4 吨 CO_2e 或以上的煤制油燃料进口商和出口商。

---

① 不含便携式设备、应急发电机或本《条例》中定义的应急设备。

＊ 石油产品：提炼原油的所有炼油厂；年进口量或年出口量相当于每年排放 2.5×10^4 吨 CO_2e 或以上的石油产品进口商和出口商。

＊ 天然气和液态天然气(NGL)：所有天然气分馏厂和所有本地天然气配送公司(LDCs)。

＊ 工业温室气体：工业温室气体的所有生产厂家；N_2O、氟化温室气体和 CO_2 年综合大宗进口或出口量达到或超过每年排放 2.5×10^4 吨 CO_2e 的工业温室气体进口商和出口商。

＊ CO_2 的所有生产厂家；N_2O、氟化温室气体和 CO_2 年综合大宗进口或出口量达到或超过每年排放 2.5×10^4 吨 CO_2e 的 CO_2 进口商和出口商。

(5) 研究与开发活动不属于《条例》中的任何排放源类别。

申报者必须于 2010 年 1 月 1 日开始收集数据，每年提交温室气体年报。2010 年排放的温室气体或供应产品的第一次温室气体年报必须于 2011 年 3 月 31 日提交。对于 2010 年部分，《条例》允许申报者使用可获得的最佳监测方法来监测根据序言第Ⅱ.A.3 和Ⅱ.G 节相关子部分中的监测和质量保证/质量控制(QA/QC)要求，无法合理测定的参数。

对于酸雨计划中规定的发电设备，申报者必须根据酸雨计划的要求，每季度申报 CO_2 排放量，此外还需根据《条例》提交温室气体年报。申报者必须持续每年提交温室气体数据。

申报者若属于申报《条例》的监管对象，则必须每年持续提交温室气体报告。若申报者所提交的温室气体年报证明所申报的温室气体排放量，① 连续 5 年低于每年 2.5×10^4 吨 CO_2e；或者② 连续三年每年低于 1.5×10^4 吨 CO_2e，则可以停止申报。申报者须将其停止申报意向通知环保署并且说明排放量削减的原因。本条规定适用于属于申报《条例》监管的所有生产设施和供应商，不论其属于哪一个适用性类别(即：不论适用性规定适用于“全包括式”排放源类别还是限值为 2.5×10^4 吨 CO_2e 的排放源类别)。适当时，连续五年年排放量低于 2.5×10^4 吨或连续三年年排放量低于 1.5×10^4 吨的申报者必须保留所有五年或所有三年的记录。如果产品的温室气体排放量(或产品供应量)在随后任何历年上升至 2.5×10^4 吨 CO_2e，申报者必须再次开始年度申报。《条例》还规定，允许生产设施和供应商在关闭《条例》所涵盖的所有排放温室气体的工艺和运行时通知环保署并停止申报。

如果申报者发现或者经环保署通知后发现温室气体年报中存在错误，则必须在 45 天之内提交经过修订后的温室气体报告。

1.2 温室气体年报包含的内容

(1) 申报者必须在温室气体年报中包含的信息。

1) 生产设施名称或供应商名称(适当时)以及其所在城市、州和邮政编码的街道地址。

2) 报告所涵盖的年份和月份以及报告提交日期。

3) 对于直接排放温室气体的生产设施:

* 生产设施的年排放量(不含生物源二氧化碳),单位为吨 CO_2e/年,为设置在该生产设施的、联邦法规法典第 40 编第 98 部分子部分 C 至 JJ 中规定的所有排放源类别的所有温室气体总量。

* 设置在该生产设施的、联邦法规法典第 40 编第 98 部分子部分 C 至 JJ 中规定的所有适用的排放源类别的生物源 CO_2(生物质燃烧产生的 CO_2)年排放总量。

* 设置在该生产设施的、按气体类型统计的、每个排放源类别的温室气体年排放量。气体类型有 CO_2(不含生物源 CO_2)、生物源 CO_2、CH_4、N_2O 和每类氟化温室气体。

* 每个排放源类别中按照相应子部分规定的细分排放量(如:某些排放源类别要求申报每个设备或每条生产线的排放量)。

* 相关子部分中针对每个排放源类别规定的其他数据,其中包含用来生成排放量数据的活动数据(如燃料用量、原料投入量)以及用来支持质保/质控和排放量验证的其他数据。

* 硝酸或氨生产所产生的合成肥料的总量(磅)以及肥料中含有的总氮量。

4) 对于供应商:①

* 应申报当年所供应、进口或出口产品的燃烧或使用②而排放的每种温室气体的年排放量。该排放量应针对联邦法规法典第 40 编第 98 部分子部分 KK 至 PP 中所规定的每个适用的供应类别按气体类别申报。此外,还需报告所有供应类别的所有温室气体的总排放量,单位为吨 CO_2e。

* 每个供应类别的适用子部分中规定的其他数据,包括用来计算温室气体量或支持 QA/QC 和验证所需要的数据。

* 申报者如果在申报期内改变温室气体计算方法,需提交书面说明材料。

---

① 供应商包括燃料和工业气体的生产商、进口商和出口商。本《条例》规定了供应商的申报级别。大多数供应商须按生产设施级申报。进口和出口按企业级申报。

② 就工业温室气体而言,“使用”假定会释放 100%的温室气体。

* 2010 年部分所用的最佳可用监测方法的简要说明。

* 按照子部分规定,使用缺失数据程序的每个数据要素以及每个数据要素使用缺失数据程序当年的总小时数。

* 由所有者或经营者授权代表签署并标注日期的认证声明。

在某些情况下,同一家生产设施可能同时需要遵守《条例》中针对直接排放户和供应商的要求。例如,炼油厂既是石油产品供应商(联邦法规法典第 40 编第 98 部分,子部分 NN),也会从炼油工艺(联邦法规法典第 40 编第 98 部分,子部分 Y)、一般固定式燃料燃烧(联邦法规法典第 40 编第 98 部分,子部分 C)和设置在炼油厂的其他排放源类别中直接排放温室气体。在这种情况下,申报者必须申报上列生产设施和供应商所需申报的信息。

对于任何按照联邦法规法典第 40 编第 2 部分,子部分 B 确定的 CBI 信息,环保署均会予以保护。但是,需要说明的是,按照 CAA 第 114 和 208 节收集的排放数据须供公众查阅且不得作为 CBI 信息拒不公开①。

(2) 关于 2010 申报年度的特殊规定。从 2010 年 1 月 1 日至 2010 年 3 月 31 日,申报者可对根据相关子部分中的监测与 QA/QC 要求无法进行合理测定的任何参数(如燃料用量、生产线原料的日含碳量等)使用最佳可用监测方法进行监测。申报者必须仍然使用每个相关子部分"温室气体排放量计算"一节中规定的计算方法和算式,但是对在 2010 年 1 月 1 日之前无合理可行性采购、安装和运行规定监测设备的任何参数,可使用最佳可用监测方法进行监测。从 2010 年 4 月 1 日起,申报者必须遵守本部分中所有适用的监测和 QA/QC 规定,否则须向环保署提出延期申请,证明其在 2010 年 4 月 1 日前采购、安装和运行规定的监测设备无合理可行性,而且该申请必须得到环保署的批准。从 2010 年 12 月 31 日之后,环保署不再批复最佳可用方法的使用。最佳可用监测方法包括以下任何方法:

* 生产设施当前使用的、不满足相关子部分规范的监测方法。

* 供应商数据。

* 工程计算书。

* 其他公司数据。

---

① 虽然确定一条信息是否属于 CBI 信息,通常是按个案进行的,但是,环保署在之前的联邦公报通知中已经讨论过不能作为 CBI 拒不公开的排放数据究竟由哪些数据构成(956 FR 7042—7043,1991 年 2 月 21 日)。此外,在本序言第Ⅱ.R 节中已经说过,环保署将另外启动一个通知和评议程序,确定本《条例》下所收集的数据类别的 CBI 信息和排放数据。

(3) 仅涉及一般固定式燃料燃烧排放源的生产设施提交温室气体简报。对于2010年1月1日已投入运行,且仅需提交联邦法规法典第40编第98.2 (a)(3)条规定的固定式燃烧排放源排放量的现有生产设施,申报者可提交2010年排放量的温室气体排放简报,而无须提交完整的温室气体年报。简报须包含按照联邦法规法典第40编第98.3条中规定的任何方法计算所有固定式燃烧装置的温室气体排放量总量,单位为吨CO_2、CH_4、N_2O和CO_2e。虽然温室气体简报中无须报告按燃烧设备分解的排放量分解数据以及计算排放量所使用的活动数据,但是必须申报所选方法中使用的计算变量。对于2011年度,申报者必须提交包含所有信息的温室气体排放完整报告。

1.3 年报提交和记录保留要求

报告必须以电子版形式、采用署长在发布最终《条例》后规定的格式提交。每个报告必须包含由生产设施授权代表签署的认证证明。授权代表必须代表所有者和经营者证明报告是按照联邦法规法典第40编第98部分的规定编写而且报告中所含信息真实准确,否则愿接受法律惩罚。

每个申报者还必须以电子或打印件格式将以下记录保留三年,并按照环保署的要求向其提供:

(1) 已计算温室气体排放量的所有装置、业务、工艺和活动的清单。

(2) 计算每个装置、每项业务、每个工艺和活动的温室气体排放量时所使用的数据,按燃料或材料类型分类。这些数据包括,但不仅限于:

* 温室气体排放量计算结果及所用方法。

* 为确定场地排放因子而进行的分析工作的分析结果。

* 对高热值、碳含量或其他必要的燃料或给料参数进行的所有必要的分析结果。

* 计算温室气体排放量时所用的任何设施运行数据或工艺信息。

(3) 温室气体年报。

(4) 缺失数据计算。对于每次缺失数据事件,还需记录事件持续时间、故障设备恢复所采取的措施、事件原因以及为了预防或降低未来此类事件的发生频率而采取的措施。

(5) 含有联邦法规法典第40编第98.3(g)(5)条规定信息的书面温室气体监测计划。

(6) 提供用于温室气体申报数据的连续监测系统(CEMS)、燃料流量仪和其他仪器的所有必要的认证和质量保证(QA)测试结果。

(7) 提供本部分所报告的温室气体数据的连续监测系统、燃料流量仪和其他仪器的维护记录。

(8) 联邦法规法典第40编第98部分中任何适用子部分所规定的任何其他数据,比如子部分中规定的抽样结果和分析程序(如燃料热含量、原料含碳量和流率等)以及用于计算排放量的其他数据。

1.4 监测和排放验证要求

(1) 监测要求。《条例》要求直接测量在其他计划如ARP、NSPS、NESHAP、州实施计划(SIP)中已经使用CEMS收集和申报数据的某些设备的排放量。在某些情况下,可能需要对当前用来监测主要污染物的CEMS进行升级,以便同时用来监测CO_2或者增设体积流量仪。生产设施若存在未安装CEMS的装置,申报者可以选择安装和运行CEMS来直接测量排放量,也可以选择使用具体针对该生产设施的温室气体计算方法。申报者可以选择采用以下任一方法监测和申报二氧化碳工艺排放量:① 安装和运行CEMS,并且采用联邦法规法典第40编第98部分子部分C中规定的第4层计算方法;或者② 适用子部分中具体针对排放源类别规定的监测和计算程序。在任何一种情况下,二氧化碳工艺排放量均须在排放源类别子部分下申报。如果二氧化碳工艺排放量与要求使用CEMS来测量的燃烧设备或工艺设备的混合排放由同一烟道排出,那么,申报者必须使用CEMS并且按照第4层计算方法在《条例》子部分下申报共享烟道排出的混合排放量。

环保署规定用来收集进行排放量计算所需数据的流量仪的校准误差为±5%,提出了包括喷嘴、管口和文丘里流量仪等的具体计算程序。

最终《条例》要求提交监测计划,主要内容:须注明负责收集排放量数据的人员;说明收集温室气体排放量计算数据所使用的程序和方法;须描述所有CEMS、流量仪以及用来提供申报温室气体排放量所需数据的其他仪器的质保、维护和维修程序。为了保证生产设施或供应商人员按照正确的监测和质保程序行事,并且满足申报《条例》的要求,申报者需要对其监测计划加以更新。同样,环保署需要在生产设施审核期间看到最新版的监测计划。当生产设施更改了工艺、更改了监测仪器或质保程序,或者为了降低监测设备故障停机频率而改进了监测系统的维护维修程序时,均须对计划进行更新。

(2) 申报数据验证需求。此外,为了保证数据的准确性,环保署要求进行自我验证并接受环保署申报数据验证。《条例》要求申报者以标准电子格式集中通过一个数据系统提交数据。《条例》中的排放量验证工作的实施程序如下:

第一步,将对数据进行初步集中审查,这一步大部分工作将自动完成。环保署打算在数据系统中内建一个电子数据质保程序,供申报者和环保署使用,以便保证数据的完整性和准确性。此外，为了验证所申报的数据并保证数据的准确性，环保署会审查生产设施级监测计划和程序，并且将使用最近提交的数据和历史提交的数据对数据进行详细的自动审核，适当时与类似生产设施和/或其他电子审核工具进行比对。

第二步，在对所申报数据进行审查以及对所选生产设施进行现场审核时若发现潜在错误、误差或问题，环保署打算对这些生产设施进行跟踪审查。现场审核可以由环保署签约的私人验证机构或者联邦、州或地方政府人员进行。我们计划与各州保持紧密协作，制定一套满足多项申报计划要求的有效的现场审核方法。我们不期望每年对每个生产设施进行现场审核。

1.5 数据收集、管理与发布

(1) 数据收集。若申报者已经向现有 EPA 计划申报温室气体排放数据，则会在编制最终《条例》申报系统时尽力减轻申报者的额外负担。但是，一些现有计划的数据收据和申报要求与强制性温室气体申报《条例》不一致。当无法采用现有计划来收集相关 GHG 数据和补充数据时，EPA 将要求申报者向《条例》的新数据申报系统提交强制性 GHG 申报《条例》中所要求的数据。这些申报者可继续按其他相关计划要求向现有申报系统提交数据。

数据提交。指定代表(见 40 CFR 98.4 所述)必须使用电子签名设置如个人身份证编号(PIN)或密码来提交报告。若指定代表拥有一个目前被其他机构计划接受的有效电子签名，计划在可行的情况下设计一个新的申报系统来接受该有效电子签名(请参见 40 CFR 3.10 及 40 CFR 3.3 中“电子签名设置”和“有效电子签名”的定义)。

设施和单位的唯一标识码。指定申报年的机构的申报格式可使用几个 ID 编码—单位或设施的唯一标识码。为了保证数据库之间的正确匹配，如 EPA 指定设施 ID 编码和管理信息系统办公室(ORIS)(DOE)的 ID 编码，以及一个申报年与下个申报年之间的一致，申报系统的管理员将为每个设施设立一个唯一的标识码。

申报排放的测量单位。为了维持美国州级和联邦级现有温室气体计划与国际计划的一致性，所有排放测量都必须以国际制单位申报，也称为公制单位。在计算中使用的数据和用于 QA 的补充数据可仍用英制测量单位(如 mmBtu/hr)，但特定测量单位必须包括在数据提交中。所有提交给机构的排放数据必须以千克或吨每单位时间来表示。

将排放转换成 CO_2e。申报者必须对每种温室气体排放量(或其他度量，如供给工业温室气体供应商的数量等)按两种形式提交。数据将以每单位时间排放的气体量(如一氧化二氮的吨数)及每单位时间的 CO_2e 排放量的形式提交。

委派州机构收集温室气体数据。申报者必须将排放数据和补充数据直接交给 EPA。在目前阶段,EPA 不打算将权力委派给州或地方机构来收集数据。

提交方法。《条例》所涵盖的所有主体必须用管理员规定的电子格式提交报告。反映申报系统基本电子数据的电子格式会在首个申报日期前确定。通过在《条例》文本中规定必须申报的信息,但没有规定具体的申报格式,EPA 通知申报者必须申报的具体信息,并让申报者灵活地根据执行经验和新技术及时修改电子申报格式和电子数据申报系统。

(2) 数据管理

QA 程序。新申报系统将包含数据完整性、数据质量和数据一致性的自动检查。这类自动检查在很多其他机构计划中都有使用(如 ARP 等)。

向申报者提供反馈意见。EPA 在当前计划中建立了很多机制,向提交数据的申报者提供反馈意见。在建立电子数据申报系统时,EPA 将考虑其他计划使用的方法(如电子确认、QA 检查结果等)并制定合适的机制为温室气体申报《条例》下的申报者提供反馈意见。不管数据收集系统如何规定,在向提交数据的申报者提供反馈意见时,目标是确保实现适当的透明度并确保准时性。

(3) 数据分发

公众对排放数据的访问。机构计划通过 EPA 网站、申报和其他格式(如 XML 等)将提交的或收集的数据发布,牵涉商业机密(CBI)的数据除外。在申报限期结束后,EPA 将分发数据。在确保数据完整和准确的前提下,计划及时发布这些数据。

与其他机构分享排放数据。为了保持一致并对这些计划提供支持,同时减轻申报者和计划机构的负担,EPA 计划与有关机构或使用通用数据交换标准和基础设施的核准实体,共同分享除 CBI 数据以外的排放数据。

2 对我国二氧化碳排放控制的启示

一些研究表明,我国目前的二氧化碳排放已经超过美国,后京都时代面临着巨大的国际减排压力。基于国情,2009 年,我国确定到 2020 年单位国内生产总值二氧化碳排放比 2005 年下降 40%～45%。实现这个目标,收集“源”的二氧化碳排放数据是最重要的基础工作之一,不但是对省级分配目标的基础,而且是制定政策,考核目标实施情况的基础。

然而,我国目前关于温室气体数据只限于国家层面的两次温室气体排放清单编制,而且是基于国家宏观数据估算国家的排放量,并不是“自下而上”的基于“源”的排放核算。基于国家宏观数据的温室气体排放数据，如果没有充分考虑“自下而上”的源的温室气体排放现状和减缓潜力，可能过高估计中国的温室气体排放潜力，过低估计减排导致的社会—经济成本，影响企业的国际竞争力，进而约束经济的发展空间。尽管发改委已经开始了省级的排放核算，但是各省仍然难以摸清企业的排放现状，难以将省级目标落实到企业。鉴于此，结合美国温室气体强制申报制度的经验，建议我国针对温室气体核算和统计开展如下工作：

(1) 将“自下而上”的全国排放源的二氧化碳排放核算任务栏入每年的职能工作，全面掌握全国二氧化碳排放及其动态变化情况。目前，环保部环境规划院开展了基于全国第一次污染排放源的部分行业的二氧化碳排放工作，但是数据仅限于2007年，核算涵盖仅限于二氧化碳排放核算，因此，不能满足追踪温室气体排放的变化趋势的数据需求，尤其是我国处于快速的发展阶段，经济结构、产品结构、技术、管理等不断变化。因此，建议将“自下而上”的全国排放源的二氧化碳排放核算作为每年的职能工作之一，每年动态更新排放源的温室气体排放核算，收集足够的二氧化碳排放数据，为了解全国各行业的相对排放量以及各企业的排放量在这些行业的分布情况、评估减排措施对行业/企业的影响，并提高政府制定气候政策的能力。

(2) 编制“自下而上”的温室气体排放核算指南。国家层面虽然开展了第一次和第二次温室气体排放清单的编制，但是核算方法基于国家层面的宏观数据，所以其核算方法对于企业应用具有一定的困难，由于我国同一行业企业生产的产品、工艺、使用的燃料都具有很大的不同。“自下而上”的温室气体排放核算指南包含界定核算对象、适用性核算方法、排放引子选取、核算要求等，这样一方面可以规范行业的二氧化碳排放核算方法，另一方面可以指导企业自行开展二氧化碳排放核算，为未来的温室气体排放统计提供方法指导，以及企业或行业开展二氧化碳排放控制政策或行动提供数据支持。

(3) 开展企业、行业或区域的二氧化碳排放潜力研究，为企业、行业或区域制定二氧化碳排放减缓措施提供决策依据。根据基于排放“源”的二氧化碳排放数据，根据企业技术和二氧化碳排放现状，划分企业类型，制定针对企业、行业或区域的二氧化碳减排措施，为落实到2010年单位国内生产总值的二氧化碳排放下降40％～45％提供决策参考。

(4) 在某些行业开展二氧化碳排放申报试点。针对二氧化碳排放较大的火电、钢铁、水泥等行业，或者生产工艺或产品等相对较为单一的行业，基于行业“自下而上”核算指南，划定二氧化碳排放申报限值，即规定某一排放水平之上的企业申报排放(这一排放限值要充分考虑申报的二氧化碳排放总量和涵盖的企业数量之间的关系),开发申报系统,制定数据记录、验证要求和程序,开展二氧化碳排放申报试点工作。

(5) 在某些特定行业开展二氧化碳排放监测试点。由于开展二氧化碳排放核算,需要基于一些参数,例如能源的碳排放因子,不同产品的含碳量等,这些数据的精确与否直接影响申报或统计的二氧化碳排放数据的质量,因此,建议直接监测某些设施的二氧化碳排放量,或者用于计算二氧化碳排放的参数,同时制定监测数据的样本抽样和分析要求。基于行业监测试点,建立我国二氧化碳排放监测技术和方法体系。

参考文献

[1] EPA. Mandatory reporting of greenhouse gases: final rule. http://www.epa.gov/climatechange/emissions/downloads09/GHG-MRR-FinalRule.pdf . 2011

“人口城市化—经济—能源”系统发展的协调度分析

周　伟　米　红

（浙江大学非传统安全与和平发展研究中心，杭州 310058）

【摘要】利用系统协调度理论与方法，对我国1990—2009年的“人口—经济—能源”复杂系统进行了测算。测算结果表明，单位产值能耗的有序度持续提高，但高耗能产业快速扩张的结构效应导致能耗总量快速上升，资本密集型、能源密集型产业的过快增长不利于就业容量的增加，也不利于推进城市化和提高劳动者收入，导致“人口—经济—能源”系统仅处于“初级”协调状态。

【关键词】复杂系统；协调度；能源经济

System Analysis on the Coordination Degree of the “Urbanization-Economic-Energy” System

Zhou Wei, Mi Hong

(Center for Non-Traditional Security and Peaceful Development Studies, Zhejiang University, Hangzhou, 310058)

Abstract: On using the method of system coordination degree in the synergetics theory, this paper calculates the complex system of “population-economy-energy” in China from 1990 to 2009. Calculation shows that the order degree of China's energy consumption per unit of output continues to increase, but the structural effects of the rapid expansion of energy-intensive industry lead to rapid increase in the total energy

---

本文获① 国家自然科学基金项目（71303212）；② 浙江省自然科学基金重点项目（LZ13G030001）；③ 国家社科基金重大项目（12&ZD099）；④ 国家科技支撑计划项目（2012BAK22B02）资助。

consumption, and the excessively growth of capital-intensive and energy-intensive industry is not conducive to the rise of employment capacity as well as to urbanization and raising labor income, resulting that the "population-economy-energy" system is only in the "primary" coordinate state.

Key words: complex system; coordination degree; energy economy

1 引 言

我国目前正处于城市化、工业化快速发展时期，从发展经济的角度看，需要一定的碳排放增量空间。世界上目前尚没有既有较高的人均GDP水平又能保持很低人均能源消费量的先例。在目前的技术水平下，达到工业化国家的发展水平意味着人均能源消费和二氧化碳排放必然达到较高的水平。同时，与世界先进水平相比，目前的能源效率仍然较低，能源的利用存在较多问题。从能源安全和可持续发展角度，应不断推进经济结构调整，转变增长方式，以达到建设资源节约型、环境友好型社会的政策目标。

《国民经济和社会发展第十一个五年规划纲要》提出，"十一五"期间单位国内生产总值能耗降低20%左右。在执行效果方面，全国单位国内生产总值能耗降低了19.1% 。与此形成鲜明对比的是我国"十一五"期间的经济指标完成情况，五年间经济总量年均增长11.2%，财政收入年均增长超过20%。为什么我国经济指标可以超额完成，而节能减排的任务难以超额完成？不仅如此，由于重工业用电增长较快，2004年至今，我国每年都会出现区域性的"电荒"、"煤荒"。2011年以来，已有20个省级电网电力供应紧张，电力缺口高达3000万千瓦，呈现"时间早、范围广"的特点。这意味着，在目前的发展模式下，不但节能目标难以完成，甚至现有的能源消费量仍不足以满足经济增长的需要。

经济发展的根本目标在于提高全国居民的生活水平。从这一角度看，能源的消费应在促进经济总量增长的同时，也促进就业水平、居民收入、发展质量的提高；反之，如果经济总量、财政收入增长很快，而其他反映经济质量的指标发展滞后，这种发展方式就是不协调的，相应的资源投入（尤其是能源）必然存在浪费。在城市化与工业化的驱动下，能源消费量快速增长，这种增长与经济发展、民生改善等各领域的发展是否协调？还存在哪些问题？为衡量这种发展，本文应用协调度理论与方法，对人口—经济—能源系统发展进行定量分析。

2 协调度基本理论及度量方法

Hermenn Haken于1971年最先提出了协同论的观点，该理论认为，系统控制参量决定了系统是否会发生相变，序参量是系统通过各要素的协同作用而形成，同时它又支配着各个子系统的行为。序参量是系统从无序到有序变化发展的主导因素，它决定着系统的自组织行为。当系统处于混乱的状态时，其序参量为零；当系统开始出现有序时，序参量为非零值。而协调则是指系统之间或系统要素之间的和谐运动，协调度正是这种和谐运动作用的量度。复杂系统协调发展的实质，是充分利用并促进各子系统及组成要素的积极关系，弱化并消除各子系统及各组成要素之间消极关系的负面影响，同时实现人口、经济、能源之间的良性循环，最终达到“人口—经济—能源”复合系统中诸要素的和谐发展，使总效益最大化。其概念模型可以描述如下：

系统目标：$\max Q=F(X_1,X_2,X_3,R,T)$

约束条件：$X_1=f_t(x_{i1},x_{i2},\cdots,x_{iki})$，$X_i>0\quad i=1,2,3$

$R=f_t(r_1,r_2,\cdots,r_m)$

其中，Q 为“人口—经济—能源”复合系统整体功能效益；$X_i(i=1,2,3)$分别表示人口、经济、能源三个子系统的发展水平变量；R 为 m 维关联向量；T 为时间变量，代表该复合系统发展的不同时段。

2.1 复合系统协调发展的协调度模型

记“人口—经济—能源”复合系统为：

$S=f(s_1.s_2,s_3)$

其中，$S_i(i=1,2,3)$分别代表人口、经济、能源子系统，f 为复合函数。系统由无序走向有序的机理关键在于系统内部序参量变量之间的协同作用，它左右着系统相变的特征和规律。因此，仅研究少数序参量变量的方程就可以确定系统的演化行为。对于 S，考虑子系统 $S_i(i=1,2,3)$设其发展过程中的序参量变量为 e_j，$e_j=(e_{j1},e_{j2},\cdots,e_{jn})$，其中 $n\geqslant1$，$\beta_{ji}\leqslant e_{ji}\leqslant\alpha_{ji}$，$i\in[1,n]$。不失一般性，假定 $e_{j1},e_{j2},\cdots,e_{ji}$ 的取值越大，系统的有序程度越高，其取值越小，系统的有序程度越低；假定 $e_{j(l+1)},e_{j2},\cdots,e_{jn}$ 的取值越大，系统的有序程度越低，其取值越小，系统的有序程度越高。则可以计算 e_{ji} 对 S_j 的有序度 $u_j(e_{ji})$为：

$$u_j(e_{ji})=\begin{cases}\dfrac{e_{ji}-\beta_{ji}}{\alpha_{ji}-\beta_{ji}} & i\in[1,l]\\[2ex] \dfrac{\alpha_{ji}-e_{ji}}{\alpha_{ji}-\beta_{ji}} & i\in[l+1,n]\end{cases}$$

由 $u_j(e_{ji})\in[0,1]$可以说明 e_{ji} 对 S_j 有序的贡献程度。在实际系统中，会有若干 e_{ji}，其取值过大或过小都不好，而是集中在某一特定点周围最好，可以通过调整使其成为上述两类中的一类，从而用 $u_j(e_{ji})$计算其“贡献值”。例如，设 e_{ji} 的取值以接近于 e_{ji}^0 标准为准，则定义

$$\dot{e}_{ji} = 1/\left| e_{ji} - e_{ji}^{0} \right|$$

则 e_{ji} 的取值越大，系统 S_j 的有序程度越高。

采用线性加权求和法进行集成，便可计算 e_j 对系统 S_j 的“总贡献”，即：

$$u_j(e_j) = \sum_{i=1}^{n} \lambda_1 u_j(e_{ji}), 0 \leqslant \lambda_1 \leqslant 1, \sum_{i=1}^{n} \lambda_1 = 1$$

上式中权重因子 λ_i，是由 e_{ji} 在保持系统 S_j 有序运行中所起的作用或所处的地位确定的。同样，$u_j(e_j) \in [0,1]$，$u_j(e_j)$ 越大，e_j 对系统的“贡献”越大，系统有序的程度越高。

可以给出“人口—经济—能源”复合系统协调度模型：设对给定的初始时刻 t_0，各子系统序参量的系统有序度为 $u_j^0(e_j)$，$(j=1,2,3)$，则对整体复合系统在发展演变过程中的时刻 t_1 而言，若此时各子系统序参量的系统有序度为 $u_j^1(e_j)$，$(j=1,2,3)$，定义 cm 为复合系统协调度：

$$cm = \theta\{ | \prod_{j=1}^{3} [u_j^1(e_j) - u_j^0(e_j)] | \}^{1/3}$$

式中：$\theta = \min[u_j^1(e_j) - u_j^0(e_j) \neq 0] / |\min[u_j^1(e_j) - u_j^0(e_j) \neq 0]|$，$j=1,2,3$

分析以上模型，可得如下结论：

(1) $u_j^1(e_j) - u_j^0(e_j) \in [-1,1]$，刻画了子系统 S_j 从 t_0 到 t_1 时段中“在多大程度上变得更加有序”。

(2) $cm \in [-1,1]$，其值越大，“人口—经济—能源”复合系统协调发展的程度越高，反之则越低。

(3) 参数 $\theta \in [-1,1]$，若 $\theta = -1$，则人口、经济、能源子系统中至少一个未向有序方向转化。

(4) 若 $cm \in [-1,0]$，则说明人口、经济、能源子系统中至少有一个向无序方向转化，即可认为“人口—经济—能源”复合系统从 t_0 到 t_1 时段处于非协调发展状态；

(5) 上述协调模型综合考虑了三个子系统，如果一个子系统的有序程度提高幅度较大，而另外一个或两个子系统的有序程度提高幅度较小或下降，则该复合系统不能处于较好的协调状态或根本不协调。关于协调度的等级，可以以表 1 作为参照。

表 1　协调等级划分

协调度 cm	−1～0	0～0.19	0.20～0.39	0.40～0.59	0.60～0.79	0.80～1.00
协调等级	重度失调	轻度失调	勉强协调	初级协调	良好协调	优质协调

2.2　指标体系的建立及数据的选取

协调发展是满足人类多方面需求的多维发展，需要寻求建立一套多维多层次的指标体系，对发展的多个层面进行评价。协调发展评价要求全面地分析被评价对象在各评价准则方面的利弊得失。因此，复合系统协调发展评价应采用综合评价方法。本文基于复合系统协调发展概念模型，采用多指标综合评价方法，对“人口—经济—能源”复合系统协调发展进行评价研究，既分析各子系统发展状况，也分析复合系统协调性。

本文的目的在于分析“人口—经济—能源”系统是否协调发展，主要看能源的消耗是否促进了社会经济在规模和质量上的提升，不仅支撑了经济总量和财政收入的增长，还促进了人口城市化、就业与薪酬水平的改善。根据针对性、简明性、动态与静态相结合的原则，本文“人口—经济—能源”系统的序参量选择为城市化率、三次产业的就业结构(用于衡量工业化水平)、经济总量、财政收入、固定资产投资、城镇居民可支配收入、农民人均纯收入、能耗总量及单位产值能耗。在可持续发展方面，国内外已有的研究多将污染物排放等环境效应考虑在内，由于我国的能源消费量与污染排放有很强的多重共线性，且本文侧重研究能源消费对经济社会的支撑作用，故未将环境变量纳入。考虑数据的可得性及权威性等原因，本文将对我国 1990—2009 年“人口—经济—能源”复杂系统的协调度进行实证研究，本文的数据来源于历年的《中国统计年鉴》、《中国能源统计年鉴》。

3 各个序参量有序度的分析

3.1 人口序参量有序度分析

依据上述模型，对人口序参量的有序度进行测算，结果如图 1 所示。第二、三产业就业人数的增加与城市人口的增长直接相关，所以将城市化率、第二、三产业就业人数作为人口序参量共同研究。可以看出，1990—2009 年城市化水平和第三产业就业的有序度是逐年提高的，而第二产业就业的有序度在 1998—2002 年缓慢下降，2003 年之后又快速上升。这与我国当时的国企改革脱困战略密切相关。20 世纪 90 年代中期，国企经济效益不佳的状况日益明显。十五大提出了“三年脱困”的目标，即从 1998 年开始到 2000 年三年内，使国有及国有控股大中型亏损企业扭亏为盈，基本脱困。1998—2000 年，中国国有企业共下岗职工 2137 万人。从行业分布看，主要集中在煤炭、纺织、机械、军工等行业，均属于第二产业。2003 年之后，随着宏观经济进入新一轮增长周期，国企经营状况好转，第二产业就业的有序度恢复上升。而且可以发现，2003 年开始，第二产业就业与能源消费的有序度呈现同步增长趋势。

此外，第二产业就业人数的波动还影响到城市化率的有序度。在 1999 年之前，城市化率的有序度高于二三产业就业的有序度。发生此后，第二产业就业有序度下降影响了城市化率有序度的增长，使其低于第三产业就业的有序度。

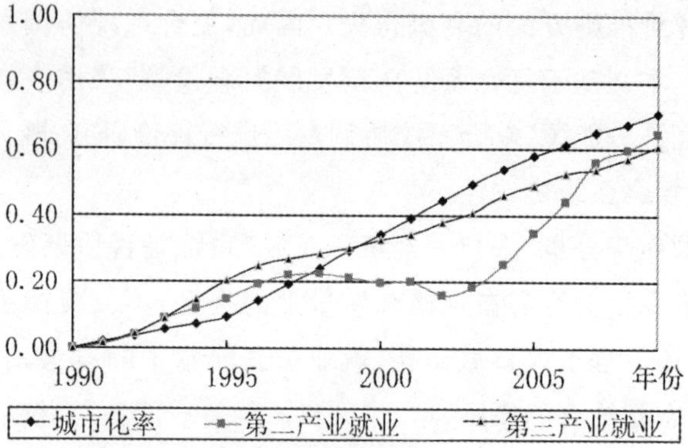

城市化率　第二产业就业　第三产业就业

图1　人口序参量的有序度

3.2　经济序参量有序度分析

经济序参量的有序度变化状况如图2所示。1990—2009年间，所选择的六个序参量的有序度均呈持续上升趋势。在19世纪90年代中后期，财政收入的有序度值较低，其余各序参量的有序度值差别不大。2000年之后，财政收入的有序度迅速上升，而城镇人均可支配收入、农民人均纯收入的有序度发展滞后。其中，农民人均纯收入的有序度在所有序参量中处于最低位置，体现出我国农民群体在经济发展中所分享到的成果较少。固定资产投资有序度快速上升，其中城市固定资产投资上升较快，2009年其在所有序参量中有序度为最大，这与我国投资拉动的经济增长模式直接相关。

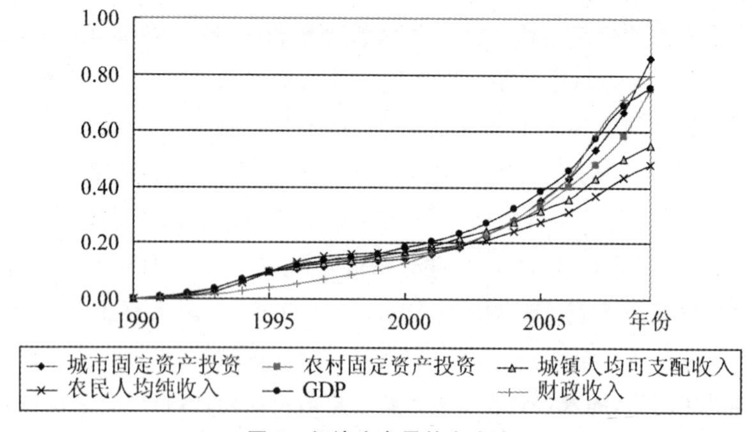

图2　经济序参量的有序度

3.3　能源序参量有序度分析

能源序参量有序度的测算结果如图3所示。能源总量和单位产值能耗的有序度是持续上升的，尤其是单位产值能耗在19世纪90年代前期的有序度快速上升

(该指标为负向指标,即绝对值越小,有序度越高)。1990年我国每万元产值的能耗高达5.27吨标准煤,1995年下降到2.19吨标准煤,2000年下降到1.49吨标准煤。可见,我国在提高能源效率方面的进展是巨大的。随着基数的减少,未来进一步降低单位产值能耗的难度会越来越大。我国非化石能源比重波动性较大,且有序度较低,反映我国化石能源消费比重较高,且对非化石能源的开发程度较低。虽然近年来我国大力发展水电、核能、风能等非化石能源,但与此同时,传统化石能源(主要是火电)的消费量增长也很快,使得非化石能源的比重提高缓慢。

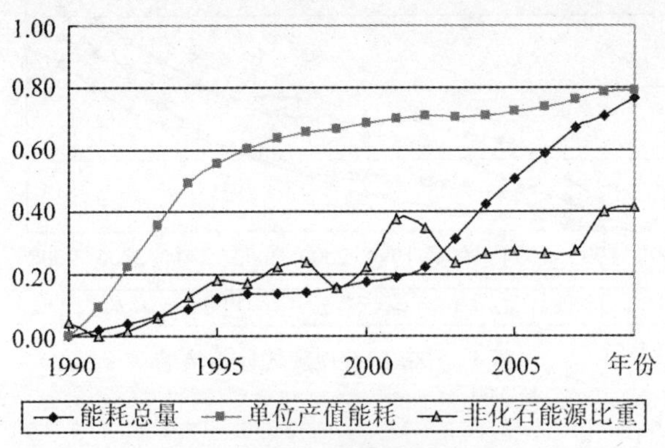

图3 能源序参量的有序度

4 结 论

4.1 子系统有序度

将各变量分别以人口、能源、财政、投资、居民收入子系统进行分类,计算子系统有序度。从图4可以看出,各个子系统的有序度均呈持续上升状态,其波动性有所不同。人口子系统、能源子系统变化较为缓和,而财政和投资子系统变化较为剧烈,且在2000年以后呈现一定的同步性。这意味着,我国财政对固定资产投资的支持力度较大,经济发展依赖于政府主导的投资的模式一直延续至今,其后果是居民收入子系统的有序度一直偏低,经济发展对劳动者收入的促进作用有待提高,这在很大程度上抑制了国内居民的消费内力,内需市场增长乏力,因而经济依旧依赖于投资和出口。这一模式在多年的发展中日益得到强化。

4.2 复杂系统协调度

"人口—经济—能源"复杂系统的协调度的计算结果如图5所示。系统总的协调度为0.58,处于"初级协调"状态,低于部分子系统的协调度。在前述子系统协调度的分析中,虽然财政收入与固定资产投资子系统的协调度较高,但这是以牺牲其他子系统的发展而取得的。长期以来,出于追求经济规模的考虑,政府主导的投资往往投向资本密集型的工业项目,这类项目对就业的带动作用较弱。

2009年，我国三次产业的就业比重分别为38.1%、27.8%、34.1%。与韩国和日本相当发展阶段的数据相比，中国第一产业的就业比重是韩国的1.7倍和日本的2.0倍。这就说明第一产业在中国就业总人数中所占比例仍过高，现行经济增长模式不利于扩大就业。

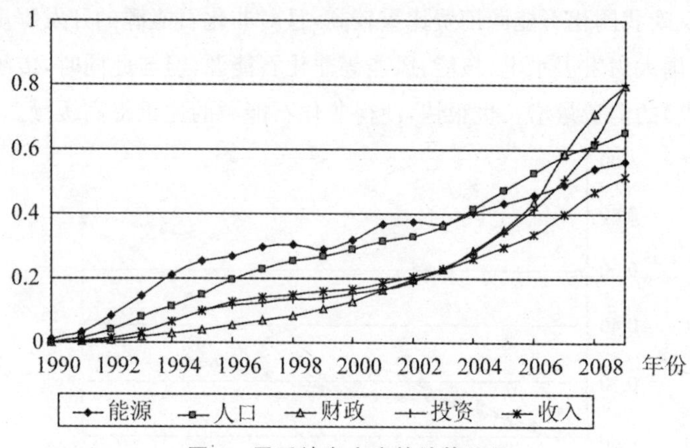

图4 子系统有序度的计算结果

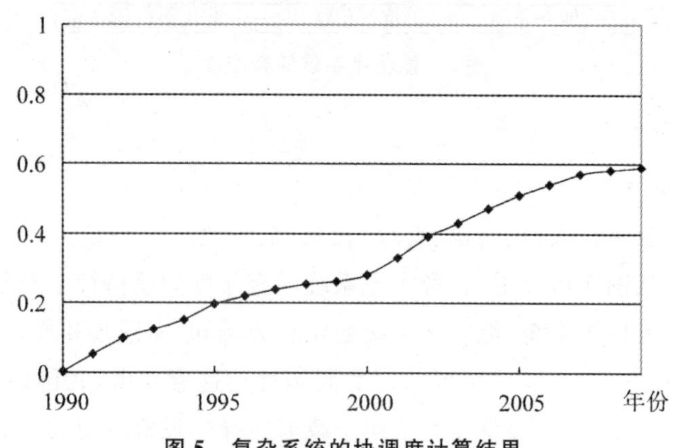

图5 复杂系统的协调度计算结果

收入子系统的有序度对系统总的协调度有不利影响，这与财政子系统的贡献形成鲜明对比。近年来，我国财政收入的增长速度达到GDP增长率的两倍以上，使得企业负担偏重，劳动者收入偏低，抑制了内需市场的活力。同时，由财政投资的大型工业项目增长较快，增加了高耗能产业的比重。

本文对能源序参量有序度的分析已经揭示出我国单位产值能耗不断降低，但在高耗能产业快速扩张的背景下，能源消费总量仍然快速攀升。可见，仅提高能源利用效率，不足以抵消结构效应的负面影响。而这种结构效应，仅对GDP和财政有正面影响，对第三产业的发展有一定的挤出效应，对就业和劳动者收入的增长贡献较低，并加剧了能源供应的紧张局面。

要提高“人口—经济—能源”系统的协调度，需要在多个子系统采取措施。通过适当降低税负、减少政府主导的重工业投资，为第三产业、中小企业的发展留出空间，从而可以提供更多就业岗位，有利于第一产业的劳动力向二三产业转移，提高城市化水平和劳动者收入。在单位产值能耗持续降低的基础上，如果高耗能产业的比重适当降低，则可以减缓能耗总量增长的势头，在消耗能源的同时提高经济发展的质量，有利于社会经济的全面、协调、可持续发展。

参考文献

[1] Chae Y. L, Byong W., Kun J. (1998) Nuclear energy system for the global environmental regulation in Korea energy-economy interaction model analysis. Progressin Nuclear Energy, 32(4): 273—219

[2] Galinis A., Leeuwen M. J. V. (2000) A CGE Model for Lithuania: The Future of Nuclear Energy. Journal of Policy Modeling, 22(6): 691—718

[3] Hiroyuki M. (1997) The Effect of Urbanization on Energy Consumption. the Journal of Population Problems, 53(2): 43—49

[4] Jorgenson D. W., Wilcoxen P. J. (1990) Environmental regulation and US economic growth. The Rand Journal of Economics, 21(2): 314—340

[5] Nakata T. (2004) Energy-economic models and the environment. Progress in Energy and Combustion Science, 30(4): 417—475

[6] Urban F., Benders R. M. J., Moll H. C. (2007) Modelling energy systems for developing countries. Energy Policy, 35(6): 3473—3482

[7] 蔡莉，慕光宗(2008)不同人口承载力标准的指标构建研究. 人文杂志，4：179—185

[8] 陈友华(2003)人口现代化评价指标体系研究. 中国人口科学，3：60—66

[9] 顾培亮(1998)系统分析与协调. 天津：天津大学出版社

[10] 刘新建(2007)系统评价学. 北京：中国科学技术出版社

[11] 米红，周伟(2010)未来30年我国粮食、淡水、能源需求的系统仿真. 人口与经济，1：1—7

[12] 司光南(2008)人口—经济系统的协调度分析. 统计与决策，4：48—50

[13] 陶然(2011)中国当前增长方式下的城市化模式与土地制度改革——典型事实、主要挑战与政策突破. 清华—布鲁金斯公共政策研究中心政策报告系列：9

[14] 王庆(2010)未来十年中国劳动力供应依然充裕. 中国证券报

[15] 魏一鸣，吴刚，刘兰翠，范英(2005)能源—经济—环境复杂系统建模与应用进展. 管理学报，2(2)：159—170

[16] 周伟，米红(2010)中国能源消费排放的CO_2测算. 中国环境科学，30(8)：1142—1148

我国出口贸易隐含碳排放的影响因素实证分析

张田田　米　红　周　伟

（浙江大学非传统安全与和平发展研究中心，杭州 310058）

【摘要】本文主要以文献研究、理论阐述、运用多元回归分析作为研究方法，以中国出口贸易与碳排放的关系为起点，对影响中国出口碳排放的各因素的影响程度水平进行分析，并对我国减少出口碳排放提出政策建议。研究证明，货物贸易出口总额、产业结构、出口退税额、环境保护投入等因素对我国出口碳排放有显著影响，因此在结论中，本文从优化货物贸易出口、适度降低出口退税额、积极增加环境保护投入等方面提出建议。

【关键词】碳排放；出口贸易；产业结构；出口退税额；环境保护

Empirical Analysis on Factors Influencing China's Export Trade and Its Embodied Carbon Emissions

Zhang Tiantian, Mi Hong, Zhou Wei

(Center for Non-Traditional Security and Peaceful Development Studies, Zhejiang University, Hangzhou, 310058)

Abstract: This paper studies China's export trade and its embodied carbon emissions, analyzes various influencing factors, and gives suggestions on how to reduce the embodied carbon emissions of export trade through literature research, theoretical illustration, and multi-element model. The amount of embodied carbon emissions of export trade is mainly attributed to four factors: the total amount of export good trade, industrial structure, export tax rebate, and the financial input of environmental

本文获① 国家社科基金重大项目(12&ZD099)；② 浙江省自然科学基金重点项目(LZ13G030001)；③ 国家自然科学基金项目(71303212)；④ 国家科技支撑计划项目(2012BAK22B02)资助。

protection. Therefore, this paper suggests utilizing the structure of export good trade, appropriately decreasing or cancelling the export tax rebate of certain goods and increasing financial input on environmental protection

Key words: embodied carbon emissions; export trade; industrial structure; export tax rebate; environmental protection

1 引 言

随着经济全球化的发展,国际贸易交往越来越频繁,从2000年起,世界进出口总额从6.73万亿美元增加为2008年的16.42万亿美元①,自入世以来,我国进出口贸易总额逐年上升,从2000年的0.47万亿美元增长至2009年的2.21万亿美元②,平均每年增长率为19.6%(如图1所示),保持对国内生产总值平均每年10.4%的贡献率。其中,我国出口贸易保持在整个世界贸易中所占比重不断提升,在2001到2009年,比重从4.4%上升为9.4% ③(如图2所示),排名世界第二位④。

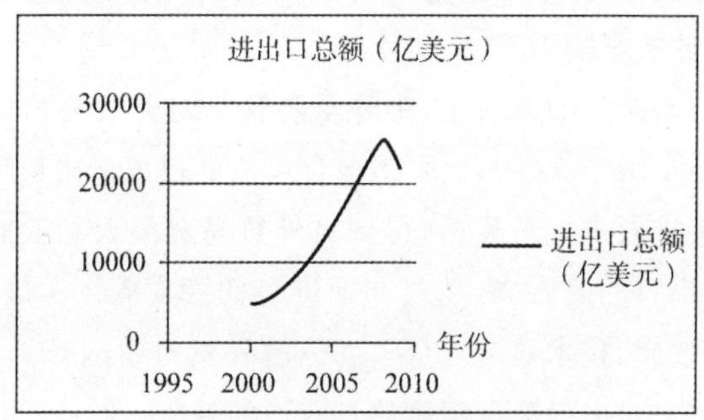

图1 2000—2009年我国进出口总额

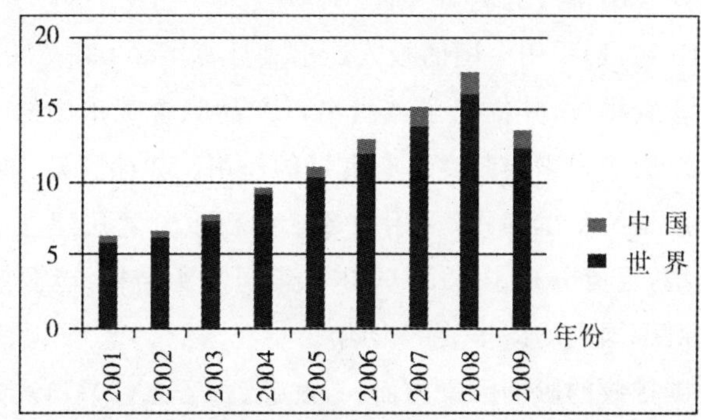

图2 2001—2009年我国出口贸易总额与世界出口贸易总额(万亿美元)

① 数据来源:WTO Database。

② 《中国统计年鉴2010》。

③ 中华人民共和国国家统计局. http://www.stats.gov.cn/

④ 来自WTO Database。

作为世界出口大国，然而中国能源消耗和碳排放数量也随之上升，承受的减排压力巨大。全球变暖和温室效应的现状，使得世界各国（地区）对于二氧化碳排放越来越关注，与此相关的国际合作和协议日益增多。2009 年在丹麦召开的哥本哈根会议，发达国家和以中国为首的发展中国家共同承担减少碳排放的责任；以美国为首的发达国家要求中国减少出口规模，以减少碳排放转移，使得中国不得不更为重视出口碳排放问题。

本文将对中国出口碳排放影响因素进行探讨，并建立相关模型，得出各影响因素对出口碳排放的影响程度参数，在不影响我国出口贸易在世界范围的地位和对国民经济产值的贡献的基础上，针对性地提出减排建议。

2 文献综述

对于碳排放问题，国外相关文献中主要从以下方面做出相关学术研究：国际贸易与碳排放的关系，关于外贸隐含碳排放的测算，在国际贸易与碳排放的关系，出口隐含碳排放的影响因素。

在国际贸易与碳排放的关系上，中外学者认为对外贸易出口隐含碳排放有明显影响。Manfred Lenzen(2001)采用混合单位的投入产出模型对澳大利亚最终消费中的隐含碳排放进行了分析，得到对外贸易对澳大利亚的碳排放具有显著影响的结果，其出口的隐含碳，超过同期进口的隐含碳。黄敏、蒋琴儿(2010)从规模效应、结构效应、技术效应三个角度分解外贸对中国 CO_2 排放的影响，并认为贸易规模的扩大对出口隐含碳排放具有增加效应。

在关于外贸隐含碳排放的测算方面，共有投入产出法、指数分解法等方法。如石红莲、张子杰(2011)采用中国的投入产出表计算了 2003—2007 年中国对美国出口产品的隐含碳排放，并提出了减少出口产品隐含碳排放的政策建议。指数分解法对碳排放影响因素的归类具有良好的作用。如徐国泉、刘则渊、姜照华(2006)基于碳排放量的基本等式，采用对数平均权重分解法建立中国人均碳排放的因素分解模型，定量分析了 1995—2004 年间能源结构、能源效率和经济发展等因素的变化对中国人均碳排放的影响。

在出口隐含碳排放的影响因素方面，石红莲、张子杰(2011)认为随着中国对美国出口量的增加，出口产品的隐含碳排放也在增大，这说明出口量对于隐含碳排放的正相关关系。林伯强(2009)认为产业结构对于出口碳排放具有显著影响。蒋金荷(2011)利用碳排放的完全指数分解方法，定量分析了中国 1995—2007 年影响碳排放变化的因素和贡献率，其中包括经济规模效应、结构效应、能源强度效应和碳强度效应等 4 种影响因素，并计算得出，在产业结构中，工业部门的碳排放因子最高,即消耗单位能源所排放的碳最高,第三产业的碳排放因子最小。闫云凤、杨来科(2010)采用投入产出法和结构分解分析,计算了我国出口贸易隐含碳排放增长的影响因素,认为出口量的上升是推动其增长的主要因素,生产结构和出口结构的变化也使之增长。石红莲、张子杰(2011)认为我国碳排放量上升的原因除了对外贸易发展迅速外,还与我国的经济结构主要以第二产业(工业)为主(我国工业产值占 GDP 的比重一直高达 40%以上)以及我国的能源结构以煤炭(是所有能源中碳排放量最大的)为主(煤炭在我国能源结构中的比重高达 70%左右)有很大的关系。

在产业结构变化与碳排放方面,国内学者基本形成这样的观点:第一、二产业中高能高耗的产品生产对我国二氧化碳排放具有明显作用,应积极调整我国产业结构。例如郑长德、刘帅(2011)采用我国 30 个省份 2000—2008 年的相关数据,使用面板数据的分析方法对我国各省份的产业结构与碳排放的关系进行了实证分析,得出经济增长是导致我国碳排放增加的主要因素,其中第二产业的发展对碳排放的影响最大,第三产业对碳排放的影响呈现出负相关关系,针对产业结构调整做出了对策建议。魏群(2010)得出,我国近年来的二氧化碳排放量的增长主要是由于我国经济的高速增长引起的,而能源消费结构和产业结构的改善和能源效率水平的提高可以在很大程度上降低由经济增长带来的碳排放。刘红光、刘卫东、范晓梅(2011)通过非竞争型投入产出表模型,得出中国出口加工导向型的经济结构和基础原材料工业比例偏高的产业结构特点,是中国碳排放迅速增加的主要因素的结论。

技术的进步对碳排放有着一定影响。魏巍贤、杨芳(2010)将内生增长理论与环境污染模型相结合,运用 1997—2007 年中国省市面板数据,对我国二氧化碳排放的影响因素进行实证分析,着重研究了技术进步(包括自主研发和技术引进)对 CO_2 减排的贡献,总结了我国 CO_2 排放总量上升与经济总量的扩大、工业化水平的提高以及贸易自由化进程的加快等因素正相关;其次,自主研发、技术引进对我国的 CO_2 减排具有显著的促进作用,并且技术进步对我国 CO_2 排放的影响表现出明显的地区差异。林伯强、孙传旺(2011)认为未来一段时期,提高能源效率是减少碳排放的主要途径,对经济增长同样具有拉动作用。

3 我国外贸出口隐含碳排放的测算

3.1 数据搜集

本文搜集了 1996—2009 年期间我国出口货物贸易金额,并从出口产品类型对其进行分类,分为初级产品和工业制成品。在能源消费和碳排放方面,搜集了

1996—2009 年期间的相关数据：分产品能源消费总量（以标准煤衡量），CO_2（二氧化碳）碳排放系数（吨碳/吨标准煤），第一、二、三产业产值，环保技术投入金额，历年中国出口退税额。

3.2 计算依据

出口商品作为最终产品是在国内生产的，生产出口商品排放的 CO_2 总量应是生产初级产品和工业制成品分别在全国初级产品和工业制成品生产总值中的比重，对应乘以全国初级产品能源消费和工业制成品能源消费，再乘以碳排放系数所得的结果[①]。由于煤炭仍是我国工业行业产品生产的主要使用能源，且除煤炭之外的其他能源（如汽油、天然气等）的工业行业终端消费可用标准煤测量，所以本文引用煤炭消耗将能源消费的度量统一化。煤炭碳排放系数（吨碳/吨标准煤）选取的是发改委能源研究所的数据，为 0.7476[②]。

于是得出出口贸易隐含碳排放的计算方法：

令出口初级产品金额＝ EX_1，工业制成品金额＝EX_2，全国初级产品产值＝G_1，全国初级产品能源消费＝C_1，全国工业制成品产值＝G_2，全国工业制成品能源消费＝C_2，碳排放系数＝K。$W_1=EX_1/G_1$，$W_2=EX_2/G_2$。即得出：

出口初级产品的能源消费

$$XC_1 = W_1 \times C_1 \times K_2$$

工业制成品的能源消费

$$XC_2 = W_2 \times W_2 \times C_2 \times K_2$$

4 我国外贸碳排放影响因素的实证分析

4.1 变量选取和数据收集

从前文可知：出口货物贸易总额可代表出口贸易发展水平，第一产业、第二产业、第三产业的产值能够代表产业结构水平，我国财政对环境保护的投入能够代表我国在节能减排工作的发展水平，历年出口退税总额能够代表我国对出口贸易的激励机制。

因此，本部分选取这六个变量进行实证回归分析：出口货物贸易总额，第一产业、第二产业、第三产业的产值，环境保护的财政投入，出口退税总额。

本文收集了 1995—2009 年的相关数据，经过整理制成表 1。采用的数据主要

---

① 碳排放系数是指每一种能源燃烧或使用过程中单位能源所产生的碳排放数量。一般在使用过程中，根据 IPCC 的假定，可以认为某种能源的碳排放系数是不变的。

② 来自发改委能源研究所“中国可持续发展能源暨碳排放分析”课题组. 2003. 中国可持续发展能源暨碳排放情景分析。

来源于《中国统计年鉴》、《中国能源统计年鉴》和中经网数据库。其中，出口金额、三大产业产值主要来源于《中国统计年鉴》，历年出口退税总额数据和环境保护财政投入来源于中经网，出口碳排放的测算相关数据和来源于《中国能源统计年鉴》。

表1　1995—2009年我国外贸碳排放相关数据

年份	出口碳排放数量（百万吨）	出口金额（亿元）	第一产业产值（亿元）	第二产业产值（亿元）	第三产业产值（亿元）	历年出口退税总额（亿元）	环境保护投入（亿元）
1995	230.03	12424.62	12135.8	28679.5	19978.5	549.84	98.74
1996	250.43	12558.43	14015.4	33835.0	23326.2	827.68	95.61
1997	229.22	15153.09	14441.9	37543.0	26988.1	555	116.44
1998	269.32	15209.45	14817.6	39004.2	30580.5	436.24	122.05
1999	282.53	16136.97	14770.0	41033.6	33873.4	626.69	152.73
2000	224.71	20630.02	14944.7	45555.9	38714.0	1050	1014.9
2001	276.15	22024.93	15781.3	49512.3	44361.6	1080	1106.7
2002	406.28	26949.58	16537.0	53896.8	49898.9	1150	1367.2
2003	476.37	36272.13	17381.7	62436.3	56004.7	1988.59	1627.7
2004	528.60	49108.41	21412.7	73904.3	64561.3	3484.08	1909.8
2005	908.70	62416.90	22420.0	87598.1	74919.3	4048.94	2388
2006	972.46	77241.64	24040.0	103719.5	88554.9	4877.15	2566
2007	837.96	92599.67	28627.0	125831.4	111351.9	5635	3387.3
2008	1063.83	99363.06	33702.0	149003.4	131340.0	5865.93	4490.3
2009	1127.38	82082.10	35226.0	157638.8	147642.1	6486.61	4525.3

4.2　建立模型

出口碳排放数量（百万吨）用 Y 表示，X_1 表示出口金额（亿元），X_2 表示第一产业贡献率（百分比），X_3 表示第二产业贡献率（百分比），X_4 表示第三产业贡献率（百分比），X_5 表示历年出口退税总额（亿元），X_6 表示环境保护投入（亿元）。为了控制模型的异方差性，现将各变量去对数，以 Y 为因变量，X_1、X_2、X_3、X_4、X_5、X_6 为自变量，利用多元回归分析的统计方法建立模型如下：

$$\ln Y = \beta_0 + \beta_1 \ln X_1 + \beta_2 \ln X_2 + \beta_3 \ln X_3 + \beta_4 \ln X_4 + \beta_5 \ln X_5 + \beta_6 \ln X_6 + \mu \tag{3}$$

其中，β_0、β_1、β_2、β_3、β_4、β_5、β_6 是待估计的参数，μ 是随机扰动项，测度其他没有考虑进去的变量扰动。

用 Eviews 5.0 软件进行多元回归分析，得出的此模型拟合效果较好（见表2），各变量显著性检验均通过，调整后的 R^2 为 0.911，衡量回归方程显著性的 F

值也是显著的。

表 2 碳排放影响因素多元回归模型

数 量	系数	标准差	t-统计值	概 率
X_1	0.344	0.709	0.486	0.640
X_2	5.063	4.996	1.013	0.341
X_3	2.226	2.193	1.015	0.340
X_4	−1.128	1.703	−0.662	0.527
X_5	12.143	8.029	1.512	0.169
X_6	−2.644	13.740	−0.192	0.853
C	43434.07	35998.16	1.207	0.262

4.3 模型经济意义分析

由模型可看出，出口货物贸易总额、产业结构、历年出口退税总额、环境保护财政投入的变动对出口碳排放的增长都有显著的影响：出口货物贸易每增长 1 亿元，出口碳排放的总额增长 34.44 万吨；第一产业产值每增加 1 亿元，出口碳排放的总额增长 506.25 万吨；第二产业产值每增加 1 亿元，出口碳排放的总额增长 222.59 万吨，第三产业产值每增加 1 亿元，出口碳排放的总额减少 112.78 万吨，出口退税总额每增加 1 亿元，出口碳排放的总额增长 1214.31 万吨；环境保护财政投入每增长 1 亿元，出口总额减少 264.39 亿元。

5 结 论

由理论研究和实证模型的推导，出口货物贸易总额、产业结构、历年出口退税总额、环境保护财政投入的变动是出口碳排放增长的显著影响因素。

5.1 出口货物贸易总额对我国出口碳排放的正相关影响

出口货物规模越大，总额越多，由此产生的隐含碳排放程度越高。我国出口货物贸易的规模与出口碳排放的数量成正比，其中第一、二产业的产品出口总额对我国出口碳排放的影响为正相关，对碳排放总量的影响显著；而第三产业的产品出口总额对我国出口碳排放大小的影响为负相关，第三产业出口比重扩大对碳排放的总量具有控制收敛作用。

5.2 出口退税总额对我国出口碳排放的正相关影响

对出口商品的退税总额，实际上是体现我国对出口货物贸易的支持，而这样的支持，引起生产、运输等产品出口过程中碳排放的增长。在目前的贸易格局下，我国仍有一部分高耗能产品出口获得国家的出口退税。这一政策降低了我国商品在国际市场上的价格，增强了产品的竞争力，同时为国外消费者减少了支出。但相关的碳排放责任是由我国承担的。由于我国已经是世界上最大的出口国,这一部分的碳排放是我国在国际气候谈判中承担了更多的压力。

5.3 环境保护财政投入对我国出口碳排放的负相关影响

对环境保护的财政投入,是我国在节能减排的投入,这部分投入对于我国出口碳排放是具有收敛效果的,可减少出口隐含碳排放。

得到参数估计如下:

$$\ln Y = 43434.07 + 0.3\ln X_1 + 5.062515\ln X_2 + 2.23\ln X_3 - 1.13\ln X_4 + 12.14\ln X_5 - 2.64\ln X_6 \quad (4)$$

上述几种因素中,出口退税总额的增长与出口碳排放的总额增加的正效应最为突出;出口货物贸易规模越大,第一、二产业的增长越多,出口碳排放的总额增加越多;而第三产业的增值以及环境保护财政投入的加大会使得出口碳排放减少。

6 建 议

6.1 适当调整我国出口商品结构,控制出口贸易规模

因此本文建议,为控制出口碳排放数量,可适当缩减部分初级产品和工业制成品的出口规模,对于服务业等第三产业产品的出口加以鼓励。具体而言,应不断降低资源类产品的出口比例,增加机电等技术密集型产品、金融产品、音像产品等服务业产品的比例,实现产业结构的提升和低碳化的发展,即可精简和优化我国出口货物贸易规模。

6.2 加大节能减排财政投入

前文的模型表明,环境保护财政投入的加大有利于出口碳排放的减少。技术进步的工业生产环境,对于提高能源利用效率,减少工业污染,即节能减排等方面,具有促进效应,这就意味着各种环境科研费用支出会促进生产率、污染治理技术、发展低碳技术的进步,从而减少工业环境污染排放。

6.3 对部分出口产品取消出口退税

在上文建立的模型中,出口退税总额对于出口碳排放的总额的增长最为突出,出口退税实质上是一种对出口的鼓励措施,为扩大我国出口规模、增加我国国民生产总值起到有效作用。但在控制“高耗能、高污染”产品的出口方面,该措施使得我国出口污染的情况恶化。2010 年 6 月 22 日,财政部、税务总局下发《关于取消部分商品出口退税的通知》,决定从 7 月 15 日起取消部分钢材、有色金属加工材等 406 个税号的退税率①。这项举措说明我国正在朝“十一五”节能

---

① 2010 年 6 月 25 日《人民政协报》第 A04 版。

减排目标的方向努力。本文建议可继续保持这种努力，并且继续对高污高耗产品的出口取消出口退税。

参考文献

[1] Lenzen, M. (2001) The importance of goods and services consumption in household greenhouse gas calculators? AMBIO: A Journal of the Human Environment, 30(7): 439—442

[2] 黄敏，蒋琴儿(2010)外贸中隐含碳的计算及其变化的因素分解. 上海经济研究，3: 69—76

[3] 蒋金荷(2011)中国碳排放量测算及影响因素分析. 资源科学，4: 597—604

[4] 林伯强，蒋竺均(2009)中国二氧化碳的环境库兹涅兹曲线预测及影响因素分析. 管理世界，4: 27—36

[5] 林伯强，孙传旺(2011)如何在保障中国经济增长前提下完成碳减排目标. 中国社会科学，1: 64—76

[6] 刘红光，刘卫东，范晓梅(2011)贸易对中国产业能源活动碳排放的影响. 地理研究，4: 590—600

[7] 能源研究所"中国可持续发展能源暨碳排放分析"课题组(2003)中国可持续发展能源暨碳排放情景分析. 中国能源，6: 5—11

[8] 石红莲，张子杰(2011)中国对美国出口产品隐含碳排放的实证分析. 国际贸易问题，4: 56—64

[9] 魏群(2010)我国能源结构演进及 CO_2 排放影响因素分析. 保山学院学报，2: 13—16

[10] 魏巍贤，杨芳(2010)技术进步对中国二氧化碳排放的影响. 统计研究，7: 36—44

[11] 徐国泉，刘则渊，姜照华(2006)中国碳排放的因素分解模型及实证分析：1995—2004. 中国人口、资源与环境，6: 158—161

[12] 闫云凤，杨来科(2010)中国出口隐含碳增长的影响因素分析. 中国人口、资源与环境，8: 48—52

[13] 郑长德，刘帅(2011)产业结构与碳排放：基于中国省际面板数据的实证分析. 开发研究，2: 26—33

林业碳汇中的二氧化碳减排分析

刘　妍　米　红

（浙江大学非传统安全与和平发展研究中心，杭州 310058）

【摘要】二氧化碳减排已经成为国际热门的话题，其中林业碳汇是一个比较新兴的行业，本文针对林业碳汇减排的二氧化碳与经济增长的关系，探讨经济发展的程度与林业发展的未来趋势。本文意从非传统安全的视角以及现全球森林与气候之形势下，中国的森林碳汇对其产生的影响。在综观中国的森林情况的前提下，探讨在森林碳汇的作用下二氧化碳排放的趋势，将其与粗放经济模式（在不考虑森林碳汇的作用）下的二氧化碳排放的趋势进行对比，从而从非传统安全的角度分析中国森林碳汇的影响。

【关键词】林业碳汇；二氧化碳；经济增长

Carbon Dioxide Emissions in Forest Carbon Sequestration

Liu Yan, Mi Hong

(Center for Non-Traditional Security and Peaceful Development Studies, Zhejiang University, Hangzhou, 310058)

Abstract: Carbon dioxide emissions has become a hot topic of international, and forest carbon sequestration is an emerging industry. This article talks about the relation between the carbon dioxide and the incresing of econominc, aiming at investigating the trend of the economic and foresty. In the view of the non-traditional security and the global tendency of foresty and climate, we pay attention to analysis the influence of the forest carbon sequestration.

本文获① 国家科技支撑计划项目（2012BAK22B02）；② 浙江省自然科学基金重点项目（LZ13G030001）；③ 国家自然科学基金项目（71303212）；④ 国家社科基金重大项目（12&ZD099）资助。

Key words: forest carbon sequestration; carbon dioxide; economic growth

1 二氧化碳减排的国际与国内现状综述

1.1 国际形势

联合国政府间气候变化专门委员会(IPCC)2007年发布了第四次气候变化评估报告,进一步昭示了应对气候的紧迫性,显示了对大气中温室气体危险浓度水平和长期减排目标认识的强烈意向,使全球对气候变化的关注达到空前的程度。2007年12月,在印度尼西亚巴利岛召开的联合国气候变化大会制定了巴利路线图。其核心是要在2009年制定出发达国家2012年后量化的温室气体减排义务,以及确定发展中国家如何在发达国家技术和资金支持下,采取有实质效果的具体的国内减缓温室气体排放行动。在今后两年围绕上述核心问题的谈判中,全球温室气体减排的长期目标将成为一个焦点问题。在巴利岛会议上通过的确定长期对话进一步行动安排的巴利行动计划案文中,虽然没有按照欧盟意愿将一个明确的全球减排长期目标列入案文,但仍将其列为一个要素纳入下一步谈判中(UN,2007)。IPCC报告中关于未来不同温室气体减排目标,与温升关系以及实现各种减排目标的成本与潜力的评价,将会成为国际社会谈判全球减排长期目标的最权威依据。全球减排温室气体长期目标的选择直接涉及各国的根本利益,它将考虑各国先进能源技术和低碳经济发展的核心竞争力,甚至有可能改变世界的竞争格局。如果全球确定了一个量化的长期减排目标,发达国家按京都议定书模式一旦确定其量化承诺,实质上对发展中国家也就限定了排放空间。这是以一种隐蔽的形式为发展中国家规定量化的减排义务,很可能超出发展中国家的承受能力,从而危及发展中国家的现代化进程。

2007年以来,发达国家围绕全球温室气体减排长期目标纷纷发出倡议。欧盟极力倡导将全球温升控制在2℃,大气中温室气体浓度控制在450~550 ppm,作为全球应对气候变化长期目标,并在2007年6月G8+5峰会上由德国政府提出到2050年全球温室气体排放比1990年减半的减排目标,在12月巴利岛会议上,欧盟也试图将此目标列入巴利行动计案文。日本和加拿大政府也提出到2050年温室气体排放比目前减半的倡议,西方G8首脑同意认真考虑这一目标。这一目标比IPCC报告中的倾向更为激进。尽管发达国家在2012年后的减排机制问题仍存在较大分歧,美国、澳大利亚等国与欧盟之间对立仍是当前气候变化领域中矛盾的主要方面,但其相互间的共同点就是强烈要求发展中大国参与减排行动,有可能出现发达国家间相互妥协而联手向中、印等发展中大国施压的局面。如果发达国家就减排温室气体长期目标达成共识,紧接下来将是实现该目标的各国减排义务的分摊，如果过激地确立严格的减排目标，那么不论按什么原则分配减排义务，对我国的现代化进程都将是极其严峻的挑战。减排温室气体最主要是减少能源利用过程的 CO_2 排放。如果按欧盟倡导的到 2050 年全球 CO_2 排放量比 1990 年减少 50%作为长期减排目标，那么到 2050 年全球的 CO_2 排放限额仅为 104 亿吨，而非附件Ⅰ发展中国家 2004 年的 CO_2 排放量已达 115 亿吨，我国 2006 年已达 57 亿吨。即使 2050 年附件Ⅰ国家比 1990 年减排 80%，非附件Ⅰ发展中国家也要比 2004 年减排 33%（IEA 网络数据库），这显然是不可能实现的。按上述目标，即使届时按人均 CO_2 排放量相等测算，我国最迟到 2020 年之后就必须进行较大强度的绝对减排，2050 年的 CO_2 排放量要比 2006 年减少约 2/3，比预测的 2050 年的排放量减少 80%以上。

1.2 我国的二氧化碳减排

据测算，我国 2007 年 CO_2 排放量可能已超过美国，成为世界第一排放大国，人均 CO_2 排放量也将达世界平均水平，且继续以较快速度增长。研究表明，依据我国社会经济发展目标和节能优先、优化结构的能源战略，其增长趋势将持续到 2050 年之后。特别是 2020 年之前，能源消费和相应 CO_2 排放仍将较快增长，2020 年的 CO_2 排放量将比 2005 年增加约 60% ，2030 年将比 2005 年增加近 80%（何建坤等，2007）。即使当前加大发展可再生能源、核能以及与清洁煤发电相结合的 CO_2 捕捉埋存技术的力度，其大规模商业化应用并在能源领域中发挥显著作用也要到 2020 年之后。无论实施多大力度的减排技术措施和政策导向，我国在 2030 年之前也难以实现 CO_2 排放的零增长，这一点是工业化阶段经济发展规律所决定的。合理的 CO_2 排放增长是实现现代化过程所必需的排放空间。我国 2005 年的 CO_2 排放比 2000 年增长了 59.8%，比 1990 年增长 116%（统计局，2007）。即使采取强有力的节能和能源替代战略，2050 年的 CO_2 排放也要接近 2005 年的 2 倍，2000 年的 3 倍，而相应 GDP 则可达 2000 年的 20 倍以上，单位 GDP 的 CO_2 强度比 2005 年下降 80% 以上，年下降率长期保持世界罕见的 3% 以上下降幅，已极大地挖掘了可实现的各种减排潜力，只有在我国基本实现现代化之后，经济趋于内涵式发展，才有可能实现 CO_2 的绝对减排。如果进而再过急和过激地限制 CO_2 排放，势必会严重影响经济社会的可持续发展，甚至导致现代化进程的夭折。面对全球温室气体减排的紧迫性，我国在对外努力争取碳排放空间的同时，对内也要积极应对。减少 CO_2 排放与我国节约资源、保护环境的基本国策完全一致。应对气候变化领域的技术创新将体现一个国家的核心竞争力。当前要抓住我国和平发展的黄金机遇期，在保证国民经济又好又快地持续发展的同时，争取 10～15 年内，尽快掌握核电、风电、生物质发电和液化以及煤炭清洁利用相结合的 CO_2 捕捉和埋存等应对气候变化的核心技术，并形成大规模、超常规产业化发展的体制和机制，为未来承担减缓碳排放义务打下良好基础。

2 我国发展林业碳汇的目标与项目

2.1 清洁发展机制 CDM

遵照“共同但有区别的责任”原则，鉴于发达国家在工业化进程中已排放大量温室气体的历史事实，《京都议定书》要求签约的发达国家和经济转轨国家(即附件Ⅰ国家)在 2008—2012 年的第一个承诺期内，将温室气体排放总量在 1990 年基础上平均减少 5.2%。为有效实现附件Ⅰ国家的温室气体减排目标，《京都议定书》制定了联合履约、排放贸易和清洁发展机制三种灵活机制，帮助附件Ⅰ国家履行《京都议定书》所规定的减排义务。清洁发展机制是指发达国家通过向发展中国家提供资金和技术，与发展中国家合作开展减少温室气体排放或增加吸收温室气体的项目。项目所获得的温室气体减排量，用于完成发达国家在《京都议定书》中承诺的减排指标；排放贸易是指那些已经完成了减排目标的发达国家可以把超额完成的温室气体排放权卖给其他发达国家；联合履约与清洁发展机制原理相同，只不过是在发达国家之间开展的项目合作。在《京都议定书》规定的这三种履约机制中，清洁发展机制是唯一与发展中国家有关的机制。这个机制既能使发达国家以低于其国内成本的方式获得减排量，又为发展中国家带来先进技术和资金，有利于促进发展中国家经济、社会的可持续发展。因此，清洁发展机制被认为是一种“双赢”机制。

2.2 林业碳汇成为碳汇的重点

《京都议定书》框架下的土地利用、土地利用变化和林业(LULUCF)条款中，充分认可森林碳汇在应对气候变化中的作用。因此，在第一承诺期内，把造林再造林列为唯一合格的清洁发展机制碳汇项目，即附件Ⅰ国家可以通过到发展中国家实施造林再造林项目，所获得的碳汇(碳信用额度)，可用于抵减本国的温室气体排放量。为避免削弱环境效果，《京都议定书》规定在第一承诺期内，附件Ⅰ国家每年从清洁发展机制造林再造林碳汇项目中获得的减排抵消额不得超过基准年(1990 年)排放量的 1%。2005 年 2 月 16 日，《京都议定书》正式生效。至此，清洁发展机制下造林再造林碳汇项目正式启动并进入实质性的操作阶段。

目前林业碳汇项目在实施过程中存在很多分歧和技术问题，包括项目基准线与额外性的确定，碳储量的计算与核查，碳汇项目的非持久性、泄漏、不确定性及项目对社会经济和环境影响等。由于发达国家可以通过林业碳汇项目完成

20%的减排任务，这就意味着他们每年可以通过林业碳汇项目完成约3500万吨碳的减排额度，按每吨碳10～15美元的市场价格来算，发达国家每年将在发展中国家投资约3亿～5亿美元开展林业碳汇项目，多于发达国家为发展中国家提供的林业海外发展援助资金。因此，许多发展中国家，尤其是拉美国家和非洲国家，都希望能够通过林业碳汇项目为其林业和社区发展引入大量的国际资金。目前CDM碳汇试点项目已全面开展起来，项目所在地包括印度、马来西亚、捷克、阿根廷、伯利兹、哥斯达黎加、墨西哥、巴拿马、巴西、中国等国家。具体项目活动包括造林、再造林、森林保护、森林经营管理等，以求通过这些项目来促进社区林业发展，改善项目所在地的生态环境和保护生物多样性。

在过去几年中，我国一直对CDM碳汇项目保持低调，但随着形势的变化，特别是在国际上已就是否开展CDM碳汇项目达成一定共识的情况下，我国积极参与并开展与林业碳汇项目有关的活动，这些活动包括：林业碳汇项目规则的国际谈判，在中国开展林业碳汇项目的可行性研究，以及在中国开展林业碳汇试点项目。其中始于2005年的“中国东北部敖汉旗防治荒漠化青年造林项目”是《京都议定书》生效以来我国与国际社会合作的首个林业碳汇项目。合约规定，在第一个有效期的5年时间内投资153万美元，在内蒙古敖汉旗荒沙地造林3000公顷(4.5万亩)，第一个有效期完成后，自动延续新的5年有效期。到2012年，该项目产生的可认证的CO_2：减排指标将归意大利所有。该项目的实施，对我国来说是利用市场机制实现森林生态效益价值补偿的一种重要途径，而对意大利来说则是满足其对减排CO_2的承诺。

2.3 林业碳汇的目标

为缓解全球气候变暖趋势，1997年12月，149个国家和地区代表在日本京都通过了《京都议定书》，2005年2月16日在全球正式生效。旨在减少全球温室气体排放的《京都议定书》是一部限制世界各国(地区)二氧化碳排放量的国际法案。它规定，所有发达国家在2008—2012年间必须将温室气体的排放量比1990年削减5.2%。同时规定，包括中国和印度在内的发展中国家可自愿制定削减排放量目标。在此后一系列气候公约国际谈判中，国际社会对森林吸收二氧化碳的汇聚作用越来越重视。《波恩政治协议》、《马拉喀什协定》将造林、再造林等林业活动纳入《京都议定书》确立的清洁发展机制，鼓励各国通过绿化、造林来抵消一部分工业源二氧化碳的排放，原则同意将造林、再造林作为第一承诺期合格的清洁发展机制项目，意味着发达国家可以通过在发展中国家实施林业碳汇项目抵消其部分温室气体排放量。2003年12月召开的《联合国气候变化框架公约》第九次缔约方大会，国际社会已就将造林、再造林等林业活动纳入碳汇项目达成了一致意见，制定了新的运作规则，为正式启动实施造林、再造林碳汇项目创造了有利条件。

"碳汇"来源于《联合国气候变化框架公约》缔约国签订的《京都议定书》，由此形成了国际"碳排放权交易制度"(简称"碳汇")。通过陆地生态系统的有效地管理来提高固炭潜力，所取得的成效抵消相关国家的碳减排份额。

2.4 林业碳汇的项目

2001年7月，缔约方的波恩会议(COP6波恩续会)达成了《波恩政治协议》，提出了土地、土地利用变化和林业(LU-LUCF)活动，该项目主要包括：① 造林再造林；② 植被恢复；③ 森林管理；④ 农地管理；⑤ 牧场管理。在接下来的缔约方会议陆续通过了造林、再造林模式和程序(COP9，米兰)，以及简化小规模造林再造林模式程序(COPIO，阿根廷)，至此，林业碳汇的相关规则和要求在遏制全球气候变暖的系列国际谈判中被相继提出并逐步完善。CDM的实施和开展既帮助发达国家履行减限排义务，又协助发展中国家通过国外先进技术的引进和国际资金的吸收实现可持续发展，体现了CDM是在《联合国气候变化框架公约》下的一种发达国家与发展中国家之间互惠互利的政府间合作关系，是一种双赢的选择。

2.5 森林碳汇情况

森林是陆地生态系统中最大的碳储库，在全球碳循环过程中起着重要作用。2000年政府间气候变化专门委员会(IPCC)发表的报告显示，全球陆地生态系统碳贮量约为24770亿吨碳，其中植被储存的碳约占20%，土壤储存的碳约占80%。就森林对储存碳的贡献而言，森林面积占全球陆地面积的27.6%，森林植被的碳贮量约占全球植被的77%，森林土壤的碳贮量约占全球土壤的39%。而且，不同的植被类型，其固碳能力不一样，具体情况见表1。

表1　全球森林碳汇情况

植被类型	固碳能力(每公顷每年)
热带森林	4.5～16吨
温带森林	2.7～11.25吨
寒带森林	1.8～9吨
农田	0.45～2吨
草地	1.3吨
北极冰源和干旱沙漠地带	为热带森林的1%

同时，2000年IPCC特别报告指出，从2000年到2050年，全球最大碳汇潜力为每年15.3亿～24.7亿吨碳，其中造林的碳汇潜力约占28%，再造林约占

14%,农用林约占 7%。研究进一步表明:人工林每公顷每年可以固定 CO_2 为 1~1.4吨,每生产 1 立方米木材可吸收 1.83 吨 CO_2,每立方米木材折合含碳量约 0.25 吨。

我国人均 CO_2 排放量远低于发达国家,虽然 1997 年 CO_2 总排放量达到 8.17亿吨,仅低于美国位居世界第二位,但是中国森林在吸碳增汇方面贡献突出,尤其是我国多年持续不断地大规模造林绿化发挥了重要作用,使我国森林每年碳汇量超过亿吨。中国现有森林面积 1.59 亿公顷,蓄积量为124.9亿立方米,科学研究表明:中国森林碳储量约为 45 亿~50 亿吨(1994 年)。中国现有森林平均每年净增加 1.1 亿吨碳储量,其中:森林(含经济林和竹林)每年净增碳贮量 7550 万吨,疏林、散生木每年净增加碳贮量 3500 万吨。

3 可能—满意度研究方法的基本原理简介

3.1 基本思路

在决策过程中,人们遇到的实际问题一般都要从"需要"和"可能"两方面来考虑。前者反映主观的意愿和期望,后者反映客观上的容许条件和可行性。若把表示"可能"的有关定量值定义为可能度,把表示可以达到的"需要"的相关定量定义为满意度,把可能度与满意度并合起的定量值称为可能—满意度,这种相应的方法就称为可能—满意度法,即 P-S 法(possible-satisfiablity method)。这种方法已经在全国总人口规模目标探讨、煤炭开发规模研究、新港选址等项目中得到了成功的应用。实践证明,该方法概念清晰,运算方便,结论明白易懂,可以拓展其应用领域。

可能—满意度法最主要的两个概念是可能度和满意度,如果某事肯定能够做到,那么从可能度来说,其把握最大,"可能度"最高,定义可能度为 P(possibility),此时 $P=1$;若某事肯定做不到,则"可能度"最低,定义 $P=0$,因此在区间[0,1]之间的某个实数便表示不同水平的可能度。如果某事完全令人满意,则满意度为最高,定义满意度为 S(satisfiability),此时 $S=1$;若某事叫人完全无法接受,则满意度最低,$S=0$,这样在[0,1]之间的某个实数便可表示不同水平的满意度。

假设一个事物,某个属性 r 具有可能度曲线 $P(r)$,另一属性 S 具有满意度曲线 $Q(s)$,而 r,s 同另一属性 a 满足某一关系式,即 $f(r,s,a)=0$,则可以通过一定的规则将 $P(r)$ 和 $Q(s)$ 并合成一条相对于属性 a 的可能—满意度曲线,它定量描述了既可能又满意的程度,记为 $W \in [0,1]$。当 $W=1$ 时,表示百分之百的既可能又满意;当 $W=0$ 时,表示或者完全不可能,或者完全不能令人满意。这样在 W 值取值[0,1]区间上的实数时，可表示不同的可能—满意度，用数学语言表示如下：

$$w(\alpha)=[p(r)\cdot q(s)]s.t.\ f(r,s,\alpha)=0 \tag{1}$$

$r\in R, s\in S\ \alpha\in A$

这里的 R、S、A 分别表示属性 r、s、的容许集合(域)，如果表示可能又满意的情况，用下式可以定量的描述不同的属性可能—满意度之间的关系如下：

$$w(\alpha)\leqslant \max\quad \min\{p(r),q(s)\}s.t.\ f(r,s,\alpha)=0 r\in R, s\in S\alpha\in A \tag{2}$$

在具体运算中，一般有强并合，弱并合两种方式，前者指并合后的可能—满意度是严格存在的，用数学语言表达如下：

$$w(\alpha)\leqslant \max\{p(r),q(s)\}s.t.\ f(r,s,\alpha)=0 \tag{3}$$

$r\in R, s\in S\alpha\in A$

当 $\alpha=r=s$ 时，有 $w(\alpha)=p(r)\cdot q(s)$ ，$\alpha\in A$ (4)

弱并合指并合后得到的可能—满意度最大，用数学语言表达如下：

$$w(\alpha)=\max\quad \min\{p(r)\cdot q(s)\}s.t.\ f(r,s,\alpha)=0 \tag{5}$$

$r\in R, s\in S\alpha\in A$

当 $\alpha=r=s$ 时，$w(\alpha)=\min\{p(r)\cdot q(s)\}$ ，$\alpha\in A$ (6)

通过不同的并合方法可以得出许多条(并合多次后就可能仅剩一条)在不同的制约条件下的可能—满意度曲线，这样在同一个坐标下可以一目了然地看出不同制约因素对研究对象的制约强度及走势，以做出最优化的选择。

3.2 算法分析

(1) 可能度与满意度曲线的数学形式

上面已对可能—满意度方法的基本思路做了说明，对一个事件的可能度和满意度含义有了明确的定义，但在实际应用中，要用什么样的数学方法来描述可能度和满意度呢？根据可能度和满意度的定义，我们可用三折线、S形曲线等曲线的数学形式来表示可能度和满意度，如对可能度 P 的描述，我们用三折线表示如式(7)：

$$P(r)=\begin{cases}1, & r\leqslant rA\\ \dfrac{r-r_B}{r-r_A}, & r_A<r<r_B\\ 0 & r\geqslant r_B\end{cases} \tag{7}$$

用图1表示如下：

这是一种抓两头、插中间的粗略办法，这种方法关键在于定出A、B两个转折点。确定A、B点的途径很多，一是凭借较为长期的实践经验；二是对产品用户进行调查统计；三是根据厂方提出的数据；四是自行试验统计；五是进行分解研究；还有向专家、行家们请教的。资料掌握得愈详尽准确，讨论的愈全面深入，各方面的观点又较一致，则A，B点的横坐标可定的愈准确。在 p(或 q)=1 或 p(或 q)=0 时，常争论较少；在 $p=[0,1]$ 或 $q=[0,1]$ 的区间上，可能有较多争论，反映了把握不大的现状。这种可粗略可精细的方法给类似于人口与能源等复杂问题的讨论带来了较大的方便。

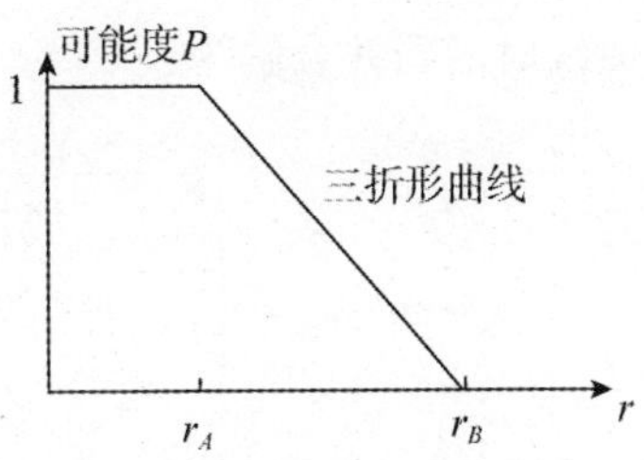

图1　可能度 *P* 的三折线

除了三折型曲线，还有S形曲线。这也是比较常用的一种曲线，我们在对嘉兴人口容量研究时，主要采用了此类曲线。用数学形式表示如下：

$$p(r)=\frac{1}{1+\exp(2-4\frac{r-r_B}{r_A-r_B})} \tag{8}$$

用图2描述如下：

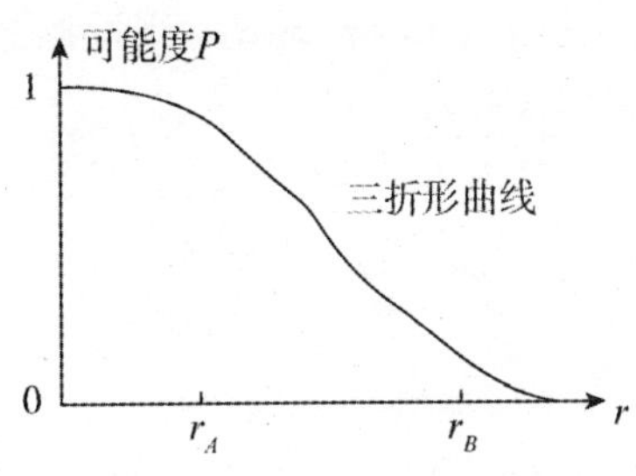

图2　可能度的S形曲线

当然如果对某一个具体的问题，如果已经研究得很透彻而能具体在做出其更为确切的可能度曲线，出不必拘泥于此类方法。

满意度曲线 $q(s)$ 的数学形式类似于上述的可能度曲线形式，在此不再赘述。

(2) 可能度与满意度的并合算法

如上所述，可能度与满意度可以并合为可能—满意度曲线，它分强并合和弱并合两种方法。

如果有 $p(r)$ 和 $q(s)$ 及 $f(r,s,\alpha)$ 等的函数式，则可能—满意度可以获得相应的公式解。

1)当限制条件为 $r=\alpha s$，$\forall r,s\in R^1$（实数集），则可得 $p(r)$ 和 $q(s)$ 为三折形曲线时的弱并合解为：

$$w(\alpha)=\begin{cases}\dfrac{-r_B+\alpha s_B}{(r_A-r_B)-\alpha(s_A-s_B)}, & \text{当 } 0<\text{解}<1\\ 1, & \text{当解}\geqslant 1\\ 0, & \end{cases}\tag{9}$$

当 $p(r)$ 和 $q(s)$ 为式(8)S形曲线时的弱并合解为：

$$w(\alpha)=\frac{1}{1+\exp\left\{2-4\cdot\dfrac{-r_B+\alpha s_B}{(r_A-r_B)-\alpha(s_A-s_B)}\right\}}\tag{10}$$

2)当限制条件为 $\alpha=r\cdot s$，$\forall r,s,\alpha\in R^1$，则可得三折形弱并合解为：

$$w(\alpha)=$$

$$\left.\begin{cases}\dfrac{1}{2}\left\{-\left(\dfrac{r_B}{r_A-r_B}+\dfrac{s_B}{s_A-s_B}\right)+\sqrt{\left(\dfrac{r_B}{r_A-r_B}+\dfrac{s_B}{s_A-s_B}\right)^2}+\sqrt{\dfrac{4\alpha}{(r_A-r_B)(s_A-s_B)}}\right\} & \text{当 } 0<\text{解}<1\\ 1 & \text{当解}\geqslant 1\\ 0 & \text{当解}\leqslant 0\end{cases}\right\}\tag{11}$$

3)当限制条件为 $\alpha=r+s$，$\forall r,s,\alpha\in R^1$，则可得三折型弱并合解为：

$$w(\alpha)=\left.\begin{cases}\dfrac{\alpha-s_B-r_B}{(r_A-s_B)+(s_A-s_B)} & \text{当 } 0<\text{解}<1\\ 1 & \text{当解}\geqslant 1\\ 0 & \text{当解}\leqslant 0\end{cases}\right\}\tag{12}$$

这些不同的并合算法在不同的规划问题中得到相应的应用，如涉及总产量、人均产量等因素推求人口的问题，都具有 $r=\alpha s$ 的限制条件类型；而在耕地面积、每亩单产推求产量时就属于第二种算法。

(3) 两条以上可能—满意度曲线的并合方式

在计算出若干条可能—满意度曲线后，在做决策分析时，要对多条曲线进行并合分析，在并合的算法上，有多种并合的方式，在此主要考虑三种可能—满意度曲线间的并合算法。

设有两条可能—满意度曲线 w_1、w_2，它的以下几种并合算法表示如下：

1)弱并合

符号为 $<\cdots(M_m)\cdots>$ 其特例为 $<\cdots(m)\cdots>$。

$$w_1(m)w_2=\min\{w_1,w_2\}\tag{13}$$

2)强并合

符号为$< \cdots (M \cdot) \cdots >$或$< \cdots (\cdot) \cdots >$。

$$w_1(M \cdot) w_2 = \max\{w_1, w_2\} \tag{14}$$

$$w_1(\cdot) w_2 = w_1 \cdot w_2 \tag{15}$$

3)变权加和

符号为$< \cdots (M+) \cdots >$

$$w_1(M+) w_2 = \alpha \cdot w_1 + \beta \cdot w_2$$

其中$\alpha + \beta = 1$ (16)

3.3　可能—满意度多目标决策方法的优点

可能—满意度法多目标决策方法的优越性主要体现在它具有分析和综合相统一上,运用该方法首选需要分解制约人口规模的因素,分别加以讨论,再通过做出不同因素下的可能—满意度曲线,将之放在同一个以人口为横轴、可能—满意度为纵轴的坐标系加以研究。同时,还可以根据不同的理论假设和前提对不同的可能—满意度曲线加以并合,最后得出不同理论假设前提下的最优解。由于合并方式的多样性,该方法可以灵活地满足人们在做出选择时对不同因素综合折中考虑时的特殊偏好。当然,决定适度人口规模的偏好性应该是群体性的,而且,这种偏好性受制于文化、历史和社会发展程度等多种因素的影响。

P-S法最大的特色就是提供了一种可以综合考虑多因素制约时决策的工具。传统人口规划的因素分析,其结果的现实有效性往往需要引用“短边原理”(或称“木桶原理”,指该条件必须满足但又最难满足,如同最低门槛,其意义相似于P-S法中的弱并合)来证明约束条件是瓶颈因素,而这一办法常用来估算人口容量的上限而非最优解。当面对人们不同适应性和选择性的时候,单因素分析给出的上限值的实际意义有限。但P-S法由于其概念、方法与模糊理论的关系,在面对这一复杂的系统问题时往往能够做到游刃有余。

在运用P-S法作适度人口规划时,对纳入模型的约束因素需要审慎考虑。纳入因素过多,会增加模型的复杂性,增加计算量和为参数赋值收集资料的难度,而过多约束因素如果有的不重要或与分析对象没有必然的约束关系,反而会冲淡主要约束因素的作用。当然,约束条件过少不能全面反映问题,也会失去运用P-S法的本意。因此,抓住主要矛盾,选取主要的、根本性的约束因素纳入模型,便成为决定建模成功与否的重要环节。合适的选择约束因素不仅能减少运算量,而且能有效减少给过多因素的参数赋值过程中所带来的主观上的偏差。因此,在构成模型时必须仔细考虑,取消不必要的约束条件。

P-S法赋值较宽松,并且随可能—满意度的调整和合并方法的不同而给定不同的适度人口规模，有一定的灵活性，因此在短期预测中意义不大，但是该方法能够反应主要的、带根本性约束的综合作用，适合用于我们所研究的嘉兴市的人口容量和适度人口的课题研究当中，它能对研究对象的中长期目标规划做一定的决策作用。

该方法已有许多学者用于适度人口的研究，如上海交通大学王浣尘教授领导的《上海人口合理规模研究报告》课题组，利用该方法对上海市的人口容量做了细致的研究，他们从制约和影响人口规模的各种有关因素出发，采用多目标决策技术和分解综合的办法，在充分考虑各种社会经济因素对人的生活影响的前提下，通过做出这些不同的因素制约下的可能—满意度曲线，将之放在同一个以人口为横轴、可能—满意度为纵轴的坐标系下，直观地观察受控于不同因素下描述可能—满意度与人口互动关系的曲线，并据此方便地找出限制可能—满意度提高的“瓶颈”因素。该方法引进“可能—满意度”指标时选定影响上海合理人口规模 25 项因素，在几种不同的假设下，计算多种方案的“可能—满意度”数值，提出 50 年后上海市的合理人口规模。

4 可能—满意度的指标体系构建

根据可能—满意度算法的表述，对指标体系中的每项指标进行极值分析。通过定性或定量的方法确定各指标的最大值与最小值，并赋予相应的最大与最小可能满意度值，即取 1 或取 0。

对指标体系极值的定量取值法主要采用回归模型的区间预测思想：首先通过各指标的历史年份数据建立相应的线性或非线性模型，同时保证模型回归参数在显著性水平 $\alpha=0.05$ 下通过检验。其次根据所建立的模型预测该指标到 2020 年的数值，在此基础上计算抽样分布方差和标准误差的估计，并据此构造预测区间。在给定显著水平 $\alpha=0.05$ 的条件下，表明指标在 2020 年的预测值将有 95％的可能落在该区间内。最后将预测区间的临界值近似取为该指标的极值，赋予相应的可能满意度值。对指标体系中无历史数据支持或不适合建立预测模型的指标，极值的确定主要参考算法及类似课题的相关文献资料，根据以往经验或比较历史增长趋势进行相应的定性分析。

本文要重点讨论的是在二氧化碳减排的目标之下，如何达到适宜的 GDP 值。由此可知，选取的指标体系是建立在二氧化碳减排和 GDP 总值之间的关联(图 3)。

为了对于未来的适宜 GDP 总量进行预测，首先要历年的数据，这些数据包括历年的 GDP 总量，单位为亿元，以及每一年的二氧化碳的排放总量，单位为百万吨。

我国一共进行过七次全国森林资源清查，图 4 显示的是历次的森林资源清查的结果。其中的森林蓄积量是指一定森林面积上存在着的林木树干部分的总材积。它是反映一个国家或地区森林资源总规模和水平的基本指标之一，也是反映森林资源的丰富程度、衡量森林生态环境优劣的重要依据。森林面积是指由乔木树种构成，郁闭度 0.2 以上(含 0.2)的林地或冠幅宽度 10 米以上的林带的面积，即有林地面积。森林面积包括天然起源和人工起源的针叶林面积、阔叶林面积、针阔混交林面积和竹林面积，不包括灌木林地面积和疏林地面积。

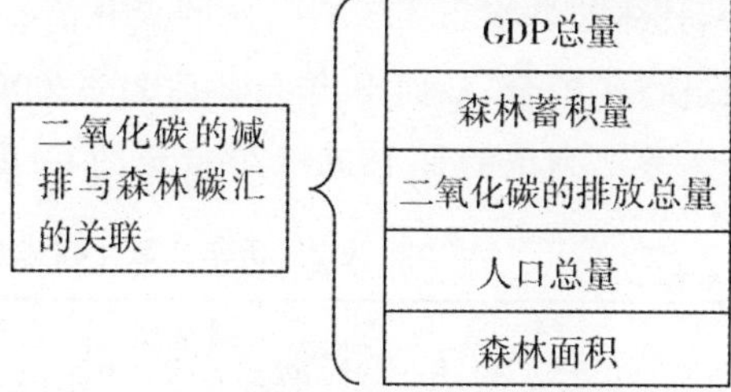

图 3　二氧化碳减排与森林碳汇的关联

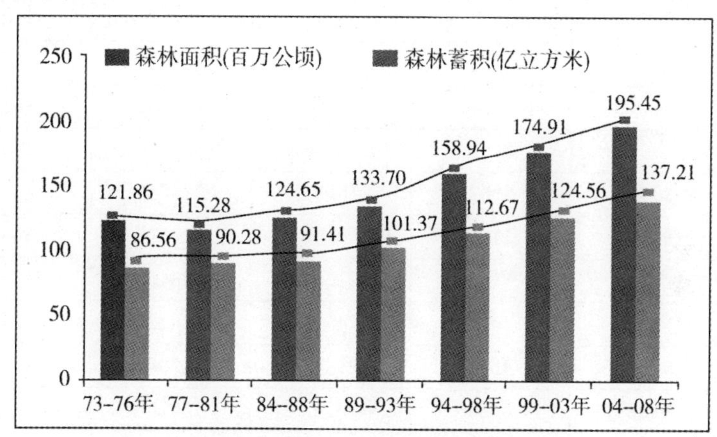

图 4　历次森林资源清查全国森林面积与蓄积

数据来源：林业局

林业局 2009 年 11 月 6 日发布的《应对气候变化林业行动计划》，制定的目标是：2011—2020 年，年均造林(含封山育林)面积 500 万公顷以上，全国森林覆盖率增加到 23%，森林蓄积量达到 140 亿立方米。实现 2020 年森林面积比 2005 年增加 4000 万公顷，森林蓄积量比 2005 年增加 13 亿立方米的目标。届时，我国森林生态系统整体固碳功能将进一步增强，森林碳汇能力将得到进一步提高。

按照林业局的计划，再来预测 2020 年的森林蓄积量和万元 GDP 的森林蓄积量、森林面积以及万元 GDP 的森林面积，预计在这一要求下的最佳 GDP 总量。

由于森林资源的清查是每 5 年为一个周期，在计算的时候，根据其他的指标所在的年份，对于相关的区间的森林资源的清查的结果进行了对数的曲线的拟合,具体的是将第4、5、6、7次的森林清查所得到的森林蓄积量和森林面积的结果进行了拟合,从而得出了从1990—2006年的历年的森林蓄积量和森林面积。

表2列出的是1990—2006年的GDP总量和当年的二氧化碳排放总量。

表2 历年二氧化碳排放量与GDP总值数据

年份	GDP(亿元)	CO_2 排放量(百万吨)	森林蓄积量(亿平方米)	人口总量(万人)	森林面积(百万公顷)
1990	18668	2293	95.39	114333	128.88
1991	21782	2401	97.35	115823	131.93
1992	26924	2475	99.36	117171	135.05
1993	35334	2641	101.40	118517	138.24
1994	48198	2856	103.49	119850	141.51
1995	60794	2903	105.62	121121	144.86
1996	71177	2937	107.79	122389	148.28
1997	78973	3133	110.01	123626	151.79
1998	84402	3029	112.27	124761	155.38
1999	89677	2992	114.58	125786	159.05
2000	99215	2967	116.95	126743	162.81
2001	109655	3108	119.35	127627	166.66
2002	120333	3441	121.81	128453	170.60
2003	135823	4062	124.31	129227	174.63
2004	159878	4847	126.87	129988	178.76
2005	183085	5429	129.48	130756	182.98
2006	209407	6018	132.15	131448	187.31

5 基于P-S法二氧化碳减排与经济增长的系统仿真与结果分析

对于二氧化碳排放量的判断,必须是要考虑城市化与工业化的现实,城市化与工业化对能源的需求的影响是多维的,例如人口向城市的聚集增加了对于城市住房、道路、各类工具、供水供电以及其他的基础设施的需求,这些设施都会大幅增加对于能源的需求。几乎所有主要的经济体在现代化的过程中都会经历一个"重工业化"的阶段,这一阶段的一些行业如钢铁、建材、电力、石化、冶金、重型机械、铁路、汽车等会以超出常规的速度发展,其发展收到城市化的进程产生强劲需求的带动,这些产业都是资本密集型、能源密集型的,在短期内会导致能源需求快速增加,并可能引发能源供应紧张。

发达国家已经进入一个以高技术含量、高附加值为特征的知识经济时代,主导产业由重工业、化工业、机械制造业转变为精密加工业、高端制造业和现代服务业。经济结构进入以第三产业为主的时代后，二氧化碳的排放量会显著下降。

本文主要是要在国家林业局提出的前提下，研究是多少的 GDP 可以与森林碳汇和二氧化碳的排放达到一个平衡。

用 SPSS 软件分析可预计出 2020 年二氧化碳排放总量的取值区间为[10866.64,16142.52341]百万吨 CO_2，因此取最大值为 10866.64 百万吨 CO_2，可能度为 0，最小值 16142.52341 百万吨 CO_2，可能度为 1(图 5，图 6)。

单位森林蓄积量的二氧化碳排放量的取值区间为[91.32,116.62]吨/百平方米，因此取最小值为 91.32 吨/百平方米，满意度为 1；最大值为116.62吨/百平方米，满意度为 0。

2020 年人口预测区间为[13.53,14.75]亿人，因此取最大值 14.75 亿人，可能度为 0，最小值为 13.53 亿，可能度为 1。

单位森林蓄积量的人口预测区间是[738.36,722.16]人/万平方米，取最大值 738.36 人/万平方米，满意度为 0，最小值 722.16 人/万平方米，满意度为 1。

预测 GDP 在 2020 年的区间为[496929.60，697825.97]亿元，最小值 496929.60 亿元，可能度为 1，最大值 697825.97 亿元，可能度为 0。

预测单位森林蓄积量的 GDP 的区间是[1924.53,5236.26]元/平方米，最小值为 1924.53 元/平方米，满意度为 0，最大值是 5236.26 元/平方米，满意度是 1。

预测 2020 年的森林面积的区间是[256.31,257.34]百万公顷，最小值是 256.31 百万公顷，可能度 1，最大值是 257.34 百万公顷，可能度为 0。

预测 2020 年单位森林蓄积量的森林面积的区间是[1.478155,1.478164]公顷/百平方米，最小值 1.478154665 公顷/百平方米，满意度是 0，最大值是 1.478163909公顷/百平方米，满意度是 1。

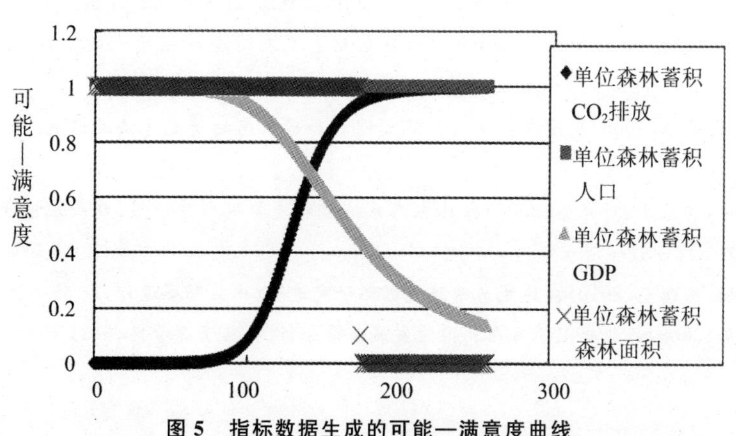

图 5　指标数据生成的可能—满意度曲线

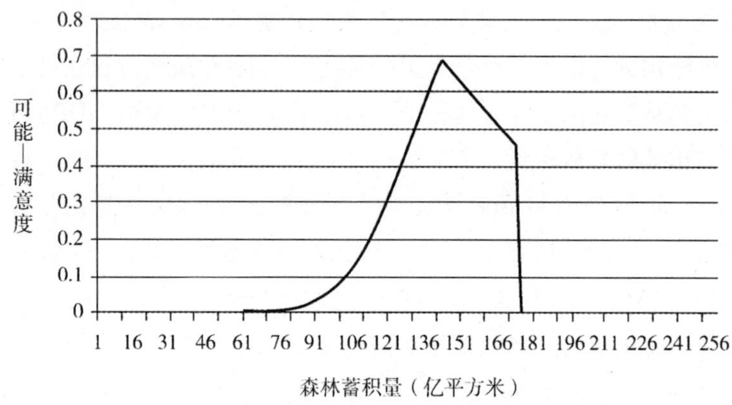

图6　森林蓄积与二氧化碳排放可能—满意度曲线

根据上面的计算，可以如下结果：到2020年，中国最佳的森林蓄积量规模范围在140亿～145亿平方米以内（可能—满意度0.65以上），这是考虑可行的人口区间、森林面积、耕地面积等变量之间的平衡所得到的结果。2020年，中国满意的GDP规模在138万亿～154万亿元以内（可能—满意度在0.60以上），这就意味着中国的经济增长速度有一个合理的区间。如果过慢，则影响社会经总量、就业、财政等方面；如果过快，则会进一步透支自然资源和生态环境，为经济结构调整和经济的协调、可持续发展留下隐患。

参考文献

[1] 陈继红，宋维明（2006）中国CDM林业碳汇项目的评价指标体系．东北林业大学学报，34(1)：87—88

[2] 何建坤，柴麒敏（2008）关于全球减排温室气体长期目标的探讨．清华大学学报，4(23)：15—25

[3] 李怒云，杨炎朝，何宇（2009）气候变化与碳汇林业概述．开发研究，3：95—97

[4] 刘国华，傅伯杰，方精云（2000）中国森林碳动态及其对全球碳平衡的贡献．生态学报，20(5)：733—739

[5] 刘华，雷瑞德（2005）我国森林生态系统碳储量和碳平衡的研究方法及进展．西北植物学报，25(4)：835—843

[6] 沈文清，马钦彦，刘允芬（2006）森林生态系统碳收支状况研究进展．江西农业大学学报，28(2)：312—317

[7] 翁友恒，王念奎（2010）森林生态系统碳循环研究进展．林业勘察设计，1：43—46

[8] 杨为燕（2008）林业碳汇项目在我国的发展前景分析．林业资源管理，6(3)：36—40

中国节能减排的机遇与挑战

周云亨

（上海市美国问题研究所，上海 200020）

【摘要】 中国的节能减排亟须确立轻重缓急，权衡各种方案的利弊得失。它既要发挥市场的主体功能，又有赖于政府宏观调控弥补市场缺陷；既要确保经济增长活力又要兼顾生态环境的保护；既要努力提高传统能源的利用效率又要为潜在的新能源变革做好准备；既要承担国际责任又要维护中国的发展空间。

【关键词】 中国；节能减排；能源安全；能源强度

Energy Savings and Emission Reduction in China: Opportunities and Challenges

Zhou Yunheng

(Shanghai Institute of American Studies, Shanghai, 200020)

Abstract: China'senergy conservation and emission reduction must set priorities and consider tradeoffs. It must balance trying to make full use of the regulatory role of market and coordinating the relation of governmental macro-control, fostering economic growth and protecting the ecological environment, prevailing in today's demand and preparing for tomorrow's change, taking international responsibility and maintaining further development.

Key words: China; energy savings and emission reduction; energy security; energy intensity

随着经济的高速增长，中国对化石燃料的需求在节节攀升，由此对国内能源的有效供给施加了巨大的压力。更为重要的是，化石燃料生产和利用过程中所带来的污染也严重破坏了环境。中国已是全球包括二氧化碳在内的所有重要污染物的最大排放国。2006 年中国与能源相关的碳排放总量已达 60 亿吨，占全球的 20.5%，首次超过美国的 59 亿吨。国际能源署（IEA）在其参考情景中预测，2020 年中国的二氧化碳排放量将达到 96 亿吨，到 2030 年将进一步增至 116

亿吨。这对中国应对未来发展提出了严峻考验。

鉴于中国易受全球变暖的影响，而其经济前景又在某种程度上取决于如何有效地利用能源，因此节能减排已是中国难以回避的问题。就其本质而言，节能减排将牵涉一系列复杂且不断演化的利益权衡与社会协调。在能源领域，廉价、能源安全与环保三大目标往往难以调和。温室气体减排的经济可承受性、环境安全性和技术可靠性同样也是如此。本文认为，为了有效推进节能减排，中国极有必要处理好国家与市场、中央与地方、供应安全与使用安全、国内刺激与国际援助等关系。

1 国家与市场

中国政府在能源生产和消费领域起着重要的作用，这表现为在国家的各项中长期发展规划中都能找到扩大国内能源生产与提高能源利用效率的战略。进入新世纪以来，鉴于资源瓶颈与环境压力，政府的能源政策进入了一个更加强调需求管理的时期。在“十一五”规划中，中国政府制定了十分宏伟的强制性目标，即到2010年，单位国内生产总值能耗比2005年降低20%，主要污染物排放总量减少10%。2009年，国务院宣布，到2020年中国单位GDP碳排放将比2005年下降40%～45%。此外，中国正在讨论从2011年开始实施的“十二五”规划。国家主席胡锦涛强调，低碳增长必须成为“十二五”规划的重要主题。

为了实现上述目标，中国的政策制定者将节能减排列为许多政策的出发点，并将能源消耗纳入各地经济社会发展综合评价和年度考核，实行单位国内生产总值能耗指标公报制度，实施节能目标责任制和问责制。从目前的情况看，尽管越来越多地运用经济杠杆和法律手段，但行政手段仍是政府实施节能减排的首要调控方式。毫无疑问，政府主导型的模式具有显著的优势。这点正如托马斯·弗里德曼所言，“如果需要的话，中国领导人可以克服官僚主义的障碍，彻底变革价格水平、规章制度、标准、教育、基础设施，以维护国家长期战略发展的利益”。事实上，中国的节能减排事业也取得了很大的成就。通过清洁技术的应用和结构调整，中国在“十一五”期间的节能进展明显：2010年达到单位GDP能耗较2005年减少18%～20%的目标。中国的减排同样成效卓著：2010年的节能绝对值（相较于2005年的单位GDP能耗基准）分别是美国的2.5倍、日本的9倍。

不过，这一模式也有不足之处。首先，传统上，中国一直将工业污染管理的重点放在大中型企业上。由于这些企业都是国有企业，政府可以通过行政手段对其实施有效管理。然而，最近一二十年来，非国有经济在中国经济增长中占据主导地位，这一变化导致了政府仅仅通过行政手段难以复制在改革初期所取得的节能成效。其次，除体制和政策因素外，中国能源效率不高还与原料路线、企业规模、装备水平、生产工艺、能源质量、资源再生等因素密切相关。对于这些短期内难以改变的因素，行政手段很难有施展的空间。第三，尽管政府制定的标准易于实施，并且标准一旦得到落实就能阻止后退，但它不能激励更进一步的创新，因为标准并不包括对超越标准的奖励。同样，标准也不考虑不同公司的市场与环境的不同，以及不同成本遵守能力的不同。最后但并非最不重要的一点是，能源效率并不总是与经济效率相一致，经济效率包括所有资源使用效率的最大化。如果政府强制提高能源效率比其所节约的能源需要投入更多的资本、劳动和其他资源，那么经济效率就会下降。

随着国内市场经济体制的不断完善，中国的节能减排事业需要以市场机制为主，弱化政府的行政管制，强化经济手段的运用。市场机制和经济激励手段更具有企业和个人的自主性、政策的灵活性，社会经济成本较低，这是可持续节能减排的关键。政府是政策和规则的制定者，应致力于制定能源政策和环保法规，使能源价格反映环境成本，同时还应加强法规的有效性，使其发挥最大的效力。政府不能成为项目管理者，具体投资项目应由市场起主导作用。总之，节能减排的有效实施离不开自上而下的国家政策与企业自下而上的积极参与和配合。

2 中央与地方

中国在节能减排上表现出了强烈的决心。中央政府已将具体能耗目标纳入国家中长期发展规划，使其成为国策，希望扭转过度依赖能源消耗的增长方式。国家发展与改革委员会也表示能耗指标将成为今后项目审批的强制性门槛，并陆续出台了几套能源价格和财税政策。不过这些举措并未有效遏制各地高能耗产业的扩张步伐。从已有的统计数据看，中国的能源需求总量从 2000 年的 10.38亿吨标油迅速攀升至 2010 年的 24.32 亿吨标油，占世界同期能源需求增量的 53%。与此同时，中国的能效也偏离了良性发展轨道，能源消费弹性系数由 20 世纪最后 20 年的低于 0.5 迅速攀升至 2001—2009 期间的年均 0.83 水平。

中国能源消费的超常增长与国内工业的快速扩张密不可分，这表现为工业部门所耗能源份额远高于大多数国家所占份额。与此同时，超大规模的城市化和人民生活水平的提高同样带来了商业及民用能源消耗的大幅攀升。就此而论，只要中国加快实现工业化、城市化的决心不变，能源密集型产业的发展就不可避免。

正如中国的许多政策一样，影响能源与环境最根本的政策是优先强调国民生产总值的最大化。尽管中国领导人已经认识到，如果现在不关注环境问题，未来将付出巨大代价。但对于地方政府而言，它们在保持最高产出上有着压倒一切的利益。很多地方的经济之所以高速发展，正是得益于高能耗产业的超常发展。例如，对一些省市而言，钢铁工业是其经济的支柱产业。钢铁工业的繁荣不仅要有低廉的原料和良好的筹资环境的支撑，同时还要有宽松的环境政策作后盾。受基础设施建设的推动，近年来中国钢铁产量增幅惊人，并由此引起一些问题，包括日益严重的大气污染、温室气体的排放以及能源消耗和铁矿石进口的剧增。为了应对上述问题，工信部曾出台政策计划淘汰年产量低于百万吨的普钢企业，并勒令不符合环保标准的钢铁企业升级设备，但结果往往收效甚微。

从目前情况看，即便中央政府清楚地意识到中国的能源与环境问题，但“不惜一切代价保增长”让节能减排的实施更为艰难。地方官员往往将其与经济增长视为对立的选择，并且几乎总是选择经济增长。相对于推动持续、平稳的发展，他们在推动快速工业化所得的好处更多，尽管后者经常以环境污染为代价。从现实情况看，由于地方环保部门依赖地方政府拨款，这就造成了与地方政府利益上的冲突。因为负责执法的地方环保部门的目标是通过收费、罚款甚至是关闭一些污染企业以降低污染，而地方政府的目标是扶持本地工业的发展和增加税收收入。此外，使问题进一步复杂化的是，地方政府不仅缺乏节能减排的动力，而且还缺乏有效的政策工具。从政策实施角度看，地方政府能够运用的手段有限，许多手段，特别是价格和税收手段都掌握在中央政府手里。

不可否认，中国未来的节能减排事业需要一系列配套政策与措施。首先，中央政府应该加快资源市场的整体改革，为地方政府推进节能减排事业创造良好的外部条件。其次，规范地方政府参与的高耗能行业投资行为，对于不符合产业政策的落后生产能力要坚决予以淘汰，促进产业结构升级。第三，加强环保部门的能力建设，应重点增强地方环保部门的技术能力和相应资源。最后，加大监测和执法力度，制定和完善科学、完整、统一的节能减排指标体系、监测体系和考核体系，严格实施问责制。

3 供应安全与使用安全

通常学者们将能源安全解释为以合理的价格满足经济发展所需的能源供应的稳定性，但是能源安全还应包括对人类生存与发展环境不构成威胁的能源使用的安全性。能源供应安全与使用安全之间存在着一种既相互演进又相互排斥的关系。一方面，能源供应的有效保障是国家能源安全的基本目标，而能源使用安全则是国家能源安全的更高追求。另一方面，两者之间也存在着深刻的矛盾——能源与保障以及能源与环境污染的竞赛。两者的一个交汇点是能源效率的提高，另一个则是更多地利用清洁能源。

中国走的是一条相对粗放的发展道路。2008年，中国单位GDP能耗约是日本的5.7倍、美国的3.5倍、印度的1.4倍。不管是出于缓解能源供给压力考虑，还是出于降低温室气体排放的需要，提高能源利用效率都应列入政府重要议题。作为全球最依赖煤炭的大国，如何清洁、高效地利用煤炭对中国能源安全而言至关重要。为此，近期内中国应将更清洁、高效地利用煤炭的国内研究和引进国外先进技术置于重要地位。实际上，即便出于温室气体减排考虑，也有必要优先关注化石燃料的利用效率。2010年，煤炭占中国一次能源消费总量的70.5%，就碳减排而言，火电利用率提高一个百分点就相当于目前可再生能源(排除水电)的贡献总和。而在煤炭利用率上提高一个百分点要比可再生能源翻一番更易实现。就此而言，新能源才是实施节能减排的主要出路其实是认识上的误区。

如果中国在长期内要想提高能源使用的安全性，那就需要支持开发利用低碳或无碳能源。由于拥有丰富的低成本的煤炭资源，因此，政府不能仅仅依赖市场力量，并以此为基础鼓励人们采用更为洁净的替代能源。对于那些同煤炭价格相比具有竞争力的替代能源，尤其是天然气的供应，应该得到强有力的支持。尽管目前天然气仍比煤炭贵很多，但是增加天然气在能源结构中的比重将会带来很多好处：增加天然气比重将有助于解决环境污染问题，因为用天然气替代煤炭可以基本解决二氧化硫和悬浮颗粒排放问题；使用天然气不仅能使中国能源结构多样化，并有助于缓解铁路运输压力；此外，天然气还具有促进国家工业设施现代化的潜能。为了实现国家的能源和环境政策目标，政府有必要调整税制，使煤炭价格能够反映环境与社会成本，然后让市场本身做出抉择。

此外，政府还需要采取措施鼓励可再生能源的开发与利用。国家对可再生能源产业的适度支持不仅是必要的，而且是必不可少的。这不仅基于扶持政策的缺失将使风电、太阳能发电等无法与火电竞争，而且也考虑到一旦政策见效，中国便能在全球新兴能源领域确立领先地位，这将带来重要的竞争优势。当然，政策本身应是适度的，因为一种能源替代另一种能源是由经济而非政治决定的。政治只有在前者快要追上后者的时候，帮助后来者赶超居于支配地位的资源。这意味着能源行业的竞争最终必须走市场化道路，政府需要为节能减排创设特定的目标，为新能源行业的投资提供政策的可预见性和连贯性，然后让充满竞争活力的市场决定新能源技术的优胜劣汰。

4 国内刺激与国际援助

节能减排是企业的利润之源还是负担所在，这是值得探讨的重要问题，因为如何看待它将决定企业采取何种方式应对节能减排。如果它能带来经济效益(姑且不论社会效益),又将如何刺激企业尽早采取行动?反之,我们则要思考应在多大程度上,或通过哪些途径积极适应全球变暖?

从已有研究看,不少学者认为节能减排能带来经济效益,只不过由于以下几方面原因妨碍了企业家和消费者抓住这些潜在的机会。首先,提高能源效率可能面临来自于能源企业的反对声,因为一旦卖出更多能源或要新建发电厂,它们就会赚得更多。其次,多数企业高管认为,工程师们已做了应做的一切来削减成本。尽管节能属于高回报的投资,但它往往不受重视,因为能源通常只占运营成本的百分之一二,节能还达不到大多数战略家关注的优先级别。再者,节能减排的多数机会都将涉及其他资源的前期投入,然后通过降低今后的能源或燃料支出,部分或全部地收回投资。由于存在市场缺陷,阻碍了企业对这些机会进行必需的投资。最后,市场选择的主体是普通消费者。消费者在选购商品时通常优先考虑价格,而不是产品生命周期中的全部成本。这导致了那些节能产品由于缺乏价格优势而难以迅速替代高能耗高污染的产品。

上述因素的存在阻碍了市场主体自发地实现节能减排的目标,这也为政府进行合理的干预提供了必要的理由。不过,中国能源过度消耗的根本性问题在于市场改革不到位,无法为能源消费提供正确的价格信号。对中国而言,降低能源强度的关键问题是在发展战略中要考虑能源和环境的双重约束,使能源价格体现资源的稀缺性和环境成本。从目前形势看,如果缺乏强有力的政策措施,显示政府重视能源需求管理的决心,那么公共事业的改革将难以到位,企业将缺乏足够的动力向清洁高效的高端产品转型,同样消费者也将丧失选择低能耗产品的机会,而中国也将错失以更少的成本换取更多发展的机会。

当然,市场的缺陷并不意味着中国将在节能减排事业上碌碌无为。鉴于能源部门的规模和飞速发展,中国有可能处于能源技术变革的前沿。中国的重要优势在于同时具备了市场条件和高度一致的政治意愿来推进新能源技术变革。中国可以采用多数发达国家由于市场不大、搁置成本高昂以及既得利益者的反对而未能采用或应用缓慢的尖端技术。这有助于中国从一个能源技术落伍者成为全球的领先者,实现跨越式的发展。事实上,注重发展和采用先进的能源技术,不仅与中国致力于提升在全球经济生产价值链中的地位相吻合,而且也与跨国公司希望抢占中国巨大的清洁能源市场这一目标并行不悖。对于发达经济体而言,中国市场的规模及其相应的清洁能源需求,将为促进最新清洁能源技术的成熟和推广提供了一条最为快捷的通道。中国与先进经济力量的联合能够大幅降低低碳技术和气候适应性手段的成本,并向工业化程度较低的农村地区提供这些技术和手段。

鉴于规模效应，仅仅通过更有效地利用能源，中国也将帮助国际社会改善全球环境。为了更好地应对能源与环境问题的挑战，国际社会也有必要帮助中国提高节能减排的能力。中国需要一个国家级的能源研究机构，能实时关注国内外能源市场的动态，对国内能源行业和市场了如指掌，及时看出问题，做好超前研究，并提出政策建议。中国同样需要建立起及时、详细、可靠的能源信息数据库。国际能源署的成员国在这些领域表现出色，可以帮助中国完善相关制度并且培养能源审计人员。这种合作的代价很低，但是回报巨大，它既能改善中国的能源安全，也符合发达国家要求中国提高能源透明度的利益诉求。发达国家应提供更有针对性的援助以便中国进行必要的改革，这绝对是花小钱办大事。

5 结 论

综上所述，中国节能减排的潜力巨大，难度也大。中国需要在经济发展、能源安全以及环境保护等彼此竞争的目标之间寻求平衡，并力求将成本控制在合理范围内。为了实现全面建设小康社会的宏伟战略目标，中国有必要制定和实施一项综合的、长期的节能减排战略。这一战略的有效性将部分取决于如何平衡以下几组关系，即：既要发挥市场的主体功能又有赖于政府宏观调控弥补市场缺陷；既要确保经济增长活力又要兼顾生态环境的保护；既要努力提高传统能源的利用效率又要为潜在的新能源变革做好准备；既要承担相应的国际责任又要维护中国应有的发展空间。诚然，实现上述平衡异常艰难，但节能减排的重要性决定了为此努力的必要性。

参考文献

[1] A Chatham House Report(2007) Changing climates：Interdependencies on energy and climate security for China and Europe. London：The Royal Institute of International Affairs

[2] Amory B. L.，et al.(2005) Glasgow，winning the oil endgame：Innovation for profits，jobs，and security. Colorado：Rocky Mountain Institute

[3] Hirschland M. J.，et al.(2008) Using energy more efficiently：An interview with the Rocky Mountain Institute's Amory Lovins. The Mckinsey Quarterly，7

[4] International Energy Agency(2002) Developing China's natural gas market：the policy challenges. Paris：OECD/IEA

[5] Lo C. W.，Fryxell G. E.(2005) Government and societal support of environmental enforcement in China：An empirical study in Guangzhou. Journal of Development Studies，41(4)：558—588

[6] Naucler T.，Enkvist P.(2009)通向低碳经济之路. 麦肯锡季刊，12

[7] Quek T. (2007) The man who wants to save a lake：Beijing's efforts to protect the environment thwarted by local official's subterfuge in their drive for growth. Strait Times，January 21

[8] The World Bank. (2001)China：Air，land and water.

[9] 陈新华(2008)能源改变命运——中国应对挑战之路. 北京：新华出版社

[10] 郜若素(2009)郜若素气候变化报告. 北京：社会科学文献出版社

[11] 华强森，尤茂庭，张海蒙(2009)节能减排的坚实第一步——浅析中国"十一五"节能减排目标. 麦肯锡季刊，11

[12] 莱昂纳尔多·毛杰里(2008) 石油！石油！——探索世界上最富争议资源的神话、历史和未来. 上海：上海人民出版社

[13] 李侃如(2010)治理中国：从革命到改革. 北京：中国社会科学出版社

[14] 林伯强(2006)2006 年中国能源发展报告. 北京：中国计量出版社

[15] 林伯强(2007)中国能源问题与能源政策选择. 北京：煤炭工业出版社

[16] 林伯强(2008)能源经济学：理论与政策实践. 北京：中国财政经济出版社

[17] 林伯强(2009)中国能源政策思考. 北京：中国财政经济出版社

[18] 世界银行东亚和太平洋地区基础设施局，国务院发展研究中心产业经济研究部(2007)机不可失：中国能源可持续发展. 北京：中国发展出版社

[19] 托马斯·弗里德曼(2009)世界又热又平又挤. 长沙：湖南科学技术出版社

美国能源需求面管理政策探讨

许志义[1]　颜海伦[2]

(1 台湾中兴大学信息管理研究所与应用经济学系;2 台湾中兴大学信息管理研究所)

【摘要】能源需求面管理(energy demand-side management,EDSM)在现阶段对节能减碳之效益具有显著贡献,已是国际上能源产业学界之共识。本文旨在探讨美国能源需求面管理之政策,主要针对美国加州之需求面管理政策信息加以搜集与分析,藉由各种能源需求面管理措施之优缺点以及实施成效之检讨比较,提供台湾地区采能源需求面管理政策措施之相关建议。

【关键词】需求面管理;需量反应;节能减碳;成本效益分析

1 前　言

所谓能源需求面管理(energy demand-side management,EDSM),系指政府、能源供应公司及能源使用者藉由经济诱因或技术方法,调整消费端能源需量的政策、方案或措施,来达成节能减碳,有利于整体社会永续发展之目的。能源需求面管理主要包括电力需求面管理与其他非电力能源需求面管理,由于电力乃次级能源或三级能源,主要由初级能源(如煤炭、原油、天然气、核能)或次级能源(如燃料油、柴油)转换而得,同时电力又可经由再生能源或新能源转换而得,具有"多种投入、单一产出"之特性,是未来因应温室效应之最重要能源,也是目前台湾能源需求结构中占比最高的一种能源。因此能源需求面管理之核心领域,即为电力需求面管理。

狭义的需求面管理系指能源消费者藉由政府能源价格政策或法规之调整,进而诱导能源消费需求行为改变之做法。广义的能源需求面管理应具有进一步的意涵,亦即除了上述狭义范围外,更包括个别能源用户之小规模能源生产、储存或能源供给容量的投资,以配合其改变能源消费型态之行为。例如:电力用户除了改变自身的电力消费型态之外,也可能在客户端装设太阳能、风力、生质能、储能系统等局部性、区域性、小规模的供电方式,进而调节其电力需求多寡的行为。

美国乃是推行能源需求面管理之先驱者，其执行成效甚为卓著，可供台湾地区未来推动相关制度与措施之参考。由于美国幅员广大，各州政策有所不同，与其做全面性之探讨，不如选取对台湾地区较具参考价值之重点区域，进行 EDSM 之比较。故本文将以美国加州为例，探讨该区域能源需求面管理制度，并阐述其政策、方案与成效。

本文首先针对加州之能源需求面管理之政策方案及成效加以阐述。接着，提出美国能源需求面管理之政策意涵。最后是结论与建议。

2 加州 EDSM 政策、方案与成效

人口数为全美各州第一、超过 3600 万居民的加利福尼亚州，2007 年经济规模达到 1.812 兆美元，生产总值占美国 GDP 的 13%，为仅次于美国本身、中、日、德、英、法与意的世界第八大经济体，人均 GDP 达 38956 美元，2008 年国民生产总值更提升到 1.942 兆美元，占全美的 14%。加州经济的主干是服务业。在 2008 年时，包含教育、医疗、房产、金融行业在内的服务业，贡献加州逾六成的 GDP，贸易、运输与公用事业贡献为 16%，制造业为 10%，信息产业亦占了 6%。第一级产业部门如农业（包括水果、蔬菜、牛奶制品和酿酒）与矿业，仅占 GDP 的 2%。

加州在地理环境上，与台湾地区多有相似之处。两者皆拥有多样的地理特征，包括高山、河流河谷、森林、湖泊，以及绵长的海岸线。因此，无论在发电、输配系统上，皆有可供我们学习之处。尤以两者皆处于地震带上，过去均曾发生过灾难性大地震，更是在相关建设与政策规划时需加以考虑的。而加州与台湾地区最大的相同点，即是在资通讯科技业所拥有之高度发展，奠定能源需求面管理在科技上最厚实的根基。

过去 30 多年，自 20 世纪 70 年代石油危机爆发后，加州政府便致力于制定各项节约能源使用的标准。由于一直以来的努力，加州的平均每人每年用电量自 19 世纪 70 年代中期至今呈现平稳的状态，而同时期的美国平均每人每年用电量成长超过五成①，呈现极大的反差。以该州的建筑与设备标准为例，从 1978 年至 2006 年，已经为能源消费者节省了超过 560 亿美元的电力与天然气成本，并且避免了 15 件大型电厂兴建计划案之投资支出。而于 2007 年开始的能源节约新方案与标准，更预估能在 2007—2013 年额外省下 230 亿美元的能源成本。

加州是最早自 1981 年起积极推动“脱钩政策（decoupling policy）”的地区，

---

① CPUC (2008), California Long Term Energy Efficiency Strategic Plan.

大约领先其他主要推动脱钩政策的纽约州、华盛顿州、缅因州至少10年以上，可见加州在电力需求管制政策革新之首开先河。所谓“脱钩”系指藉由政府的政策导引，将电力与天然气公用事业投资固定成本之回收保障及其销货收入之间的关联性，加以分离脱钩。在此情况下，能有效促使公用事业将传统上为了提高利润而追求高售电量之经营理念，转换为追求提高能源效率的整体社会价值。

至于加州州政府电力需求“脱钩政策”之具体做法，早期系藉由电力费率调整机制(electric rate adjustment mechanism，ERAM)达成，最早系由PG&E于1982年开始实施。所谓ERAM系加州州政府为解决能源短缺危机，鼓励电力公司实践需求面管理，政府要求电力公用事业以“平衡账户”追踪实际和预测之售电收入。往后若于该年度对预测收入有溢收或短收的情形发生时，则于下一年度调整电价，将预测收入落差之部分退还电力用户或自电力用户之电费账单内予以追加收回。其后，加州的脱钩政策实务上之做法，乃由加州公用事业委员会(California Public Utility Commission，CPUC)核准能源公用事业自其用户能源支出中抽取某一比例，称为“公用财费用(public goods charge，PGC)”。此系公用事业于账单上对用户额外征收的一笔非可回避(non-by passable)之费用。公用事业藉此费用设立指定用途基金，以资助与公用事业服务相关的公共利益计划，主要包括从事能源效率与DSM方案、投入与节能减碳有关公共财之研究开发及示范、支持低收入用户相关方案。在此情况下，PGC乃该州能源节约方案资金来源颇为有效的管道。此费2009年大约是每度电0.48美分。

如前所述，加州在能源节约方面起步甚早，而最近期一连串能源需求面管理计划的源头，则须从“能源行动计划”(energy action plan，EAP)谈起。2003年5月，CEC与CPCU会启动了“第一期能源行动计划”(energy action plan Ⅰ；EAP Ⅰ)，其目标是“透过具成本效益和健全环境的政策、策略与行动，确保加州的能源消费者获得充足、可靠及价格合理的电力、天然气供应与储备”。这是加州所有能源相关单位第一次具体描述各界的共识，以推动加州的能源政策目标。2005年10月，CEC与CPUC开启了“第二期能源行动计划”(EAP Ⅱ)，修正先前第一期能源行动计划政策上的调整，并且拟定接下来两年的行动方针，然后于2008年将其中部分做法略做更新。总计自2003—2009年七年间，平均每年需求面管理相关实际支出(州政府决算数)成长23%，显见加州政府对能源需求面管理之重视。

EAP的能源目标，主要以六大手段来达成：① 优化能源管理与资源效率；② 促使加州的再生能源目标尽速达成；③ 确保可靠且可负担的电力生产；④ 基础电力传输与配送系统的升级与扩充；⑤ 推广客户或公用事业自有分散型发电；⑥ 确保可靠的天然气供应与合理价格。在此六大手段下，尚有许多子项供作执行依据与参考，例如在优化能源管理与资源效率下，EAP 推动引进自愿性的动态定价系统(voluntary dynamic pricing system)减少尖峰时段用电量、改善冷气设备效率、创造能促使顾客能积极节能的诱因等。以下八大领域为能源DSM 政策落实之重点：① 能源效率；② 需量反应(demand response)；③ 再生能源；④ 电力可靠度与基础建设(electricity reliability and infrastructure)；⑤ 电力市场结构；⑥ 天然气供应与基础建设(natural gas supply and infrastructure)；⑦ 研究发展示范与部署(research，development，demonstration and deployment，RDD&D)；⑧ 气候变迁。

在 EAP 上述行动准则方针之下，CEC 与 CPUC 已先后核准许多公用事业所提出的能源相关节约方案，再加上联邦政府、州政府与地方政府所提出的类似能源计划，加州能源消费者有众多的节能方案，可依其自身的能源需求状况，选择最佳的方案组合。常见的方案可归类为七大类：① 能源效率方案；② 需量反应；③ 低所得方案；④ 加州太阳能倡议；⑤ 分散型发电方案；⑥ 自行发电诱因方案(self generation Incentive program；SGIP)；⑦ 小型企业方案(small business program)。

以下针对部分与能源需求面管理较为相关的方案作一概述。值得注意的是，各方案间并非各自独立，譬如某架设于低收入户为主的小型太阳能光电系统，即与“太阳能”、“分散型发电”及“低所得”议题息息相关，在政策拟定上应通盘考虑。

2.1 能源效率方案(energy efficiency program，EEP)

能源效率方案系利用教育与财务诱因的手法，引导电力消费者安装、使用具节能效率的技术或工具，以减少住家、企业或新建筑的能源使用或消弭能源损失。本方案除了新建物之外，还有旧建筑的整修、翻新也适用。对于三大能源使用领域(照明与一般设备、冷暖气通风设备、汽机车辆)，除推广获得能源之星标章的产品外，购买、使用获节能认证的设备皆可申请金额不等的折扣。以现金折扣方案为例，自 2010 年 4 月下旬起，购买以下合格设备可获直接折扣金额如下：合格冰箱：200 美元，合格洗衣机：100 美元，合格家用冷气机：50 美元。

加州州政府提供超过 3500 万美元的资金作为补助，直到为期一年的补贴计划结束，或是资金用罄为止。而实际上，许多通路商家会提供额外的现金折扣，鼓励民众购买能源之星标章设备，甚至制造商亦主动提供折让，因此，民众享受的折扣通常超过上述金额。

EEP方案于2009年共有218种措施付诸实施，针对包括住宅、商业、工业、以及农业等部门，其预算金额由原先2003年的2.83亿美元增加至2009年的6.95亿美元。根据加州能源效率之评估报告①显示，2006—2008年三年间，EEP方案每年为电力用户创造了12亿美元的能源节约，成效丰硕。

2.2 需量反应(demand response，DR)

需量反应方案之目的，在透过电价上的差异、财务上的诱因、环境条件或将供电可靠度信号告知电力最终消费者，诱使其降低某特定时段的用电负载，或是将用电需求移转至其他时段。藉由减少高价的尖峰时段用电，促使趸售能源价格下降，最终零售价格亦随之下降。需量反应亦可达成在无须分区轮流供电的情况下，延缓兴建新电厂的投资，降低发电厂的市场力(market power)。DR方案之成本效益分析显示，2008年加州电力消费者之总能源节约金额高达2.74亿美元。

加州现有的需量反应计划，是由该州三大民营电力公司(PG&E，SCE，SDG&E)各自提出，大部分的需量反应计划是针对大型的工业与商业用户，并且要求安装具有每小时(甚至更短)衡量与记录电力使用情况能力的电表。

由上可知，需量反应方案需要电力供应者与消费者之间顺畅的双向沟通，一般以先进电表作为基础，研究人员获取电表上的使用纪录，分析用户的电能利用情况，藉以设计出费率方案等价格诱因。因此，三大民营电力公司经过核准，也分别开始执行"先进读表基础建设"(advanced metering infrastructure，AMI)，为客户装设智能电表，最终目标在使得用户与小型企业皆能参与各项需量反应方案，全面促进加州各局域网络的技术升级，藉由信息、通讯与控制系统提升电能使用效率。

2.3 低所得方案(low income programs)

低所得方案系为照顾低所得用户，使其能共同参与节能行动。与低所得相关的方案有六项，除了联邦小区服务发展部门(Department of Community Services and Development，CSD)的联邦低所得方案之外，针对特定需求人士也有不同的方案供其选择，例如"协助付账方案"(assistance paying your bill)乃由电力公司协助其客户购买特定合格节能产品时，度过财务上的难关；"医疗基线方案"(medical baseline)则提供倚赖医疗设备的家户，有更多的用电额度仅以最低电价计费。加州一般常见的低所得方案有以下三项：

(1) California Alternate Rates For Energy (CARE)。本方案要求申请者，

① CPUC (2009)，2006—2008 Energy Efficiency Verification Report-Draft Report，CPUC.

若其家户成员人数与所得符合表 1,则电力公司给予电价 20%的折扣。

对于提供且负责本方案业务的电力公司来说,CARE 的总成本是由执行相关的行政成本(administration cost)与给予低所得家户的折扣成本(discount cost)共同组成。加州每年花费于 CARE 方案的行政成本总额达 1500 万美元,而 CARE 方案所支付的折扣成本远高于行政成本。根据统计,自 2003 年起,CARE 方案的折扣成本平均每年增加 16%①。此折扣成本是由非 CARE 方案的电力用户,以较高的电价累进费率等方式共同负担。

表 1　家庭成员人数适用 CARE 方案之年所得收入上限

家庭成员人数(人)	适用 CARE 方案之年所得收入上限
1～2	$ 31300
3	$ 36800
4	$ 44400
5	$ 52000
6	$ 59600
每增加一人	$ 7600

(2) 用户电费协助计划(the family electric rate assistance program, FERA)。本方案的申请人资格要求为该州三大民营电力公司的电力消费者,若其家户所得仅略高于 CARE 方案,则可选择 FERA。本方案要求申请人符合表 2 的家户人数与所得范围限制,电力公司将针对其部分的电力消费,以较低廉的电价计算之。

表 2　家庭成员人数适用 FERA 方案之年所得收入上限

家庭成员人数(人)	适用 FERA 方案之年所得收入范围
3	$ 36801～$ 46100
4	$ 44401～$ 55600
5	$ 52001～$ 65100
6	$ 59601～$ 74600
每增加一人	$ 7600～$ 9500

① CPUC (2010), Gas and Electric Utility Cost Report: Public Utility Code Section 747 Report to the Governor and Legislature, CPUC.

(3) 低所得能源效率方案(low-income energy efficiency program,LIEE)。本方案为低所得家户可选择的能源效率方案,故与前述能源效率方案相同,目的是透过补贴政策与能源效率管理,提高加州低所得人口的福祉,同时达成节能减碳之成效。其做法为减轻甚至免除低所得用户购置节能设备的负担,包括具能源效率的冰箱、暖炉、低流速莲蓬头以及与天气相关节能装置等。电力用户若符合前述 CARE 年所得上限,即可向所属电力公司提出申请。

2.4 加州太阳能倡议

由 CPUC 监督管理,三大民营电力公司负责执行的加州太阳能倡议(california solar initiative,CSI)①,是自 2007 年起,为期 10 年,预计投入预算高达 21.67 亿美元的计划,用以推动太阳能装置的研究发展、提供用电户装设太阳能设备的财务诱因。目标在 2016 年年底前,全州的太阳能发电量达 1940MW。CSI 包含四个子计划,其中"研究发展示范与部署计划"(research,development,demonstration and deployment,RDD&D)预计投入 5000 万美元进行太阳能相关研发等工作。其余三个计划分别概述如下:

(1) 独户住屋可负担太阳能计划(single-family affordable solar homes,SASH)。SASH 为 CPUC 研拟之太阳能设施及低所得用户补贴的共同配合计划之一,期能在两个计划交互配合下达成综效。该计划自 2005 年起,针对两类低所得电力用户,在加州三大民营电力公司 PG&E、SCE、SDG&E 供电范围内,透过经费补贴(其资金来自电力公司收益的某一比例,该比例由 CPUC 订定之),积极推广小型太阳能装置,以在不增加住户每月支出的前提下,达成节能减碳之目标。

本方案将低所得用户分两种:一是家户总所得未达地区所得中位数水平之 50%者;另一是家户总所得介于地区所得中位数水平之 50%~80%者。前者装置发电容量在 1kW 以内之太阳能系统,可获电力公司给予全额补助,但补助额上限为 1 万美元;而家户总所得介于地区所得中位数水平之 50%~80%者,依申请人的联邦所得税缴纳额度与其是否同时符合 CARE 身份,其所装设之太阳能系统可获每瓦补助费率如表 3 所示,且不受上限补助总额之限制。

---

① 加州太阳能倡议仅适用于三大民营电力公司服务范围内的现有住宅建筑、新建与现有的农工商建设、政府单位、非营利组织。新建住宅另适用 CEC 所提供的新太阳能住家合作计划(new solar homes partnership,NSHP),将在之后说明。

表3 SASH方案补贴级距

联邦所得税缴纳额度（美元）	同时符合CARE方案之低所得用户	未同时符合CARE方案之低所得用户
0	$7	$5.75
1～1000	$6.5	$5.25
1000以上	$6	$4.75

(2) 多户住屋可负担太阳能计划(multifamily affordable solar housing, MASH)。MASH亦为太阳能设施及低所得用户补贴的共同配合计划之一。根据加州政府统计，加州住宅单位有43%为租赁住户，此种分租公寓(multi-tenant properties)常面临能源需求面管理难以推动的困境。因为电费账单系由房客自行负担，对房东而言，为了降低能源支出而购买节能设备的诱因甚低，房东往往提供房客使用老旧冰箱、冷气及其他家电，大多甚为耗电，极浪费能源。相对而言，房客因为有随时搬迁离去的可能，且房屋并非房客所拥有，亦无足够诱因使其投资于节能减碳的设备，况此类设备若非不易搬迁，即是搬运费用昂贵，此谓之“诱因分离(incentive split)”问题。

为了解决上述问题，并且希望在不增加实际住户每月电费支出的情况下，增进房客与房东了解太阳能发电的利益与优点，加州于2008年开始执行MASH方案。MASH包含了两大行动措施，措施一提供以容量为基础，定额(fixed)、预付性质的财务诱因，补贴能源设施，装设用来抵消公设①与租赁户负载的太阳能PV系统。依其系统所能生产的发电容量以及抵消负载种类，给予补贴金额如下：PV系统用以抵消公设负载：$3.30美元/瓦、PV系统用以抵消租赁户负载：$4.00美元/瓦。措施二相较于措施一提供更高的、且更具弹性的财务诱因给直接承租人(direct tenant benefits)，亦即任何来自太阳能的共享与租赁房客的经营成本节约(i. e. any operating costs savings from solar that are shared with their tenants)，申请者必须符合特定申请资格者，并且于半年前提出申请以供审核。措施二每年有两个申请周期，获得的补助最高不可超过全部低所得用户的20%。目前MASH计划的行政单位正研拟一套于全加州通用的措施二申请与复审机制。

若房东将太阳能发电所节省的运转成本，转化为对房客的实质利益，例如房

① 公设意指公寓大楼中，由住户所共同持有、使用的区域与设备，例如：电梯设备、大楼中庭等。

东愿将能源支出减少之部分,用以抵减房租,则措施二可创造房东、房客节省支出,同时达成节能设备的添购与有效运转的“三赢”局面。同时为了解决上述租赁房屋诱因分离问题,亦有绿色租赁(green lease)之倡议。其重点在于促使房东投资于能源节约设备上,例如省电冰箱与空调设备可使房客每个月节省50元的电费支出,在此情况下,若房东将租金每个月涨价40元,房客扣抵电费支出的减少额度之后,仍可获得10元的经济诱因,这就出现“双赢”的局面。但此问题尚非如此简单,其中谁来提供财务融资或经费给房东购买节能设备的问题,仍有待解决。

(3) CSI-热能方案(CSI-thermal program)。CSI-热能方案为2010年1月CPUC核准的计划,目标为推广太阳能热水(solar water heating,SWH)系统,以替代用电户现有的瓦斯或电热水器。本方案预计投入3亿5000万美元作为补贴消费者、设备安装人员训练、建物楼管检查员培训以及方案推行的费用。

独户住家若选择太阳能热水系统取代现有的瓦斯或电热水器,依其选购之SWH系统在“太阳能品级与认证公司”(solar rating and certification corporation, SRCC)之级别,由效能最佳者开始排序一至四等,可获得如表4与表5所示之现金折让。

表4 SWH取代瓦斯热水器补贴级距

等级	节省每撒姆(Therm)之奖励金	独户住家系统补贴金额上限	独户住家系统平均补贴金额
1	$12.82	$1875	$1500
2	$10.26	$1500	$1200
3	$7.69	$1125	$900
4	$4.70	$688	$550

表5 SWH取代电热水器补贴级距

等级	节省每度电之奖励金	独户住家系统补贴金额上限	独户住家系统平均补贴金额
1	$0.37	$1273	$1010
2	$0.30	$1025	$820
3	$0.22	$750	$600
4	$0.14	$475	$380

2.5 分散型发电计划(distributed generation programs)

加州的分散型发电计划亦是由三大民营电力公司来执行,在消费端[①]的计划主要包含四大方案。其中CPUC负责监管加州太阳能倡议(CSI)与自行发电诱因方案(self-generation incentive program,SGIP)。另一方面,新太阳能住家合作计划(new solar homes partnership,NSHP)与新兴再生能源方案(emerging renewable program,ERP)则由CEC监督运作。凡电力消费者于住家、商办、厂区设置太阳能发电设备,自我满足部分或全部所需电力的模式,皆属与加州太阳能倡议(CSI)相关之分散型发电,其内容已于前文提出概述,现就其他三方案分别简述如下:

(1) 自行发电诱因方案(self-generation incentive program,SGIP)。SGIP系针对用电户以合格风力涡轮机或燃料电池等相应的能源储存系统发电,电力公司于用电户安装该类机组时,给予单次、预付方式的折让。SGIP自执行以来成效卓著,在2008年,本方案参与者的自行发电机组,为加州的电网提供了超过718000mWh的电力,足供109000户家庭使用一年;并且由于以新式、绿色能源替代旧式、传统发电,减少温室气体的排放超过175000吨,相当于29000辆车一整年不上路的二氧化碳减排量。

(2) 新太阳能住家合作计划(new solar homes partnership,NSHP)。NSHP系为了善加利用加州充足的阳光,促进、鼓励建设公司为新住宅建筑架构一套PV模块式太阳能发电系统,并由本计划项下之政府经费予以财务上的补贴。本计划整体效益除了可获致干净、有效率的能源外,用电户亦能节省电费支出,避免未来能源价格上涨的压力,甚至可获2000美元的联邦所得税额外扣抵额。

(3) 新兴再生能源方案(emerging renewable program,ERP)。ERP方案的做法是针对加州合格且已链接至电网系统的小型(小于30MW)再生能源机组,给予其每瓦3美元现金补贴(但限小于10kW,超过10kW则每瓦只补贴1.5美元)。除此之外,为了推行分散型发电计划,积极鼓励电力消费者自行生产部分或全部所需电力,甚至能将超额产出之电强制反馈至电网,加州另有多项支持其达成节能目的之政策方针。例如:2000年“21条例”(Rule 21)[②]允许电力批发

---

① 加州亦有公用事业端的分散型发电计划,方案有二:一为Feed in Tariff Small Renewable Energy Generators;另一为Combined Heat and Power Tariff。由于本文重点在于需求端,故供给端(公用事业)部分,碍于篇幅,未能详述。

② On December 21,2000,a CPUC decision approved in its entirety the Rule 21 language adopted by the California Energy Commission.

生产者与分散型发电者相互联结，以便将分散型发电纳入电网中；“净能源读表”(net energy metering，NEM)让分散型发电者能自电费账单中，以零售电价直接扣除自行发电的部分，甚至在条件许可下，可将净剩余的电力回售电力公司；“分散型发电”(distributed generation)与“再生能源凭证”(renewable energy credits，REC)，REC是一种环境商品的加值，1百万瓦=1 REC。再生能源对于环境的效益以及成本常高于传统的发电方式(例如：燃煤发电和燃油发电)，而再生能源凭证能使发电厂商取得更多财务上的支持，促使再生能源产业成长。再生能源凭证可以公开在市场上交易，提供电力公司利用再生能源发电的诱因。当有支持绿色能源的消费者及企业团体，但他们未能在自己家园、厂房或办公室周边加装再生能源设备，即可透过购买再生能源凭证的方式来支持再生能源发电。

值得注意的是，2011年1月3日，加州新任州长Jerry Brown在就职演说中宣布，至2020年加州将新增2000万千瓦的再生能源电力，其中，1200万千瓦电力来自靠近消费者端的分散型发电，其余800万千瓦来自供给端大型的再生能源电力。靠近用户的电力生产意味着在仓库、停车场、学校以及商业建筑物的屋顶安装2000千瓦的太阳能发电，以及在公共和私有土地上建设2万千瓦的太阳能发电。同时，如果加州要在2020年其州内33%来自再生能源电力，800万千瓦的大型太阳能发电是必须实现的。目前加州产官学界刻正密集召开相关研讨会与公听会，例如：2011年7月25、26日由州长办公室(Office of Governor Jerry Brown)、美国加州大学(University of California)等单位所举办的Local Energy Generation Resources：A Working Conference①。针对Brown州长政策宣示之再生能源发电目标，探讨其具体之实施计划与时程。

至于有关EDSM方案之成本效益分析，先进国家如北美地区的美国与加拿大系以California Standard Practice Manual：Economic Analysis of Demand Side Management Programs and Projects(2001)为蓝本，亦即藉由该实务手册所设计之成本效益分析(cost benefit analysis，CBA)作为参考依据。根据此手册，CBA包括以下四种检定：参与者检定(participant test，PCT)、电力用户影响检定(ratepayer impact measure test，RIM)、总资源成本检定(total resource cost test，TRC)以及公用事业成本检定(utility cost test，UCT)。每一种检定皆代表不同的观点及解释。但相同的是，这些检定都必须要估算该DSM方案于整个影响生命周期的现值，包括总成本现值与总效益现值。四种方法之比较如表6所示。

① 研讨会网站 http：//luskin. ucla. edu/events/local-energy-generation-resources-working-conference

表 6 需求面管理经济评估四种模型之比较

模型名称	参与者检定(PCT)	电力用户影响检定(RIM)	总资源成本检定(TRC)	公用事业成本检定(UCT)
观点	衡量电力用户在参与方案前或方案后的"可计数"效益与成本	衡量实行 DSM 方案，公用事业营收与运转成本所产生之变化，对电力用户一般电费支出影响的净效果	衡量电力用户 DSM 参与者与公用事业 DSM 方案两者之总成本与总效益，对社会整体影响之净效果	衡量 DSM 方案行政者的净效果(包括给予的奖励诱因)
收益项	• 用户电费账单金额的减少 • 方案执行部门所给予的奖励 • 各级政府所给予的租税减免	实行 DSM 方案回避成本所带来之节省(Savings from Avoided Costs)	负载抑低(Load Reduction)时所减少之供电成本，意即反映发电、输电、配电之边际成本及容量成本	负载抑低(Load Reduction)时所减少之供电成本，意即反映发电、输电、配电之边际成本及容量成本
成本项	• 电力用户因参与 DSM 方案所引发的支出 • 用户电费账单支出的增额	• 公用事业 DSM 方案成本。 • DSM 方案带给其他事业(如 ESCO)的行政成本 • 给予参与者的奖励诱因 • 尖峰减载时段所造公用事业收益的减少 • 其他时段负载提升的发电、输电、配电边际成本及容量成本增额	• 公用事业与 DSM 参与者所付出的成本 • 负载提升时段所增加的供电成本	• 行政者之行政成本 • 给予 DSM 参与者的奖励诱因 • 负载提升时段所增加的供电成本
表达方式	• 总方案净现值(NPV) • 平均每位参与者的净现值 • 益本比(benefit-cost ratio,BCR) • 折现回收期(discounted payback,DP)	• 每位用户或每度电(或千瓦)DSM 方案生命周期收益影响净效果(lririm) • 每位用户或每度电(或千瓦)的度收益影响净效果(aririm) • 益本比 • 净现值	• 净现值 • 益本比 • 均化成本	• 净现值 • 益本比 • 均化成本
模型指针衡量基准	• NPV>0 • BCR>1 • 回收期介于方案参与者主观可接受数内	• lriim<0 aririm<0 • NPV>0 • BCR>1	• NPV>0 • BCR>1	• NPV>0 • BCR>1

数据源：许志义、柏云昌、王京明、钱玉兰(2010)

现阶段加州公用事业委员会要求能源公用事业必须为提出的DSM方案分别计算TRC与UCT检定结果，并依其检定的数据，个别给予TRC权数2/3、UCT权数1/3，以计算加权结果。此方法无论是个别方案或整体方案组合(portfolio)的筛选皆适用之。而加州公用事业委员会核准与否的关键仍在于要求能源公用事业对新的DSM方案加入方案组合后，整体方案组合必须符合成本效益。

此外，加州于DSM方案评估检定时的回避成本项，除了包括所回避的发电、输电、配电成本外，DSM方案造成温室气体排放减少、空气污染减少等环境外部性，亦包含于效益项，例如：2009二氧化碳的减量以每吨8美元①的价格计入回避成本。

总结加州的能源需求面管理政策，可发现加州政府之政策目标甚为广泛，且相当完整与明确，其执行内容层面几乎包罗万象，包含抑低全面负载的能源效率方案，降低人均用电量的"脱钩"政策，抑低尖峰负载的需量反应方案，从电力客户端着手的分散型发电方案，以及推广绿色发电技术的太阳能相关方案等，其目的皆在透过各种需求面管理手段，配合电力调度需要，以达成节能减碳与电力系统可靠度之提升。

3 美国能源需求面管理之政策意涵

根据以上加州能源需求面管理之各种推动方案及其实施经验，可归纳出以下相关之政策意涵。

3.1 强调供需整合资源规划

电力公用事业系属世界各国(地区)接受政府监督管制，且与社会民生福祉息息相关之关键产业，加上具有自然独占(natural monopoly)特质，因此几乎电力公用事业所为之任何相关投资方案(包括需求面管理)，通常均需选择最低成本取向(least-cost approach)为之，并经由审慎评估(prudent review)，确认其所有相关成本项目皆符合实际支出且具成本有效性(used and useful)，方可通过审核。因此，有关电力需求面管理方案之成本效益模型与检定方法，美国自1980代以来，即逐步衍生出一套具独特性、一致性、实用性的完整架构与具体做法，与一般经济学所惯用的传统模型有所出入。尤其是各种不同分析角度的切入点，特别广泛且细腻，其主要原因在公用事业具选择价值②之外部经济效益，涉及层

① 纽约州与加州的做法相同，亦将温室气体的减排纳入效益项，并以碳排放每吨15美元的价格计算(2009币值)，其金额接近加州的两倍。

② 参见 许志义(2006)有关公用事业具随时、随地、随意选择价值(option value)之需求外部效益。

面异于一般产业，同时电力产业具有“多种投入、单一产出”各种不同发电替代方案之选择价值，在当前节能减碳之国际浪潮下，有其特有的时空意义。

原则上，需求面管理都需要量测方案实施前后的能源节约量，而在量测能源节约量时均需搭配公开之评估协议(evaluation protocol)以增加透明度，并确立严格且适当的级别。在此情况下，进行EDSM方案影响分析时，评估协议诚属重要的测量依据。无论选择何种方法，“将不确定性极小化”，兼顾“成本”与所获数据的“价值”，乃至为关键。这种具有成本效益理念的公共政策执行模式，同时订有标准作业程序的公共政策拟定与执行程序，颇值得仿效。

美国能源需求面管理之核心理念，在于强调供给与需求面之资源整合。所谓供需整合规划(integrated resource planning，IRP)系指同时考虑供给面资源与需求面资源之成本与效益，进行整合性之替代方案评估，以追求整体社会总成本最低的电力资源供需整合规划方案。换言之，凡是能配合电力系统供不应求时而，加以抑低负载的需求面管理方案，所抑低负载之报偿均应等同于供电资源的市场价值，并获得电力公司合理之报偿。甚至为达节能减碳政策目标、诱发科技创新或增加绿色就业机会(green jobs)，对于小型新创的能源需求面管理方案，即使其益本比低于1之设定门槛，公用事业委员会仍然允许电力公司藉由加成(adder)①或整体组合(portfolio)方式，予以核准通过，并定期进行滚动式之管理评估与检讨修正。

3.2 智能电网、需求面管理及分散型供电系统之整合

就广义的能源需求面管理而言，智慧电网结合再生能源与需量反应的组合，亦扮演未来的关键角色。其短期观点是为了确保供电系统有自我疗愈(self-healing)之功能，以提升供电可靠度；长期观点则是让供电网络系统落实“Web2.0”的理念，意指在最大的范围之内，尽可能接纳所有电力用户自备再生能源发电系统或储能设施参与供电，以充分利用散布于全国各地之分散型能源资源(distributed energy resource)。

分散型发电的概念，并非要完全取代传统中央发电式的供电型态，而是对于负载中心这种特定的尖峰用电需求，提供一种有效且符合经济的供电方式。尤其在都市化愈明显的地区，大楼不断增建，高楼用电在尖峰时段非常集中，

① 美国华盛顿州采用的检定方法即是“修正型社会成本检定(societal cost test，SCT)”，规定以10％的“加成”计算需求面管理整体生产力改善、经济发展效益、环境效益等各项非能源因素之正向外部性。加拿大不列颠哥伦比亚公用事业委员会(British Columbia Utility Commission，BCUC)，则同意电力公用事业于计算TRC检定时可采用30％的“加成”。

而配电及变电设施却因居民的反对而无法扩充，造成即使有发电容量也无法传送电力的区域限电问题。在台湾地区，这种现象已屡见不鲜，且情况愈来愈严重，此将使得分散型发电或储能设施，甚或再生能源发电系统，都有显著发展空间。

一般电力系统中，发电设施的设备利用率及负载因子，往往是高于配电设施的设备利用率及负载因子。盖配电系统主要是满足区域的尖峰负载，而发电系统则是满足整个电力系统的总尖峰负载。这种区域的尖峰负载与系统的尖峰负载，往往发生在不同的时段而有不同的负载数量。所以，整个电力系统的尖峰负载通常都小于各地区尖峰负载的总和。换言之，区域负载因为有其彼此间参差率的存在，所以配电系统的设备利用率通常小于整体发电系统的设备利用率。因此，透过分散型发电设施将可延缓输配电系统的投资。电力市场规划应有的重要观念就是要寻求一个平衡点，使中央式的发电系统与分散型的供电与储能系统配合，达到相辅相成的效果。

另一个鼓励分散型发电系统的理由是降低投资风险的不确定性。由于经济及产业型态的转变，电力负载需求成长的预测愈来愈难以掌握，传统大规模资本密集的电厂投资，又需要很长的前置期(lead time)，例如核电厂需要八年，燃煤电厂需要五年，这种投资前置期的冗长是不利的。反之，分散型发电机组或储能系统的好处是投资的前置期非常短，只需一两年，甚至几个月即可，较能机动地因应负载成长变化的不确定性。

再进一步分析，由于世界各国(地区)电力市场逐渐自由化，发电批发市场(generation wholesale market)的竞标制度已成为常态，各种可能的发电方式，皆有均等机会参与公平竞争。由于分散型发电系统往往较接近负载中心，可降低电力长距离传输的线路损失，提升供电的可靠度与稳定度。准此而言，输配电系统的壅塞管理(congestion management)，及电力市场各种辅助服务(ancillary service)之竞标制度，均将有助于多样化的分散型发电系统进一步取得其市场利基，值得政策规划者及早进行整体配套之考虑。

从政策制定之角度，政府有关单位应在符合成本效益前提下，尽可能透过市场诱因及奖励等，制定引导上述各种分散型能源及能源需求面管理之方案，促成整体能源效率提升，方有助于永续发展。展望未来，新世代的智慧电网，如何能有效地将需求面管理方案与中央发电系统及分散型发电系统密切整合，同时结合储能系统降低再生能源供电不稳定的风险，并整合现有庞大的交流电网与未来欠稳定的再生能源直流电网，同时确保电力系统运转的高稳定性，均是未来电力政策重要议题与新的挑战。

3.3 需求面管理与分散型发电系统之环保优势

需求面管理对于环保有正向的作用，当供应端发电时，从化石能源的开采到运送至发电厂发电，再将电力透过输配电系统传送到最终需求端，此一长串供应链的传递过程中，会因为能源型态的转换（从化学能转为机械能再转为电能）与传输，不断造成能趋疲（entropy）的增加，亦即有效能源（exergy）的耗损。除了提升发电端与输配电系统效率以减少有效能源之损耗外，需求面管理若能有效节约一度电，等同于全球为了提供这一度电（由上述化石能源开采、运输、转换为发输配电至最终需求端），至少省下 5 度电的供给量。

分散型供电或是储能设施在环保方面也具有市场利基。利用再生能源的分散型发电系统，可以有效降低对化石能源的依赖及消耗，减少二氧化碳等有害气体及有毒物质（如：核废料等）产生，其动能之取得成本甚低（如：太阳能、风力等），相较于传统的集中式发电而言，对于环境的冲击较小，可减缓全球暖化的趋势。由于在电力离峰时段，再生能源有可能供过于求，而在电力尖峰时段，再生能源可能供不应求，尤其太阳日照与风力强弱之不确定性甚高，需要新储能系统（new battery system）结合智能型电网与需求面管理或需量反应，才能达到兼顾稳定供电与节能减碳之目的。尤其在目前重视环境质量的趋势下，这种供电方式有其相对利益，甚至能享受政府租税上的优惠。依据“行政环境保护署”标准[①]，利用再生能源之自用发电设备，其装置容量未达 500 千瓦者，免实施环境影响评估。另外，技术面以燃料电池（fuel cell）而言，其发电效高及多元燃之特性，藉由化学反应将化学能直接转换为电能，为一直接的能源转换装置；具有高能密、质轻及较二次电池续航高 10 倍的效优势，被视为瞩目的新色能源技术。燃电池的能转换效非常高，且具备低污染低噪音之特性，亦是近备受重视的新一代能源供应技术，为整体能源需求面管理不可忽视的一环。

3.4 资通讯科技与能源需求面管理之整合

由于信息科技成本大幅且迅速下降，但气候变迁造成的外部成本却急速上升。因此，透过信息科技之应用进行节能减碳措施，与过去相较，其经济效益日益显现。而信息科技不断地推陈出新，更带给电业变革及相关产业发展新的挑战与机会。事实上，信息科技对于电力的冲击早在 20 世纪 80 年代末开始，造成电力部门空前冲击，诱发英国电力产业之解构，以及其后全球的电力市场自由化风潮。背后原因在于“数字革命”使传统电业之发电与输电接口，以及配电与用

① “行政环境保护署”令 1998 年 12 月 2 日“环署”综字第 0980108239 号，“行政环境保护署”修正“开发行为应实施环境影响评估细目及范围认定标准”第 29 条

户接口可有效竞争，原本垂直整合的电力供应链藉由资通讯数字科技的应用，被切割细分化(unbundling)，提供潜在竞争者新的市场与产业发展利基，并增加电力用户选择权。这一波电力产业结构重组，带动独立发电业(IPP)、汽电共生、分散型供电系统及供电服务业之产业发展。

资通讯科技带给电力产业的第二波巨大冲击即21世纪智慧电网的实现。此不仅意谓输配电网络具有双向互动与自我疗愈的智能，更意谓数字汇流(digital convergence)浪潮下所突显的新世代网络(next generation network，NGN)Web 2.0概念的落实，亦即每一个电力消费者都可以是潜在的电力供应者。发电与供电可由各用户、小区、乡镇自给自足，并与中央电力公司互通有无。这一波冲击将带动再生能源、电能管理、智慧生活服务科技、感知科技等相关产业发展，也呼应e-Taiwan、M-Taiwan、U-Taiwan，到I-Taiwan的数字化政策。由此可见，资通讯科技与电能需求面管理有密不可分的关系。

3.5 能源需求面管理与分级电价之整合

在电力市场愈来愈竞争的情况下，电业将会依据用户不同的需求提供不同电力质量的服务，以降低供电成本。这种观念将使电业不再只是提供用户单一产品，而是提供不同质量(供电可靠度)的电力给不同的用户，此概念亦等同于需量反应。美国加州所积极推动的需量反应符合此概念，值得海峡两岸借鉴。透过此种供电服务，可以提高电力设施的设备使用率，同时降低参与用户的用电成本。在此情况下，电力公司的角色将由过去单纯的“电力能源供应者”转变成“电力能源服务者”，扩大电业的服务功能与范围。换言之，过去将电力产业界定为电力“工业”的观念必须调整，而将之视为“服务业”。

在节能减碳风潮下，小型再生能源供电方式已逐渐成为电力用户热门投资的选项，再生能源系统逐渐朝向简易组装，且如同一般家电在大卖场与各种销售通路贩卖，甚至在未来智慧电网或微电网(micro grid)发展成熟时，电力系统有可能转变成Web 2.0型态，以充分利用散布于全国各地之分散型能源资源。

长远来看，当分散型供电型态散布在输电及配电系统的各个角落时，未来的电力产业结构也将导致另一种革命性的转变，亦即传统的电业为了市场竞争，可能会主动将电力网络区隔成很多小型的微电网(micro grid)，据此将每一个变电所变成一个利润中心。在此情况下，分散型的电业结构将会促成多样化的电价，依据不同时段、不同供电可靠度、不同电压、不同供电数量以及不同的电价来分解成各种不同的电力商品，提供变电所的区域用户选择，以满足各种用户不同的需求，进而促成电力市场的分级电价(priority service)。

3.6 小结

从以上美国的实务经验可知，由于各种能源需求面管理检定方法均有其相对的优点与缺点，若仅以单一检定来衡量 DSM 方案的成本效益，容易产生“见树不见林”或“见林不见树”的困扰。一般而言，政府相关监管单位通常要求 DSM 方案之规划设计，至少应以一种检定方法为主，并搭配其他检定方法为辅。先进国家较常见的做法是采用社会整体为观点的 TRC(或其变型 SCT)为主要检定方法。若社会、环境外部效益不易估算，则以“加成”方式考虑之。而 TRC 检定最大的问题是无法衡量教育或体认(awareness)方案，通常以拉高评估层级、衡量整体 DSM 方案组合的方式处理，俾给予此类方案更多的提案空间与付诸实施的可能性。

台湾地区的电力需求面管理，参照美国的实务经验，有几项与制度面相关的先进作法，可供海峡两岸电力市场监管单位与未来的制度修正方向参考。首先，可考虑参采美国加州成功落实的脱钩政策，透过附加征收之“公用财费用(public goods charge，PGC)”等做法，促使 DSM 方案造成的电力消费减少与公用事业的营业收入两者之间的关联性降低，将有助于更多样化的 DSM 方案提出与执行。相较于加州公用事业多为股票公开发行之民营公司，台湾“台电”仍属公营事业，脱钩政策实施的空间更为宽广。除此之外，电力管制机关亦应制定一套完整的 DSM 方案评估的标准作业程序(standard operating procedure，SOP)，以及公开的评估协议(evaluation protocol)，尤其是考虑不同的角度，尽可能达成在不损及任何利害关系人的情况下，获得效率的提升。SOP 除可增加作业的透明度外，更让方案规划设计单位有规章可循，对于未来电业法修正后，促进电力服务市场自由竞争的目标，可提供各种电力服务公司一个公平、公正、公开的竞争平台。

4 结论与建议

能源需求面管理现阶段不论于先进国家(地区)、开发中国家(地区)或低度开发国家(地区)，均被肯定为具节能减碳功效及降低尖峰负载之管理措施，也成为电力市场重要发展趋势。而需量反应通常需配合电力市场自由化，或实行需量认购(demand subscription)、实时电价(real-time pricing)，再配合专业的能源技术服务公司(如 Esco)及能源资通讯科技设备及以窗口为基础的实时监控系统，能有助于能源需求面管理达成目标。另外美国推动电力需求面管理时，除强调其抑低尖峰负载与节能减碳之成效外，亦重视评估其电力需求面管理是否符合经济成本效益。美国乃是推行能源需求面管理之先驱者，其执行成效甚为卓著，可供我们未来推动相关制度与措施之参考。

加州与台湾地区最大的相同点，即是在资通讯科技业所拥有之高度发展，奠定能源需求面管理在科技技术上最厚实的根基，值得参考与借鉴。加州主要系藉由电力需求“脱钩政策(decoupling policy)”达成需求面管理与节能减碳绩效显著之成果。自 2003 年起，加州能源委员会与公用事业委员会启动了“第一期能源行动计划”(energy action plan Ⅰ，EAP Ⅰ)，其目标是“透过具成本效益和健全环境的政策、策略与行动，确保加州的能源消费者获得充足、可靠及价格合理的电力、天然气供应与储备”。加州总计 2003—2009 年此七年间，平均每年需求面管理相关实际支出(州政府决算数)成长 23%，显见加州政府对能源需求面管理之重视。以该州能源效率(energy efficiency)方案为例，除了方案之补贴外，许多通路商家会提供额外的现金折扣，鼓励民众购买能源之星标章设备，甚至制造商亦主动提供折让，因此，民众享受的折扣通常超过上述金额，自 2006—2008 年三年间，EEP 方案每年为电力用户创造了 12 亿美元的能源节约。而需量反应方案，其成本效益分析显示，2008 年加州电力消费者之总能源节约金额高达2.74亿美元。值得注意的是，除了政策目标完整与明确，执行内容层面广泛之外，各方案之间并非各自独立，譬如架设于低收入户为主的小型太阳能 PV 系统，即与“太阳能”、“分散型发电”及“低所得”议题息息相关，因此，在政策拟定上应通盘考虑，方得配合电力调度需要，以达成节能减碳与电力系统可靠度之提升。

电力需求面管理是台湾当前积极推广之节能减碳政策。台湾地区电价较诸世界其他先进国家(地区)相对低廉，致使台湾各相关部门之用电效率相对偏低，不够珍惜可贵的资源，故需透过电价革新、需求管理政策措施鼓励消费者节约用电，同时藉由价格诱因拉平用电之尖离峰差距，引导电力用户在电力尖峰时段减少用电，离峰时段多加用电，以提高用电与供电效率。在维持现有供电质量与服务水平下，未来或许搭配碳税课征或碳权排放交易制度，将可更进一步有效率地利用电力资源，促使目前的“碳排放”转移至“碳减量”。

台湾信息科技产业发展正积极转型为能源科技产业，盖洁净能源产业是本世纪最有前景的产业。智能电网是电力、电信、信息及因特网四种产业的汇流，是未来能源科技产业发展过程中最具潜力的一环。目前，台电智能电网分别在发电调度系统、输电系统及配电系统三个层级已建置多项智慧技术设备，电力公司目前针对特高压用户已安装 600 户 AMI 电表，2011 年将完成 23000 户高压用户 AMI 电表安装，2011 年亦将会先安装 1 万户低压用户 AMI 电表进行测试及效益评估，依据此测试内容作电价费率设计的基础。此外，将以“电网安全与可靠”、“能源效率”、“用户服务质量”及“分散型电源整合”四个目标领域，以及

“通讯协议整合”、“资源共享”两项支持平台，发展并建构适合台湾本土的智慧电网，达到电力供应(electricity)、能源(energy)、环境(environment)及经济(economic)四赢的新局面。

从“研究发展示范与部署计划”(research, development, demonstration and deployment, RDD&D)角度来看，推广的策略应该由私人部门优先，还是政府部门优先，推广的速度应该要快还是慢，都会影响台湾发展电能需求面管理的成败。因为关系到台湾在发展需求面管理的相关技术与产业，可以为我们带来新的就业机会以及经济成长的动能，亦包含产业的升级，还有生活质量的提高，迈向真正的信息社会(information society)。值得注意的是，如果推动的速度操之过急，会导致无法累积技术经验，培养相关产业人才，甚至可能引发产业泡沫化现象，例如：西班牙及德国的太阳能发电，2008 年西班牙及德国占据全球 75% 的太阳能面板装置量，成功吸引厂商大举抢进投资。由于西班牙政府过度提供诱因，许多业者都抢进市场，急着购买国外现成的先进技术，使得本土技术无法生根，无法在短时间内培育所需人才。然而，随着西班牙政府相继缩减补助措施，造成太阳能产业供过于求，失业率上升，太阳能发电市场出现泡沫化现象。相反地，若发展步伐太慢，将无法抢占市场先机，也无法达成国内节能减碳预定进度。因此，有必要按部就班，根据节能科技与再生能源科技之技术道路地图(technology road-map)，规划出相关技术之示范(demonstration)、布局(deployment)，以落实本土技术发展，同时加强两岸技术合作，共同制定相关技术标准，或者共创品牌策略。退而求其次，两岸亦可合作进行系统整合，各自发展关键零组件，建构互补之产业链，包括 ODM(original design manufacturing)、OEM(original equipment manufacturing)。由于绿色能源与环保科技相关课题，全球各国(地区)均有共通性与相互应用性，两岸应共同参采用美国等先进国家之需求面管理经验与绿色产业科技发展技术，达成节能减碳，创造两岸双赢之未来。

参考文献

[1] Auffliammer M., Carl B., Meredith F. (2008) Demand-side management and energy efficiency revisited. The Energy Journal, 29:(3)

[2] California Energy Commission, California Public Utilities Commission (2001) California standard practice manual: economic analysis of demand side management programs and projects, CPCU

[3] California Public Utilities Commission (2008) California long term energy efficiency strategic plan. CPUC

[4] California Public Utilities Commission(2009)2006—2008 energy efficiency verification report-draft report. CPUC

[5] California Public Utilities Commission(2010)Gas and electric utility cost report: public utility code section 747 report to the governor and legislature. CPUC

[6] Chung K H, Kim B H, Hur D. (2007)Establishment of windows-based load management system for electricity cost savings in competitive electricity markets. Electrical Power and Energy Systems, 29: 831—40

[7] Dharme A., Ashok G. (2006)Demand side management quality index for assessment of DSM programs. Power Systems Conference and Exposition, PSCE '06, IEEE PES, 1718—21

[8] Electric Power Research Institute, Demand-side management. Overview of Key Issues, 1

[9] Epstein G., et al. (2005)Demand response enabling technologies and approaches for industrial facilities. Proceedings of The Twenty-Seventh Industrial Energy Technology Conference, New Orleans

[10] Chao H. P., England, I. N. (2010)Demand management in restructured wholesale electricity markets. ISO New England

[11] Hawaiian Electric Company Inc. Demand-side management programs: accomplishments and surcharge report

[12] International Energy Agency(2009)DSM annual report

[13] Li Y., Flynn P. C. (2006)Electricity deregulation, spot price patterns and demand-side management. Energy, 31: 908—22

[14] Li Y. Y. (2008)Application of association rules mining in power demand-side management. proceedings of the seventh international conference on machine learning and cybernetics. Kunming, 12—15

[15] Laughton D. S., Jonathan K. (2004)Demand-side management and energy efficiency in the United States. The Energy Journal, 25(1)

[16] Mccarthy K. E. (2009)Electric rate decoupling in other states. OLR Research Report

[17] Moore M. C. (2009)The role of energy efficiency in electric power systems: lessons from experiments in the U. S. Handbook Utility Management, 761—77

[18] Rosenfeld A. (2008)Energy efficiency: the first and most profitable way to delay climate change. California Energy Commission

[19] Seng L. Y., Philip T. (2006)Innovative application of demand side management to power systems. First International Conference on Industrial and Information Systems, ICIIS, Sri Lanka

[20] Strbac G. (2008)Demand side management: benefits and challenges. Energy Policy, 36: 4419—26

[21] Vine E. (2005) An international survey of the energy service company (ESCO) industry. Energy Policy, 33: 691—704

[22] Wilhite H. , et al. (2000) The legacy of twenty years of energy demand management: we know more about individual behaviour but next to nothing about demand. Society, Behaviour, and Climate Change Mitigation, 109—126

[23] 林素真(2009)需量反应与需量反应方案评估. 台电公司主办98年度节约能源论文发表会，21—43

[24] 唐于茹(2010)美国电力产业脱钩政策之探讨—以加州为例. 台湾“中央大学”产业经济研究所未出版之硕士论文

[25] 王京明 等(2010)能源需求面管理的经济与技术评估模式建立. 研究报告

[26] 吴再益(2006)需量反应规划设计及示范推广计划. 台北：台湾综合研究院

[27] 许志义(2006)水电瓦斯公用事业解除管制政策刍议. 台湾银行季刊，57(2)：79—111

[28] 许志义，黄国暐(2010)台湾能源需求面管理成本效益分析之应用. 台湾能源经济学会99年度学术研讨会

台湾电力部门 CO_2 减碳成本分析之研究

柯　郦[1*]　陈家荣[2]　王钰惠[3]

(1 台湾成功大学资源工程所博士生，angel. ncku@gmail. com；2 台湾成功大学资源工程所，mjchen@mail. ncku. edu. tw；3 台湾成功大学资源工程所硕士生，tambdis@yahoo. com. tw)

【摘要】台湾为一海岛型地区，难以自外界获得电力供给，而电厂兴建往往需要较长工期与庞大资金，因此事前的电力开发与调度规划便显得相当重要。本研究采用多目标规划法，以发电成本极小化与二氧化碳排放量极小化之双重目标建构电力供给调度模型，并据以仿真未来目标年各减碳政策情境之电力供给调度情形，藉以评估各政策施行所能达到之减碳效益。本研究结果显示，核能机组延役将能有效降低发电成本与二氧化碳排放；再生能源具有极佳的减排潜力，太阳能等高发电成本技术将随化石燃料价格上涨而逐渐提升其成本竞争力；天然气虽然为最洁净的化石燃料，但其二氧化碳排放量仍不容小觑，随着化石燃料价格提升，将逐渐压缩其减碳效益；气化复循环搭配碳捕捉及封存技术将取代部分燃油及燃气发电，并达到二氧化碳减量与成本降低之目标。

【关键词】电力供给规划；多目标规划法；减碳政策效益

A Study of Abatement Cost Analysis for CO_2 Emission Reduction in Taiwan Power Industry

Ko Li[1*], Chen chiayon[2], Wang Yuhui[3]

(1 Ph. D. Postgraduate in the Institute of Resources Engineering, Taiwan Cheng Kung University, angel. ncku@gmail. com; 2 Institute of Resources Engineering, Taiwan Cheng Kung University, mjchen@mail. ncku. edu. tw; 3 Master in the Institute of Resources Engineering, Taiwan Cheng Kung University, tambdis@yahoo. com. tw)

Abstract: Taiwan is an island, it is difficult to obtain from the external power supply, and power plant construction often requires a longer duration with large sums of money, so advance planning and scheduling of power development it is very important. In this study, multi-objective planning method for minimizing the cost of power generation and carbon dioxide emissions by minimizing the dual objective of building the power supply scheduling model, and the target year, according to simulations of future carbon reduction policies of the power supply situation of the scheduling situation, to assess the policy implementation of carbon reduction benefits can be achieved. The results show that nuclear units will be able to effectively reduce the extension of labor cost of electricity and carbon dioxide emissions; renewable energy has excellent potential to reduce emissions, the cost of solar power generation technology with high fossil fuel prices will gradually enhance its cost competitiveness; gas although the cleanest fossil fuel, but its carbon dioxide emissions still can not be underestimated, as fossil fuel prices increase, will gradually reduce their carbon reduction benefits; gasification combined cycle with carbon capture and storage technology will replace part of the oil and gas power generation and carbon dioxide reduction and cost reduction to achieve the goal.

Key words: power supply planning; multi-objective planning; CO_2 emission reduction benefit

1 绪 论

电力的需求就和科技产品一样，与时并进，随着科技的进步及社会的安定，电力早已在无形中深入人们生活之中成为无可替代的必需品。然而，不易储存的特性却一直是电力最难克服的问题，在无存货可备用的情况下，对于瞬时之间的电力需求往往需要即刻的发电生产来满足之，但大型电厂及输配电等机器设备的规划与兴建皆需较长的前置时间和庞大的资金投入，同时台湾也是无法对外接轨获得其他电力来源的地区，因此如何在事前准确地对电力需求进行预测，辅以适当的电源开发规划和调度，避免投资不足使得电力供给短缺而危害产业发展和造成民生困扰，同时也不会过度投资形成资源浪费以及电厂闲置，将是电力事业极为重要的课题。

自从工业革命以来，人类经济蓬勃发展，但高度经济化的背后却是大量化石燃料的消耗。图 1 显示初级能源需求成长快速，且其中化石燃料持续占据不可或缺的地位。IEA(2010)甚至预估 2050 年的二氧化碳排放量将会增加至 2007 年的两倍，如图 2 所示。

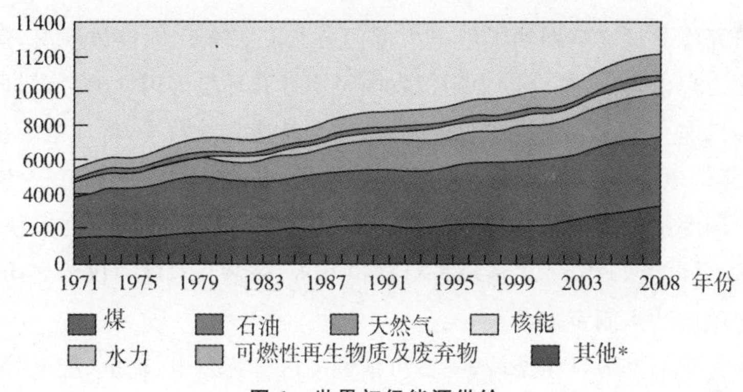

图 1　世界初级能源供给

数据源：IEA,2010。

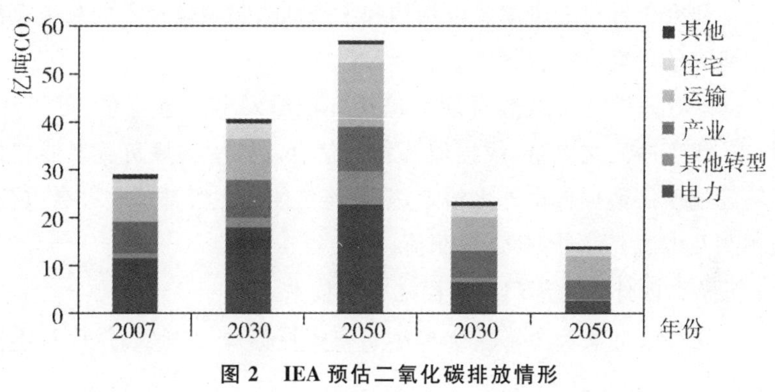

图 2　IEA 预估二氧化碳排放情形

数据源：IEA,2010。

一个国家或地区能否拥有完善且稳定的供电系统规划，除了仰赖于多方专业的意见，同时考虑近期国际电力发展趋势，加上逐渐成形的环保意识，因此电力长期规划是条需随时应变调整且漫长的路。本研究将运用多目标规划法建置电力供给模型，利用过往历史数据和配合执政者的各种能源决策，同时加入二氧化碳排放限制及开放市场中之民营电厂和汽电共生资料，仿真各情境并了解未来电力供给优化之情形，以供未来电力规划发展和发电业决策单位一参考。本研究主要目的如下：

(1) 检视岛内外电力部门节能减碳之新兴技术与未来走向，建构节能减碳技术应用之模拟情境。

(2) 建构电力供给规划模型，仿真在发电经济性或温室气体排放最小化之不同目标下，各技术与情境之减碳潜力与相对成本。

2 研究方法与步骤

本研究将通过文献回顾了解电力部门背景和二氧化碳排放现况，运用多目标规划法为理论基础，整合电力部门发电经济性和环境等因素的考虑，同时把民营电厂和汽电共生加入系统中以供调度，结合所搜集之数据，将理论模型转为实证模型，建构电力供给调度规划模型，并比对历史数据验证模型可行性，再求得未来电力调度中发电成本最具经济性和二氧化碳排放量极小化之妥协解组合，最后针对不同能源政策下之情境进行模拟分析，评估其对电力供给之影响，以供未来决策单位政策制定之参考。

一个完整的电力供给结构，主要可依性质区分为发电、输电、配电等三大类。但由于台湾区域输配电线路纵横交错，碍于时间及人力因素，无法详加探讨。而在发电供给端，除台电外更开放民营电厂及汽电共生的设置，增加调度之不确定性。因此本研究仅针对发电端发电结构和未来加入新减碳技术的相关调度进行讨论。本研究的研究内容包括以下三项：

(1) 建构电力供需负载数据库。包括各机组发电装置容量、可用率、厂用电、热耗率、年度净发购电量、线损值等相关信息。其中尖峰负载及线损值等需求面及输配端所需数据皆由外生给定，采用经济能源主管部门委办台电公司“长期负载预测及电源开发计划”之预测值。

(2) 汇整岛内外电力部门供给面之减碳技术。

(3) 以现有机组及未来减碳技术建立一多目标规划模型，并针对不同情境做模拟，以供政策拟定之参考。

由于电力结构牵连甚广，在受限于时间与人力限制的情形下，为使模型设计更加简明，本研究之研究限制分列如下：

(1) 再生能源利用包含热能及电能，本研究仅讨论其电能利用。

(2) 温室气体种类繁多，其中硫、氮氧化物皆有监控机制及相关条例规范，因此本研究仅讨论数量最多且影响最大之二氧化碳排放量。

(3) 台湾本岛与离岛间并无相连之输配电网，因此本研究之电力供给模型不考虑离岛之发电机组与用电需求。

(4) 本研究不讨论输配电路的稳定度及系统操作问题。

(5) 本研究着重于电力部门供给面之减碳措施，对于需求面负载管理措施并不多做讨论。

3 电力供给多规划目标模型之理论基础

针对电力需求的探讨及未来电力供给概况，以多目标规划建构电力供给规划模型，主要考虑电力需求之总发电成本和二氧化碳排放量最小的状况下，结合各项限制式，并进行各项政策的情景模拟，最后根据供给规划模型之仿真结果，针对未来电力市场供给调度之变化作一分析。

3.1 Template 多目标规划之理论架构

在模式型态方面，多目标规划和单目标规划最主要差异在于多目标规划包含了多个目标，因此多目标规划模式之基本型态可为：

目标式：

$$\text{Max } Z = (Z_1, Z_2, \cdots, Z_n)$$

$$\text{S. T. } f(X) \leqslant b \qquad (1)$$

其中的目标函数(式(1)中的 Max Z)为一欲求值，式中包含了 n 项单一目标；$f(X)$代表结构性限制条件(structured constraints)；X 则是决策变数之向量；b 表示可用资源右边向量(right-hand-side;RHS)。多目标规划所求之解，为最适向量，或称向量最适化(vector optimization)，即 Max $Z=(Z_1,Z_2,\cdots,Z_n)$，其通常为一组点集合，而非一个点。

由于本研究可行解区并不一定为凸集合，加上目标函数中存有整数变量，因此权重法、NISE 法和多目标简形法较不适宜运用于本研究，在权衡了各种方法之后，本研究将采用限制式法作为电力供给多规划模型的主要求解方法。

为避免限制式法所造成之信息漏失现象，赖正文(1997)针对传统限制式法提出一些修正与改进。赖正文首先仍采用传统限制式法，经由限制其他目标的目标值，而先将单一目标予以最适化，并求得一连串近似之非劣解集合；接着将原本受限制之目标函数转为欲求最适化之目标函数，转而将原有之目标函数逐步限制，此时可得另一连串近似之非劣解集合，如此无论非劣解集合是否存在斜率极端值之情形，皆能有效克服目标函数跳跃与非劣解集合信息漏失之情形。赖正文(1997)修正与改进后之完整步骤如下：

步骤一：分别求出 Z_1 及 Z_2 之单一目标最适值 Z_1^{max} 及 Z_2^{max} ；并求得当 Z_1 为 Z_1^{max} 时，Z_2 之值为 Z_2' ；当 Z_2 为 Z_2^{max} 时，Z_1 之值为 Z_1' 。

步骤二：透过限制其他目标值，将式(1)转化为单一目标值。由于此多目标问题仅有两项目标，因此以下将限制 Z_2 目标，而求取 Z_1 目标之最大值。以不同之 ε_a 值代入可得此多目标规划之非劣解集合。

步骤三：将目标函数 $Z_1(X)$ 更改为 $Z_2(X)$ ，并形成另一次之限制式法。

目标式：

$$\max Z = Z_2(X)$$

$$\text{S. T. } f(X) \leqslant b$$

$$Z_1(X) \geqslant \varepsilon_b \tag{2}$$

其中 ε_b 为 Z_1 目标之最低可接受水平(minimum allowable level);若选择 j 个不同之 ε_b 值,则 $\varepsilon_b = Z_1' + (T/(j-1)) \times (Z_1^{max} - Z_1')$,其中 $T=1,2,\cdots,j-1$;并以不同之 ε_b 值代入可得另一连串之非劣解集合。

步骤四:将步骤二及步骤三之非劣解统合,即可得到 $i+j$ 项之非劣解集合。

赖正文(1997)将传统多目标规划限制式法之目标和被限制之目标函数做交换,以避免非劣解区域信息漏失的情形,因此又被称为"交叉式限制式法"。此法除了降低事后修正的概率,更保留限制式法原有之低成本及可行解区域可为凹凸集合的优点,因此本研究将利用交叉式限制式法进行电力供给调度模型之分析。

3.2 电力模式之建构

电力供给规划调度模式的主要目的在于探讨发电成本和污染排放最低的原则下,电力的供给规划调度最适化问题。本研究将以多目标线性规划模式在满足电力需求的条件下,规划出较佳的电力供给规划调度,以下将电力供给线性规划模式之目标式及限制条件分述。

(1) 目标函数

目标式(1):发电经济性

电力为工业之母,电力的出现让人们的生产能力飞快增加,如今无论是各行各业乃至于一般民众的衣食住行皆与电力紧密相连,电力已成为民生必需品且受政府控管。其后政府为了增加并分散电力供给来源,开放部分民营电厂的设置,在电力质量没有太大差异的情形下,发电成本就成为发电业者彼此竞争之利基所在,而发电机组供给调配上多以经济性为主要考虑因素。因此本研究的首要目标即在追求发电成本极小化,如式(3)所示。发电成本可分为机组装置容量之固定成本与因发电而投入之燃料变动成本。

$$\text{Min} \sum_i (coco_{iy} \times E_{iy} + I_{iy} \times s_{iy} \times f_i) \tag{3}$$

$coco_{iy}$:表 y 年度 i 机组的单位发电变动成本(百万元/百万度)。

E_{iy}:表 y 年度 i 机组总发电量(百万度)。

I_{iy}:为 0.1 变量,$I_{iy}=1$ 代表 i 机组在 y 年度能分担发电的责任,反之 $I_{iy}=0$ 则代表 i 机组在 y 年度不能分担发电的责任。

s_{iy}:表 y 年度 i 机组的装置容量(千瓦)。

f_i:表 i 机组之年均化固定成本因子(百万元/千瓦/年),此因子将机组之投资成本与固定运维成本平均分担至其寿命或折旧年限。

i：表各机组。

目标式(2)：二氧化碳排放最少

电力虽然在终端使用(end-use)时可视为一洁净能源，但因其发电燃料多为含碳量高的化石燃料，使电力部门成为主要的污染源之一。在国际一致的减碳声浪中，政府势必要针对电力部门之污染排放情形做检讨与改善。因此本研究的第二个目标则为追求发电端污染排放极小化，如式(4)所示。由于造成空气污染的污染物种类繁多，其中SOx、NOx等具有严重污染性质的污染物皆有环保规范，因此本研究仅针对污染排放量最多，对整体环境影响最大的二氧化碳(CO_2)做讨论。

$$\text{Min}\sum_{i}(E_{iy}\times nhr_{iy}\times cooc_{im}/10) \tag{4}$$

nhr_{iy}：表 y 年度 i 机组的热耗率(千卡/度)。

$cooc_{im}$：表 i 机组使用 m 类燃料的二氧化碳排放系数(吨 CO_2 排放/107 千卡)。m 类燃料包括煤与煤制品、燃料油、柴油、液化天然气四类。

(2) 限制式函数

在模型限制式方面，则包括了电力负载均衡及发电机组发电量限制、机组运转限制、火力机组最低发电限制、天然气供应量限制、非负限制等限制条件，以下将就各限制式之数学模式及其意义作一说明：

限制式(1)：电力负载均衡及发电机组发电量限制

由于电力供给目的为满足电力需求，包含瞬时机组供电能力及机组全年总供电量两类。式(5)的意义在于规划机组的瞬时供电能力需满足当年尖峰负载需求及一定的备用容量。式(6)则代表各类机组全年总发电量加总后扣除线损所损失的电量需与用电需求相等。

$$(\sum_{i}npc_{iy}\times I_{iy})\geqslant high_{y}\times(1+r_{iy}) \tag{5}$$

$$\sum_{i}E_{iy}=\int_{0}^{1}LDC(y)\times dt\times[1+Loss(y)] \tag{6}$$

npc_{iy}：表 y 年度 i 机组之净尖峰能力(千瓦)。

r_{iy}：表备用容量率，1994 年政策指示以备用容量率 16% 为电源开发规划之准则。

$high_{y}$：表 y 年度的尖峰负载值(千瓦)。

$LDC(y)$：表 y 年度的持续负载曲线(load duration curve)。

$Loss(y)$：表 y 年度的线损率。

将负载曲线按负载高低由左至右做有系统的排列，将可得到一递降的负载曲线，称为负载持续曲线（load duration curve，LDC），如图 3 所示，该年度最高电力需求量称为尖峰负载。

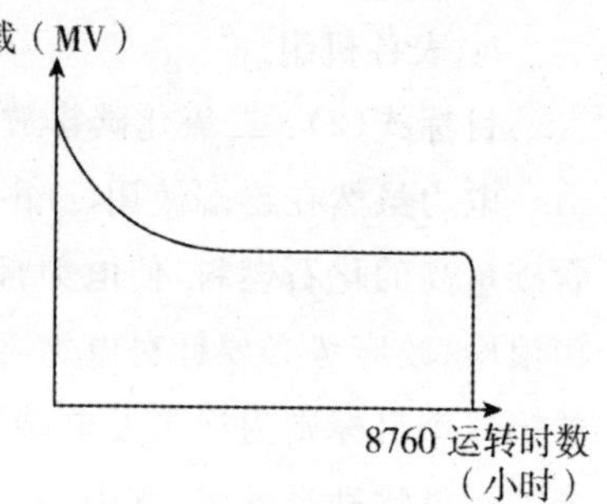

图 3　负载持续曲线

数据源：本研究绘制。

然而实际的负载持续曲线为非线性，除了无法确切求得外，亦不易处理，因此本研究将实际负载曲线简化成阶梯式（step function）负载持续曲线，依负载型态可分为基载、中载及尖载。根据台电长期电源开发方案报告中提到，理想电力系统负载特性为：基载负载占比 55％～65％、中载负载占比为 15％～30％，尖载负载占比为 10％～15％。本研究假定 x、y、z 分别为基载负载、中载负载、尖载负载所在尖峰负载的比例，a、b 则分别为中载发电时间与尖载发电时间在一年中所占之比例。如图 4 所示。

但因实际负载持续曲线不易取得及处理，故将实际负载持续曲线简化成阶梯式负载持续曲线，并求得基中尖负载占比与时间占比，而在此将式(6)修改为式(7)～式(10)。

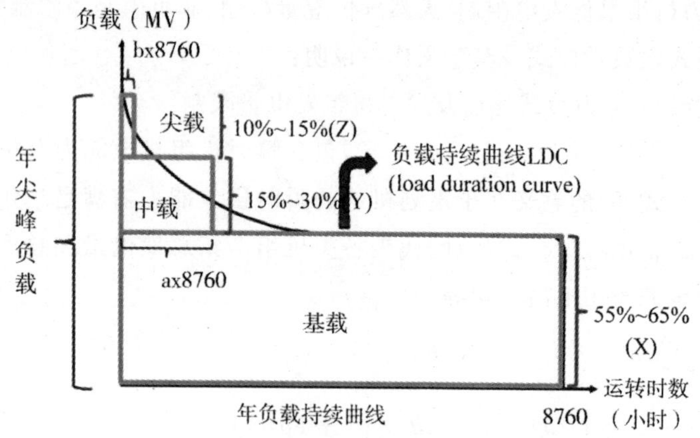

图 4　阶梯式负载持续曲线

数据源：本研究绘制。

$$FBE_y = high_y \times x \times time_y \tag{7}$$

$$FAE_y = high_y \times y \times time_y \times a \tag{8}$$

$$FPE_y = high_y \times z \times time_y \times b \tag{9}$$

$$FE_y = FBE_y + FAE_y + FPE_y \tag{10}$$

FBE_y：预估 y 年度基载所需发电量(百万度)。

FAE_y：预估 y 年度中载所需发电量（百万度）。

FPE_y：预估 y 年度尖载所需发电量（百万度）。

FE_y：预估 y 年度所需总发电量（百万度）。

$time_y$：一年之小时数（千小时）。

但因此方式无法考虑线损损失，且计算而得之净发购电量与台电公司预估之净发购电量有些许差异，故增加式（4—9）以纳入线损因素，其差值则依各阶段发电比例分散至基中尖载，并将机组可用率置入模式中，以反应机组实际运作情形。故式（6）将修改为式（11）～式（19）。

$$TE_y = Need_y/[1 - Loss(y)] + Pumping_y - Isolate_y \tag{11}$$

$$TBE_y = FBE_y \times (TE_y/FE_y) \tag{12}$$

$$TAE_y = FAE_y \times (TE_y/FE_y) \tag{13}$$

$$TPE_y = FPE_y \times (TE_y/FE_y) \tag{14}$$

$$\sum_i BE_{iy} \geqslant TBE_y \tag{15}$$

$$\sum_i AE_{iy} \geqslant TAE_y \tag{16}$$

$$\sum_i PE_{iy} \geqslant TPE_y \tag{17}$$

$$E_{iy} = BE_{iy} + AE_{iy} + PE_{iy} \tag{18}$$

$$E_{iy} \leqslant s_{iy} \times time_y \times re_{iy} \tag{19}$$

TE_y：台电预测实际所需发电量（百万度）。

$Need_y$：需求用电量，本研究采用台电公司“长期电负载预测及电源开发规划”之需求量预测值（百万度）。

$Pumping_y$：抽蓄用电，本研究采用 1992—1999 年平均值作为未来目标年之抽蓄用电量（百万度）。

$Isolate_y$：离岛供电量，本研究采用台电公司“长期电负载预测及电源开发规划”之离岛需电量换算而得（百万度）。

TBE_y：预测 y 年度基载实际所需发电量（百万度）。

TAE_y：预测 y 年度中载实际所需发电量（百万度）。

TPE_y：预测 y 年度尖载实际所需发电量（百万度）。

BE_{iy}：y 年度 i 机组基载实际发电量（百万度）。

AE_{iy}：y 年度 i 机组中载实际发电量（百万度）。

PE_{iy}：y 年度 i 机组尖载实际发电量（百万度）。

re_{iy}：y 年度 i 机组净可用率。

限制式（2）：机组运转限制

一般而言电力公司将发电机组依其特性分为“基载机组”、“中载机组”及“尖载机组”三类。

基载机组：可长时间稳定运转。一般具有较高的固定成本，较低的变动成本。

尖载机组：启动、停机快速，可实时提供电能。有较低的固定成本，较高的变动成本。

中载机组：介于基载与尖载特性之间。

本限制是根据发电机组运转特性而限制其发电供给能力。如大型燃煤及核能机组受限于其升降载速度，无法担当尖载的任务，因而将其尖载发电量设为零以符合实际运作情形，如式(20)所示。

$$PE_{iy} = 0 \tag{20}$$

限制式(3)：火力机组最低发电限制

此限制为确保机组于运作中之合理使用量；若机组处于检修期间，则其发电量为零，否则其总发电量必须大于此机组所设定之最低发电量，如式(21)、式(22)所示。式中 e_{iw}^{min} 代表 i 机组在正常发电期间之最低发电量，M 代表一极大正数，当 $I_{iy}=1$ 时，其基、中、尖载总发电量需大于此机组最低发电量。本研究采用萧雯倩(2010)所提及之电厂操作建议，将火力燃油最低发电量设为机组整年可发电量之 50%；火力燃煤机组则设定为机组整年可发电量之 60%，火力燃气及复循环因有天然气供应量的限制，气涡轮则因其任务为填补尖峰需求，故不在此设限。

$$E_{iy} \leqslant M \times I_{iy} \tag{21}$$

$$E_{iy} \geqslant e_{iy}^{min} \times I_{iy} \tag{22}$$

限制式(4)：天然气供应量限制

由于岛内天然气大多数由岛外买进，需于港口转运至各地，故该年度的天然气使用量受限于天然气港口之储运量，此外，各年度的天然气使用量亦受限于天然气所签订之合约供应量，且当年度所购买之天然气需全数用完，如限制式(23)、式(24)所示。

$$\sum_{i(\text{燃气机组})} (E_{iy} \times et_i) \leqslant gs_y \tag{23}$$

$$\sum_{i(\text{燃气机组})} (E_{iy} \times et_i) \leqslant gsc_y \tag{24}$$

et_i：表 i 机组之天然气燃料转换因子(吨/百万度)。

gs_y：表 y 年度天然气于港口之天然气最大储运量(吨)。

gsc_y：表 y 年度天然气所签订之合约供应量(吨)。

限制式(5)：非负限制

因为电力无法储存,因此本研究之各阶段发电量等决策变量皆非负数,如式(25)至式(27)所示。

$$BE_{iy} \geqslant 0 \tag{25}$$

$$AE_{iy} \geqslant 0 \tag{26}$$

$$PE_{iy} \geqslant 0 \tag{27}$$

4 实证结果分析

验证仿真情形,本研究采用 Lingo 软件针对 2010 年之电力供给做一事后模拟(ex post simulation),表 1 为 2010 年实际发电资料及本研究之电力供给规划模型在成本最低目标下之仿真结果。表 2 为减碳技术预估之发展情形。

表 1 2010 年度实际发电与模拟发电之比较 单位：百万度

发电机组	2010 年实际发电数据(A)	2010 年成本最低目标之仿真发电量(B)	差值(B－A)	比例(B－A)/A×100(%)
燃煤火力	61,385	62,091	706	1.15
燃油火力	7,034	7,587	553	7.29
燃气火力	41,637	40,381	－1,256	－3.02
气涡轮	4	0	－4	－100
核能	40,029	40,029	0	0
抽蓄水力	3,047	3,047	0	0
惯常水力	4,169	4,169	0	0
风力	988	988	0	0
太阳能	6	6	0	0
民营电厂	38,845	38,845	0	0
汽电共生	9,502	9,502	0	0
平均单位发电成本①(元/度)	1.625	1.624	－0.001	－0.08
二氧化碳排放(百万吨 CO_2)	120.8	122.0	1.2	0.996

数据源：台电公司,2011;本研究组。

---

① 此时之发电成本不包含已存在及奉准之投资成本与固定运维成本。

表 2　2025 年电力部门各减碳技术预估之发展情形

	减碳技术	发展情境	发展情形	数据源
2025年电力部门供给面减碳技术发展情境	汰旧换新	务实开发	要求新兴电厂达全球最佳可行发电转换效率	长期电力负载预测及电源开发规划
	核能新增	务实开发	核四分别于 2011、2012 商转;核能不延役	长期电力负载预测及电源开发规划
		积极开发	核能延役	永续能源政策纲领
	天然气使用	务实开发	台电:838 万吨 民营:304 万吨	台电公司电源开发计划
		积极开发	台电:1079 万吨 民营:304 万吨	经济能源主管机关扩大天然气方案
	再生能源	务实开发	水力:2131.6MW 风力发电:1161.7MW 太阳能:24.7MW 生质能:25MW	长期电力负载预测及电源开发规划
		积极开发	水力:2502MW 风力发电:2516MW 太阳能:2000MW 生质能:1400MW 地热能:150MW	“行政主管部门新能源发展推动委员会”
	碳捕捉及封存技术	积极开发	引进 2×500MW IGCC+CCS 示范机组	永续能源政策纲领
	汽电共生	务实开发	装置容量:10000MW 尖峰负载:3139MW	长期电力负载预测及电源开发规划

数据源:本研究整理。

由 2010 年事后模拟结果可以发现燃气火力较实际发电发电量减少 3.02%,推测是因复循环机组在 2005—2009 年有轻柴油与天然气混合发电之行为,使机组平均热耗率高于 2010 年之热耗率,因此在相同天然气限制下,发电量却有部分落差之情形,其减少之发电量由燃煤火力及燃油火力取代。此外,在本次模拟中,气涡轮机组在规划内显示出不予使用的现象,主要是因为气涡轮乃高发电成本机组,其优势为可以瞬时启动,因此主要任务为供应临时之发电需求,因此在一般之发电任务中,此类机组将不具有发电运转的竞争力。因此下面将模拟 2025 年之情境,并分别论述其不同政策方案之结果。

2025 年越来越多核能机组面临退役问题,再生能源装置容量及天然气使用量也逐渐提高,且气化复循环搭配碳捕捉封存技术(IGCC+CCS)首度以示范机组引进 2×500MW,故将 2025 年电力供给政策整理至表 3。表 4 为 2025 年政策方案模拟结果。

表 3　2025 年电力部门供给政策方案

方案代号	情境方案	
2501	成本最小	基准情境
2502	成本最小	基准情境＋核能延役
2503	成本最小	基准情境＋扩大天然气使用方案
2004	成本最小	基准情境＋再生能源积极开发
2505	成本最小	基准情境＋IGCC 搭配 CCS
2506	成本最小	基准情境＋负载与时间占比改变
2507	成本最小	基准情境＋效率提升至最高值(燃煤电厂 45.8%、复循环电厂 63.0%)

数据源：本研究整理。

表 4　2025 年政策方案模拟结果

	抽蓄水力(百万度)	惯常水力(百万度)	陆域风力(百万度)	离岸风力(百万度)	燃煤汽力机(百万度)	燃油汽力机(百万度)	燃气汽力机(百万度)	复循环(百万度)
2501	3258.24	5554.66	1684.15	1470.80	139462.52	12992.29	788.64	66246.48
2502	3258.24	5554.66	1684.15	1470.80	128581.52	0.00	788.64	58982.41
2503	3258.24	5554.66	1684.15	1470.80	129354.86	7587.36	4460.77	78086.95
2504	3258.24	5554.66	4241.13	1563.21	139462.52	1875.01	788.64	61662.73
2505	3258.24	5554.66	1684.15	1470.80	139462.52	7587.36	788.64	65851.15
2506	3258.24	5554.66	1684.15	1470.80	139462.52	12992.29	788.64	66246.48
2507	3258.24	5554.66	1684.15	1470.80	135196.59	7587.36	4460.77	72245.22

数据源：本研究模拟。

表 4　2025 年政策方案模拟结果(续)

	气涡轮(百万度)	民营燃煤(百万度)	民营复循环(百万度)	核能发电(百万度)	汽电共生(百万度)	太阳能(百万度)	生质能(百万度)	地热能(百万度)	IGCC＋CCS(百万度)
2501	0.00	20741.84	21781.29	28523.37	13077.19	54.00	137.53	0.00	0.00
2502	0.00	20741.84	21781.29	59660.75	13077.19	54.00	137.53	0.00	0.00
2503	0.00	20741.84	21781.29	59660.75	13077.19	54.00	137.53	0.00	0.00
2504	0.00	20741.84	21781.29	59660.75	13077.19	2592.90	7701.79	1280.71	0.00
2505	0.00	20741.84	21781.29	28523.37	13077.19	54.00	137.53	0.00	5800.26
2506	0.00	20741.84	21781.29	28523.37	13077.19	54.00	137.53	0.00	0.00
2507	0.00	20741.84	21781.29	28523.37	13077.19	54.00	137.53	0.00	0.00

表 4　2025 年政策方案模拟结果(续)

	总成本(百万元)	单位发电成本(元/度)	二氧化碳排放量(吨 CO_2 排放)	与基准情境相较之成本增加量(百万元)	与基准情境相较之 CO_2 减排量(吨 CO_2 排放减量)	与基准情境相较之减碳效益(额外成本百万元/千吨 CO_2 排放减量)
2501	842,294	2.667	191,350,377	—	—	—
2502	705,208	2.233	172,833,127	−137,086	18,517,250	−7.40
2503	865,956	2.742	189,689,983	23,662	1,660,394	14.25
2504	801,022	2.537	182,440,934	−41,272	8,909,443	−4.63
2505	825,046	2.613	187,618,331	−17,248	3,732,046	−4.62
2506	842,294	2.667	191,353,844	0	−3,467	0.00
2507	—	—	172,403,242	—	18,947,135	—

数据源：本研究模拟。

由表 4 发现当越来越多核能机组不延役时，其发电缺口将由燃煤发电填补，造成发电成本与二氧化碳排放量大幅增加之结果；且随着化石燃料价格不断攀升，再生能源将逐渐增加其成本竞争性，使单位发电成本从基准情境 2.667(元/度)降至 2.537(元/度)；而 IGCC＋CCS 的引进虽然有高设置成本与需要额外提供燃料供 CCS 运作之缺点，但因油气价格高涨，IGCC＋CCS 将会取代部分燃油及燃气发电，达成二氧化碳减量与降低发电成本之双重目标，然而若将 CCS 燃料耗用视为厂用电一部分，则其净可用率将大幅下降，亦抑制其减量空间；扩大天然气使用政策随着天然气价格增加而逐渐压缩其减碳效益。

此外，经由模拟结果可以发现在成本最小的目标下，负载与时间占比变动对供给调度之影响几乎可以约略不计，推测是因为在没有新减碳技术加入调度的情形下，燃油及燃气机组仅由中尖载转往中基载，但其发电量并无变化；而现有机组效率提升在不考虑固定成本增加之情形下，将可以达到 18.9 百万吨二氧化碳的减量空间。

为了探讨成本及二氧化碳产生之边际替代情形，本研究开放各政策选项，以务实发展与积极发展情境为其上下限，求取其妥协解 M～R 方案，并将其结果整理成表 5，利用其成本与二氧化碳排放量绘制成图 5。

表 5　2025 年各妥协解方案比较

	抽蓄水力（百万度）	惯常水力（百万度）	陆域风力（百万度）	离岸风力（百万度）	燃煤汽力机（百万度）	燃油汽力机（百万度）	燃气汽力机（百万度）	复循环（百万度）	气涡轮（百万度）
M	3258.24	5554.66	1684.15	1470.80	121676.22	0.00	788.64	58982.41	0.00
N	3258.24	7222.44	4241.13	1470.80	110686.96	0.00	788.64	59287.70	0.00
O	3258.24	7222.44	4241.13	1563.21	98509.70	0.00	788.64	67552.94	0.00
P	3258.24	7222.44	4241.13	1563.21	95330.84	0.00	788.64	70731.80	0.00
Q	3258.24	7222.44	4241.13	1563.21	76135.65	0.00	788.64	89926.99	0.00
R	3258.24	7222.44	4241.13	1563.21	58723.06	7587.36	788.64	99752.23	0.00

表 5　2025 年各妥协解方案比较(续)

	民营燃煤（百万度）	民营复循环（百万度）	核能发电（百万度）	汽电共生（百万度）	太阳能（百万度）	生质能（百万度）	地热能（百万度）	IGCC＋CCS（百万度）
M	20741.84	21781.29	59660.75	13077.19	54.00	7042.83	0.00	0.00
N	20741.84	21781.29	59660.75	13077.19	54.00	7701.79	0.00	5800.26
O	20741.84	21781.29	59660.75	13077.19	2592.90	7701.79	1280.71	5800.26
P	20741.84	21781.29	59660.75	13077.19	2592.90	7701.79	1280.71	5800.26
Q	20741.84	21781.29	59660.75	13077.19	2592.90	7701.79	1280.71	5800.26
R	20741.84	21781.29	59660.75	13077.19	2592.90	7701.79	1280.71	5800.26

表 5　2025 年各妥协解方案比较(续)

	总成本（百万元）	单位发电成本（元/度）	二氧化碳排放量（吨 CO_2 排放）	成本增加量（百万元）	CO_2 减排量（吨 CO_2 排放减量）	减碳效益（额外成本百万元/千吨 CO_2 排放减量）
M	701,251	2.221	167,697,556	—	—	—
N	715,600	2.266	154,837,730	14,349	12,859,826	1.12
O	759,893	2.406	143,245,343	44,293	11,592,387	3.82
P	768,225	2.433	141,977,904	8,332	1,267,439	6.57
Q	818,536	2.592	134,358,868	50,311	7,619,037	6.60
R	877,178	2.778	129,118,078	58,642	5,240,789	11.19

数据源：本研究模拟。

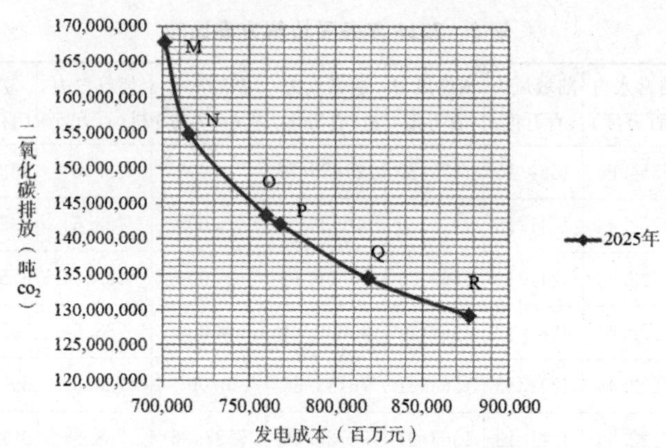

图 5　2025 年各妥协解方案总成本与二氧化碳排放量之关系图

数据源：本研究绘制。

由图 5 可以发现在 N 案后减碳效益开始出现明显的趋缓情形，因此建议在调配机组时，可以以 N 案为政策实施方案。将其对照至表 5，可以发现 M 案至 N 案除了低成本之再生能源发电量增加外，IGCC＋CCS 加入发电调配亦是相当重要的关键因素，此时单位发电成本仅从 2.221(元/度)提高至 2.266(元/度)，减碳效益最高。

5　结　论

本研究采用多目标规划法建置台湾本岛之电力供给规划模型，据以仿真未来电力部门供给面减碳政策实施所造成的影响情形，并采用赖正文(1997)年所提出之交叉式限制式法，求取在发电成本极小化及二氧化碳排放极小化两互斥目标下之妥协解，以了解发电成本与二氧化碳排放之间相互的替代关系，并可从发电机组的发电量变化，确认发电机组加入电力调度的先后顺序。以下将根据本研究模拟结果，将提供以下结论以供参考。

5.1　核能

仿真结果显示当核能除役，其发电缺口将由燃煤电厂填补，因而造成发电成本上升与二氧化碳排放量增加之情形，因此若不论核能电厂之固定成本、核废料处理成本、辐射危害与建厂所造成之温室气体排放，核能电厂延役与新增将会是二氧化碳减量政策选项之首选。

5.2　再生能源

大部分之再生能源受限于气候因素而有高度的不确定性，而本研究是采用“99 年度再生能源电能趸购费率审定会第五次会议”报告案之预估每千瓦之年售电量，将其换算成年运转容量，并假定年售电量仅随装置容量变化。在此前提下，再生能源于模拟中具有相当高之减碳潜力，甚至陆域风力、小水力与生质能更成为仅次核能之减碳选项，且随着化石燃料价格的提升，再生能源将会逐渐增加其成本竞争力。

5.3 IGCC＋CCS

碳捕捉与封存技术至目前仍有相当高的不确定因素，国际上推估 IGCC＋CCS 最早能在 2020 年正式商转，并期以大量的大规模示范电厂达到加速技术发展与降低厂用电之目标。由于台湾尚无碳运输及封存成本等相关资料，本研究仅以国际上之碳捕捉成本为考虑。仿真结果显示 2025 年 IGCC＋CCS 加入发电调度可同时达到有效达到抑制发电成本急遽上升与二氧化碳减量的要求，这与 IEA(2010)指出若不考虑 CCS 技术，将会使减量成本增加七成相符合。

5.4 扩大天然气使用

天然气为最洁净之化石燃料，更是目前技术发展成熟且争议性最小之减碳选项，但相较于再生能源与碳捕捉及封存技术，天然气仍有相当高的二氧化碳排放，且仿真结果显示随着化石燃料价格上涨，其减碳效益将逐渐被压缩，故天然气较适用于目前之过渡性减碳选择。

5.5 提高能源效率

由于无法搜集提升能源效率所需之固定成本，因此难以明确说明现有机组效率提升对减碳所能造成之减碳效益，但仿真结果显示在不考虑固定成本增加之情形下，将可以达到 18.9 百万吨二氧化碳的减量空间。

5.6 其他

除了上述减碳技术外，引进超临界/超超临界燃煤机组等新型机组与扩大汽电共生，或藉由提升净效率值皆会对二氧化碳减量有所贡献，但因其执行可行性较高，故被视为基准情境，而不另外讨论。

参考文献

[1] Chen F., et al. (2010) Assessment of renewable energy reserves in Taiwan. Renewable and Sustainable Energy Reviews, 14(9): 2511—2528

[2] Delgado F., et al. (2011) The influence of nuclear generation on CO_2 emissions and on the cost of the Spanish system in long-term generation planning. Electric Power and Energy System, 33: 673—683

[3] IEA. (2010) Energy technology perspective 2010: Scenarios and strategies to 2050. Organization for Economic Co-operation and Development

[4] Naucler T., Enkvist P. A. (2009) Pathways to a low-carbon economy: Version 2 of the

global greenhouse gas abatement cost curve. Mckinsey & Company，192

[5] Soroudi A.，et al. (2011) A practical eco-environmental distribution network planning model including fuel cells and non-renewable distributed energy resources. Renewable Energy，36：179—188

[6] 陈家荣，施励行，赖正文(1993)负载预测方法及制度之规划研究. 台南：台湾电力公司与成功大学建教合作案

[7] 赖正文(1997)区域性负载预测及电力供给规划模型建立之研究. 台南：成功大学资源工程研究所博士论文

[8] 潘柔雅(2009)台湾电力部门因应 CO_2 减量之新增机组决策模型研究——多目标规划之应用. 台北：台北大学自然资源与环境管理研究所硕士论文

[9] 台湾电力公司(2010)长期负债预测及电源开发规划.

[10] 萧雯倩(2010)台湾发电部门 CO_2 排放减量成本分析之研究. 台南：成功大学资源工程研究所硕士论文

[11] 许志文，陈泽义(1990)电力经济学理论与应用(二版). 台北：华泰书局

[12] 许志文(1994)多目标决策. 台北：五南图书出版社

[13] 张四立(2008)台湾因应温室气体减量的政策规划决策分析——多目标 MULTEEE 决策模型之应用.两岸能源、环境及经济整合评估模型之理论与实务研讨会

经济发展进程中的农村家庭能源消费变化研究
——以江苏涟水、安徽贵池为例

王效华[1]　郝先荣[2]

(1 南京农业大学工学院,南京 210031;2 农业部科教司生态能源处,北京 100026)

【摘要】 农村地区的能源供应和消费是制约农村社会和经济发展的重要因素。本研究采用入户调查的方法,对江苏省涟水县和安徽省池州市贵池区进行了连续3年农村家庭能源消费的跟踪调查。调查表明:两地农村家庭能源消费以非商品能源为主,并且与当地农村可获得的能源资源有密切的关系;家庭能源消费水平在缓慢增长,其有效热消费基本稳定;商品能增长迅速,其中电力增长最为突出。

【关键词】 能源消费;农村能源;能源规划

Research on Changes of Rural Household Energy Consumption with Rural Economic Development: Evidence from Lianshui and Guichi in China

Wang Xiaohua[1], Hao Xianrong[2]

(1 College of Engineering, Nanjing Agricultural University, Nanjing, 210031; 2 Energy Ecology Division, Department of Science and Education, Chinese Ministry of Agriculture, Beijing, 100026)

Abstract: The energy supply and consumption of rural are asare crucial factors to the development of the rural society and economy. A follow-up in-home investigation has been conducted for three years on end to inquire into energy consumption in rural families in Lianshui County, Jiangsu Province and Guichi County, Anhui Province by way of filling out questionnaires. According to the research, rural families in both places consume mainly non-commercial energy, which is closely related to the availability of the energy resources in their local areas. Family energy consumption is slowly increasing, among which the consumption of effective heat remains stable, and the consumption of commercial energy, especially electricity, increases rapidly.

Key words: energy consumption; rural energy; energy planning

1 背 景

中国农村地区的能源供应和消费一直是制约农村社会和经济发展的重要因素。长期以来农村地区的能源供应短缺，其家庭的能源消费主要依靠当地可以获取的能源资源。由于自然和环境的差异，当地可以获取的能源资源有着很大的不平衡。在环境、资源较为恶劣地区，由于资源的过量消耗，使得环境恶化。

在中国的东部地区，农村当地的自然资源丰富，随着农村社会和经济的发展，家庭能源消费正在发生着变化，研究这种变化的发生和发展过程，正确认识农村经济发展中家庭能源消费的变化规律对国家能源供需平衡、农村地区能源消费和供应基本特征认识和制定农村地区能源政策有重要的意义。

江苏省涟水县地处徐淮平原东部，淮河下游。生物资源极其丰富，主要农作物有 30 多种。涟水县经济发展以农业为主，近年种植业结构调整开始起步，发展经济作物，形成了东椒—西油—中间藕的区域特色。贵池区位于长江下游南岸，属北亚热带季风气候区。贵池区境内地势南高北低，依山傍水，分山区、丘陵、圩区，呈阶梯形分布。贵池境内生态资源极其丰富，有国家和省级自然保护区 3 个，森林覆盖率达 46.1%。

2 研究方法及数据

采取入户抽样问卷调查的方法。用于入户调查的家庭能源消费调查问卷涉及近 100 个有关家庭基本情况、能源消费等相关问题。采用分层随机抽样的方法，在江苏省涟水县和安徽省池州市贵池区分别抽取了 3 个乡镇，每个乡镇各抽取 2 个村。两地均调查 300 多个农户。

3 结果与分析

分别于 2004 至 2006 年的 5 月至 10 月间使用统一设计的调查表，由经过统一培训的在读研究生分别对两地农户进行了连续 3 年的入户调查。回答问题的绝大多数为家庭户主或主妇。采用 SPSS 统计软件，对调查数据进行了统计分析。

3.1 被调查家庭农村家庭基本情况

调查数据表明(表 1)，在 2003—2005 年间，江苏涟水、安徽贵池两地的家庭常住人口数、劳动力人数保持基本稳定，总体上没有大的变化。涟水家庭常住人口数略高于贵池。

表1 涟水、贵池地区农户基本家庭情况

	涟水			贵池		
	2003	2004	2005	2003	2004	2005
家庭常住人口	4.29	4.35	4.22	4.13	4.09	4.06
劳动力人数	2.21	2.31	2.34	2.43	2.47	2.26
家庭纯收入(元)	9119.66	8131.65	11952.38	21351.03	20513.74	25596.63
粮食收获量(kg)	3793.40	4629.55	5669.47	3381.86	3750.96	3030.62
秸秆收获量(kg)	3780.10	4868.54	5833.05	3378.02	3724.66	2940.17
秸秆还田量(kg)	3515.58	2542.51	3493.84	3172.42	3715.07	2908.60
家庭养猪头数	4.05	2.52	2.72	1.53	1.47	1.44

江苏涟水地区家庭纯收入、粮食和秸秆的收获量有较大增幅。被调查家庭的年平均纯收入由2003年的9120元增长到2005年的11952元。粮食收获量由2003年的3793千克经2004年4630千克增长到2005年的5669千克,增幅较大。而与之相对应的秸秆收获量也有所增加,秸秆还田量波动较大,变化趋势不明显。

安徽贵池的家庭平均纯收入远远高于涟水地区,且由2003年21351元增长到2005年的25596元,而收获粮食与收获秸秆数量上变化不大,且总体低于涟水地区,但是贵池的还田秸秆远远高于涟水地区,这主要是由于当地农民没有将秸秆作为燃料的习惯。

在涟水地区农户养猪数量虽然总体多于贵池地区,但连续三年呈急剧下降趋势,相对而言,贵池地区农户养猪数量比较稳定。由于受生猪市场价格和猪瘟病的影响,涟水地区农户养数量减少,平均每户养猪头数由2003年4.05头减少到2005年2.72头。

3.2 能源消费水平与结构

表2出了2003—2005年涟水、贵池农村家庭人均能源消费构成。江苏涟水县人均能耗在320～350kgce之间,保持基本稳定,贵池人均能耗则由2003年的在250～320kgce之间,出现了较大的增长。

江苏涟水、安徽贵池两地家庭能源消费结构有显著区别。涟水地区农户是以电力、沼气、秸秆、薪柴为主,以液化气、煤炭为辅的能源消费结构;而贵池地区农户的能源消费则主要以电力、沼气、薪柴为主,以液化气、煤炭为辅,当地农户并没有将秸秆作为燃料的习惯。

表 2　农村家庭人均能源消费构成　　单位：kg/e

		电力	液化气	沼气	薪柴	秸秆	煤炭	总计
涟水	2003 年	35.94	0.95	83.17	56.18	137.32	14.43	327.99
	%	10.96	0.29	25.36	17.13	41.86	4.40	100
	2004 年	49.94	4.12	67.61	44.89	154.17	24.70	345.43
	%	16.70	1.6	21.23	10.96	41.43	7.8	100
	2005 年	71.70	5.78	59.27	39.38	140.99	16.30	331.42
	%	23.07	1.99	19.88	10.51	39.02	5.48	100
贵池	2003 年	37.34	8.54	78.83	130.23	0	0	254.94
	%	17.26	4.46	35.38	42.90	0	0	100
	2004 年	44.99	10.15	75.44	183.45	0	0.33	314.36
	%	16.25	3.98	25.36	54.26	0	0.07	100
	2005 年	65.14	11.69	62.52	190.18	0	1.32	300.75
	%	22.05	4.14	21.52	52.19	0	0.11	100

在 2003—2005 年期间，两地的能源消费数据均表明，电力、液化气消费量增长迅速，家庭能源消费的商品化趋势明显。江苏涟水的人均电力消费从 2003 年的 35.94 kgce 上升到 2005 年的 71.70kgce，安徽贵池则从 2003 年的 37.34 kgce 上升到 2005 年的 65.14kgce。

取秸秆、薪柴的热能转换效率 18%，煤炭为 22%，液化气和沼气为 60%，计算出两地 3 年家庭能源消费特征指标，如表 3 所示。两地人均能耗均有所增长的情况下，人均有效热相对稳定。

两地的家庭炊事有效热消费中的商品能所占比例均在明显的增长。江苏涟水从 2003 年的 7.12%上升到 2005 年的 12.06%，安徽贵池则从 2003 年的 8.90%上升到 2005 年的 10.70%。

两地的煤炭的人均消耗量基本持平。农户对这该商品能的消费偏好不强，没有足够的支付意愿，在有充足的消费成本为零的秸秆、薪柴等能源的情况下，它们不被列为消费首选。

表 3 农村家庭能源消费特征指标

		人均有效热(kgce)	有效热中商品能比例(%)	人均电力(kgce)
涟水	2003 年	71.09	7.12	36.72
	2004 年	84.37	13.04	49.93
	2005 年	74.71	12.06	71.70
贵池	2003 年	75.87	8.90	37.34
	2004 年	84.55	9.59	44.99
	2005 年	79.05	10.70	65.14

4 结 论

两地农村家庭能源消费结构均是以非商品能源为主，并且与当地农村可获得的能源资源有密切的关系，地处平原的江苏涟水更多地使用了作物秸秆，而地处山区的安徽贵池则更多地使用了薪柴。近年两地家庭能源消费水平均在缓慢增长，但其有效热消费则基本稳定。能源消费结构中的商品能增长迅速，其中的电力最突出，其次为液化石油气，煤炭农村家庭的消费不会有大的增长。今后相当长的时间内仍然会以非商品能源为主。

参考文献

[1] Wang X., Feng Z. (1996) Survey of rural household energy consumption in China. Energy, 21(7): 703—705

[2] Wang X., Feng Z. (1997) A survey of rural energy in the developed region of China. Energy, 22(5): 511—514

[3] 王效华(1994)中国农村家庭能源消费现状与发展. 南京农业大学学报,3: 134—141

中美原油进口贸易风险比较分析

吴 刚[1] 韩智勇[2] 魏一鸣[3]

（1 中国科学院科技政策与管理科学研究所，北京 100190；2 中国自然科学基金委员会，北京 100085；3 北京理工大学能源与环境政策研究中心，北京 100081）

【摘要】中美作为世界最大的两个石油进口国，在原油进口来源、运输风险、多元化、进口策略等方面存在差异。本文系统比较分析了中国、美国原油进口的来源、运输和贸易等风险，结果表明：中国原油进口风险明显高于美国原油进口风险；虽然中国原油进口的多元化呈快速增长的趋势，而且多元化指数也高于美国，但是多元化效果仍逊于美国；虽然中国在努力优化原油进口策略，但是仍存在“买涨不买落”的现象，而美国则不然。因此，未来中国原油进口策略还有待于进一步优化。

【关键词】原油进口风险；多元化；运输风险；进口策略

Comparative Analysis of Crude Oil Import Trade Risk in China and the USA

WU Gang[1], Han Zhiyong[2], Wei Yiming[3]

（1 Science Policy and Management Research Institute , Chinese Academy of Sciences , Beijing, 100190；2 National Natural Science Foundation of China, Beijing, 100085；3. Energy and Environment Policy Research Center, Management and Economic College, Beijing Institute of Technology, Beijing, 100081 ）

Abstract: As two of the biggest oil importers, there are a great differences between source of oil import ,transportation risk ,diversification, and import strategy between China and the USA. This paper comparative analysed the risk such as the source of crude oil importation ,transportation and trade systematically, the result shows crude import risk of China is obviously higher than that of the USA; even though there is fast growing trend of diversification of crude oil import in China and the diversity index of China is higher than that in USA, but the diversification effect is inferior to the USA;“Buy at high price rather than low”still exits even though China managed to optimize the crude oil import strategy, while the USA is not. So, the import strategy of income not to be optimize in further level.

Key words: crude oil import risk; diversification; transportation risk; import strategy

1 引　言

随着经济的持续快速发展，中国原油进口量也增长迅速，1996 年仅进口 22.82 百万吨原油，2010 年原油进口量为 239.30 百万吨，15 年的时间增长了 9.49 倍，原油对外依存度达到了 53.79%。相对于中国，美国原油进口增长相对缓慢，2004 年以前基本保持年均 4.0%左右的速度增长，2004—2007 年基本保持不变，2008 年以后受经济危机的影响，原油进口量大幅降低，2009 年相对于 2008 年下降了 8.1%，不过 2010 年又开始缓慢增长(如图 1 所示)。美国原油对外依存度一直都很高，一度超过 60%，但是美国原油进口主要依赖加拿大、墨西哥和中南美地区，进口风险较小。

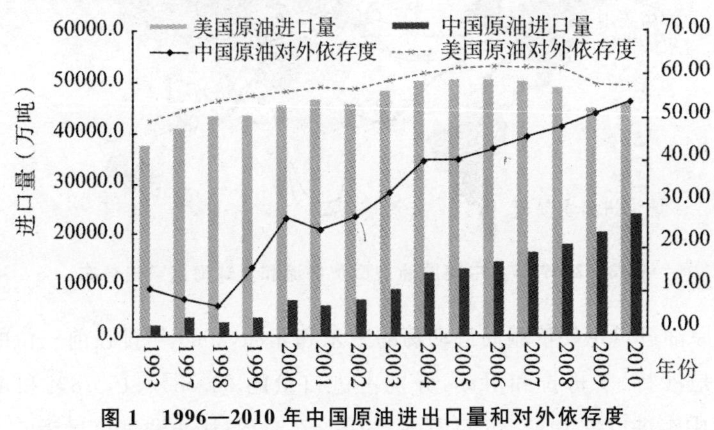

图 1　1996—2010 年中国原油进出口量和对外依存度

作为继美国之后的世界第二大石油进口国，中国原油进口面临较多的风险，而且中国石油进口策略并不优化，甚至存在“买涨不买落”和“量价齐增”的现象，致使石油贸易蒙受了巨大的经济损失。

国际油价的剧烈波动，给石油贸易造成巨大风险的同时也带来了机遇，各国学者也在理论和模型方法上做了大量卓有成效的研究。Wu 等(2007)利用投资组合理论研究了我国原油进口的系统风险和特定风险，建立了我国原油进口的投资组合风险指数模型，分析了不同原油进口策略调整对我国原油进口风险的影响。Lesbirel(2004)应用最佳证券投资理论研究了日本的能源进口风险。Wu 等(2009)应用投资组合理论和多元化指数比较分析了我国原油和成品油进口风险，以及历年来我国石油进口的投资组合风险变化。张阿玲、王翠萍(2002)应用 H 方法评价我国石油进口的多元化指数，并分析了我国的石油供应安全。Neff

(1997)应用 Herfindahl 方法研究了亚太地区的能源安全和多元化问题。胡田田、齐中英(2005)从国民经济发展和进出口贸易结构优化的角度,探讨我国石油进口的国际支付风险,并运用回归等定量方法判断我国石油进口支付问题的发展趋势。一些学者也定性分析了石油供应安全问题,如周德群(2001)、Salameh(2003)、田春荣(2008)。

2 中美原油进口来源和多元化差异

2.1 中美原油进口来源的差异

美国和中国作为世界上最大的两个石油进口国,两国原油进口量占世界原油贸易的 34%左右。由于石油地缘政治等原因,中美两国原油进口来源差异明显(如图 2 所示)。

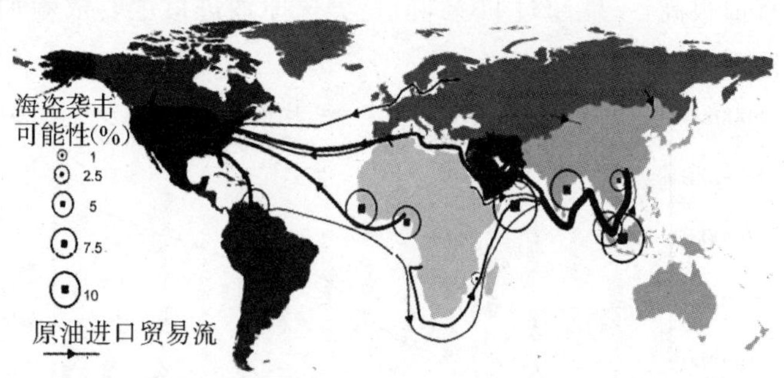

图 2 2009 年从中美原油进口贸易流和全球海盗袭击分布

中国原油进口主要依赖局势动荡的中东和非洲,2009 年排在前三位的进口来源国依次是沙特、安哥拉和伊朗,分别占进口量的 20.58%、15.78%和 11.36%。2009 年从中东进口量为 97.46 百万吨,约占 47.83%;从非洲进口量为 61.42 百万吨,约占 30.14%,两者的进口量约占中国原油进口总量的 77.97%。

美国原油进口主要依赖北美、中南美和西非,尤其是与之毗邻的北美地区,2009 年排在前三位的进口来源国依次为加拿大、墨西哥和沙特,分别占进口量的 21.56%、12.11%和 10.87%。2009 年从北美地区的进口量为 151.11 百万吨,约占 33.67%;从中南美地区的进口量为 90.11 百万吨,约占 20.08%;从非洲地区的进口量为 95.16 百万吨,约占 21.20%。美国从非洲的原油进口主要集中在西非,政治局势动荡的北非和东非地区份额很少。

总的来看,中国原油进口主要依赖地缘政治复杂的中东和北非地区,而且需要长距离海上油轮运输,面临较大的运输风险;而美国原油进口主要依赖于与之毗邻的且地缘政治单一的北美和中南美地区,多通过石油管线运输,面临较小的运输风险。因此,美国的原油进口来源相对于中国要更合理,地缘政治风险也更低。

2.2 中美原油进口运输风险的差异

据国际海事局统计数据，2010 年全球共发生海盗袭击事件 443 起，相对于 2008 和 2009 年分别增加了 51%和 9%。主要集中在索马里海域、亚丁湾、马六甲海峡、波斯湾、几内亚湾和加勒比海地区（如图 2 所示）。

根据国际海事局（IMB）和国际海事组织公布的数据进行整理，我们得到了全球主要事故海域的 2005—2010 年海盗袭击的平均事故率（如图 3 所示）。统计结果表明：① 随着各国对马六甲海峡的重视，美国、日本、印度等国争相派兵“保护”，海上巡逻越来越频繁，海盗很难寻觅袭击时机，所以它已不再是全球海盗袭击事件最多的海域。② 近年来，索马里政治局势的动荡，给海盗提供了舒适的栖息地，所以索马里和亚丁湾迅速成为全球海盗袭击最猖獗的海域，虽然各国都纷纷派遣舰队和飞机执行护航任务，同时打击海盗，但是全球和索马里海域的海盗袭击事件，并没有因此而减少，甚至愈演愈烈。③ 由于马六甲海峡对海盗打击力度的加强，越来越多的海盗被迫转移到印度尼西亚、菲律宾、马来西亚等海域活动，所以南海（印度尼西亚海域）的海盗袭击事件也呈快速上升趋势。④ 非洲东西部海域的海盗袭击事件增长也较快，海盗甚至多次袭击港口船只，尤其是西非的几内亚湾。

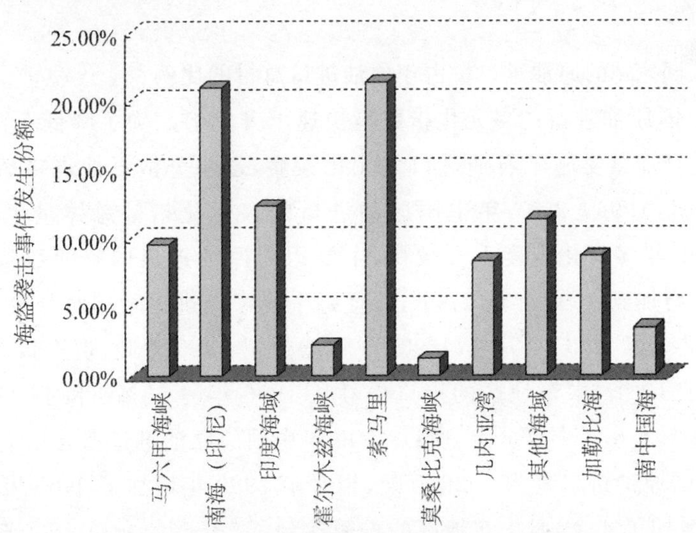

图 3 2005—2010 年全球海盗袭击事件分布

无论是索马里、亚丁湾还是马六甲和东南亚海域，上述这些海盗袭击事件高发海域恰恰是中国原油进口运输航线的主要通道。为了打击海盗，降低海洋运输风险，2008 年年底中国首次派舰队赴亚丁湾和索马里海域执行护航任务。此外，中国原油进口航线长，80%依赖油轮运输，其中90%由外籍船运公司承担运输任务，所以中国原油进口的运输风险相对较高。

因为美国原油进口主要来源于北美、中南美和西非地区，虽然几内亚湾和加勒比海也是全球海盗比较活跃的区域之一，但是其海盗袭击事件远低于索马里、亚丁湾和马六甲等高发区。总的来看，美国原油进口航程短，而且远离海盗袭击高发海域，所以其运输风险远低于中国原油进口的运输风险。

2.3 中美原油进口多元化的差异

多元化是规避贸易风险的有效方式之一，也就是不要把所有鸡蛋放到一个篮子里。石油作为重要的战略性资源，国际石油贸易充斥着复杂的地缘政治关系，所以石油进口的多元化显得尤为重要，世界各主要石油进口国都纷纷采用多元化策略来规避和降低本国石油进口风险。那么如何评价石油进口的多元化程度？

Neff(1997)，Agiobenebo(2000)提出了 Hirschman-Herfindahl-Agiobenebo (HHA)指数来度量商品的市场集中度，而多元化恰恰是衡量贸易的分散程度，所以我们在市场集中度指数的基础上，对其进行了细微的改进，提出了衡量多元化程度的方法，如公式1所示。

$$I_{div} = 1 - \sqrt{\sum_{i}^{n} S_i^2} \tag{1}$$

S_i：从国家 i 的原油进口量占年原油进口总量的比例。

(1) 中国原油进口的多元化指数呈快速上升趋势。为了降低石油进口风险，中国政府加紧实施了石油进口多元化策略，逐步分散石油进口风险，图4的结果表明，1996—2009年中国原油进口的多元化指数总体呈上升趋势，1996—1999年多元化程度上升较快，主要因为原油进口国家的数量由1996年的17个增加到1999年的27个，而且每个国家的进口量相对分散，1999年中国原油进口量为3621万吨，比1996年增加了1360万吨，但进口来源国的数量增加了10个，中东地区的进口份额从1996年的53%下降到1999年的46.4%，减少了6.6个百分点，所以1999年中国的原油进口多元化指数较高。2000年中国原油进口量为7026万吨，相对于1999年增加了3405万吨，而进口国家仅增加了4个，且中东地区的份额达到了53.6%，所以2000年中国的原油进口多元化指数相对于1999年明显下降。随着中国原油进口多元化策略的逐步完善，2000—2009年虽然原油进口量增长很快，但是进口来源国的数量也不断增加，对中东地区的依赖也呈下降趋势，所以多元化指数基本维持2000年的水平(如图4所示)。

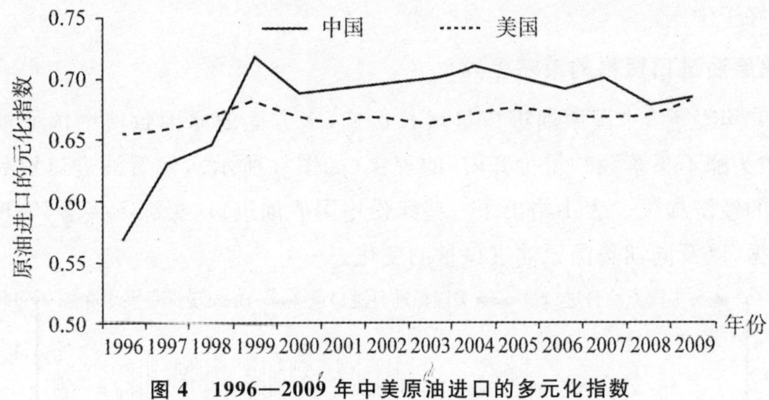

图 4　1996—2009 年中美原油进口的多元化指数

(2) 美国原油进口的多元化指数呈小幅波动上升趋势。1973/74 年阿拉伯国家对西方工业化国家的石油禁运,引发了第一次世界石油危机,危机之后美国开始逐步减少中东地区的进口份额,采取多元化的原油进口策略,原油进口来源于 38 个国家,所以 1996 年美国原油进口多元化程度已经达到较高的水平。1996—2009 年美国原油进口主要来自于 60 多个国家,但是每年的进口来源会有一些变化,所以这期间美国原油进口的多元化指数呈波动上升趋势。虽然美国原油进口的多元化指数上升幅度不是很大,但是其多元化效果比较好,即增加风险较小地区的进口来源和份额,减少风险较大地区的来源和份额。如风险较小的加拿大的份额从 1996 年的 14.32%增加到 2009 年的 21.56%,虽然不利于多元化指数的下降,但是却很大程度上降低了原油进口风险。风险相对稍高的沙特的份额从 1996 年的 16.62%下降到 2009 年的 10.87%,委内瑞拉和墨西哥的份额也分别从 1996 年的 17.35%和 16.07%下降到 2009 年的 10.56%和 12.11%。因此,除了加拿大之外,美国几个主要原油进口来源国的份额都呈下降趋势,有利于原油进口的多元化。

(3) 虽然 1999 年以后中国原油进口的多元化指数普遍高于美国的多元化指数,但是其多元化效果明显低于美国。主要是因为中国原油进口来源于 40 个左右国家,而美国来源于 60 个左右国家,进口来源数量明显少于美国。虽然中国各主要原油进口来源的份额相对均衡,有利于多元化指数的提高,但是风险相对较小的来源国份额相对较低,不利于进口风险的下降。虽然美国各主要原油进口来源的份额差距较大,不利于其多元化指数的提高,但是除了沙特之外,其他几个份额较高的进口来源都是与之毗邻的国家,且地缘政治风险和运输风险都相对较小,如加拿大、墨西哥等,另外,沙特是美国在中东地区最大、最好的合作伙伴,只不过其运输风险略高于加拿大和墨西哥,所以美国原油进口的多元化效果要好于中国。

3 中美原油进口贸易的策略差异

1996年之后,中国原油进口量增长迅速,多方面的原因致使中国原油进口出现了“买涨不买落”和“量价齐增”的现象(如图5所示),使石油进口贸易蒙受了巨大的经济损失。表1给出了一些年份中国原油进口“买涨不买落”等现象的实际数据,以及同期美国原油进口量的变化。

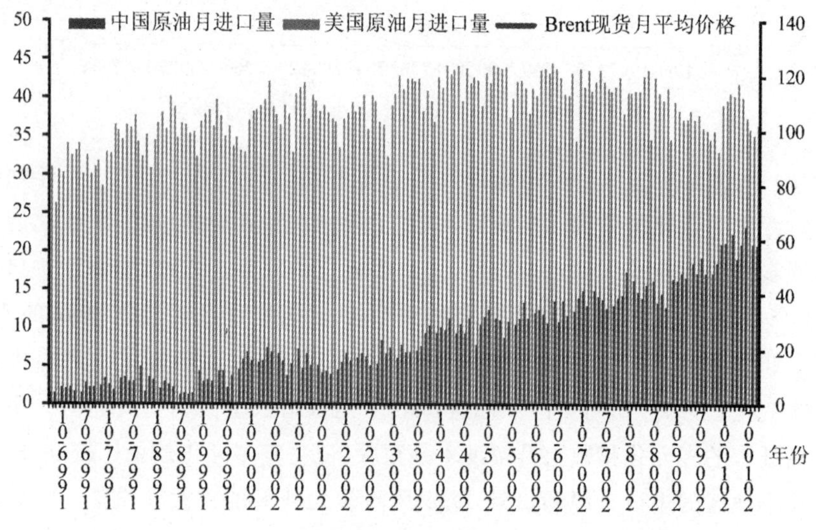

图5 1996—2010年中国原油月进口量和Brent现货月平均价格

(1) 1997/98亚洲金融危机期间,国际油价暴跌,中国原油进口量相应减少。1998年9月国际Brent现货月平均价格从年初的15.19美元/桶降到13.34美元/桶,当月中国原油进口量为216万吨,略低于当年原油月平均进口量的223万吨;12月油价跌到9.82美元/桶,中国当月原油进口量也跌至129万吨,减少了87万吨,仅相当于月平均进口量的57.8%。而同期美国原油进口则恰相反,9月份美国进口量为3479万吨,12月份为3533万吨,增加了54万吨。

(2) 1999年亚洲金融危机过后,国际油价开始一路上涨,中国原油进口量也相应增加。7月当油价涨到19.08美元/桶时,中国当月原油进口量232万吨,低于当年月平均进口量的305万吨;8月油价继续上涨达到20.22美元/桶,进口量增加为419万吨,同比增加了187万吨;9月油价进一步涨到22.54美元/桶,进口量也增加到429万吨;11月当油价涨到24.58美元/桶时,进口量为367万吨,虽然相对于9月份有所下降,但仍比7月份多了135万吨,且比当年月平均进口量仍高20%。而同期美国原油进口量却随着国际油价的上涨而下降,11月份的进口量比7月份少了606万吨(如表1所示)。

表1 中国和美国各月原油进口量与国际油价变化的比较

时间	油价	中国原油月进口量（百万吨）	中国各月平均进口量（百万吨）	美国原油月进口量（百万吨）	美国各月平均进口量（百万吨）
1998.09	$13.34	2.16	2.23	34.79	36.12
1998.12	$9.82	1.29	2.23	35.33	36.12
1999.07	$19.08	2.32	3.05	39.71	36.22
1999.08	$20.22	4.19	3.05	37.67	36.22
1999.09	$22.54	4.29	3.05	34.89	36.22
1999.11	$24.58	3.67	3.05	33.65	36.22
2001.01	$25.62	3.7	5.01	37.78	38.71
2001.02	$27.50	5.19	5.01	32.88	38.71
2001.03	$24.50	4.69	5.01	40.61	38.71
2001.04	$25.66	7.13	5.01	41.38	38.71
2001.06	$27.85	6.54	5.01	37.26	38.71
2001.10	$20.54	4.01	5.01	38.96	38.71
2008.01	$92.18	13.94	14.91	42.64	40.70
2008.03	$103.64	17.30	14.91	40.75	40.70
2008.06	$132.32	14.57	14.91	40.66	40.70
2008.11	$52.45	13.36	14.91	40.70	40.70
2009.01	$43.44	12.82	16.98	41.36	37.39
2010.03	$78.83	21.06	19.94	39.29	38.02
2010.04	$84.82	21.17	19.94	39.86	38.02
2010.05	$75.95	17.84	19.94	40.69	38.02
2010.09	$77.84	23.28	19.94	37.52	38.02
2010.12	$91.45	20.85	19.94	36.56	38.02

(3) 2001 年国际油价波动相对稳定，基本徘徊于 24～28 美元/桶，中国各月原油进口量也随着国际油价的波动而增减。1 月份油价为 25.62 美元/桶，进口量为 370 万吨，低于当年月平均进口量的 501 万吨；2 月油价涨到 27.50 美元/桶，进口

量也增加到 519 万吨;3 月当油价跌至 24.50 美元/桶时,进口量也减少到 469 万吨;4 月油价又涨到 25.66 美元/桶,进口量也戏剧性的增加到 713 万吨;6 月油价继续攀升到 27.85 美元/桶,进口量为 654 万吨;之后油价开始下降,进口量也相应减少,10 月油价跌至 20.54 美元/桶,进口量仅为 401 万吨,仅相当于 6 月份最高价时的 61%,远低于当年月平均进口量。而同期美国原油进口恰恰是随着国际油价上涨而减少,随着油价下降而增加。

(4) 2008 年国际油价经历了"过山车式"的暴涨暴跌,中国各月原油进口量也差异巨大。1 月份油价为 92.18 美元/桶,进口量为 1394 万吨,低于当年月平均进口量的 1491 万吨;之后油价开始飙升,3 月为 103.64 美元/桶,进口量也高达 1730 万吨;6 月油价涨到历史最高位 132.32 美元/桶,进口量为 1457 万吨;之后油价开始迅速回落,中国原油月进口量也快速减少,11 月油价跌至 52.45 美元/桶,进口量也降至 1336 万吨,远低于当年月平均进口量,仅相当于 3 月份的 77%;2009 年 1 月当油价跌至 2005 年以来的最低点时,中国原油进口量仅为 1282 万吨,仅相当于当年月平均进口量的 75%。而同期美国原油进口又再一次随着国际油价的上涨而减少,随着油价的暴跌而增加,虽然其变化量都相对较小,但仍然非常值得中国石油贸易反思和借鉴。

(5) 2010 年国际油价开始波动上涨,中国原油进口还是老样子,随着油价的变化亦步亦趋。3 月份油价为 78.83 美元/桶,我国原油进口量为 2106 万吨,高于当年月平均进口量 1994 万吨;4 月油价涨到 84.82 美元/桶,进口量也增加到 2117 万吨;5 月油价跌至 75.95 美元/桶,进口量也相应减少到 1784 万吨,同比下降 16%;9 月油价又回升到 77.84 美元/桶,进口量也猛增到 2328 万吨,比 5 月份增加了 544 万吨;12 月当油价涨到 91.45 美元/桶时,进口量仍高达 2085 万吨,比 5 月份多了 301 万吨。同期美国原油进口量的变化,总是能够根据油价的波动,准确地调整各月原油进口量(如表 1 所示)。

因此,中国原油进口策略相对于美国原油进口策略,面临着更大的市场价格风险。

4 主要结论

(1) 无论是从进口来源方面,还是运输风险、多元化、进口策略等方面,中国原油进口风险都明显高于美国原油进口风险,所以作为第二大石油进口国,降低石油进口风险任重道远。

(2) 未来中国各月原油进口份额也应该控制在 8.3%左右,然后再根据对未来国际油价走势的判断,适当增加和减少各月原油进口量,不仅能够很好地规避

“买涨不买落”和“量价齐增”现象，而且能够大大降低原油进口成本。

参考文献

[1] Agiobenebo T. J. (2000) Market structure, concentration indices and welfare cost Department of Economics, University of Port Harcourt, Nigeria & Department of Economics. Botswana: University of Botswana

[2] BP. (2011) BP statistical review of world energy. London: British Petroleum

[3] Lesbirel. S. H. (2004) Diversification and energy security risks: the Japanese case. Japanese Journal of Political Science, 5(1): 1—22

[4] Neff T. L. (1997) Improving energy security in Pacific Asia: Diversification and risk reduction for fossil and nuclear fuels. Project Commissioned by the Pacific Asia Region Energy Security (PARES) Massachusetts Institute of Technology, Center for International Studies

[5] Salameh M. G. (2003) Quest for Middle East oil: The US versus the Asia-Pacific region. Energy Policy, 31(11): 1085—1091

[6] Wu G., et al. (2007) An empirical analysis of the risk of crude oil imports in China using improved portfolio approach. Energy Policy, 35: 4190—4199

[7] Wu G., et al. (2009) Comparison of China's oil import risk: Results based on portfolio theory and a diversification index approach. Energy Policy, 37: 3557—3565

[8] 胡田田，齐中英(2005)我国石油进口的国际支付风险研究. 技术经济与管理研究，4: 97—98

[9] 田春荣(2008)中国石油进出口状况分析. 国际石油经济，11(3): 24—30

[10] 张阿玲，王翠萍(2002)用H方法分析我国的石油供应安全. 中国软科学，11: 110—113

[11] 周德群(2001)中国能源的未来：结构优化与多样化战略. 中国矿业大学学报(社会科学版)，3(1): 86—95

国内碳排放权交易市场中的不确定性与价格波动研究

蔡圣华

（中国科学院科技政策与管理科学研究所能源与环境政策研究中心，北京 100190）

【摘要】本文基于微观经济学理论构建了完全竞争市场结构下碳排放权交易市场均衡价格的形成模型，研讨了系统不确定性与个体不确定性对碳排放权交易均衡价格的影响。通过数学模型分析，研究得出了完全竞争市场下系统不确定性才是市场价格波动的主要推手。

【关键词】碳排放权交易；不确定性；价格波动

A Study on Uncertainty and Price Volatility in Domestic Carbon Emission Trade

Cai Shenghua

(Center for Energy and Environmental Policy Research, Institute of Policy and Management, Chinese Academy of Sciences Beijing, 100190)

Abstract: Based on microeconomics, this paper has formulated one mathematical model on carbon price under carbon emission market and the impacts of systematic uncertainty and firm-specific uncertainty on market equilibrium price are analyzed. The conclusion is that systematic uncertainty is the main driving force for price volatility under competitive market structure.

Key words: emissions right trade; uncertainty; price volatility

1 引 言

中国政府承诺，到 2020 年中国单位 GDP 的二氧化碳排放量将比 2005 年下降 40%～45%。为达成该目标，《中共中央关于制定国民经济和社会发展第十二个五年规划的建议》提出：积极应对全球气候变化，逐步建立碳排放交易市场①。

理论上，排放权交易是一种环境容量资源的配置方式，它通过排放权交易市场，让减排行动发生在边际治理成本最低的排放源上，从而确保以最低的成本来实施总量控制。这种成本有效性通过市场的无形之手自动达成，因而，无须政府部门的价格干预或对个别经济主体减排行动的干预。另外，相比碳税政策而言，政府部门可直接设定总减排量，确保一定时期减排目标的实现。

从实践来看，无论是欧盟排放权交易系统（EU-ETS）还是美国二氧化硫排放权交易市场，都积累了不少经验（Stavins，2007），也出现了程度不同的问题。欧盟排放权交易系统第一阶段因排放总量（cap）设定太高导致 CO_2 减排效果不明显。因初始配额分配不公平问题，德国就有数百起诉讼案。美国二氧化硫排污权交易政策实践了 20 多年，至今赞否两论。较多的文献肯定了美国二氧化硫排放权交易成功之处和经验。然而，美国华尔街杂志 2010 年 7 月 12 日有文章报道曾经高达 1600 美元每吨的二氧化硫排放权现在价格不到 3 美元每吨，而且交易量很小。对此，有专家撰文认为目前美国二氧化硫交易体系最致命的缺陷是没有给予排放权私有财产的法律地位，因而会打消企业购买排放配额的意愿，导致市场交易量非常小（Bast，2010）。

在我国，虽然排放权交易在二氧化硫等领域有过多年的试点尝试，在制定排污交易的运行机制、管理制度等方面也取得了一些经验，但是我国绝大多数排污交易试点都是在当地环保局的协调下完成的，没有真正形成完善的排污权交易市场（王金南、毕军，2009）。尤其是针对国内排放权交易市场中价格波动及其影响因素等方面缺少深入、系统的认识②。碳排放市场交易价格是企业生产、投资决策的基础，也是决策者评价碳市场效率的主要指标之一。经济系统中不确定性是普遍存在的。奈特（1921）认为正是这种不确定性的存在，才是企业利润存在的基础。Friedman（1977）强调通货膨胀不确定性会降低经济增长。作者认为

① 虽然碳强度指标和绝对减排量指标不完全一样，但是考虑到我国仍处在工业化中期，中国只能通过提高经济增长质量、降低单位 GDP 二氧化碳排放强度来实现减排目标，而不可能承担绝对减排量。

② 我们采用关键词共词分析方法，以中国知识资源总库（www. cnki. net）为基础，对国内近五年与排污权交易相关的文献进行了整理，发现国内排污权交易理论研究以基本概念描述和定性分析为主，模型构建与定量研究较少，而且主题主要集中在排污权交易的经济学原理与基本概念、初始排污权分配方式、排污权交易的博弈分析与机制设计、排污权交易市场构建与市场效率等方向上。然而国外的研究则以定量分析、实验研究和模型构建为主。

市场需求的不确定性是市场价格波动的幕后推手。

因此，本文基于微观经济学理论，通过构建数学模型，讨论了碳排放权交易市场价格的形成机理以及市场不确定性对价格波动的影响，分析了排放权交易市场价格波动的必然性及其影响因素。论文构成如下：首先就排放权交易理论与排放权市场价格方面的文献做简要的回顾。之后，重点描述本研究的模型和分析框架。然后，分析市场不确定的来源，并以潜在排放量为例，量化分析了不确定性的特征及其对碳排放交易市场价格的影响。文章最后总结了本文的发现、不足和进一步的工作。

2 文献回顾

排污权交易制度最早20世纪60年代经济学家Robert Coase (1960)、John Dales(1968)提出。现已发展成为许多国家一项重要的环境经济政策，是运用市场机制削减污染的重要手段。Baumol 等(1971)认为排污权交易可以产生相同的价格，而统一的价格可以较经济地达到预先设定的环境目标，而且这一价格不需要管理当局主管设定，而是由市场中的排污权的供给和需求的相互作用来实现。Montgomery(1972)在科斯定理的基础上证明了市场均衡的存在并且在此均衡中整个污染控制区可以达到联合成本的最小化，同时他还证明了在总量控制的条件下，排污权的最终配置与初始分配是相互独立的。Hahn(1984)指出，在不完全竞争的市场中，排放权的初始分配会影响排污权交易机制的效率，因此，选择合适的排污权初始分配方案是至关重要的。Stavins(1995)认为，由于交易成本的存在，整个交易机制可能都要受到影响，边际治理成本与排污权的市场价格不会直接相等，这就有可能形成一个新的成本效率均衡点。若交易成本高，则会限制排污权的供给和需求，不利于减排成本最小化。

然而，就排放权交易市场价格波动及其动力学的研究并不多见。Ellerman and Montero (2007)在Slade和Thille (1997)模型的基础上，把可耗竭资源价格的霍特林模型(Hotelling model)和风险性资产的资本资产定价模型(the capital asset pricing model)结合在一起，模拟了 SO_2 排放权存取的效率路径和 SO_2 排放权价格的演化过程。基于美国 SO_2 市场的时间序列数据，Kosobud，Stokes，Tallarico和Scott (2005)研究表明 SO_2 排放权有正的回报率和产量分布。通过实证分析，Helfand，Moore和Liu (2007)得出 SO_2 价格的波动与无风险利率、证券市场投资组合的超额收益和与 SO_2 相关市场的意想不到冲击有关。本文通过创新性的数学模型分析，研讨了碳排放交易市场中不确定性与市场价格波动性的必然关系，为进一步研讨不完全市场结构下经济效率问题和碳排放权交易期货市场的制度设计等研究做铺垫。

3 数学模型与分析

本节基于新古典经济学原理，讨论碳排放权交易市场价格的形成机制。当不确定性不存在的条件下，碳排放权交易市场价格与全社会的边际减排成本相等。然而，当不确定性存在的情况下，排放权价格的形成规律将呈现不同的特点。我们设各经济主体的潜在排放量为随机变量，下面就排放权价格的形成建立模型，并分析其波动特征。

3.1 模型框架

$i=1,\ldots,N$，代表任意国内碳排放交易市场参与者[①]。

N，代表参与者总数，亦代表参与者集合，依上下文可分辨

A_i，市场参与者 i 的排放配额

Q_i，市场参与者 i 无配额限制下的潜在排放量

q_i，市场参与者 i 的减排量

$C_i(q_i)$，市场参与者 i 通过自身努力（技术改造或产出调整）减排的成本函数

R_i，碳市场价格

R_i，市场参与者 i 的总收益（排放削减成本、排放权买卖收入）

市场参与者 i 的实际排放量为 Q_i-q_i。

不考虑跨期存取的情况，市场参与者 i 的买卖量为 $A_i-(Q_i-q_i)$

市场参与者 i 的总收益为 $R_i=p\times[A_i-(Q_i-q_i)]-C_i(q_i)$

完全竞争市场结构下，各市场参与者都是价格接受者。因而，市场参与者 i 的最优减排决策为

$$\max_{q_i\geqslant 0} R_i \tag{1}$$

假设成本函数满足最优化数学性质，因而其一阶最优条件为

$$MC_i(q_i)=\frac{\mathrm{d}C_i(q_i)}{\mathrm{d}q_i}$$

$$\frac{\mathrm{d}R_i}{\mathrm{d}q_i}=p-MC_i(q_i)=0 \tag{2}$$

则 $$q_i{}^*=MC_i^{-1}(p) \tag{3}$$

即：各市场参与者的最佳减排量为市场全体最小边际减排费用所对应的数量，此时各市场参与者的边际减排成本均等化。

实践中，碳排放权交易市场价格由市场出清条件决定，见下。

---

① 本文中的碳排放权交易市场参与者不包括参与交易的买卖贩子。

$$\sum_{i=1}^{N}[A_i-(Q_i-q_i)]=0\Leftrightarrow\sum_{i=1}^{N}q_i^*=\sum_{i=1}^{N}MC_i^{-1}(p)=\sum_{i=1}^{N}(Q_i-A_i) \quad (4)$$

由式(4)可以得出,碳排放权交易市场价格是全体市场参与者潜在排放量的和 $\sum_{i=1}^{N}Q_i$ 与全体市场参与者所获得排放配额的和 $\sum_{i=1}^{N}A_i$ 的函数。一般来说,各市场参与者排放配额在交易年度内是确定的。然而,事实上,各市场参与者的潜在排放量是不可实测的,事先并不能够确定。如果我们把各市场参与者的潜在排放量看作随机变量的话,市场均衡价格也就可以看作随机变量了。

3.2 碳排放权交易市场中的不确定性

虽然人们可以根据过去推测未来的可能性,但是受人们认知能力与推理能力有限性的限制,人们根本无法预知没有发生过的事件。同样,排放权交易市场中的不确定性是普遍存在的。上节模型框架把市场参与者描述为利润最大化生产者,拥有完全的知识和预见,其决策行为遵循边际成本等于边际收益的原则。然而,实践中,无论是企业的边际减排成本还是潜在排放量,企业也不可能事先完全认知。认知与实际情况的不一致造成了不确定性。并且奈特(1921)将不确定性分为可度量的不确定性和不可度量的不确定性。本文研究可度量的不确定性。

从不确定性的影响范围来看,分系统不确定性(systematic uncertainty)和个体不确定性(firm-specific uncertainty)。系统不确定性对某个行业及以上生产系统的决策产生影响;个体不确定性只对单个厂商的生产决策产生影响。例如:碳市场内各经济主体的潜在排放量与各自生产活动、要素价格和生产技术水平有关。所有市场参与者共同面临的不确定性主要有宏观经济环境、全社会技术进步水平和气候条件等基本因素。以电力行业为例,发电企业拥有的风电、核电机组的非计划停运是影响该企业二氧化碳潜在排放量的具有个体特征的不确定性之一。然而,天气异常酷热导致用电负荷上升是影响电力行业二氧化碳潜在排放量增加的系统性的不确定性之一。另外,煤炭价格、天然气价格、电力价格、核电机组负荷水平、消费者物价指数、工业生产指数、利率水平等等也都是具有系统性特征的不确定性来源。

不确定性导致指标变量的波动,波动的大小用指标变量的方差表示。大数法则①下,微观层面的个体不确定性加总时,个体间的波动可以部分抵消。因而,在厂商层次的独立小波动不一定会被放大为交易市场价格的大波动。本文

① 可参考盛骤等编《概率论与数理统计》(第四版),北京:高等教育出版社,2008

主要分析各经济主体潜在排放量对市场价格形成的影响。

各市场参与者潜在排放量可描述为随机变量 $\tilde{Q}_i, i \in N$ 。记

期望：$E[\tilde{Q}_i] = \overline{Q}_i$

方差：$E[\tilde{Q}_i - \overline{Q}_i]^2 = \sigma_i^2$

不妨任取某一市场参与者标记为市场参与者 1，假设其他各市场参与者的潜在排放量 $\tilde{Q}_i, (\forall_i \in N, i \neq 1)$ 可用市场参与者 1 的潜在排放量 $\tilde{Q}_i$ 表示如下：

$\forall_i, \forall_j, i, j \in N; i, j \geqslant 2; i \neq j$，设 $\tilde{Q}_i$ 与 $\tilde{\varepsilon}$ 不相关，记

$$\tilde{Q}_i - \overline{Q}_i = \beta_i \cdot (\tilde{Q}_i - \overline{Q}_i) + \tilde{\varepsilon} \tag{5}$$

$$E[\tilde{\varepsilon}] = 0$$

$$E[\tilde{\varepsilon}\tilde{\varepsilon}] = 0$$

$$Var[\tilde{\varepsilon}] = \sigma_{\tilde{\varepsilon}}^2$$

$\sigma_{\tilde{\varepsilon}}^2$ 有界，这里以市场参与者 1 潜在排放量离开其“平均值”的分散程度为基准，刻画其他各市场参与者潜在排放量的不确定性特征。残差 $\tilde{\varepsilon}$ 代表个体不确定性对参与者 i 自身潜在排出量的影响。

由于

$$\sum_{i=1}^{N}(\tilde{Q}_i - A_i) = \sum_{i=1}^{N}(\tilde{Q}_i - \overline{Q}_i + \overline{Q}_i - A_i)$$

$$= (1 + \sum_{i=2}^{N}\beta_i)(\tilde{Q}_i - \overline{Q}_i) + \sum_{i=1}^{N}(\overline{Q}_i - A_i) + \sum_{i=2}^{N}\tilde{\varepsilon}$$

因而，全体市场参与者潜在排放量与其排放配额差的数学平均所代表的随机变量的期望与方差为：

$$E\left[\frac{1}{N}\sum_{i=1}^{N}(\overline{Q}_i - A_i)\right] = \frac{1}{N}\sum_{i=1}^{N}(\tilde{Q}_i - A_i) \tag{6}$$

$$Var\left[\frac{1}{N}\sum_{i=1}^{N}\right](\tilde{Q}_i - A_i)$$

$$= E\left[\left\{\frac{1}{N}\sum_{i=2}^{N}\beta_i(\tilde{Q}_i - \overline{Q}_i) + \sum_{i=12}^{N}\tilde{\varepsilon}\right\}^2\right]$$

$$= \frac{1}{N^2}\Big[(1 + \sum_{i=2}^{N}\beta_i)^2(\tilde{Q}_i - \overline{Q}_i)^2 + \sum_{i=2}^{N}\tilde{\varepsilon}_i + 2\sum_{i\geqslant 2}^{N}\sum_{j\geqslant i\geqslant 2}^{N}\tilde{\varepsilon}\tilde{\varepsilon})$$

$$\Big[+ 2(1 + \sum_{i=2}^{N}\beta_i)(\tilde{Q}_1 - \overline{Q}_1)\sum_{i=2}^{N}\tilde{\varepsilon}\Big] \tag{7}$$

$$= \frac{1}{N^2}(1 + \sum_{i=2}^{N}\beta_i)^2[(\tilde{Q}_i - \overline{Q}_i)^2] + \frac{1}{N^2}E\Big[\sum_{i=2}^{N}\tilde{\varepsilon}_i\Big]$$

$$= \frac{1}{N^2}(1 + \sum_{i=2}^{N}\beta_i)^2\sigma_1^2 + \frac{1}{N^2}\sum_{i=2}^{N}\sigma_{\varepsilon_i}^2$$

因为 $\sigma_{\varepsilon_i}^2$ 有界，$N\to\infty, \frac{1}{N^2}\sum_{i=2}^{N}\sigma_{\varepsilon_i}^2\to 0$

则

$$Var\left[\frac{1}{N}\sum_{i=1}^{N}\right](\tilde{Q}_i - A_i)\to \frac{1}{N^2}(1+\sum_{i=2}^{N}\beta_i)^2\sigma_1^2 \tag{8}$$

式(6)、(8)表明：完全市场结构下，市场参与者总数足够多，如果市场参与者1的潜在排放量 $\tilde{Q}_1$ 只受系统不确定性的影响，那么，潜在排放量与排放配额差在市场参与者间平均的方差只与系统性的不确定性有关。

β_i 的含义与讨论如下：

$\beta_i, i\in N, i\geqslant 2$，度量随机变量 $\tilde{Q}_i$ 波动对随机变量 $\tilde{Q}_1$ 波动的敏感程度。

由式(5)，记为 ρ_{1i} 为随机变量 $\tilde{Q}_1, \tilde{Q}_i, (i\neq 1)$ 的相关系数，随机变量 $\tilde{Q}_1, \tilde{Q}_i$，$(i\neq 1)$ 的协方差为：

$cov(\tilde{Q}_1, \tilde{Q}_i) = E[(\tilde{Q}_i - \overline{Q}_i)(\tilde{Q}_1 - \overline{Q}_1)]$

$= \beta_i \cdot E[(\tilde{Q}_i - \overline{Q}_i)^2] + E[\tilde{\varepsilon}(\tilde{Q}_1)] \Leftrightarrow$

$cov(\tilde{Q}_1, \tilde{Q}_i) = \rho_{1i}\sigma_1\sigma_i = \beta_i\sigma_1^2 \Leftrightarrow$

$\beta_i = \frac{\rho_{1i}\sigma_i}{\sigma_i}$

另外，$Var(\tilde{\varepsilon}_1)\equiv\sigma_{\varepsilon_i}^2 = E[\tilde{\varepsilon}^2]$

$= E[\{(\tilde{Q}_i - \overline{Q}_i) - \beta_i\cdot(\tilde{Q}_1 - \overline{Q}_1)^2\}]$

$= E[(\tilde{Q}_i - \overline{Q}_i)^2 + \beta_i^2(\tilde{Q}_1 - \overline{Q}_1)^2 - 2\beta_1(\tilde{Q}_i - \overline{Q}_i)(\tilde{Q}_i - \overline{Q}_i)]$

$= \sigma_i^2 + \beta_i^2\sigma_1^2 - 2\beta_i\rho" 1i\sigma_1\sigma_i$

$= \sigma_i^2\cdot(1-\rho_{1i}^2)$

就是说，当相关系数 $\rho_{1i} = 1$ 时，即两个随机变量相关时，$\tilde{\varepsilon_i}$ 的方差为零，随机变量 θ 的波动可以由随机变量 $\tilde{Q}_1$ 的波动表示。

当相关系数 $\rho_{1i} = 0$ 时，$\beta_i = 0$ 。即两个随机变量不相关时，$\widetilde{\varepsilon_i}$ 的方差和随机变量 $\widetilde{Q_i}$ 的方差相等。此时，式(8)可以表示为

$$N\to\infty,$$

$$Var[\frac{1}{N}\sum_{i=1}^{N}(\widetilde{Q_i} - A_i)]\to\frac{1}{N^2}(1+\sum_{i=2}^{N}\beta_i)^2\sigma_1^2 = \frac{1}{N^2}\sigma_1^2\to 0$$

就是说，当参与者数量足够大时，并且所有市场参与者潜在排放量互不相关，全体市场参与者潜在排放量与减排目标值之差的数学平均所表示的随机变量的方差趋于零。根据式(4)，排放权交易市场价格趋于确定的值。这和保险的赔偿遵从大数定律的逻辑是一样的，即参加某项保险的投保户成千上万，虽然每

一户情况不相同，但对于保险公司来说，平均每户的赔偿金几乎恒等于一个常数。

当 $\rho_{1i} \neq 0$ 时，式(8)可以表示为

$$N \to \infty,$$

$$Var[\frac{1}{N}\sum_{i=1}^{N}(\widetilde{Q}_i - A_i)] \to \frac{1}{N^2}(1+\sum_{i=2}^{N}\beta_i)^2\sigma_1^2 = (\frac{1}{N}\sum_{i=1}^{N}\rho_{i1}\sigma_i)^2$$

$$(\rho_{11} \equiv 1)$$

就是说，即使当参与者数量足够大时，如果参与者之间潜在排放量的不确定性相互关联，则全体市场参与者的潜在减排量与减排目标值之差的平均所表示的随机变量的方差不为零。根据式(4)，如果给定市场总体边际减排成本函数，排放权交易市场均衡价格为均值和方差已知的随机变量。

3.3　讨论

以上的推导基于完全竞争市场结构，可以归纳出：

(1) 碳排放权交易市场中，系统不确定性和个体不确定性都会影响市场参与者潜在排放量，即碳排放权的需求，进而导致碳市场价格的波动。

(2) 如果各市场参与者潜在排放量的波动相互不相关，此时个体不确定性对各参与者潜在排放量的影响可以部分抵消，排放权市场均衡价格趋于稳定。

(3) 如果市场参与者潜在排放量的波动是相关的，即系统不确定性是影响各市场参与者潜在排放量的主导因素，那么，排放权市场均衡价格是均值和方差可确定的随机量。也就是说，市场内参与者个体的不确定性不是交易价格波动的主要来源；而系统不确定性才是交易价格波动的主要基础。

(4) 由式(4)、(6)、(7)易知，排放权市场均衡价格与初始配额的分配无关，与初始配额的总额有关。

4　结束语

本文构建了完全竞争市场结构下，碳排放权交易市场价格的形成机制。分析讨论了系统不确定性与个体不确定性对碳市场均衡价格及其波动的影响，得出系统不确定性是市场价格波动的主要推手。其政策含义是国内碳排放权交易市场设计时应尽可能地纳入不同行业的市场参与者以稳定市场价格。当然，实际中的碳排放交易市场不满足完全竞争经济市场条件，且存在交易费用等，市场参与者的策略行为也将是市场价格波动的主要来源。以上这些是我们进一步研究市场结构与经济效率的主要内容。

参考文献

[1] Bast J. (2010) Cap-and-trade's Market Failure. American Thinker, July 28

[2] Coase, R. (1960) The problem of social cost. Journal of Law and Economics, 3: 1—44

[3] Dales J. (1986) Pollution, Property and Prices. Toronto: University of Toronto Press

[4] Ellerman A. D. , Montero J. P. (2007) The efficiency and robustness of allowance banking in the U. S. acid rain program. Energy Journal, 28, 205—233

[5] Friedman M. (1977) Nobel lecture: inflation and unemploymen. Journal of Political Economy, (85): 451—472

[6] Godby R. , et al. (1997) Emissions trading with shares and coupons when control of discharges is uncertain. Journal of Environmental Economics and Management, 32: 359—381

[7] Hahn R. W. (1984) Market power and transferable property rights. The Quarterly Journal of Economics , 398(4): 753—765

[8] Helfand G. E. , Moore M. R. , Liu Y. (2007) The intertemporal market for sulfur dioxide allowances. School of Natural Resources and Environment, University of Michigan

[9] Kosobud R. F. , et al. (2005) Valuing tradable private rights to pollute the Public's air. Review of Accounting and Finance, 4(1): 50—71

[10] Montgomery D. W. (1972) Markets in licenses and Efficient Pollution Control Programs. Journal of Eeonomic Theory, 5: 395—418

[11] Slade M. E. , Thille H. (1997) Hotelling confronts CAPM: a test of the theory of exhaustible resources. Canadian Journal of Economics, 30(3): 685—708

[12] Stavins, R. N. (1995) Transaction costs and tradeable permits. Journal of Environmental Economics and Management, 29: 133—148

[13] Stavins R. N. (2007) Market-based environmental policies: what can we learn from U. S. experience (and related research)? Moving to markets in environmental regulation: lessons from twenty years of experience. eds. Jody Freeman and Charles Kolstad. New York: Oxford University Press, 19—47

[14] 奈特(2005)风险、不确定性和利润. 王宇、王文玉译. 北京：中国人民大学出版社

[15] 王金南，毕军(2009)排污交易：实践与创新. 北京：中国环境科学出版社

消费者对创新产品消费意图之研究
——以携带式氢燃料电池为例

陈翰绅[1]　陈家荣[2]　陈育珩[3]

(1 中山医学大学健康餐饮暨产业管理学系，台湾台中；2,3 成功大学资源工程学系，台湾台南)

【摘要】近年来，全球温室效应问题日趋严重，各国为因应气候变迁及减少温室气体排放，无不积极开发新能源及研发新能源应用技术，以达到低污染能源的环保目标。本文以科技接受模式(TAM)为基础，采用问卷调查方式，利用结构方程模式(SEM)探讨消费者对于携带式氢燃料电池的需求、接受度及消费意愿。研究结果发现：年龄在“21～30岁”与“31～40岁”者分别对携带式氢燃料电池之创新接受度、产品创新认知与行为意向具有显著差异；在创新接受度与行为意向之同意度平均数得分中，月所得为“45001～55000元”者显著高于“25000元及以下”者；再者，消费者对于携带式氢燃料电池的创新接受度、产品创新认知、行为意向间具有显著的正向相互影响；且线性结构方程式分析结果得知，强化消费者对于携带式氢燃料电池的创新接受度，可以增加消费者对于携带式氢燃料电池之产品创新认知，进而推升其对携带式氢燃料电池的行为意向。

【关键词】创新接受度；产品创新认知；行为意向；携带式氢燃料电池

A Study on Consumption Intentions of Consumer to the innovation product: A Case of Portable Hydrogen Fuel Cell

Han-Shen Chen [1], Chia-Yon Chen [2], Yu-Heng Chen[3]

(1 School of Diet and Industry Management, Chungshan Medical University, Taizhong; 2, 3 Dept. of Resource Engineering, ChengKung University, Tainan)

Abstract: The purpose of the study is to investigate the relationships among innovativeness, perception in new product and behavior intension by portable hydrogen fuel cell. There were some findings below: age between 21～30 and 31～40 were significantly related to all variables; people whose monthly income between 45001～55000 dollars perceived higher innovativeness and behavior intension more than ones whose monthly income under 25000 dollars. Moreover, the significantly positive mutual influence among innovativeness, perception in new product, behavior intensions by portable hydrogen fuel cell was also proved. Finally, the thesis testified by Structural Equation Modeling (SEM) showed enhancing consumers' innovativeness could increase the perception in new product and promote behavior intension by creative portable hydrogen fuel cell .

Key words: innovativeness; perception in new product; behavior intension; portable hydrogen fuel cell

1 绪 论

近年来,全球温室效应问题日趋严重,各国(地区)为因应气候变迁及减少温室气体排放,无不积极开发新能源及研发新能源应用技术,以达到低污染能源的环保目标。而在众多新能源中,由于氢能源具有无污染、安全性高等优点,早已被国际能源总署(International Energy Agency, IEA)规划为未来主要的能源利用型态,且预期氢能源于 2050 年时将占最终使用能源(final energy consumption)的 50%(曹芳海、赵令裕与周桂兰,2006)。台湾经济能源主管部门(2008)指出,预估至 2011 年,国际燃料电池平均复合度成长率可达 42.9%,产值可达 25 亿美元;至 2016 年,平均复合年成长率亦达 27.7%,产值则升高到 85 亿美元。其中,接近 60%的市场属于发电及衍生应用,若以台湾占 5%估算,产值即达新台币 130 亿元。此外,市调机构 Freedonia Group(2009)预测,2009 年全球燃料电池市场规模将成长至 25.8 亿美元,预估到 2014 年,全球燃料电池系统市场规模可达 135.5 亿美元,平均年复合成长率为 43%。

为推动台湾地区燃料电池与氢能产业发展,台湾经济能源主管部门于 2008 年 4 月邀请燃料电池零组件、氢气生产与储存设备、发电机、行动电源及机车应用等相关业者,召开"2008 台湾氢能与燃料电池产业发展策略业者座谈会",共同研商台湾燃料电池与氢能产业发展策略,期顺应全球新能源技术与温室气体减量之发展趋势,打造低碳新能源产业,并抢占国际市场,创造产业发展之新契机。预期从目前燃料电池产业的萌芽期发展到 2011 年新台币 40 亿元、2016 年新台币 130 亿元产值、2020 年有接近千亿元的潜力,国际市场占有率约达 5%;此外,台湾经济主管机关于 2009 年 4 月召开的台湾能源会议中亦将储氢技术、产氢技术、运送技术及氢能载具以及燃电池与氢内燃机之研发、应用与推广等列入新能源科技发展的项目中,同时随后在提出的"绿色能源产业旭升方案"中,选定氢能源与燃料电池等数种绿色能源作为重点产业,预计未来 5 年内,将投入 250 亿元之经费推动再生能源与节约能源之设置及补助,并投入技术研发经费

200 亿元，提升绿能产业和关键技术效率，建立自主化技术，以产值规模估计，将可望带动民间投资 2000 亿元以上，每年度创造 11.58 万个工作机会，预计至 2015 年，让绿能产业的产值达到 1.158×10^{12} 亿元。

在民众环保识意日渐提高及企业追求永续经营的共识下，预期绿色消费之风潮将使得色产品成为市场主流。尽管绿色产品在未来备受期待，但由于大部分绿色产品皆属于新技术的应用或创新产品，目前市面上并非主流，厂商若没有做好产品推出前的准备工作，很可能会因为产品不实用、价格过高等因素，使得消费大众无法接受该产品而宣告失败。因此，厂商在推出产品之前，适当的评估是重要且必要的。而用来评估消费者对产品接受度的准则有很多，其中，消费者的消费意图即为重要的评估准则。Rogers(2003)研究指出，消费者对创新产品的采用会受到新产品本身特质的影响，例如当新产品的新增功能比既有产品更能满足消费者的需求，更能带给消费者更大的满足感时，该新产品将会较容易被消费者所采用。Fishbein 和 Ajzen(1975)曾提出理性行为模式，认为一个人所产生的行为是基于意图(intention)，Howard 和 Sheth(1969)提出的“Howard-Sheth 模式”也都认为消费意图会影响消费者的购买(采用)行为。林振扬(2007)以液晶电视(LCD TV)为例，探讨产品属性、产品品牌知与商店环境对消费者购买意愿的影响。林柏成(2010)则以智能型手机为例，探讨生活型态对应科技产品特征的消费意图等，其皆证明了消费意图用于评估消费者对产品接受程度的重要性。

携带式氢燃料电池是以直接甲醇燃料电池(direct methanol fuel cell, DMFC)为主，主要应用于手机、MP3、笔记型计算机及移动电源等 3C 产品。相对于传统的锂电池而言，乃代表着科技的创新与应用。由于氢燃料电池比锂电池供电稳定且供电时间较长，使得各大 3C 厂商陆续推出应用于 3C 产品之携带式氢燃料电池产品。然而，由于携带式氢燃料电池在 3C 应用产品尚属起步阶段，消费者对此一新设备产品的接受度及其外部变量(external variables)仍有待进一步厘清，因此，本文以科技接受模式(technology acceptance model, TAM)为基础，探讨消费者对于携带式氢燃料电池之消费意图及影响因素，此为氢燃料电池研究领域之初步尝试，亦为本文贡献之一。科技接受模式(TAM)是 Davis (1989)依据 Fishbein 和 Ajzen(1975)的理性行为理论，探讨理性与感性因素与科技使用的关系所发展而来，其所使用的构念较具完整性与代表性，所建构之变量间关系也较具整合性，故受到许多研究广泛的应用(梁世安、余国玮，2005)。此模式系以知觉有用性(perceived usefulness, PU)与知觉易用性(perceived ease of use, PEU)为潜在变量，不仅可以解释使用者接受新科技系统及设备产品的行为，同时也能用以分析影响使用者接受情形的各种因素。本文首先汇整出影响消费者对于携带式氢燃料电池之使用行为意向之重要外部变项，以深入了解消费者对于携带式氢燃料电池消费意图的影响因素与效果，进而提供主管部门及氢燃料电池业者管理意涵之建议，并作为后续相关研究之理论基础。

2 文献回顾

2.1 创新接受度

Rogers(2003)将创新定义为“当一个观念、做法或物品在个体或团体中被认为是新的，不论过去、现在或未来，只要此观念对个体而言是新的，这就是创新”。Alison(2003)认为产品创新可能只是产品的一部分修改，产品创新除了原创的产品外，也包括改进的产品。Acha，Marsili 和 Nelson(2004)定义创新是将知识结合或综合于独创、相关、重要的新产品、流程或服务中。Andreas，Oliver 和 Ulrich(2007)指出，产品创新具有在现有的市场中创造出新市场的潜力。Gilles(2004)认为创新接受度为一种比他人更迅速购买产品创新的倾向，或被产品创新吸引的倾向，可解释为顾客的创新接受度(consumer innovativeness)或对新颖事物的一种消费概念(consumption of newness)。Hurt，Joseph 和 Cook(1977)发展“创新接受度量表”，其认为若能有系统地使用自我报告的评量方法，就能有效地评量与预测创新接受度，而其量表具有陈述个人之个性及改变意愿的特性。Lee，Hailin 和 Kim(2007)认为创新接受度是个人对产品创新的接纳程度，是与生俱来的人格。

综合上述文献探讨可知，多数学者以顾客、企业以及市场三种角度来阐述产品创新。Knut (1988)指出，成功的产品创新必须依据顾客的需求来发展，企业若只是站在生产者的角度，而不去思索顾客的需求，将是无法持续经营下去的。因此，本文将以顾客的角度来释意创新接受度为“个体比他人在时间上较早采用携带式氢燃料电池的程度”。

2.2 产品创新认知

产品创新认知(perception in new product)就是顾客对产品创新属性上所感受到的认知，而此一认知能够吸引顾客接纳并采用，使产品能迅速地在市场上扩散与传播、被个体所接受。Rogers(1983)认为产品创新认知包括：① 相对利益性(relative advantage)：如果接受产品创新能使个人可以感受到比以往产品有较佳利益时，产品被接受的可能性则愈高，传播速度也愈快；② 熟悉性(compatibility / familiarity)：如果产品创新与个人过去的价值观、经验与需求类似，与原产品的使用方式熟悉性较高时，就比较容易被接受，且产品能加快扩散速度；③ 复杂性(complexity)：产品的复杂性愈低，就能愈快地扩散，产品的使用愈简单就愈容易被了解且接受；反之，若愈复杂的话，需学习新的知识与技能，被接受的概率也愈低；④ 试验性(triability)：如果产品能够被使用者试验，提供试用机会，就能降低其所感受到的风险，加速传播的速度；⑤ 观察性(observability)：创新成果能被其他人观察或描述的程度。

本文在产品创新认知的衡量方法上主要系以 Rogers(2003)所提出的五种产品创新认知为参考基础自行发展量表，且因研究目的需要，本文将舍弃"复杂性"与"试验性"之属性认知，探讨携带式氢燃料电池创新认知的"相对利益性"、"熟悉性"与"观察性"等构面。

2.3 行为意向

Bernard(2000)认为顾客的行为意向(behavior intention)是一个人主观判断其未来可能采取行动的倾向，因此，可以用来预测人们的行为。在行为意向衡量方法上，Parasuraman，Zeithaml 和 Berry(1996)认为行为意向构面包含正面的行为意图忠诚度、支付更多，与负面的行为意图转移、内部反应及外部反应等五个构面。正向的行为意向会使顾客增加产品的购买，反向的行为意向会使顾客减少产品的购买，进而转向其他产品供应者购买。Engel，Blackwell 和 Miniard (2001) 提出的顾客的行为意向包括以下三个方面：① 购买意向(purchase intentions)：系指顾客对该产品是否出现购买的意愿及其程度高低，愈高的购买意向，能导致愈高的行为意向(Schiffman 和 Kanuk，2001)，其衡量指标包括愿意购买、有兴趣购买、愿意为他人购买。② 支出意向(spending intentions)：系指顾客预期花费在该产品上金额的高低，其衡量指针包括愿意比其他产品花更高的价格、及产品本身的调涨不影响其支出的意愿等。③ 衍生意向(derivational intentions)：系指是否会将该产品推荐给亲朋好友的意向，其衡量指标包括愿对他人诉说此产品之好处、推荐该产品等。

综合以上论述，本文将行为意向定义为"顾客对某事务可能采取行动的倾向，当行为的意向愈强，也代表着顾客愈有可能去从事该行为"。而行为意向包括"购买意向"、"支出意向"与"衍生意向"。

2.4 创新接受度、产品创新认知与行为意向间之关系

2.4.1 创新接受度与产品创新认知关系

以下依产品创新认知其子构面分别探讨如下：

(1) 相对利益性。许多研究发现，创新接受度较高者，其所感受到的"相对利益性"较高(林亮德，2000；林俊宏，2002)。Roger，Chan 和 Anna(2006)研究证实创新接受度对产品创新认知中的"相对利益性"有显著正向影响。

(2) 熟悉性。"熟悉性"是顾客决定要不要接受此产品创新的一个指针(Danneelsm 和 Kleinschmid,2001)。创新接受度较高者,其所感受到的"熟悉性"较高(林亮德,2000;林俊宏,2002)。但 Roger,Chan 和 Anna(2006)研究发现,创新接受度对"熟悉性"为显著负向影响。

(3) 观察性。较少研究探讨"观察性"与创新接受度之关系,但一般而言,创新接受度较高者,比起较低的创新接受度者应能在产品创新上更容易观察到创新的成果,故创新接受度对"观察性"应为正向影响,本研究亦欲探究其关系。

2.4.2 创新接受度与行为意向关系

林俊宏(2002)以 PDA 为例,发现创新接受度愈高者,其"购买意向"愈高,但林亮德(2000)以数字激光视盘为例,其研究却发现创新接受度并不显著影响"购买意向"。Choo,Chung 和 Pysarchik(2002)其研究发现,仅有高度创新接受度者其"购买意向"对购买行为有显著正向影响。

2.4.3 产品创新认知与顾客行为意向关系

Holak 和 Lehmann(1990)研究指出,"相对利益性"与"复杂性"对"购买意向"有直接或间接性显著影响。林亮德(2000)与林俊宏(2002)之研究发现顾客所感受的"相对利益性"、"熟悉性"皆对"购买意向"有显著的正向影响。Choo,Chung 和 Pysarchik(2002)发现不同创新接受度者,所感受的产品"熟悉性"皆对"购买意向"与购买行为皆有显著的正向影响。赖炳全(2005)以产物保险个人性商品为例,探讨产品创新认知、讯息传递、顾客知识、消费情绪与行为意向之关系,其研究发现产品创新认知对顾客行为意向具有显著正向影响,"相对利益性"、"熟悉性"与"观察性"愈高者,其行为意向愈高。

综上观之,本研究欲探讨消费者对于携带式氢燃料电池的创新接受度、产品创新认知与行为意向间之关系。

3 研究方法

3.1 研究架构及研究假设

本研究基于研究目的及文献探讨,提出探讨消费者对于携带式氢燃料电池之创新接受度、产品创新认知与行为意向间之关系,研究架构如图 1 所示。所衍生之假设分别叙述如下:

假设 1:人口属性分别对创新接受度、产品创新认知与行为意向间具有显著差异。

假设 1—1:人口属性对携带式氢燃料电池创新接受度具有显著差异。

假设 1—2:人口属性对携带式氢燃料电池创新认知具有显著差异。

假设 1—3：人口属性对携带式氢燃料电池行为意向具有显著差异。

假设 2：消费者对携带式氢燃料电池创新接受度、产品创新认知与行为意向间具有显著正向影响。

假设 2—1：消费者对携带式氢燃料电池创新接受度具有显著正向影响。

假设 2—2：消费者对携带式氢燃料电池创新认知具有显著正向影响。

假设 2—3：消费者对携带式氢燃料电池行为意向具有显著正向影响。

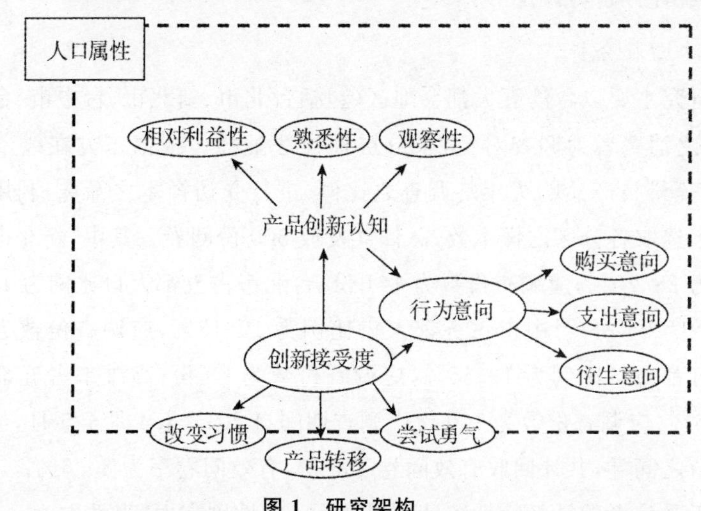

图 1　研究架构

3.2　问卷设计

本文旨在评估消费者对于携带式氢燃料电池消费意图的影响因素与效果，进而提供主管部门及氢燃料电池业者管理意涵之建议。问卷调查内容包括四大部分：① 产品创新认知部分，包括相对利益性、熟悉性以及观察性等三大衡量构面，共 14 个题项，参考文献包括 Rogers(2003)、Holak 和 Lehmann (1990)、林俊宏(2002)、Choo，Chung 和 Pysarchik (2002)、赖炳全(2005)；② 创新接受度部分，包括改变习惯、产品转移以及尝试勇气等三大衡量构面，共 10 个题项，主要系以 Hurt，Joseph 和 Cook(1977)所提出之创新接受度量表为参考依据并修改之；③ 行为意向部分，包括购买意向、支出意向以及衍生意向等三大衡量构面，共 10 个题项，参考文献包括 Engel，Blackwell 和 Miniard (1995)、林亮德(2000)、Choo，Chung 和 Pysarchik(2002)，林俊宏(2002)、赖炳全(2005)等；④ 受访者基本数据：包括社会经济变量与人口统计变量，例如性别、婚姻状况、年龄、教育程度、职业、收入等，以期能对受访者的特性作进一步的了解。

为求确认研究量表之内容效度，邀请三位专家学者应邀检视本文研究量表题项与内容之适切性，经建议修正七个题项字词之叙述方式后，进行研究问卷以预试。问卷预试时间为2011年2月，共计发放预试问卷100份，回收有效问卷82份。本研究运用项目分析与信度分析分别检视研究量表之鉴别能力与内部一致性，项目分析之结果显示，高分组（得分位居前27%）与低分组（得分位居后27%）于各题项之得分均具显著之差异，各构面之信度系数亦均高于0.7。因此，确立研究量表之鉴别能力与内部一致性，适合进行正式问卷之发放。

4 资料统计分析与讨论

4.1 样本回收分析

本研究主要以台湾五大都会地区（包括台北市、新北市、台中市、台南市以及高雄市）之消费者为调查对象，采分层抽样法抽样。根据东方在线（2010）对笔电、手机等科技产品购买年龄调查之比例，进行受访样本之筛选，利用人口数比例原则来选取各分区之样本数，总计共发放500份问卷。其中，新北市占五都人口比例为28.20%，应调查份数为141份；台北市占五都人口比例为19.01%，应调查份数为95份；台中市占五都人口比例为19.18%，应调查份数为96份；台南市占五都人口比例为13.55%，应调查份数为68份；高雄市占五都人口比例为20.06%，应调查份数为100份。调查期间自2011年4月至5月，经过剔除具有遗漏值之问卷，共计回收有效问卷403份，有效问卷率为80.6%。

关于受访者的社经特性统计结果如下：在性别方面，男性占46.9%，女性占53.1%，分布相当；在婚姻状况方面，有71%的受访者目前是单身（含离婚及分居）；年龄层方面，31～40岁的人居多（占41.9%），21～30岁次之（占30.0%），此与东方在线（2010）对笔电、手机等科技产品购买年龄比例之调查结果相符；教育程度方面，大学（专）占66.0%，研究生及以上占14.4%，超过80%的受访者受过高等教育；职业类别中，学生占32.5%，服务业约占26.6%，军公教人员约占11.2 %；受访者每月平均所得以45001～55000元所占的比例较大(28.8%)，其次是25001～35000元（占27.3%），再下是25000元及以下（23.1%）。

4.2 研究变量之描述性统计与信度分析

整体而言，研究变量之平均数介于2.86～3.71之间，标准差介于0.412～0.698之间。在创新接受度调查中发现，受访者认为“当我看到一个新的产品时，我有尝试的勇气”同意度最高（平均数＝3.71），其次为“我乐于尝试购买陌生的产品，以增加购物多样性的乐趣”（平均数＝3.60）、“对于尝试新鲜或不同的事物，我总是抱持着小心谨慎的态度”（平均数＝3.30），排行最末者则是“我认为我自己是位品牌忠诚度相当高的顾客”（平均数＝2.86）。

在产品创新认知之结果发现，受访者认为“我能够很明显地看出此携带式氢燃料电池与原先的不同"之得分最高(平均数＝3.67),其次为"我能够很容易观察到此携带式氢燃料电池的变化"(平均数＝3.61)、"我能够显而易见地看出此携带式氢燃料电池的创新所在"(平均数＝3.59),排行最末位者则是"此携带式氢燃料电池能够提供我独特的利益"(平均数＝3.28)。

在行为意向同意度分析,受访者认为"我愿意在我有需求的时候,购买此携带式氢燃料电池"同意度最高(平均数＝3.52),其次为"我愿意购买此携带式氢燃料电池"(平均数＝3.44)、"如果有人请我推荐携带式电池,我会推荐此携带式氢燃料电池"(平均数＝3.43),排行最末者为"我愿意以比其他携带式电池高的金额购买此携带式氢燃料电池"(平均数＝2.94)。

由上述分析可知,受访者对携带式氢燃料电池之创新接受度同意度平均数得分趋于中等;由产品创新认知变项中同意度平均数得分可见,受访者对其态度为稍微同意。由行为意向的分析结果可见,受访者对于携带式氢燃料电池的购买意愿抱持相当兴趣,但大多数不愿意以较传统携带式电池更高的金额购买之。

在信度分析方面,本文采用信度 α 系数来进行问卷信度分析。在产品创新认知中"相对利益性"构面包括八个题项,信度 α 值达 0.90;"熟悉性"构面包括三个题项,信度 α 值达 0.79;"观察性"构面包括三个题项,信度 α 值达 0.85。在创新接受度中"改变习惯"构面包括四个题项,信度 α 值达 0.88;"产品转移"构面包括三个题项,信度 α 值达 0.82;"尝试勇气"构面包括三个题项,信度 α 值达 0.86;在行为意向中"购买意向"构面包括四个题项,信度 α 值达 0.86;"支出意向"构面包括三个题项,信度 α 值达 0.88;"衍生意向"构面包括三个题项,信度 α 值达 0.77。结果显示各构念之信度 α 值皆在 0.7 以上具有高信度,显示各个量表均具良好之信度。

4.3 人口属性对创新接受度、产品创新认知与行为意向之差异分析

本研究以 t 检定与单因子变异数分析方法验证假设 1 消费者人口属性分别对携带式氢燃料电池创新接受度、产品创新认知与行为意向间具有显著差异是否成立,分析结果如以下所述:

(1) 假设 1—1 消费者人口属性对创新接受度具有显著差异

分析得知,受访者对携带式氢燃料电池创新接受度会因为年龄、教育程度与月所得不同而具显著差异。首先于"改变习惯"构面中,"研究生及以上"之教育程度者其同意度平均数得分显著高于"高中(职)及以下"者($p<0.05$),此与学者 Donald(1967)、James, Donnelly 和 Michael(1973)和张美云(2002)之研究发现"教育程度愈高创新接受度愈高"的结果相同,故得知教育程度愈高,愈喜爱尝试新的产品。

其次，在“产品转移”构面中，发现受访者之月所得介于“45001～55000元”者其同意度平均数得分显著高于25000元及以下者（$p<0.05$），换句话说，收入愈高者，对于新产品的尝试意愿较高，此与过去诸多学者，例如Donald(1967)、James，Donnelly和Michael(1973)与张美云(2002)之研究发现相同。由于购买创新产品是一种具有风险的行为，故收入较低者在产品创新接受度概念上相对较低。

在“尝试勇气”构面中，年龄位于“21～30岁”与“31～40岁”者显著高于“60岁及以上”者（$p<0.05$），此与学者James，Donnelly和Michael(1973)和Leung(1998)发现年龄较低者其创新接受度较高之结果相同。或许因年轻族群对携带式氢燃料电池具有较高的尝试勇气，且不喜欢拘泥于一成不变的产品，他们喜欢求新求变，寻求新鲜事物有关，由以上观之，假设1—1部分成立。

(2) 假设1—2 消费者人口属性对产品创新认知具有显著差异

分析结果得知，受访者对携带式氢燃料电池创新认知会因为年龄之不同而具显著差异。在“相对利益性”构面中，“21～30岁”与“31～40岁”者同意度平均数得分显著高于“60岁及以上”者（$p<0.05$）；至于“观察性”之构面，发现“21～30岁”者其同意度平均数得分显著高于“51～60岁”者（$p<0.05$），故假设1—2部分成立。此研究结果显示，年轻族群对于携带式氢燃料电池产品创新认知较高，与Leung(1998)之研究发现相同。

(3) 假设1—3 消费者人口属性对行为意向具有显著差异

分析结果得知，受访者对携带式氢燃料电池行为意向会因为年龄与月所得之不同而具显著差异。在“购买意向”构面上，“21～30岁”与“31～40岁”者其同意度平均数得分显著高于“60岁及以上”者（$p<0.05$），换言之，年轻族群的行为意向较高，在林俊宏(2002)以PDA为例的研究上亦证实年轻族群有较高的购买意愿。在“支出意向”构面中均无显著差异。最后，于“衍生意向”中，“21～30岁”者其同意度平均数得分显著较“60岁及以上”者高（$p<0.05$），显示年轻族群较愿意将携带式氢燃料电池推荐给其他人；而月所得介于“45001～55000元”者显著高于“25000元及以下”者（$p<0.05$），收入愈高者具有较高的“衍生意向”，故假设1—3部分成立。

综合上述分析结果得知，首先在人口属性变项与携带式氢燃料电池创新接受度、产品创新认知与行为意向的检定中可以发现，“21～30岁”与“31～40岁”者在创新接受度“尝试勇气”构面、产品创新认知“相对利益性”与“观察性”构面、行为意向“购买意向”与“衍生意向”构面上具显著差异；月所得收入介于“45001～55000元”者于创新接受度“产品转移”构面与行为意向“衍生意向”构面之同意度平均数得分显著高于“25000 元及以下”者。

4.4 假设验证

本研究利用结构方程模式进行理论模式之验证，验证之结果并无任何违犯估计之现象，因此，显示整体模式之估计值系属正确数值无误。整体模式适配度之评鉴结果，均达可以接受之水平（$\chi^2=183.70$，df＝74，$p=0.00$；χ^2/df＝2.48；RMR＝0.012；SRMR＝0.030；RMSEA＝0.061；GFI＝0.94；AGFI＝0.91；NFI＝0.99；NNFI＝0.99；CFI＝0.99；IFI＝0.99；RFI＝0.98；PNFI＝0.80；PGFI＝0.66）；潜在变项与衡量指标之间之系数介于 0.46～0.61 之间，t 值均达显著水平，因此，个别指标之效度成立；其次，个别观察变项之信度（R^2）介于 0.71～0.80 之间，因此，个别观察变项之信度成立；再者，潜在变项之组成信度介于 0.914～0.931 之间，平均变异萃取量介于 0.721～0.779 之间，因此，潜在变项之信度与效度成立（Bagozzi & Yi，1988）（如表 1 所示）。

表 1　理论模式之内在结构适配度评鉴

参数	估计值	误差变异	R^2	完全标准解	组成信度	平均变异萃取量
λx_1	0.50＊（t＝20.43）	0.100＊（t＝11.64）	0.71	0.84	0.931	0.721
λx_2	0.48＊（t＝21.34）	0.075＊（t＝11.11）	0.75	0.87		
λx_3	0.47＊（t＝19.77）	0.100＊（t＝11.95）	0.70	0.83		
λx_4	0.58＊（t＝21.95）	0.092＊（t＝9.63）	0.79	0.89	0.914	0.779
λx_5	0.61＊（t＝21.48）	0.120＊（t＝10.15）	0.76	0.87		
λx_6	0.60＊（t＝22.23）	0.091＊（t＝9.30）	0.80	0.89		
λx_7	0.54＊（t＝20.52）	0.120＊（t＝11.25）	0.72	0.85	0.919	0.753
λx_8	0.56＊（t＝19.58）	0.150＊（t＝11.75）	0.70	0.82		
λx_9	0.57＊（t＝19.41）	0.160＊（t＝11.83）	0.71	0.82		

注：＊表示 $p<0.05$

潜在变项之间相关系数值之平方介于 0.449～0.608 之间，均较各潜在变项之平均变异萃取量为低；此外，潜在变项之间相关系数之信赖区间于 95％之信赖水平之下，未有任一相关系数之信赖区间涵盖 ±1.0，因此，潜在变项之鉴别效度成立（Joreskog & Sorbom，1993）（如表 2 所示）。

表 2　理论模式潜在变项之相关矩阵

变　项	产品创新认知	创新接受度	行为意向
产品创新认知	0.721		
创新接受度	0.67 * (0.03) t=20.90	0.779	
行为意向	−0.68 * (0.03) t=−21.86	−0.78 * (0.02) t=−32.33	0.753

注：a.(　)内之数值为标准误　b. * 表示 $p<0.05$　c. 对角线之数值为平均变异萃取量

4.5　路径分析

各变项间路径实证结果如表 3 所示，以下逐项说明各变项间之分析结果：

(1) 假设 2—1 消费者对携带式氢燃料电池创新接受度具有显著正向影响

受访者对携带式氢燃料电池创新接受度与产品创新认知两者之间的标准化路径系数为 0.48，达到显著性($p<0.05$)，显示创新接受度对产品创新认知存在显著的正向影响，因此，假设 2—1 获得支持。

(2) 假设 2—2 消费者对携带式氢燃料电池创新认知具有显著正向影响

创新接受度与行为意向两者之间的标准化路径系数为−0.12，未达显著性($p<0.05$)，显示创新接受度对行为意向并无显著正向影响，假设 2—2 不获得支持。

(3) 假设 2—3 消费者对携带式氢燃料电池行为意向具有显著正向影响

产品创新认知与行为意向两者之间的标准化路径系数为 0.79，达显著性($p<0.05$)，显示产品创新认知与行为意向存在显著的正向影响，因此，假设 2—3 获得支持。

由表 3 可知，消费者对携带式氢燃料电池创新接受度与产品创新认知具有正向影响，其中路径系数为 0.48 的解释能力，亦即创新接受度增加一单位，会使得产品创新认知增加 0.48 单位，而创新接受度因素中，是以“产品转移”影响最大，可见“产品转移”在创新接受度中之重要性。

受访者对携带式氢燃料电池之行为意向包括“购买意向”、“支出意向”以及“衍生意向”、本文发现行为意向会依产品创新认知而改变。产品创新认知对行为意向有的正向影响，其中路径系数高达 0.79，代表产品创新认知对行为意向具有 0.79 的解释能力，亦即产品创新认知增加一单位，会使得行为意向增加 0.79 单位。再者，产品创新认知构面中以“相对利益性”对其响最深，若想提升购买意愿，可从“相对利益性”先着手以达事半功倍，其次依照顺序为“观察性”与“熟悉性”。

有鉴于此，假设2消费者对携带式氢燃料电池创新接受度、产品创新认知与行为意向间具有显著正向影响是部分成立。其中，创新接受度对行为意向之间具有显著正向影响不成立；而产品创新认知对行为意向间具有显著正向影响是成立，意即消费者对携带式氢燃料电池创新接受度必需透过产品创新认知影响行为意向。

表3　创新接受度、产品创新认知与行为意向间路径分析实证结果

变项	标准化路径系数	p 值
创新接受度→产品创新认知	0.48	<0.0005***
创新接受度→行为意向	−0.12	0.06
创新接受度→改变习惯	0.81	<0.0005***
创新接受度→品牌转移	0.90	<0.0005***
创新接受度→尝试勇气	0.57	<0.0005***
产品创新认知→行为意向	0.79	<0.0005***
产品创新认知→相对利益性	0.96	<0.0005***
产品创新认知→熟悉性	0.85	<0.0005***
产品创新认知→观察性	0.86	<0.0005***
行为意向→购买意向	0.95	<0.0005***
行为意向→支出意向	0.75	<0.0005***
行为意向→衍生意向	0.87	<0.0005***

注：***表示显著水平 $p<.0005$；**表示显著水平 $p<.01$；*表示显著水平 $p<.05$。

5　结　论

5.1　结论

5.1.1　消费者能察觉携带式氢燃料电池的变化性，并感受其具有较高的利益性，但却不愿意负担较高的金额

本文证实，消费者认同携带式氢燃料电池能够带来更高的利益性，依照学者Rogers (1983)之观点，如果产品创新能使顾客感受到比以往产品有较佳利益时，产品被接受的可能性则愈高，故消费者会因为对携带式氢燃料电池所感受到

的利益性愈高，愈有可能在未来采取更进一步的行为。其次，本文发现消费者对于携带式氢燃料电池认知之熟悉性应能转化在未来的行动上。Rogers(2003)论述，如果产品创新与顾客过去的价值观、经验与需求类似而产生熟悉性，与原产品的使用方式熟悉性较高时，就比较容易被接受，且产品能加快扩散速度，过去在 Choo，Chung，和 Pysarchik(2002)探讨"熟悉性"与购买行为之关系研究上亦获得佐证，其研究发现"熟悉性"对"购买意向"有显著的影响。最后，在消费者对携带式氢燃料电池的支出意向同意度平均数得分分析上，可以发现同意度平均数值偏低，可见此携带式氢燃料电池的创新，并不足以吸引消费者用更多的金钱以购买之。

5.1.2 人口属性对携带式氢燃料电池之创新接受度、产品创新认知与行为意向之发现

(1) 年龄、教育程度与月所得对创新接受度有影响本文证实年轻族群其对产品创新的接受度较高，而过去其他领域的研究中亦有许多佐证(James，Donnelly 和 Michael，1973；Leung，1998)。本文将创新接受度之概念引用至携带式氢燃料电池，亦获得相同的结果。年轻族群具有较高的尝试勇气，可推测年轻族群并不拘泥于一成不变的产品，他们喜欢求新求变，尝试新鲜的事物。其次，在教育程度方面，学历愈高创新接受度愈高，此与学者 Donald(1967)、James，Donnelly 和 Michael(1973)与张美云(2002)之研究发现相同。教育程度愈高者，比较愿意改变产品的使用习惯，可知教育程度高者喜爱尝试新的产品。至于月所得上，本文发现收入较高者其创新接受度愈高，与过去诸多学者有雷同之发现(James，Donnelly 和 Michael，1973；Leung，1998；林俊宏，2002)；购买产品创新，诚然是一种具有风险的行为，故收入较低者在产品创新的接受概念上相对较低。

(2) 年轻族群对携带式氢燃料电池创新认知较高年轻族群较能在产品创新上感受到利益，Leung(1998)研究中亦有相同的发现，此或许是因为年轻族本身对产品创新之接受度较高，喜欢从尝试新产品中获得刺激、新鲜或满足感，故能在携带式氢燃料电池上感受到较高的利益与观察性。此外，在支出意向上，可发现消费者各人口属性对携带式氢燃料电池的产品创新认知并无显著影响，消费者并不愿意花更多的金钱来购买携带式氢燃料电池。

(3) 年龄与月所得等特性影响对携带式氢燃料电池的行为意向。年轻族群对携带式氢燃料电池的购买与推荐意愿较高；月所得较高者推荐携带式氢燃料电池的意愿较强，年轻族群较愿意购买携带式氢燃料电池并推荐给其他人，换言之，该族群的行为意向较高，在林俊宏(2002)以 PDA 为例的研究上亦证实年轻

族群有较高的购买意愿。年轻族群具有较高的创新接受，因为对携带式氢燃料电池感受到较高的产品创新认知，获得较高的利益与观察性，故对携带式氢燃料电池的购买与推荐意愿强。

(4) 性别、职业与婚姻状况对携带式氢燃料电池之创新接受度、产品创新认知与行为意向无显著影响。人口属性中，性别、职业与婚姻状况等均对携带式氢燃料电池之创新接受度、产品创新认知与行为意向无显著影响，与学者张美云(2002)之研究结果相似。

5.1.3 强化消费者对携带式氢燃料电池的创新接受度，可增加消费者的产品创新认知，进而提升行为意向

在创新接受度、产品创新认知与行为意向间三者因果关系中，本文发现创新接受度与产品创新认知间有因果关系，创新接受度与行为意向间则没有因果关系。行为意向并不依创新接受度而改变，故当探讨创新接受度与行为意向两者之关系时，需透过产品创新认知来影响之。在过去研究中，Roger，Chan 和 Anna(2006)发现创新接受度对"相对利益性"为正向影响；林亮德(2000)、林俊宏(2002)与赖炳全(2005)发现"相对利益性"与"熟悉性"皆对"购买意向"有显著的正向影响；赖炳全(2005)发现"观察性"对行为意向有显著正向影响的结果相同。

另一方面，产品创新认知因素构面中，又以"相对利益性"之影响最深，故可从增加携带式氢燃料电池对顾客感受到的利益性做起，以达到事半功倍的效果；而产品创新认知的构面中又以"相对利益性"对其响最深，若想提升购买意愿，可从"相对利益性"先着手，其次分别为"观察性"与"熟悉性"。

5.2 管理意涵

本文研究发现，台湾当地在氢能源的发展与推广政策方面，虽然投入许多资源进行其应用技术的研发，且投入心力辅导有心发展氢能源科技应用产品之厂商，成功发展出许多相关应用之技术，亦开发各式各样的氢能源科技应用产品。但由于台湾地区氢能源技术发展落后于欧美先进地区，技术仍无法达到普遍化，使得许多产品目前仍处于示范阶段，造成许多厂商因为无法负担如此庞大的研发支出而退出，进而使得许多发展氢能源之相关政策被迫中断。此外，因主管机关在对民众的倡导与推广方面明显不足，使消费大众普遍不了解何谓氢能源与燃料电池，更不可能会有对于此类产品购买之意愿，造成供应端产品种类很多，但却毫无市场可言的情形。面对此一供需不平衡的情况，若要推广氢能源科技应用产品，本文期盼相关机关能够汲取欧美先进地区在推广氢能源科技应用产品的经验，并以严谨的态度拟定一套完整的策略，且通过积极的倡导及沟通，例如率先于相关机关内采用氢能源科技应用产品，达到示范之效果；或采取相关补

贴措施等，让民众感受到主管部门推广氢能源科技应用产品之决心，藉此取得民众对于氢能源与燃料电池的认同。如此一来，相信对于氢能源科技应用产品的推广定能得到消费大众的响应，甚至后续对于氢能源与燃料电池的相关政策或措施，也会赢得消费大众大力的支持。

其次，消费者本身对携带式氢燃料电池的创新接受度之高低，并不会显著地影响行为意向。故消费者是否采取行为的意向，需透过对产品的认知评估来影响，本文证实“相对利益性”、“熟悉性”与“观察性”均对行为意向有显著正向影响，所以 3C 业者若想要提升顾客对携带式氢燃料电池的行为意向，必须先加强顾客的创新接受度，增加顾客对产品创新认知的感受，亦即提升在产品创新认知中顾客对“相对利益性”、“熟悉性”与“观察性”的感受，呼应学者 Donald(1967)的看法，认为产品创新对消费者带来不熟悉的印象，购买产品创新是一种高风险的行为，故应当增强顾客对携带式氢燃料电池的产品创新认知，以减低顾客感受的风险，最终进而提升对携带式氢燃料电池的行为意向。

参考文献

[1] Acha V., Marsili O., Nelson R. (2004) What do we know about innovation? Research Policy, 33(9): 1253—1258

[2] Alison R. (2003) An evaluation of the NPD activities of four food manufacturers. British Food Journal, 105(7): 460—476

[3] Andreas H., Oliver G., Ulrich E. (2007) An empirical study of the antecedents for radical product innovations and capabilities for transformation. Technol. Manage, 24: 92—120

[4] Bagozzi R. P., Youjae Y. (1988) On the evaluation of structural equation models. Journal of the Academy of Marketing Science, 16(1): 74—94

[5] Bernard W. (2000) Attributional thoughts about consumer behavior. Journal of Consumer Research, 27(3): 382—387

[6] Choo H., Chung J. E., Pysarchik D. H. (2002) Antecedents to new food product purchasing behavior among innovator groups in India. European Journal of Marketing, 38 (5/6): 608—625

[7] Danneelsm E., Kleinschmidt E. J. (2001) Product innovativeness from the firm's perspective: its dimensions and their relation with project selection and performance. Journal of Product Innovation Management, 18: 357—73

[8] Davis F. D. (1989) Perceived usefulness, perceived ease of use, and user acceptance of information technology. MIS Quarterly, 13(3): 319—340

[9] Donald T. P. (1967) An exploration of perceived risk and willingness to try new products. Journal of Marketing Research，4：368—372

[10] Engel J. F.，Blackwell R. D.，Miniard P. W. (2001) Comsumer behavior (9th ed.). Taipeu：The Harcourt Press

[11] Fishbein M.，Ajzen I. (1975) Belief，attitude，intention and behavior：an introduction to theory and research. Addsion-Wesley，ReadingMA

[12] Gilles R. (2004) Comsumer. Innovativeness concepts and measurements. Journal of Business Research，671—677

[13] Holak S. L.，Lehmann R. (1990) Purchase intentions and the dimensions of innovation：an exploratory model. Journal of Product Innovation Management，7(1)：59—73

[14] Howard J. A.，J. N. Sheth. (1969) The theory of buyer behavior. Appleton-Century-Crofts Co.，N. Y.，28—45

[15] Hurt H. T.，Joseph K.，Cook C. D. (1977) Scales for the measurement of innovativeness. Human Communication Research，4(1)：58—65

[16] James H.，Donnelly J.，Michael J. E. (1973) Degrees of product newness and early trial. Journal of Marketing Research，10：295—300

[17] Joreskog K.，Sorbom D. (1993) Lisrel8：structural equation modeling with the SIMPLIS command language. Scientific Software International，Chicago

[18] Knut H. (1988) The role of the user in product innovation. Technovation，7：249—258

[19] Lee C.，Hailin A.，Kim C. (2007) A study of the impact of personal innovativeness on online travel shopping behavior—a case study of Korean travelers. Tourism Management，28(3)：886—897

[20] Leung A. (1998) Lifestyles and the use of new media technology in urban China. Telecommunications Policy，22(9)：781—790

[21] Parasuraman A.，Zeithaml V. A.，Berry L. L. (1996) The behavioral consequences of service quality. Journal of Marketing，60(2)：31—46

[22] Roger J. C.，Chan K.，Anna A. (2006) Decomposing product innovativeness and its effects on new product success. Journal of Product Innovation Management，23：408—421

[23] Rogers E. M. (2003) Diffusion of innovations (5th ed.). New York：Free Press

[24] Schiffman L. G.，Kanuk L. L. (2001) Consumer behavior. New York：Prentice-Hall，transformation. Technol. Manage，24：92—120

[25] 曹芳海，赵令裕，周桂兰(2006)国内氢能发展探讨. 能源报导，5—7

[26] 赖炳全(2005)产品创新与行为意向之研究—以产物保险个人性商品为例. 台湾铭传大学国际企业所硕士论文

[27] 梁世安，余国玮(2005)以科技接受模式探讨二轮式电动代步车消费者接受程度. 营销

评论，2(2)：135—148

[28] 林柏成(2010)生活型态对映科技产品特征之消费意图研究—以智能型手机为例.台湾"中央大学"企业管理研究所硕士论文

[29] 林俊宏(2002)顾客特性、新产品属性及环境变项对创新购买意愿之影响.台湾成功大学企业管理所硕士论文

[30] 林亮德(2000)顾客创新产品之采用行为与产品属性评估之研究—以数字激光视盘机(DVD)为例.台湾"中央大学"信息管理所硕士论文

[31] 林振扬(2007)产品属性、产品品牌知识与商店环境对消费者购买意愿影响之研究—以液晶电视(LCDTV)为例.台湾辅仁大学管理研究所硕士论文

[32] 张美云(2002)台中县小学教师终生学习能力与创新接受度之相关研究.台湾中正大学成人及继续教育所硕士论文

国际天然气产业之供需趋势分析

罗砚如[1]　陈芃婷[2]　虞孝成[3]

(1 台湾交通大学科技管理研究所;2 台湾义守大学企业管理系,E-mail: ptchen@isu. edu. tw. 3 台湾交通大学科技管理研究所,E-mail: chengyu@mail. nctu. edu. tw)

【摘要】全球气候变迁、原油价格高涨与环保情势日趋严峻等议题,使天然气成为重要的能源议题。本研究搜集与汇整相关文献及统计资,针对全球性天然气产业重要议题及亚洲天然气产业关键性议题两大范畴进行研析,期望掌握国际天然气供需与交易趋势。研究结果指出,全球天然气的需求量将呈现逐年成长之趋势,日本"3·11"大地震后对液化天然气需求将会增加,天然气产业应把握时机购买现货,中国液化天然气的需求量将呈现高速增长。因此,建议亚洲国家(地区)应掌握LNG国际市场变化,积极寻求供气来源,并配合国内用气需求,强化各项供应设备处理能力,增加储槽营运周转天数,以确保供气稳定。并应着力于建立电价合理化方案、提高燃气机组容量、增设燃气机组、加强推广天然气、提升天然气用户普及率与加强天然气公众教育,来扩大天然气占总能源的使用比例。

【关键词】温室气体;化石燃料;天然气市场;天然气产业

Abstract: Due to global climate change, petroleum price hike and greater concerns of environmental protection, natural gas has become a relatively clean alternative energy source. The global demand of natural gas has been rising in the past. After the incident of nuclear power plant tragedy in Japan, several countries have announced plans to switch from nuclear power plants to natural gas power plants. This study focuses on the major issues and trends of natural gas supply and demand in the global market as well as in the Asian market. The pricing models and long-term contracts are the two critical issues affecting the steady supply of natural gas by importing countries. In order to increase consumption of natural gas, a country must stop subsidizing electricity bills and promoting the advantages of natural gas. In order to cope with the emerging demand surge of natural gas, a country must invest in expanding the transportation, handling and storage facilities of natural gas and the capacity and units of natural gas turbines.

Key words：greenhouse gas；fossil fuels；natural gas market；natural gas industry

1　绪　论

全球气候变迁、能源日益短缺与能源环保情势日趋严峻等议题，使节能减碳成为各国(地区)政府当前重要的施政重点。天然气为一种安全、洁净、具高效率并且能够减缓温室气体排放之重要能源。相较于其他初级能源，天然气燃烧后排放的二氧化碳较少，并且几乎不会产生氮氧化物、硫氧化物及粒状物等空气污染物。

台湾地区于1960年逐渐鼓励使用二氧化碳排放量最少之天然气，能源政策亦制定相关规定，以促进天然气之使用。1998年能源会议规划天然气使用应持续成长；2005年能源会议为呼应《京都议定书》降低温室气体排放之要求，持续推动产业二氧化碳盘查、登录制度，订定扩大天然气使用目标；2006年为推动能源多元化，亦将扩大天然气之洁净能源使用列为办理事项，以具体的政策行动来提高低碳的天然气能源在岛内的使用数量，使岛内天然气需求日益扩增。

世界各国(地区)政府为因应《京都议定书》全球CO_2减量之要求、实减目标，鼓励国内使用天然气，并采取直接管制与经济工具，积极地调整能源使用结构、提升能源使用效果、节约能源与碳排放管理等。其中，天然气为化石燃料中较洁净之能源，燃烧时无硫氧化物产生，含碳为煤炭的59%，产生之氮氧化物为煤炭的20%～40%，是各国(地区)减少温室气体首选之能源种类。另外，天然气相对于石油而言，具有高度替代性，可降低进口石油的依赖度，进而亦可帮助达到能源多元化之目标。

综观亚洲地区，天然气的资源贫乏，再加上中国及印度两国近对能源需求量激增，在未来恐有供应不足之情况，尤其，亚洲区域内许多国家(地区)均处于依赖能源进口之态。而液化天然气交易属于信息较不透明的市场，如何广为搜集分析外国油气公司、研究机构或期刊的相关市场信息与研究成果，并探讨全球天然气的供需概况、亚洲主要国家(地区)之天然气产业现况、消费结构及进口价格与终端售价等议题，对岛内能源风险分散的研究确实有其必要性。

2　国际天然气供需与交易状况

2.1　国际天然气供需形势

由蕴藏、生产、消费及贸易现况探讨天然气供需形势，并观察亚洲地区主要LNG进口国之进口来源国与进口数量，发现蕴藏与生产之间，以及LNG进出口国之间存有区域的不平衡(表1)，即蕴藏量最高的中东地区，其生产量仅排名第四位。LNG进出口国之间亦存有区域的不平衡，进而形成贸易数量，并造成全球天然气交易市场的参与者日益增多。

表 1　各区域蕴藏量、生产量、消费量以及 LNG 进出口国排序

全球	蕴藏量	生产量	消费量	LNG 交易量—出口国	LNG 交易量—进口国
第一位	中东地区	欧洲及欧亚大陆	欧洲及欧亚大陆	卡塔尔	日本
第二位	欧洲及欧亚大陆	北美洲	北美洲	马来西亚	韩国
第三位	亚太地区	亚太地区	亚太地区	印度尼西亚	西班牙
第四位	非洲	中东地区	中东地区	澳大利亚	法国
第五位	北美洲	非洲	中南美洲	特立尼达	美国
第六位	中南美洲	中南美洲	非洲	阿尔及利亚	印度

数据源：本研究整理

2.2　国际天然气贸易情势

天然气贸易市场分为管线天然气运输市场及液化天然气交易市场，由图 1 可看出，管线天然气运输市场集中在欧洲及欧亚大陆，液化天然气交易市场则是以亚太地区为主，且交易地区较为广泛。

2009 年全球天然气透过管线运输之市场交易量为 6337.7 亿立方米，交易量大致集中于欧洲大陆，但进口量最多之国家为美国，其次依序为德国、意大利、法国及俄罗斯；出口量最多之国家为俄罗斯，其次依序为挪威、加拿大、卡塔尔与阿尔及利亚。

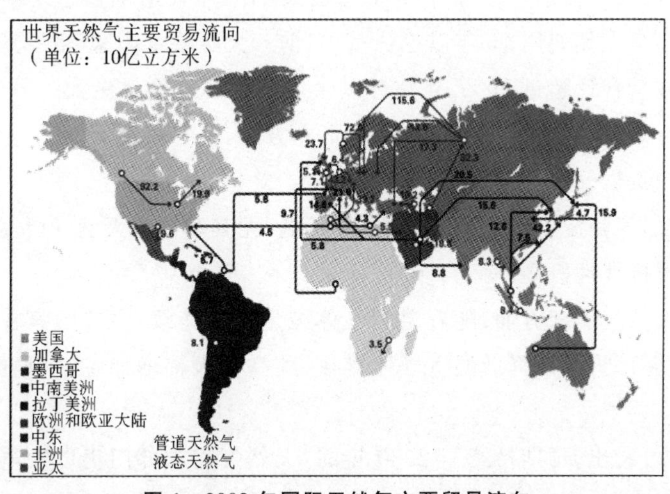

图 1　2009 年国际天然气主要贸易流向

数据源：BP 世界能源统计，2010 年 6 月

3 国际LNG交易特性及发展趋势

3.1 国际LNG交易特性

综观国际LNG交易特性大致可归纳为4大类：① 运输特性以及运输成本，区域性市场明显；② 以长约为主要交易模式；③ LNG价格与油价联动性高；④ 照付不议与诸多附加条款，买卖双方议价力量对交易条件有重大影响。

3.2 LNG交易契约发展

全球天然气买卖在19世纪90年代极为单纯，买卖双方为数少，长约经签订后，双方只需依照合约内容执行即可，但近年交易状况转变剧烈，目前全球天然气交易不但输出港/国增加，输入港/国更是激增。因应而生的是整个规则的剧烈变化，如价格波动大、热值范围差异大、现货增加、季节性差异及换货频繁、短期(10年以下)购气合约等，皆非已往单纯的业务。天然气购运业务之复杂度提升，从业人员更须提高自身之视野，以因应瞬息万变之市场动态。随着市场之变化，尤其是现货及短期购气合约之增加，愈来愈多之接收站将不再专用，而可能转为为所有进口商代输储之功能，尤其是欧美国家。

3.3 LNG供需展望

根据2009年国际能源署(IEA)发表之世界能源展望报告指出未来的天然气供需特性：第一，天然气资源丰富，开发具挑战性；第二，非传统天然气改变北美及其他地区的天然气市场走向。

世界剩余天然气资源相当丰富，足以满足至2030年及其后之长时间需求，但开发充满挑战。目前科技水平下全球已发掘天然气蕴藏量达180万亿立方米，足以供应全人类使用60年以上。其中，前三大蕴藏量国家(俄罗斯、伊朗、卡塔尔)之蕴藏量合计超过50%，且估计剩余可开采的蕴藏量更大。另外，报告亦指出长期的可开采天然气资源为850万亿立方米，而非传统天然气(主要为煤层气、致密气和页岩气)约占45%。

虽然天然气资源丰富，但开采成本亦不低，尤其非传统天然气所需成本更是昂贵，故开发挑战性极高。

另外，天然气需求方面，随着温室气体减量议题持续，主要国家在电力部门纷纷投资复循环机组以降低温室气体排放，此举将大幅增加各国(地区)天然气使用量。

由图3可看出，预期持续至2030年间，天然气需求部门仍以发电部门占比最高(年增率为1.7%)，在2030年之占比达45%左右。另若从主要地区各部门之天然气需求增量预测，可看出亚洲地区主要用于电力部门，欧洲或欧亚大陆主要用于住宅、服务和农业部门，并可知大部分地区仍以发电部门为主要需求来源。

4 结 论

4.1 全球天然气需求量将呈现逐年增长之趋势

随着温室气体减量议题持续，主要国家在电力部门纷纷投资复循环机组以降低温室气体排放，此举将大幅增加各国(地区)天然气使用量。IEA 推估，全球于 2030 年天然气相较 2007 年需求量年平均增长率将增加 1.5%，亚洲需求增加数量与幅度最大，其中以中国与印度增加比例最高(图 2，图 3)。

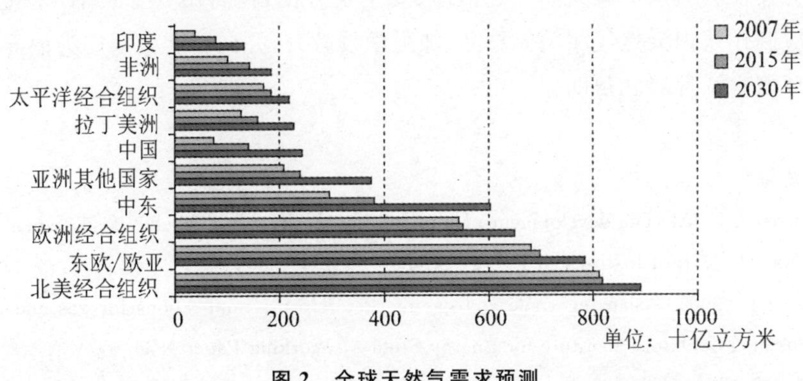

图 2 全球天然气需求预测

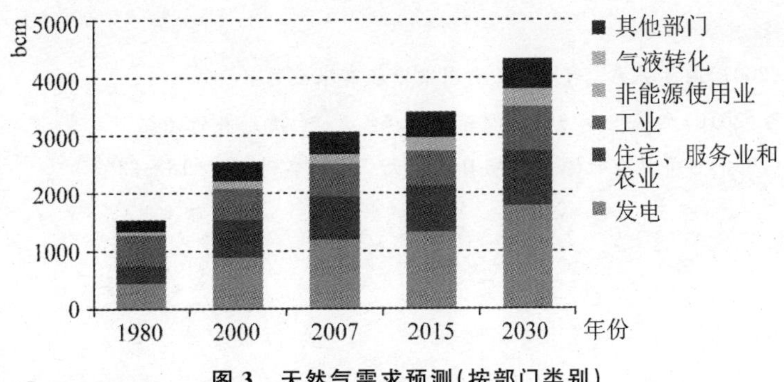

图 3 天然气需求预测(按部门类别)

数据来源：IEA(2009)，Word Energy Outlook

4.2 日本"311"大地震后对液化天然气需求将增加

日本是全球第一大液化天然气进口国，2009 年在全球天然气贸易中所占比例大约为 35%。在日本"3·11"地震发生后，导致日本核电产能大降，除灾区工厂停产、对产业链影响问题之外，电力供应的不稳定影响到东京地区的运作，导致 130 万国民无电可用，这将促使日本努力寻找替代性的燃料来源，造成全球对天然气的需求增长，从而推高了天然气价格。

4.3 掌握LNG国际市场变化,积极寻求供气来源

因LNG国际市场已转为卖方市场,在2010年前,全球液化天然气市场供给处于紧绷时期,台湾地区必须积极掌握不同时点新增LNG进口量,在确保现有长期合约数量基础上,并考虑供应可靠性、适当合约期限、价格合理性、平等交易条件下,积极寻找新的长期合约供应来源,并配合市场发展,掌握合理价格之现货交易机会,以提供岛内用户稳定供气及较合理价位之天然气。

4.4 加强推广天然气,提升用户普及率

为让社会大众了解天然气之洁净、安全及方便,提高用气普及率,相关机关单位应制作认识天然气相关倡导品,加强学校教育,并向社会大众广为倡导天然气对环境永续发展之帮助。

参考文献

[1] Jensen J. (2004) The development of a global lng market: is it likely? if so, when? NG5 (Oxford: Oxford Institute of Energy Studies)

[2] Skeer J. (2004) Asian lng trade and gas market reform: implications for gas and power consumers. Oxford Institute for Energy Studies, Working Paper NG6

[3] 2010年BP世界能源统计

[4] 江青琏(2005)亚洲天然气产业发展与供需趋势分析. 台湾成功大学资源工程学系硕博士班

[5] 李明正(2007)国际关系. 台北:五南图书出版有限公司

[6] 刘柏立等(2010)天然气市场信息调查分析. 台湾:台湾经济研究院

[7] 谢俊雄(2006)世界液化天然气市场日益扩大. 瓦斯季刊,74:18—23

CCS 技术发展与碳价格因素之经济性研究

郑柏彦　陈中舜　葛复光

（台湾核能研究所，台湾龙潭 32546）

【摘要】近期来，基于抑制全球暖化的理由，台湾正积极投入节能减碳的相关工作，尤其是针对岛内众多燃煤电厂(PC)积极研拟降低温室气体排放的相关措施，诸如引进二氧化碳捕集与封存技术(CCS)、提高天然气复循环(NGCC)发电量及开征能源环境税等。本文即是以电厂投资者的角度，运用 RETScreen 软件与其内建案例进行探讨上述三种措施的交互影响，以找出最适的技术机会。研究案例显示：① 为满足经济设计目标，以 PC 厂而言，碳价格在 \$30/t - CO_2 上下可以提供一个合适的 CCS 投资条件；② NGCC 与 PC 两者间存在一个替代碳价格，当实际碳税低于该价格时，选用 PC 加装 CCS 设备会较 NGCC 更具有经济效益。

【关键词】二氧化碳捕集与封存；RETScreen；碳价格

Development of CCS and the Effect of Carbon Prices

Zheng Boyan, Chen Jongshun, Ko Fukuang

(Institute of Nuclear Energy Research, Taiwan)

Abstract: In order to reduce the power sector CO_2 emissions, Taiwan's authority is planning to introduce carbon capture and storage(CCS) technology, increase the use of NGCC and levy energy-environmental tax. This article analyzes the interaction of three strategies by RETScreen and gets conclusions as follows: 1) when the carbon price is near \$30/t - CO_2, it is a suitable investment condition to develop PC+CCS; 2) there is a transition point that could suggest NGCC or PC more economic based on different carbon prices.

Key words: CCS; RETScreen; carbon price

1　前　言

台湾地区近年 CO_2 排放量约为 250 百万吨上下，其中有超过六成是来自于电力相关事业中的火力电厂排放,进而导致电力排放系数达 0.612kg - CO_2/kWh 并远高于 OECD 国家同期之平均。由此可知,高比例使用化石燃料发电不但妨碍了台湾减量目标的达成,亦大幅增加了出口商品所面临"碳关税"的潜在风险。相关单位现正积极投入二氧化碳捕集与封存的评估研发工作,然现阶段多集中在技术层面之探讨而缺乏有关经济效益的探讨。本研究主要是由企业之角度针对台湾燃煤电厂引进 CCS 技术,经由技术经济的观点进行投资机会评析。

与其他石化燃料比较,由于燃煤具有价格低廉与来源多元、充足等特性,故从能源安全、产业结构与维持经济发展等角度来看,台湾长期仰赖高比例之燃煤发电是必然之选择,其亦正是导致 CO_2 排放量高居不下之主因。为因应近期全球减碳的大趋势,台湾对于如二氧化碳捕集与封存(carbon capture and storage,CCS)等净煤技术的引进及推广之需求已更加迫切。

如表 1 所示,若以 PC 电厂为例,于新建电厂计划中增设二氧化碳捕集单元,将会提高发电均化成本六至七成;若是在原有电厂加装相关设备,成本变化将更为可观。而此评估尚不包含二氧化碳封存厂址探勘、操作与安全维护等所需之成本。故基于企业观点,现阶段电厂安装 CCS 设备几乎无利可图,必须依赖适当的配套措施才有可能促进技术之商业化。

表 1　各型增设电厂二氧化碳捕集设备均化成本增幅估算

技术特征	新建电厂	翻修电厂
Post-combustion	60%～70%	220%～250%
Pre-combustion	22%～25%	不适用
Oxy-fuel	46%	170%～206%

数据源:Carbon capture and sequestration(CCS),Congressional Research Service,2009

1.1　国际净煤技术趋势

IEA 所属的煤业咨询顾问室(Coal Industry Advisory Board,CIAB)曾针对世界各国(地区)减少燃煤电厂温室气体排放策做过相关研究,具体的建议如下:

(1) 现今全球电力有 39%以上来自于燃煤,同时其比例会随着发展中国家的成长与其他化石能源的枯竭而持续增加,因此,如何抑制燃煤电厂所产生的大量 CO_2,已然成为煤业科技的重要议题。短、中期必须藉由工业投资与当局补助来延续新科技的发展,例如 CCS 或高效率电厂等,未来则是要使这些技术商业化并达到零排放的目标。

(2) 任何 CO_2 减量政策必须考虑到地区永续发展与人民生活需求,要具有远见与国际视野,仔细斟酌各项技术可行性、成本与对经济可能的冲击。当局必须制定出一套奖励政策持续投资发展新能源科技，并与国际接轨。

(3) 短期内具有 CCS 装置且成熟可用的电厂尚不存在，但以现有的成果预估，在 20 年内零排放(zero emissions technologies，ZETs)，新式净煤电厂应可达到商业化的规模。在过渡期间改善现有电厂效率、设立新式电厂中预留加装 CCS 能力、发展再生能源与核能皆是可采取的措施。

近期各主要工业国家正在推动的大型净煤计划中，可分为对传统 PC 电厂效率的提升与新型 IGCC 技术的引进两种方式，并藉由加装 CCS 相关设备后达到近零排放的标准。IGCC 电厂与 PC 电厂最大的不同，在于利用气化炉(gasifier)内不完全燃烧过程所产生的 H_2 与 CO 合成气来推动复循环发电系统。反观 PC 则是将煤送入锅炉内完全燃烧，加热周围水管中的水产生蒸汽以推动蒸汽轮机发电，所产生的废气经由烟囱排入大气。由于两者运转原理相同，所以，在技术发展方面也造成了很大的差异。

理论上，IGCC 技术的 CO_2 浓度可达 40%、PC 厂尾气则约为 15%以下，故导致 PC 厂必须以较高的额外耗能来增加 CO_2 浓度以利后续捕捉。但另一方面，由于 PC 厂已是各国(地区)广泛使用中的商业技术，反观 IGCC 电厂妥善率有待提升且结构复杂、发电成本偏高，致使该技术的推广并不如预期顺利。概略来看，欧洲国家与加拿大、澳洲对 PC 改良的投资较高，美、日则对 IGCC 的发展较为积极。

IEA 亦曾针对 PC 与 IGCC 电厂加装 CO_2 零排放系统的经济性进行了比较，而得到下述结论：现有的燃煤电厂无论是 PC 或是 IGCC，若加装 CCS 设备将导致建厂成本的大幅增加，但随着科技的进步预期未来成本可降低至 27%～50%左右。而以现有的技术加装 CCS 后，在发电效上 IGCC＋CCS 会比 PC＋CCS 有较佳的表现。

美国 NETL 则针对燃煤电厂列出几项未来发展 ZETs 的成本指标：

(1) CO_2 的减碳成本＜＄10/t-CO_2

(2) 2020 年之前 CO_2 移除率达到 90%以上，整厂效率耗损不得超过 10%。

(3) 若有设计煤产生氢的设备，每单位氢的成本需控制＄0.41～0.68/kg 的范围。

总结来说，目前改良型的 PC 电厂无论在成本、技术成熟度与可靠度上都优于第一代的 IGCC 示范厂，广被发展中国家(地区)大量采用。但在考虑加装 CCS 设备后，PC 厂的发电成本有可能会大幅增加而削减了与 IGCC＋CCS 竞争的优势，且 IGCC 特有的产氢能力也是 PC 厂所无法替代的。而就以现阶段来看，IGCC 的发电成本仍较 PC 电厂贵上两成，且技术尚不稳定，所以今后将有一段时间会呈现 IGCC 与 PC 厂并存的局面。

另一个值得注意之趋势是富氧燃烧(oxy-fuel)的进展,虽然该技术尚在实验阶段,但因近来IGCC技术在经济性与稳定度上尚无有显著的突破,且所对应的氢能技术尚未成熟,因此,美国相关机构开始关注起富氧燃烧与CCS的整合发展,其中最著名的即是DOE的FutureGen 2.0计划。该计划延续先前FutureGen计划对于CCS的研究,却把前端的IGCC转为富氧燃烧电厂,相关的后续研究将值得追踪。

1.2 台湾净煤技术研究

台湾至今尚未建针对CO_2的捕捉与封存专责研究机构,但在各大专院校已有相关研究在进行。如谈骏嵩教授的CO_2分离技术,梦辉教授的多级胺吸附,施信民教授的碳酸盐类对CO_2吸收,陈镇东教授、白曛绫对海洋CO_2注入的研究,林殿顺教授的地质封存研究,以及林素贞教授与张四立教授关于CO_2排放控制等等。此外,属于"国科会"之大型整合型计划"黑潮与东海陆棚交换过程研究"亦提供了解台湾周边海域生态环境的重要参考资料。台电公司于1997年起至今已投入10亿元以上在CCS研究上,除积极参与国际合作计划外,对于CO_2微藻固化、海水淡化与碳酸盐沉淀等领域亦多有涉猎。核能研究所方面,则于2006年起开始了一系列净煤技术相关工程设计及政策研究。

除上述研究外,台湾石油部门亦进行了地质封存的可行性评估。根据初步勘查结果认为在平镇、湖口—杨梅及坑子口附近,该含水层深超过1000米具有较佳的孔隙与渗透,且上方有厚实的锦水岩作为盖层,最值得开发。另外,八掌溪域亦是不错的场址,将来可与邻近的云石化科技园区进行整合。台湾地区因缺乏足够规模的旧油气田可资用,所以,短期间内开发岛内地下水层为CO_2封存场是必然的选择。但基于CO_2泄露与容积有限等因素,对于周边大棚下的深部盐水层应积极探勘与用,根据大地质调查局的预估,台湾周边盐水层的台西盆地(8828平方米)、东海盆地(271292平方米)及台西海盆地(34932平方米)皆极具开发潜力。而2010年年初步评估台湾周边地质构造,保守估计约有封存28亿吨CO_2的潜力;认为近岸开放盐水层封存量为48亿～317亿吨、台湾海峡开放盐水层区更可达到90亿～680亿吨。然由于缺乏详细地质资料且探勘所费赀且需时甚久,相关单位应该需尽早投入人、物进行全面性的调查。

故自2007年起正式投入CCS相关工作,2010年经济主管部门结合了台电等其他相关单位研究力量,成立了CCS技术研发联盟,而环保主管机关亦成立跨部门的CCS策略联盟,将CCS技术纳入能源主轴计划积极推动当中。

总体而言,现今台湾产、官、学各界皆已体认到CCS的重要性并相继投入相关技术研究，而根据能源主管部门规划：2012—2014 年建立一小规模封存试验场、2016～2018 年建立中尺度，而 2020—2021 年则完成每年可封存 10 万～100 万吨之大尺度封存场。但对于 CCS 投产技术的选择、配套策略与经济分析尚嫌不足，仍有待从技术经济的角度，针对台湾发展 CCS 之技术机会与可行性进行研究评估。

2 技术经济研究方法

为厘清各项减碳措施(含硬件投资与财务收支)对电厂成本结构的影响，本研究采用由加拿大 RETScreen International 开发、美国 NASA 协助及联合国 UNEP 认可之清洁能源计划分析软件 RETScreen 作为基础。而根据 RETScreen 中的 Method 1 作为初步可行性评估的工具，该模块主要是由三大区块所组成：

(1) 电力系统程序。于此可输入电力系统的各项主要操作参数，诸如：容量因子 CF、进出口蒸汽温度及压力、汽机效率、燃料成本与上网电价等。

(2) 排放分析。提供了系统温室气体排放总量计算，其中可输入诸如排放系数、碳价格等，而在本研究中即将碳价视为碳税的一种转化方式。

(3) 财务分析。提供了电厂设置案相关之财务结构条件的输入接口，诸如贷款条件、建造成本、政府补助、运维成本、售电收入及现金流量图等。而有关初步可行性评估方面则提供四个指标可作为参考：

A. 投资回报率 pre-tax IRR—equity (%)

B. 资产回报率 pre-tax IRR—assets(%)

C. 简单偿还期 simple payback(year)

D. 投资回收期 equity payback(year)

研究案例的相关设定如表 2 所示。其中需注意到：① PC 厂的使用寿年为 30 年、NGCC 厂则为 20 年；② PC 厂的运维成本不受发电量之影响，可视为固定成本；NGCC 厂之运维成本则会随 CF 变动，故为变动成本。

表 2 RETScreen 之案例参数设定

	PC 案例	NGCC 案例
CF(%)	10～90	10～90
燃料价格($)	70/t - coal	6.5/GJ
系统热效率(%HHV)	33.6	51.3
上网电价($/kWh)	应变数	应变数

续 表

	PC 案例	NGCC 案例
碳价格（\$/t-CO_2）	15、30、60	15、30、60
通膨率(%)	2	2
使用寿年(yr)	30	20
负债比例(%)	70	70
债务利率(%)	6	6
负债期(yr)	20	20
初始成本(\$)	551102589	601202756
运维成本(\$/yr)	13777565	175551×CF

3 研究进行步骤

针对加速 CCS 的发展，除本身技术成本与研究进程外，相关外在环境是否成熟亦将直接影响投资人或政府参与的意愿。本研究将针对碳价格因素、NGCC 与 PC 之竞合，进行 PC 厂导入 CCS 技术的投资机会研究。

3.1 碳价格因素

根据史登报告(Stern Review)之结论：需要有适当的经济诱因与碳价格讯号，才能促进减碳技术的发展与推广。然目前台湾因缺乏完整的碳交易市场，故必须藉由课征碳税来反映温室气体排放的外部成本并加速净煤技术的推广。在实际商业行为中，电力公司将依据碳价格之高低与自身获利情形，决定将有限的资金投入 CCS 设备的增设或是用以支付碳税。换言之，碳价格可视为减碳的机会成本指标与投资金额上限，凡是低于该价格的技术方案都值得考虑。而依据国际碳价近期与未来之预估，本研究选择了三种价格作为分析之外生条件(见表 3)。

表 3 不同碳价格方案

	碳价（\$/t-CO_2）	参考数据
低案	15	近期平均
中案	30	IEA
高案	60	EU 预估

再参考台电设置电厂的经济目标，新设之电厂应符合以下之必要条件：

(1) 资产回报率≥3%，其中3%为MARR(最低可接受报酬率)。

(2) 经济寿年(投资回收期)≤20年。

根据RETScreen提供的加拿大500MW燃煤电厂案例计算，为厘清CCS投资上限，故假设在不同容量因子(CF)条件下，所有发电产生的温室气体在无任何防制或捕集下完全排放至大气中，而模型中考虑的温室气体种类计有CO_2、CH_4及N_2O等，所以，单位排放系数为1.20t - CO_2e/MWh，高于仅考虑二氧化碳的排放系数(0.92t - CO_2/MWh)。而其排放量乘上碳税即为其每年度可用于CCS所增加之成本上限。

表4为相关模拟之结果，其中所谓之"最低上网电价"是指年度总成本加上符合经济设计目标下所获得之合理利润，电厂应有售电价格，而该价格将随着系统的固定成本、外部成本与不同操作条件而有明显变化。首先各项方案皆能符合资产回报率≥3%之需求，但在碳价30$/t - CO_2与60$/t - CO_2中部分方案(阴影部分)若依照MARR条件，将使经济寿命超过20年，而无法达到设计之经济目标，故必须提高最低上网电价以之应对。

因要求各方案皆必须符合设计之经济目标，如图1所示，其反映出无论有无碳税的条件下，增加CF值皆可使最低上网电价降低。在此案例中，最低上网电价的增额约为碳税的90%，且几乎不受到CF变化的影响，其主因为碳价格为一种单位变动成本(类似燃料成本性质)，而与发电总量无关。

表4 不同碳价格与CF值对案例PC厂最低上网电价之影响

CF (%)	年发电量 (MWh/y)	GHG排放量 (t - CO_2e/yr)	无碳税		碳价15$/t - CO_2		碳价30$/t - CO_2		碳价60$/t - CO_2	
			最低上网电价 ($/MWh)	投资回收期 (yr)	最低上网电价 ($/MWh)	投资回收期 (yr)	最低上网电价 ($/MWh)	投资回收期 (yr)	最低上网电价 ($/MWh)	投资回收期 (yr)
10	438,878.0	524,931.5	150.0	12.7	164	13.4	178	13.9	205	15.1
25	1,097,195.0	1,312,328.7	76.0	12.7	89.5	14.5	103.3	15.7	130.5	17.9
50	2,194,390.0	2,624,657.4	51.3	12.7	64.8	15.8	78.5	17.9	106.1	20.0
75	3,291,585.0	3,936,986.0	43.0	12.7	56.6	16.9	70.2	19.4	98.8	20.0
80	3,511,024.0	4,199,451.8	42.0	12.7	55.5	17.3	69.2	19.6	97.9	20.0
85	3,730,464.0	4,461,917.5	41.1	12.7	54.6	17.5	68.2	20.0	97.1	20.0
90	3,949,903.0	4,724,383.2	40.3	12.7	53.8	17.7	67.5	20.0	96.4	20.0

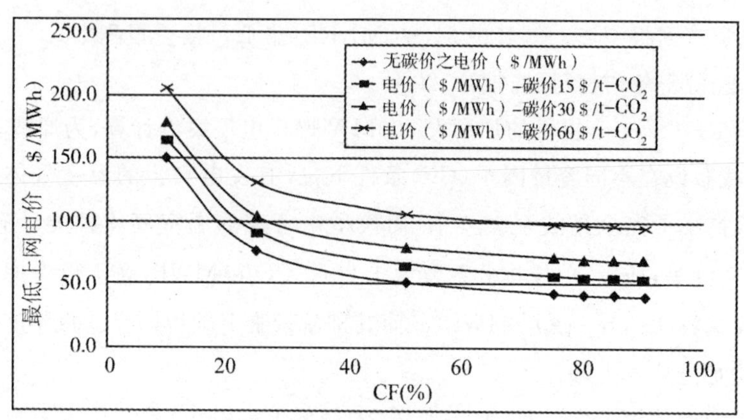

图 1　案例电厂于不同碳价格下之最低上网电价

另一方面，虽然碳税的税率高低与发电量无关，但课征总额则会随发电量的多寡而影响总支出。图 2 显示，在无碳税条件下，投资回收期几不受 CF 值影响，接近 12.7 年之定值，但随着碳价格的增加，年发电量越多将导致投资回收期持续延长。在碳价格超过＄60/t－CO_2 且 CF 超过 50％的条件下，若不再次提高最低上网电价，则将无法满足股本回报之经济目标设计，这也反映出偏高的碳税价格将会造成投资难以回收，进而导致电厂集资与经营上的困难。

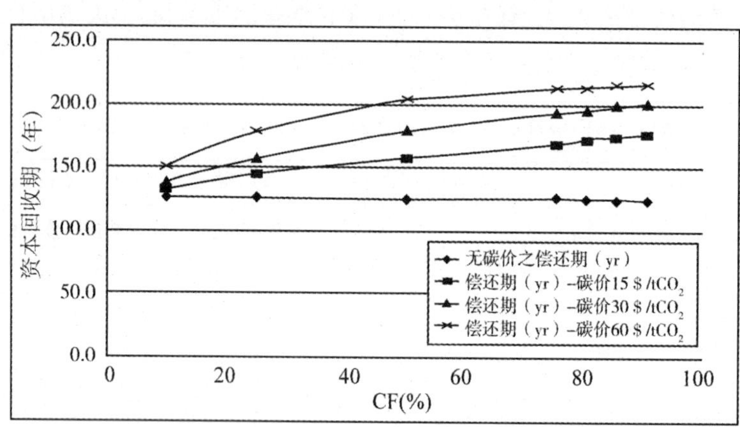

图 2　案例电厂于不同碳税(价)下之投资回收期变化

一般担任基载电力来源的燃煤电厂 CF 需介于 75％～90％，而随着 CF 增加碳税在最低上网电价中所占的比例亦会显著提高。由图 7 可知，在 CF＝90％下，碳税为＄15/t－CO_2 时，碳税约较原成本增加了 30％，＄30/t－CO_2 时提高至 70％而＄60/t－CO_2 时则达到 140％，换言之，大部分收入皆用在碳税的支付。因此高额的碳税规划将导致 PC 电厂的成本大幅增加，进而使均衡量低于社会最适量，造成整体无谓的损失(dead weight loss)。

3.2　NGCC与PC之竞合

由于低碳气体燃料与高效率发电等特性，一般认为天然气复循环系统(NGCC)每度电碳排放可较传统燃煤电厂减少一半。故诸如英国、美国、德国、日本等先进国家在推动能源低碳化时，皆将NGCC视为优先之选项。其最大优势在于，相关技术相当成熟、设备工程期短、运转维护容易等，在不需要作任何改装的条件下与PC相较，即可达到显著的减碳效果。

但另一方面，由于天然气并未有如OPEC般强势的产能调节组织，而在各国竞相争夺下国际市场价格逐期走高，特别是近期德、日等用电大国在自身核能电力供应受阻下，更助长了天然气价格的上涨。

为降低对天然气依赖度，确保基载电力供应的多样性及改善发电排放系数，台湾近期正积极投入PC厂加装CCS设备的技术研究与引进。现阶段是以取代NGCC为目标，即在PC厂达到40%～50%的二氧化碳捕集率下，发电成本仍能低于或近于NGCC。

利用RETScreen提供之加拿大PC与NGCC电厂之案例，在相同装置容量、年发电量与无碳价条件下的排放比较，NGCC厂约较PC厂减少排放43.9%的CO_2。若假设开征碳税为$30/t-$CO_2$并符合经济设计目标，其最低上网电价计算结果如图3所示。比较碳税价格对于PC、NGCC最低上网电价的影响可知：① 在任何CF下，课征碳税皆会提高最低上网电价；② 在NGCC下，因碳税造成的最低上网电价增幅明显低于PC。

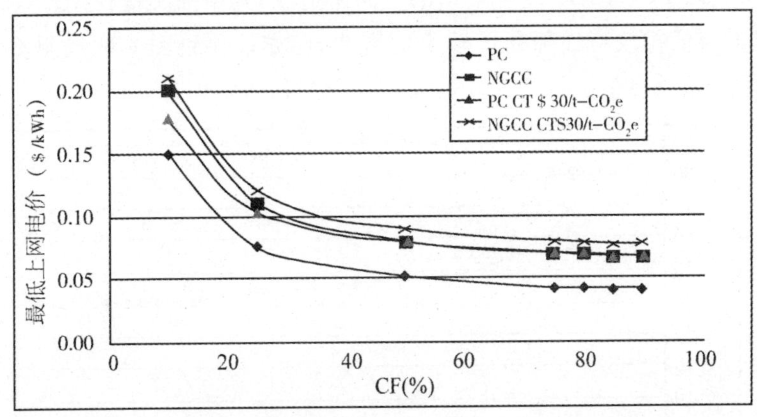

图3　不同CF值与碳价格下PC与NGCC之最低上网价格

于基载电力的标准操作CF=85%时，PC与NGCC于不同碳税下之最低上网电价变化情形，如图4所示。两者相交在碳税价格等于$41.2/t-$CO_2$，此点即为 NGCC 与 PC 间的替代碳价，其具有以下意义：① 当碳价低于此价格时，PC 厂加上碳税仍会低于 NGCC 加上碳税，故在无其他外力干涉下，投资者将会选择高污染、高排放之燃煤发电方式。② 若持续提高碳税并超过替代碳价时，基于利润的考虑，投资者会选择以 NGCC 替代 PC，以节约在碳税方面的支出。

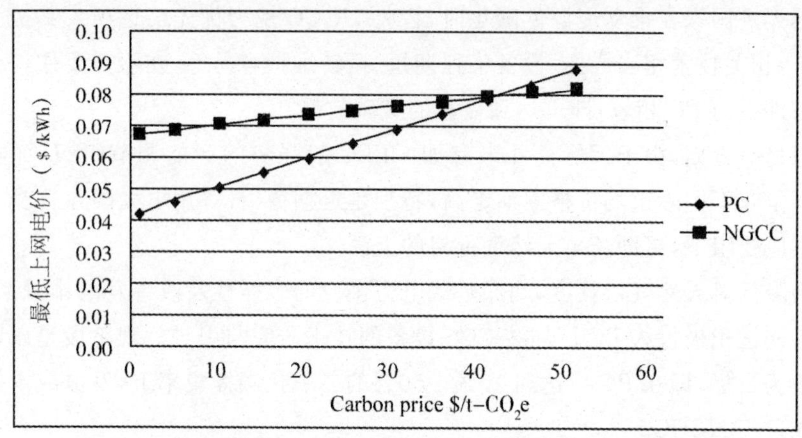

图 4　CF＝85％时，不同碳价格对 PC 与 NGCC 最低上网价格之影响

另一方面，基于配合抑制温室气体排放的政策，PC 厂商考虑加装 CCS 设备的可能，而其投资成本上限则不应超过 NGCC 与 PC 最低上网电价的差额。图 5 为在各不同 CF 条件下之 PC 与 NGCC 之替代碳价曲线。当实际碳价高于替代碳价时（于曲线的上方），在皆需要缴交碳税并确保经济目标的前提下，投资者将优先选用 NGCC 厂，反之则采用 PC 厂。而该曲线随 CF 值明显降低，主要是因 PC、NGCC 成本结构的不同所造成，其中的关键在于 NGCC 的高燃料成本与低排放特性稀释了碳税的影响，此亦是导致图 4 两线斜率明显不同的原因。

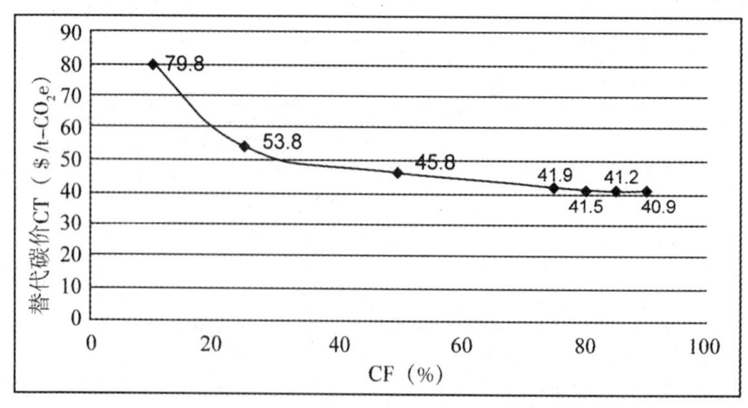

图 5　不同 CF 值下替代碳价之变化

而基于长期投资风险的考虑，在无碳税影响下，各技术的投资回收期几不随CF的增减而变化(见图6)，PC厂约为12.7年，NGCC厂则为5.8年，皆能满足经济设计目标。而在加入一定碳税后，NGCC的投资回收期最高增至6.7年，PC厂在CF=75%～90%则大幅增长至19～20年。但以投资者的角度，投资回收期越短意味投资风险越低，此时，若无其他诱因或担保，且电价可完全反映经济设计目标的条件下，单就投资效益而言将会优先选择NGCC厂，此结论正可与现今国际电力市场的发展相互印证。

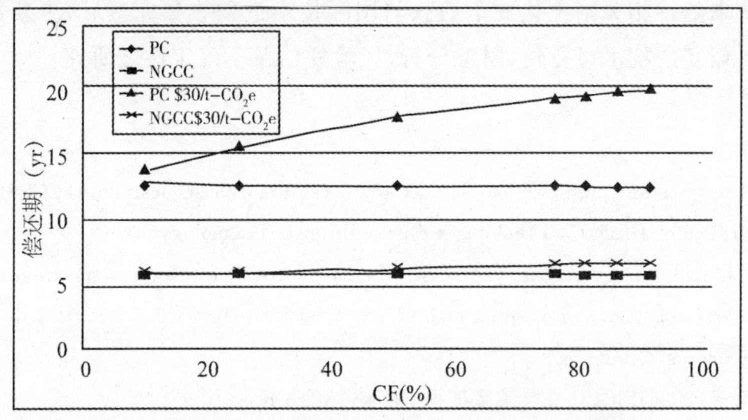

图6　不同CF值与碳价格下，PC与NGCC之投资回收期

4　结论与未来工作

根据碳价格的研究得知，于本案例中，若要同时满足原设计之经济目标(资产回报率≥3%；经济寿年≤20年)，根据上述研究可得到以下初步结论：

(1) 无论有无碳税，增加CF皆可降低电厂均化成本。

(2) 在无碳税条件下，投资回收期几不受CF值影响，接近定值。而课增碳税会延长资回收期，且增加期数与CF值相依，因此，过高的碳税会影响投资意愿而危及能源供应。

(3) 在碳价格为＄30/t-CO_2条件下，CF=75%～90%间，均化成本中因碳税支出超过六成，提供了选择CCS投资的合理可能性。

在NGCC与PC之竞合研究方面得知：

(1) PC厂与NGCC厂间存在一个替代碳价，该值会随着CF的提高而降低，并可用以区分在不同碳价下最有利的技术选择。

(2) 就投资风险来看，在本案例中NGCC具有一定的投资优势，政府未来在PC厂导入CCS技术时，必须考虑从提高电价、加速折旧甚或投资奖励等方式来提高投资意愿。

(3) 由于本案例中,最低上网电价是由发电成本与合理利润所组成且能进行自由调整,故反映出 NGCC 的投资优势。但在台湾地区目前的电力市场中,因电价受到管制,并不能真实反应合理价格,且国际天然气价格的波动与气源的巩固等问题,皆影响了台电公司对于 NGCC 电厂持续投资的意愿。

在未来工作方面,本研究现暂以 RETScreen 内建之加拿大 PC 与 NGCC 案例进行分析,以厘清相关之方法论与各项关键因子。但由于部分参数设定诸如燃料成本、建造成本、运维成本、使用寿年及负债比例等,仍与台湾实际情形尚有差距。未来亟待相关本土化成本信息与国际技术进程收集完整后,更新数据库并进行更翔实之技术可行性、财务分析、风险评估及不确定性之研究。

参考文献

[1] Congressional Research Service(2009) Carbon capture and sequestration(CCS). World Coal Institute, Clean Coal Building a Future through Technology

[2] International Energy Agency(2006) Roadmapping coal's future, carbon sequestration: technology roadmap and program plan. U. S. Coal Plant Boom Poses Big Environmental and Economic Questions

[3] 邱耀平等(2006)SIGCC 推动策略报告 INER - A0975R

[4] 陈中舜等(2007)化石燃?电厂之二氧化碳封存技术简介. 台电工程月刊

[5] 邱耀平等(2009)从永续净煤技术观点论我国之减碳具体方案. 工程月刊

[6] 吴荣章等(2006)台湾进行二氧化碳捕捉地下封存之初步构想. 化石燃料排放二氧化碳之捕捉储存与利用技术研讨会

[7] 胡均立,林瑞珠(2010)台湾推动碳捕捉与封存技术之经济可行性初探. 经济前瞻

[8] 欧阳湘,廖启雯(2010)由二氧化碳减排看二氧化碳捕获与封存技术发展. 经济前瞻

中国工业部门的能源效率与减排潜力分析

余晓泓　张　超

（北京理工大学管理与经济学院，北京 100081）

【摘要】本文引入方向性距离函数和数据包络分析，基于2000—2009年的要素投入、经济产出及环境副产出数据，测算中国工业部门的能源效率和CO_2减排潜力。结果表明，与既定技术条件下的生产前沿相比，中国工业部门总体能源效率偏低，减排潜力较大；各个行业的能源效率及减排潜力存在较大的行业差异性；从时间序列上看，不同行业的能源效率呈现出异质性变化趋势。本文认为政府应充分考虑能源效率及其影响因素的行业差异性而实施差异性碳税政策、引入碳排放交易市场机制、加强节能技术研发和促进可再生能源利用以及环境监督管制等措施，推动中国工业部门提高能源效率及减少CO_2排放。

【关键词】能源效率；减排潜力；方向性距离函数；数据包络分析

Analysis of Energy Efficiency and Potential for Emissions Reduction of China's Industrial Sector

Yu Xiaohong ,Zhang Chao

(School of Management and Economics, Beijing Institute of Technology, Beijing, 100081)

Abstract: This article estimates the energy efficiency and potential for carbon dioxide emissions reduction at the sub-industrial level for China's industrial sector based on the data of factors inputs, economic output and environmental output from 2000 to 2009 by recruiting the directional distance function and data envelopment analysis. The results show that: (1) compared with the production frontier under the given technical conditions, the total energy efficiency is low and the potential for emissions reduction is considerable for China's industrial sector; (2) there exists comparatively large difference of energy efficiency and potential for emissions reduction between these sub-industries; (3) energy efficiency of different sub-industries shows different trends from the aspect of time series. Thus, this article recommends that Chinese government should adopt comprehensive administering measures of energy saving and emissions reduction out of full consideration of the diversities of energy efficiency and its impact factors. It's also suggested that the government should impose different carbon tax on different industries, introduce the carbon emissions trading mechanism, strengthen the research and development of energy-saving technology, promote the utilization of renewable energy and enhance the environmental supervision and regulation to increase the energy efficiency of China's industrial sector and reduce the CO_2 emissions.

Key words: energy efficiency; potential for emissions reduction; directional distance function; data envelopment analysis

1 问题的提出

科学测算并分析能源效率(energy efficiency,EE)与 CO_2 减排潜力的差异性及其影响因素,并据此提出因应对策,对中国工业部门节能减排意义重大。近年来能源效率研究是理论界的热点。Patterson(1996)认为,能源效率是指用较少的能源生产同样数量的服务或有用的产出。魏一鸣(2010)根据研究对能源效率进行了区分。能源、资本和劳动力均为重要的生产要素,一般可从单要素和全要素两种视角分析能源效率。

单要素能源效率只考虑能源投入与产出,忽略能源与其他要素的替代。Worrell(2001)与 Pardo(2011)分别分析了美国钢铁产业和欧洲水泥产业的单要素能源效率。史丹(2006)、查冬兰(2007)与 Mao(2010)分别分析了中国区域单要素能源效率的趋同性与差异性。

单要素能源效率测算简单,但不能全面反映能源效率,而全要素能源效率则可反映投入产出及生产要素之间的替代。在全要素能源效率框架下,魏楚(2007)与冯明(2010)采用 DEA 方法分别测算了中国各省工业行业能源效率。金培振(2011)采用超效率 DEA 模型测算了 1995—2007 年中国和 10 个 OECD 国家的全要素能源效率和节能潜力。吴琦(2009)和曾贤刚(2010)在分别采用 DEA 能源效率模型,对中国 30 个省级区域的能源效率进行了实证研究。Yeh(2010)采用 DEA 方法比较了 2002—2007 年大陆与台湾地区的能源利用效率。值得一提的是,部分研究考虑了环境副产出,而方向性距离函数成为较好的分析工具。Wei(2007)与 Watanable(2007)分别利用距离函数和方向性距离函数研究了 1994—2003 年中国钢铁部门与 1994—2002 年工业省级能源效率。胡鞍钢(2008)采用方向性距离函数的全要素生产率模型,对中国各省市考虑环境产出的"技术效率"进行了排名。

以上学者对能源效率的研究进行了有益的探索,但侧重区域分析,鲜有文献分析各行业能源效率。为了明确中国工业部门各行业的能源效率及减排潜力，并据此提出相关政策措施，本文引入方向性距离函数，对能源效率进行重新界定和测算。本文结构为：一、提出问题，二、研究方法与数据，三、实证结果分析，四、结论与启示。

2 研究方法与数据

2.1 方向性距离函数

方向性距离函数可将环境副产出纳入能源效率的分析范畴。本文借鉴 Chung(1997)的做法表述方向性距离函数。不妨分别定义 x，y 和 b 为要素投入、合意产出和不合意产出，$P(x)$为产出集。

$$P(x)=\{(y,b):x \text{ 可以生产}(y,b)\} \tag{1}$$

假设 1：合意产出与不合意产出联合弱可处置，合意产出自由处置。

$$(y,b)\in P(x) \text{ 且 } 0\leqslant\theta\leqslant 1, \text{则}(\theta y,\theta b)\in P(x) \tag{2}$$

$$(y,b)\in P(x) \text{ 且 } y'\leqslant y, \text{则}(y',b)\in P(x) \tag{3}$$

假设 2：不合意产出是合意产出的副产品。

$$\text{如果 }(y,b)\in p(x) \text{ 且 } b=0, \text{则 } y=0 \tag{4}$$

传统 Shephard 距离函数定义为：

$$D_0(x,y,b)=\inf\{\theta:((\mathrm{y},\mathrm{b})/\theta)\in \mathrm{p}(\mathrm{x})\} \tag{5}$$

在传统 Shephard 距离函数中，合意产出与不合意产出必须同向同比增减，而方向性距离函数在处理合意产出与不合意产出非同向同比变化时则表现出优越性。方向性距离函数的定义为：

$$\vec{D}_0(x,y,b;g)=\sup\{\beta:((\mathrm{y},\mathrm{b})+\beta_{\mathrm{g}})\in \mathrm{p}(\mathrm{x})\} \tag{6}$$

其中，$g=(g_y,-g_b)$为方向向量，表示合意产出增加而同时不合意产出减少。此外，根据 Färe(1995)推导，在弱可处置前提下满足：

$$(y,b)\in p(x)\Leftrightarrow D_0(x,y,b)\leqslant 1 \tag{7}$$

方向性距离函数与传统 Shephard 距离函数的关系可见图 1。

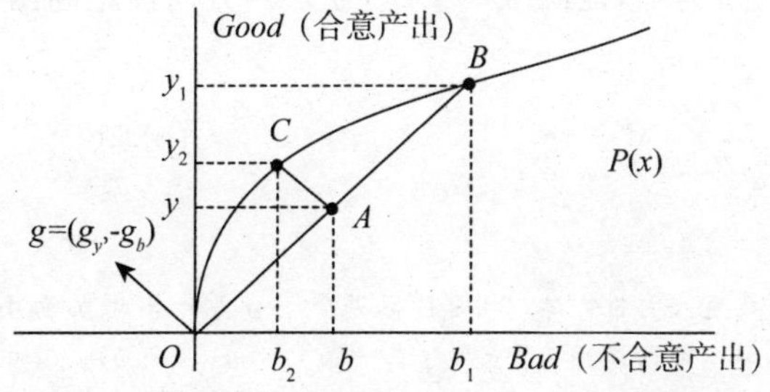

图 1 方向性距离函数与 Shephard 距离函数

为了分析两类距离函数的关系，不妨设 $g=(y,b)$，所以：

$$\begin{aligned}\vec{D}_0(x,y,b;y,b) &= \sup\{\beta\colon D_0(x(y,b)+\beta(y,b))\leqslant 1\} \\ &= \sup\{\beta\colon (1+\beta)D_0(x,y,b)\leqslant 1\} \\ &= (1/D_0(x,y,b))-1\end{aligned} \tag{8}$$

传统 Shephard 距离函数中，A 点沿向量(y,b)扩张与生产前沿交于 B 点，其距离函数值 $\theta=|OA|/|OB|$。对比而言，如 A 点沿向量 g 运动与生产前沿交于 C 点，A 点的方向性距离函数值为 $\beta_{max}=|AC|/|Og|$（例如，C 点的方向性距离函数为零，而 A 点为正值）。

2.2 能源效率界定

本文将 Patterson(1996)的定义改述为：给定非能源投入下，实现最大合意产出，并通过减少能源投入实现最小不合意产出的能力。将能源在经济产出和环境副产出方面的效率称为经济绩效(economic performance，ECP)和环境绩效(environmental performance，ENP)，则 ECP 是给定非能源投入下，实际合意产出与理论最大合意产出之比；而 ENP 是给定非能源投入下，理论最小不合意产出与实际不合意产出之比，结合图 1 可知：

$$\begin{cases} ECP = \dfrac{y}{y_2} \\ ENP = \dfrac{b_2}{b} \end{cases} \tag{9}$$

其中 $y_2=y+\beta_{max}g_y$，且 $b_2=b-\beta_{max}g_b$。根据能源效率的改述，则 EE 的测算式如下：

$$EE=(ECP\times ENP)^{\frac{1}{2}} \tag{10}$$

本文将方向向量选定为 $g=(y,-b)$①，对于行业 k，联立(9)和(10)可得：

$$EE_k=\left(\frac{y_k}{(1+\beta_{maxk})y_k}\cdot\frac{(1-\beta_{maxk})b_k}{b_k}\right)^{\frac{1}{2}}=\left(\frac{1-\beta_{maxk}}{1+\beta_{maxk}}\right)^{\frac{1}{2}} \tag{11}$$

由于 $0\leqslant\beta_{maxk}\leqslant 1$，因此有 $0\leqslant EE_k\leqslant 1$。当观察点在生产前沿上($C$ 点)，则方向性距离函数值 β_{maxk} 为零，能源效率 EE_k 为 1；当方向性距离函数值为 1 时，EE 等于零。

---

① 方向向量的选择具有人为性。本文中，目标期望是合意产出增加而不合意产出减少，其方向向量的一般形式可以表述为：$g=(g_y,-g_b)=(uy,-wb)$。其中，u 和 w 的设定取决于 y 和 b 的重要性，对目标期望更大的产出，其系数也更大。本文认为，经济产出和环境产出在分析能源效率时同等重要，因此设定 $u=w=\beta$。

减排潜力①(potential for emissions reduction,PER),即在当前能源效率条件下实现最佳能源效率的减排空间,则行业 k 的减排潜力的测算表达式为:

$$PER_k = 1 - \frac{b_{2k}}{b_k} = 1 - (1 - \beta_{maxk}) = \beta_{maxk} \tag{12}$$

根据(10)与(12),工业部门总体能源效率(TEE)及减排潜力(TPER)表述如下:

$$\text{TEE} = \left[\frac{\sum_{k=1}^{k} y_k}{\sum_{k=1}^{k}(1+\beta_{maxk})y_k} \cdot \frac{\sum_{k=1}^{k}(1-\beta_{maxk})b_k}{\sum_{k=1}^{k} b_k}\right] \tag{13}$$

$$\text{TPER} = 1 - \frac{\sum_{k=1}^{k}(1-\beta_{maxk})b_k}{\sum_{k=1}^{k} b_k} \tag{14}$$

其中,$k=1,\cdots,K$ 为行业个数,y_k 和 b_k 分别是行业 k 的合意产出和不合意产出,β_{maxk} 是行业 k 的方向性距离函数值。

2.3 测算模型

数据包络分析(data envelopment analysis,缩写为 DEA),作为效率测度的数学工具已经应用成熟。方向性距离函数可通过 DEA 模型求解,参考 Jeon (2004)的做法,构建增产—减排联合目标 DEA 模型如下:

$$\vec{D}_0(x(k'),y(k'),b(k')-b(k')) = Max\beta$$

$$s.t.\begin{cases}(1+\beta)y_m(k') \leqslant \sum_{k=1}^{k}\lambda(k)y_m(k) & m=1,\cdots,M \\ \sum_{k=1}^{k}\lambda(k)b_n(k) = (1-\beta)b_n(k') & n=1,\cdots,N \\ \sum_{k=1}^{k}\lambda(k)x_1(k) \leqslant x_1(k') & l=1,\cdots,L \\ \lambda(k) \geqslant 0 & k=1,\cdots,K\end{cases} \tag{15}$$

其中,$m=1,\cdots,M$ 为合意产出种类个数,$n=1,\cdots,N$ 为不合意产出种类个数,$l=1,\cdots,L$ 为要素投入种类个数,$k=1,\cdots,K$ 为决策单元个数。

2.4 样本、指标及数据

(1) 样本筛选。中国工业部门由采矿业、制造业等 39 个行业构成。由于统计口径的变化导致部分行业数据前后不一致或者缺省,本文只分析其他采矿业、

① 本文中,减排潜力专指二氧化碳的减排潜力。能源效率及减排潜力都是以生产前沿为参照的相对能源效率及相对减排潜力。

工艺品及其他制造业、废弃资源和废旧材料回收加工业之外的36个行业。[①]

(2) 指标选取及数据来源。本文以2000—2009年的资本、劳动力和能源作为生产要素投入变量,同时选取经济产出和环境副产出作为产出变量。变量指标及其数据来源解释如下:

资本投入。资本投入是生产过程中资本的价值转移。因此,资本投入应当是资本消耗量而非存量。固定资产折旧反映生产过程中固定资产价值的消耗,可作为资本投入指标,其数据从《中国统计年鉴》和《中国经济普查年鉴》[②]中直接取得,或利用固定资产原值减去固定资产净值得到。

劳动力投入。从《中国统计年鉴》直接选取全部从业人员年平均数作为劳动力投入指标,或者由工业增加值除以全员劳动生产率得到。

能源投入。选取各行业的能源消费总量作为能源投入指标。具体数据从《中国能源统计年鉴》[③]取得,所有能源消费全部折算成标准煤。

经济产出。从《中国统计年鉴》选取工业增加值作为经济产出指标。其中2004年数据取自《中国国内生产总值核算历史资料1952—2004》[④],2008年和2009年数据在2007年数据基础上结合国家统计局网站"工业分大类行业增加值增长速度"[⑤]计算得到。

环境产出。CO_2 排放量作为环境副产出指标。目前统计数据没有行业 CO_2 排放数据,一般可由能源消费总量、能源碳排放系数和碳气化系数三者的相乘得到。本文选取国家发改委能源研究所推荐的0.67作为标准煤的碳排放系数[⑥],碳气化系数为44/12=3.67。

3 实证结果分析

本文从三个角度分析实证结果:总体能源效率与减排潜力、能源效率与减排潜力的行业差异以及能源效率与减排潜力的动态变化。

3.1 总体能源效率与减排潜力

本文中能源效率是以生产前沿(既定技术条件下生产最优点的集合)为参照系的相对能源效率。中国工业部门总体能源效率偏低,2008年及2009年总体

---

① 本文行业代码详见中华人民共和国统计局网站 http://www.stats.gov.cn/tjbz/hyflbz/

② 《中国统计年鉴》,中国统计出版社,2001—2010年各版;《中国经济普查年鉴》,中国统计出版社,2006及2010年版。

③ 《中国能源统计年鉴》,中国统计出版社,2004—2011年各版。

④ 《中国国内生产总值核算历史资料1952—2004》,中国统计出版社,2007年版。

⑤ 详见中华人民共和国国家统计局网站 http://www.stats.gov.cn/tjsj/index.htm

⑥ 详见《2005中国煤炭企业100强分析报告》,煤炭工业出版社,2005年版,第180页。

能源效率水平相对于2000年还略有下降。从图2可知，中国工业部门总体能源效率基本围绕在0.3左右，能源效率相对较高的年份为2000、2006及2007年，而最低年份为2009年。除2006及2007年外，中国工业部门能源效率总体呈现降低的趋势。

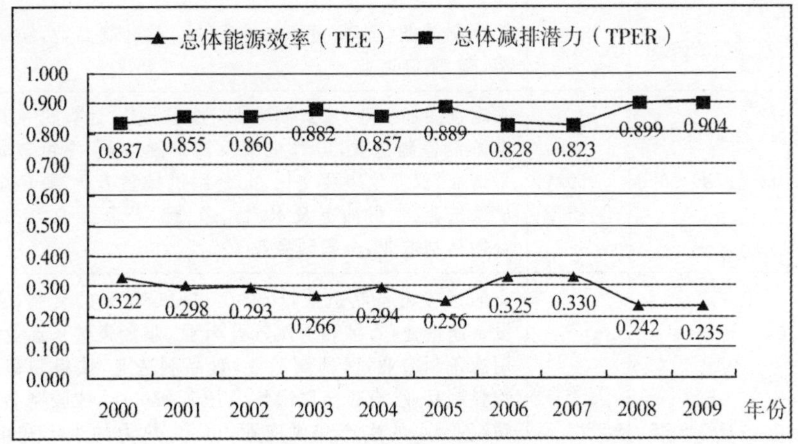

图2　中国工业部门总体能源效率与减排潜力

同时，2000—2009年，中国工业部门总体减排潜力维持在0.9左右。除2006及2007年外，中国工业部门的总体减排潜力呈现上升趋势。2009年中国工业部门的总体减排潜力高达0.904，比2000年高出0.067，比最低年份2007年水平高出0.081。

中国政府在"十一五"规划中首次提出节能减排的约束指标，陆续出台系列节能减排政策。2006及2007年为"十一五"头两年，在政府强力约束下，中国工业部门节能效果明显，能源效率提升。然而，2008和2009年能源效率出现下降，减排潜力上升。这主要是因为：一方面中国工业部门产业结构调整缓慢、落后产能不能及时退出市场、重污染行业产能过剩不能得到有效控制、节能减排执法监管不力等；另一方面，美国次贷危机引发的全球性金融危机后，中国政府实行的经济刺激政策使得企业节能减排压力减轻，重新将产量和利润增长作为主要追求目标。

3.2　能源效率与减排潜力的行业差异

(1) 能源效率的行业差异。本文对各行业2000至2009年EE取均值。若EE均值小于0.5，说明该行业的ECP与ENP均不高或者不协调，导致EE偏低；若均值处于0.5～0.8之间，说明该行业的ECP与ENP均较高，其EE也相应较高；若均值高于0.8，说明该行业ECP与ENP很高，该行业处于高能效状态。据此将各行业分为高能效、中能效与低能效三类，具体情况见表1、表2所示。

表1 中国工业部门能源效率行业聚类

类别	能源效率	行业个数	具体行业
高能效	$0.8 \leqslant EE \leqslant 1$	3	烟草制品业，皮革、毛皮、羽毛（绒）及其制品业，纺织服装、鞋、帽制造业
中能效	$0.5 \leqslant EE < 0.8$	10	农副食品加工业，家具制造业，通信设备、计算机及其他电子设备制造业，电气机械及器材制造业，黑色金属矿采选业，仪器仪表及文化、办公用机械制造业，有色金属矿采选业，木材加工及木、竹、藤、棕、草制品业，文教体育用品制造业，金属制品业
低能效	$0 \leqslant EE < 0.5$	23	交通运输设备制造业，印刷业和记录媒介的复制，通用设备制造业，石油和天然气开采业，非金属矿采选业，专用设备制造业，医药制造业，食品制造业，饮料制造业，塑料制品业，有色金属冶炼及压延加工业，橡胶制品业，纺织业，水的生产和供应业，电力、热力的生产和供应业，造纸及纸制品业，煤炭开采和洗选业，化学纤维制造业，燃气生产和供应业，化学原料及化学制品制造业，非金属矿物制品业，石油加工、炼焦及核燃料加工业，黑色金属冶炼及压延加工业

表2 2000—2009年部分行业能源效率对比

行　业	能源效率均值	行　业	能源效率均值
烟草制造业	1.000	黑色金属冶炼及压延加工业	0.133
皮革、毛皮、羽毛（绒）及其制品业	0.986	石油加工、炼焦及核燃料加工业	0.152
纺织服装，鞋、帽制造业	0.836	非金属矿物制品业	0.153
农副食品加工业	0.765	化学原料及化学制品制造业	0.156
家具制造业	0.728	燃气生产和供应业	0.177

从表1可知，高能效行业仅有3个，包括烟草制品业，皮革、毛皮、羽毛（绒）及其制品业，纺织服装、鞋、帽制造业；中能效行业有10个，包括农副食品加工业，家具制造业等；而低能效行业多达23个，集中于机械制造、能源生产、冶金、化学制造等领域。

从表 2 可知，能源效率最高的烟草制造业的能源效率，均值为 1，而能源效率最低的黑色金属冶炼及压延加工业的能源效率均值仅为 0.133，不同行业能源效率差距较大。此外，能源效率最高的 5 个行业与最低的 5 个行业之间的能源效率差都在 0.55 以上，能源效率最高的 10 个行业与最低的 10 个行业能源效率差也都在 0.35 以上。由此可见，高能效、较高能效行业与低能效行业的能源效率差距较大。

导致能源效率行业差异的因素较多，主要有：

1）要素需求结构不同。能源需求比例大的行业易造成能源浪费和 CO_2 过度排放，在考虑环境副产出的能源效率评价体系中，CO_2 排放将对能源效率的测算产生重要影响。不同行业能源消耗及 CO_2 排放的巨大差异，将对行业能源效率产生差异性影响。

2）要素替代弹性不同。要素替代弹性大的行业，在环境约束下可以通过减少能源投入而增加其他要素投入的途径实现节能减排。相比较而言，要素替代弹性小的行业，由于能源消耗刚性而使得节能空间和减排潜力有限。

3）节能减排技术不同。部分行业节能减排技术先进，可以通过技术研发和改进，提高能源再利用率，或通过 CO_2 排放回收再利用的方式减少 CO_2 净排放量。而部分行业能源利用技术落后，能源再利用率及 CO_2 排放回收率低，导致能源消耗总量和 CO_2 净排放量大。

通过以上分析，可知中国工业部门的能源效率存在较大行业差异性，其高能效行业少而低能效行业多，不同行业能源效率差距大。此外，导致差异性的因素较多且不尽相同。

（2）减排潜力的行业差异。一般地，能源效率与其减排潜力成负相关。图 3 展示了中国工业部门减排潜力的行业分布情况。参照能源效率归类的做法，把减排潜力小于 0.2 的行业归为轻度减排行业，处于 0.2～0.5 之间的行业归为一般减排行业，而高于 0.5 的行业归为重点减排行业。

从图 3 可知，轻度减排行业仅为烟草制品业（0）[①]，皮革、毛皮、羽毛（绒）及其制品业（0.014）及纺织服装、鞋、帽制造业（0.179）。一般减排行业共有农副食品加工业（0.273），家具制造业（0.315），通信设备、计算机及其他电子设备制造业（0.354）等 9 个。

① 此处括号内为行业的减排潜力值，以下同样。

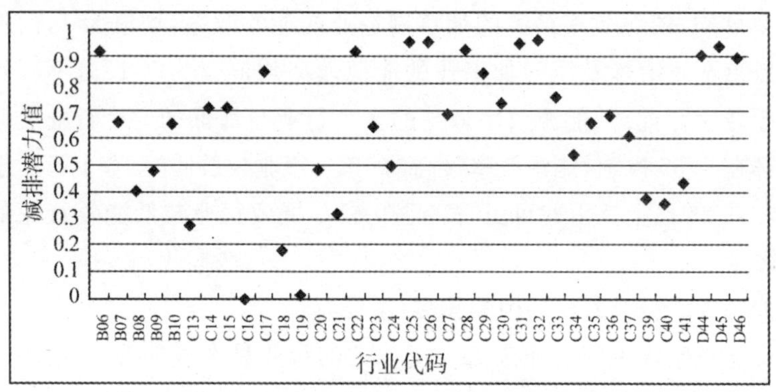

图 3　中国工业部门减排潜力的行业分布

重点减排行业多达 24 个，其中减排潜力处于 0.5～0.9 之间的行业共 15 个。处于 0.9 以上的为 9 个行业，分别为非金属矿物制品业(0.951)，化学原料及化学制品制造业(0.952)，石油加工、炼焦及核燃料加工业(0.954)及黑色金属冶炼及压延加工业(0.964)等高污染、高耗能、高排放领域。

从以上分析可知，中国工业部门减排潜力具有显著的行业差异，且重点减排行业与轻度减排行业的减排潜力差距很大。如果要使得节能减排高效率推进，应着重提高重点减排行业的能源效率，严格控制其 CO_2 排放。

3.3　能源效率与减排潜力的动态变化

(1) 能源效率的动态变化。从时间序列看，中国工业部门的能源效率呈现异质性变化趋势。

通过计算 2000—2009 年能源效率时间序列极差，可知煤炭开采和洗选业，烟草制皮业，皮革、毛皮、羽毛(绒)及其制品业等 10 个行业的能源效率时间序列极差小于 0.1，总体保持平稳趋势。此外，10 个行业的能源效率时间序列极差处于 0.1～0.2 之间，呈现出微幅变化趋势，包括食品制造业、饮料制造业及纺织业等。上述 20 个行业的能源效率变化幅度较小，尽管呈现不同的变化趋势，其能源效率基本稳定。

其余 16 个行业的能源效率时间序列极差均在 0.2 以上，变化幅度较大。根据变化趋势的不同，分为三类：① 能源效率上升：黑色金属矿采选业，有色金属矿采选业，非金属矿采选业，木材加工及木、竹、藤、棕、草制品业；② 能源效率先升后降：农副食品加工业，纺织服装、鞋、帽制造业，家具制造业，金属制品业；③ 能源效率下降：石油和天然气开采业，文教体育用品制造业，医药制造业，橡胶制造业，塑料制造业，有色金属冶炼及压延加工业，电气机械及器材制造业，通信设备、计算机及其他电子设备制造业。

在23个低能效行业中，18个行业变化幅度较小，均在0.2以下；石油和天然气开采业、非金属矿采选业、橡胶制造业、塑料制造业和有色金属冶炼及压延加工业的变化幅度均较大。其中，非金属矿采选业自身具备较强的经济实力，同时具备较强的行业内部技术研发能力。近年来，矿产资源采选技术发展迅速，对非金属矿采选业能源效率的提高具有推动作用；而石油和天然气开采业、橡胶制品业、塑料制品业与有色金属冶炼及压延加工业分别属于能源生产、化学制造和金属冶炼等传统的高污染、高耗能、高排放行业领域。尽管这些行业的工业增加值较高，但是其 CO_2 排放量巨大，环境效益差，其以大量消耗能源为代价换取的经济效益并不能推动能源效率的提高，相反，传统的粗放型发展模式不能得到改变，其能源效率将会进一步下降。

(2) 减排潜力的动态分析。与以上分析类似，将中国工业部门减排潜力时间序列极差处于0.3以下的行业归为减排潜力平稳或微幅变化行业，主要有煤炭开采和洗选业、食品制造业、饮料制造业、烟草制造业等24个行业；其余12个行业减排潜力变化幅度均超过0.2。

黑色金属矿采选业，有色金属矿采选业，非金属矿采选业，木材加工及木、竹、藤、棕、草制品业的减排潜力随时间推移而减小，主要是由于这些行业能源效率的提高；农副食品加工业和家具制造业的减排潜力随时间推移呈现出先减小后增大的变化趋势，这和其能源效率变化也一致。此外，石油和天然气开采业，文教体育用品制造业，有色金属冶炼及压延加工业，金属制品业，电气机械及器材制造业，通信设备、计算机及其他电子设备制造业的减排潜力随时间推移而增大，而这些行业主要从事能源生产、金属冶炼及机械制造业，能源需求量及 CO_2 排放量大，要素替代弹性小。

4 结论与启示

本文基于2000—2009年数据，采用方向性距离函数和数据包络分析方法对中国工业部门的能源效率和减排潜力进行了测算和实证分析，结论如下：

(1) 与既定技术条件下的生产前沿相比，中国工业部门的总体能源效率偏低，CO_2 减排潜力较大；从时间序列角度考察，总体能源效率呈现曲折下降趋势。能源效率低下的主要原因是产业结构调整缓慢、落后产能不能及时退出市场、重污染行业产能过剩不能得到有效控制、节能减排执法监管不力。尽管减排潜力较大，但是若不能彻底改变粗放型的发展模式，将重蹈高污染、高耗能、高排放的覆辙，或者技术不能发生持续性变革，能源效率的提高以及 CO_2 减排将面临巨大的困难。

(2) 从行业层面看,中国工业部门的能源效率及减排潜力存在较大的行业差异性。高能效行业过少、低能效行业过多,不同行业能源效率及减排潜力差距较大,并且导致不同行业能源效率不同的因素不尽相同。高能效行业以轻工业为主,中能效行业主要为机械制造业、矿产采选业及部分轻工业,而低能效行业主要是能源生产、金属冶炼及化学制造等领域。

(3) 从时间序列看,中国工业部门的能源效率及减排潜力存在异质性的动态变化趋势。部分行业的能源效率和减排潜力保持平稳或微幅的变化,而部分行业的能源效率和减排潜力呈现出较大幅度的变化,且变化趋势不尽相同。

基于以上分析,本文得出以下政策启示:

(1) 积极引入差异性碳税政策。首先,对能源效率低的劳动密集型和资本密集型行业,应征以较高的税率;而对能源密集型行业,出于保护产业竞争力的考虑,应征以较低的税率。其次,部分行业能源消费呈现刚性特点,为避免能源价格上涨和通胀,其税基选择可从最终排放环节入手;而能源消费呈现柔性的行业,应以能源含碳量为税基,可以直接减少能源消耗,推动企业要素结构的完善。再次,碳税和现行税应充分协调,保持税收中性。征收碳税的同时,应减免其他税收,避免对企业造成过重的成本负担。最后,将碳税收入以税收返还的方式奖励节能减排效果显著的企业,鼓励企业进行节能技术研发和利用可再生能源。

(2) 充分利用碳排放交易市场机制的灵活性,补充碳税的不足。碳税不能控制 CO_2 总量,而碳排放交易市场可控制 CO_2 总量排放,并通过市场机制的调节实现 CO_2 排放权这一特殊“商品”的自由流动。一方面,可以给减排潜力小的企业提供“以成本换排放权”的渠道;另一方面,也可以促进企业通过自身减排的努力而创造额外的经济效益。

(3) 加强节能技术的研发力度,推动可再生能源的开发利用。能源技术升级是节能减排的核心,对于能源效率低的劳动密集型行业,应着重通过对传统能源技术的改造提高能源效率;而对于能源效率低的能源密集型行业,要加大能源新技术和新工艺的研发,提高能源的循环利用率及 CO_2 废气的回收利用。政府应充分给予可再生能源企业政策、资金、技术和人才方面的支持,另一方面将可再生能源的使用比例作为碳税返还的重要依据,以此促进企业能源消费结构改善。

(4) 政府应加强对企业的环境监管。对于能源效率低且没有改善趋势的企业,要重点加强其能源消耗的监审及 CO_2 排放监管,必要时应采取行政处罚措施和社会环境责任公示,对企业负责人实行环境问责制度。

参考文献

[1] Chung Y. H., Färe R., Grosskopf S. (1997) Productivity and undesirable outputs: a directional distance function approach. Journal of Environmental Management, 51(3): 229—240

[2] Färe R., Primont D. (1995) Multi-output production and duality: theory and applications. Boston: Kluwer Academic Publishers

[3] Jeon B. M., Sickles, R. C. (2004) The role of environmental factors in growth accounting. Journal of Applied Econometrics, 19(5): 567—591

[4] Mao J., et al. (2010) Energy efficiencies of industrial sectors for China's major cities. Procedia Environmental Sciences, 2: 781—791

[5] Pardo N., Moya J. A., Mercier A. (2011) Prospective on the energy efficiency and CO_2 emissions in the EU cement industry. Energy, 36(5): 3244—3254

[6] Patterson M. G. (1996) What is energy efficiency? concepts, indicators and methodological issues. Energy Policy, 24(5): 377—390

[7] Watanabe M., Tanaka K. (2007) Efficiency Analysis of Chinese industry: a directional distance function approach. Energy Policy, 35(12): 6323—6331

[8] Wei Y., Liao H., Fan Y. (2007) An empirical analysis of energy efficiency in China's iron and steel sector. Energy, 32(12): 2262—2270

[9] Worrell E., Price L., Martin N. (2001) Energy efficiency and carbon dioxide emissions reduction opportunities in the US iron and steel sector. Energy, 26(5): 513—536

[10] Yeh T., Chen T., Lai P. A. (2010) Comparative study of energy utilization efficiency between taiwan and China. Energy Policy, 38(5): 2386—2394

[11] 查冬兰，周德群(2007)地区能源效率与二氧化碳排放的差异性—基于 Kaya 因素分解. 系统工程，25(11)：65—71

[12] 冯明，吴开(2010)我国工业行业能源效率的实证研究. 商业经济，1：5—6

[13] 胡鞍钢等(2008)考虑环境因素的省级技术效率排名(1999—2005). 经济学(季刊)，7(3)：933—960

[14] 金培振，张亚斌，李激扬(2011)能源效率与节能潜力的国际比较—以中国与 OECD 国家为例. 世界经济研究，1：21—27

[15] 史丹(2006)中国能源效率的地区差异与节能潜力分析. 中国工业经济，10：49—58

[16] 魏楚，沈满洪(2007)能源效率与能源生产率：基于 DEA 方法的省际数据比较. 数量经济技术经济研究，9：110—121

[17] 魏一鸣，廖华(2010)能源效率的七类测度指标及其测度方法. 中国软科学，1：128—137

[18] 吴琦，武春友(2009)基于 DEA 的能源效率评价模型研究. 管理科学，22(1)：103—112

[19] 曾贤刚(2010)我国能源效率、CO_2减排潜力及影响因素分析. 中国环境科学，30(10)：1432—1440

风电发展中的制约因素及调度模式优化
——以东北电网为例

赵晓丽[1]　吴隆礼[2]　王　玫[2]

(1 华北电力大学经济与管理学院，北京 102206；2 华北电力大学低碳经济与贸易研究所，北京 102206)

【摘要】 近年来中国风电在快速发展的同时，弃风率不断上升。本文以东北电网为例，分析了风电发展中的制约因素，揭示了影响中国风电发展的制度性及运营性障碍。在影响东北电网风电并网的运营因素中，调度模式的优化是关键因素之一。本文通过建立系统调度模型，运用 GAMS 计算机仿真模拟方法，以辽宁省的数据为基础计算了风电并网后，含水电、火电系统的调度模式优化问题。研究认为，在可关停机组情况下，系统的总成本明显低于不可关停机组下的系统总成本；同时，在可关停机组情况下，风电并网后的总成本随着为了保证系统安全而预留的旋转备用比例而变化。因此，风电并网后的调度模式优化中，需要兼顾系统的安全稳定，污染气体减排，以及经济成本等多方面因素。

【关键词】 风电发展；制约因素；调度模式优化

Restraints and Optimization of the Dispatch Mode in the Development of Wind Power—Taken Northeastern Grid as an Example

Zhao Xiaoli[1], Wu Longli[2], Wang Mei[3]

(1 Economy and Management College, North China Electric Power University, Beijing, 102206; 2 Low Carbon Economy and Trade Research Institute, North China Electric Power University, Beijing, 102206)

Abstract: In recent years, the ratio of wind curtailment in China has been increasing continuously with the fast development of wind power. In this paper, the Northeast power grid is taken as an example to analyze the factors restricting the development of wind power, and to reveal both the institutional and operational obstacles. Among the factors of influencing the ratio of wind power integration, the optimization of dispatch model is one of key affecting factors. This article explores the optimization of dispatch model under the water-thermal - wind complex power system based on GAMS simulation method based on the data of Liaoning province. The result shows that the total economic cost in the case of thermal power plants permitted to be shutdown is obviously lower than the one in the case of thermal power plants not permitted to be shutdown. Meanwhile, the total system economic cost varies inaccordance with the reserved spinning ratio to realize the system safety. Hence, in the optimization of dispatch model after wind power integration to the grid, the system stability, pollution emissions reduction, and economic cost should be given consideration at the same time.

Key words: wind power development; constraints factors; optimization of dispatch model

1 绪 论

中国风电发展始于20世纪80年代。1986年5月8日,中国第一座引进机组示范风电场——马兰风力发电场在山东荣成的建成发电,标志着中国风电发展的起步。政府对风能发展给予了高度重视,相继出台《风力发电场并网运行管理规定(试行)》、《中华人民共和国电力法》、《新能源和可再生能源发展纲要(1995—2010)》等一系列法律法规,对风电的快速发展起了巨大的推动作用。截至2010年年底,中国风电装机容量达到4182.7万千瓦,首次超越美国成为全球风电装机容量最大的国家①,与2002年年底的46.5万千瓦相比增长了将近90倍。但是另一方面,在中国风电快速发展的同时,弃风率却不断上升,风电发展的瓶颈越来越突出。②

现有研究主要从三个方面总结了制约中国风电发展的因素:① 电网建设滞后,风电与电网发展不协调(裴哲义等,2010;景春梅,王成仁,2010;张淑谦,韩伯棠,2010;余维洲,2009);② 风电发展的技术问题,包括风电机组技术性能不佳、入网技术标准不完备、技术支撑手段不足等(裴哲义等,2010;张淑谦,韩伯棠,2010);③ 政策法规等制度性的不完善(景春梅,王成仁,2010)。本文认为,制约中国东北风电进一步快速发展的因素包括结构因素和运营因素两大方面。其中,结构因素的制约主要体现在电网结构、电源结构以及风力资源的分布方面;运营因素的制约主要体现在电价机制、调度模式、风力预测、储能技术等方面。

---

① 本文得到美国能源基金(项目号:G—1004—12366)和国家自然科学基金(项目号:70773040;71073053)资助。

② 郝思远、张艳.中国风电规模超美国跃居世界第一.http://www.cec.org.cn/html/news/2011/1/13/20111131120526280.html,2011—1—13

这些因素中，有的相对比较容易调整，例如调度模式的优化；有的需要较长期的科技研发和较多的资金投入，例如储能技术的运用；有的则是在长期内都难以改变的因素，例如电源结构问题。因此，本文在总体分析制约中国东北风电发展的因素基础上，将结合辽宁电网的实例，重点分析风电并网后的调度模式优化问题。

目前，已有越来越多的学者开始关注风电并网后的调度问题。从时间上看，风电调度可以分为长期调度和短期调度。在长期调度的研究方面，有的学者建立了含运行成本的目标函数（江岳文，陈冲，温步瀛，2007）；Hetzer 等（2008）则将风能转化系统成本加入了目标函数；有的学者建立了含有风险等级的双目标函数（Wang 和 Singh，2006；Miranda 和 Hang，2005）；有的学者则考虑了环境污染因素（Kennedy，2005）。相对于长期调度而言，短期调度的研究要考虑更多的细节，特别是时间对调度的影响。为了处理离散、大规模、非线性、非凸的短期调度，Hong 和 Li（2006）利用了对称模糊规划以便在保持甚至加强系统稳定性和经济性的时候处理风电场的出力参数，有的学者建立了包含随机安全系数的目标函数（Bouffard 和 Galiana，2008）；有的学者考虑了短期电力市场交易中的风能及储能能源价格因素（Bathurst 和 Strbac，2003）；有的学者考虑了旋转备用和启停成本（Moyano 和 Lopes，2008）。

总之，目前关于风电调度研究的重点是考虑火电和风电的协同调度，并在此基础上考虑风电的随机性和火电的污染性并分析电力系统的整体经济性。本文对风电并网后调度模式的研究同时考虑了水电因素，即在总结分析针对风电并网调度的相关应对策略和国外实践经验的基础上，提出了含风电系统的两种可能的发电调度模式，即与常规火电机组配合、与水电机组配合，并考虑污染气体排放因素，分别建立了优化调度模型；并以东北地区的辽宁电力系统作为算例，利用 GAMS 的 BARON 求解器的 RMINLP 算法进行了求解。

2 东北电网风电发展中的制约因素分析

2.1 制约东北电网风电发展的结构因素

（1）电源结构方面，供热机组比例增加使火电机组调峰能力降低。东北电网电源结构仍以火电为主，占所有电源总装机 80%以上。近年来供热机组增加，在建或陆续核准的热电联产机组占较大比例，取暖季节，常规火电机组为满足供热需求，调峰能力有所下降。另一方面，火电机组利用小时数持续降低（2007—2009 年东北电网火电机组平均利用小时数分别为 5773、5346、4419 小时），且近两年陆续关停、拆除了一批单机容量为 50～100 兆瓦的小火电机组，这也在一定程度上减少了启停调峰的机组容量，进一步降低了常规火电机组的调峰能力。

(2) 电源结构方面，水电装机比例逐年下降使系统调峰能力受到不利影响。东北电网水电资源主要分布在第二松花江(位于丰满以下，为松花江中游)、牡丹江、浑江及鸭绿江流域。由于水电开发时代早，近期增量少，近年来东北电网水电装机比例呈逐年下降趋势，2009 年仅占总装机容量的 9.26%；水电发电量也呈平稳中略有下降的趋势，平均增长率不足 1%，这就使水电机组调峰能力受到极大影响。尤其在冬季供热期、夏季汛期及大容量新机大负荷试运行期间，电网调峰形势比较严峻。

(3) 电网结构方面，风电场集中地区电网建设薄弱使风电输出受到阻碍。东北电网风电场集中地区电网建设速度跟不上电源建设速度，因电网结构限制风电外送问题比较突出。以白城、松原地区为例，白城松原电网目前仅通过 4 回 220 千伏线路与主网连接，500 千伏系统薄弱，随着风电机组大规模投运及龙江西部断面极限的放开，风电因电网薄弱受阻现象越来越严重。表 1 显示，2010 年 1—7 月东北电网因网架结构造成的风电损失量巨大，达到了 92469 兆瓦，对促进风电比例的扩大造成了不可忽视的影响，其中，500 千伏变电站数量过少是影响风电外送能力的重要因素之一。

表 1　2010 年 1—7 月东北电网因网架结构限制风电情况

	全网	蒙东	辽宁	吉林	黑龙江
次数	187	134	2	56	0
电量(MWh)	92469	68771	1099	23869	0

资料来源：东北电网风电调研汇报材料.东北电网有限公司，2010，8.

2.2　制约东北电网风电发展的负荷因素

(1) 用电量增长相对缓慢，不利于扩大风电消纳能力。与电力装机容量增速相比，东北电网用电量增长相对缓慢，而且其增长率呈降低趋势(图 1)。由此带来的结果是东北电网火电机组年利用小时数下降，“窝电”现象不断加剧，这为风电的消纳带来了不利影响。

(2) 用电量及用电量增长具有区域性特征，不利于风电消纳。图 2 显示，东北电网用电量中，辽宁占 51%，是用电负荷集中地；而辽宁风电机组的并网容量仅占东北电网风电并网总容量的 25.52%；风电资源较丰富的蒙东地区(蒙东地区风电并网容量占东北电网风电并网总容量的 31.90%)，其用电量仅占东北电网的 7%。这意味着东北电网风电的省内(区域内)消纳能力比较有限，从而增大了风电消纳的难度。由于负荷分布不均衡，大量风电必须依赖于省或地区外送，从而为风电消纳增添了一定困难。

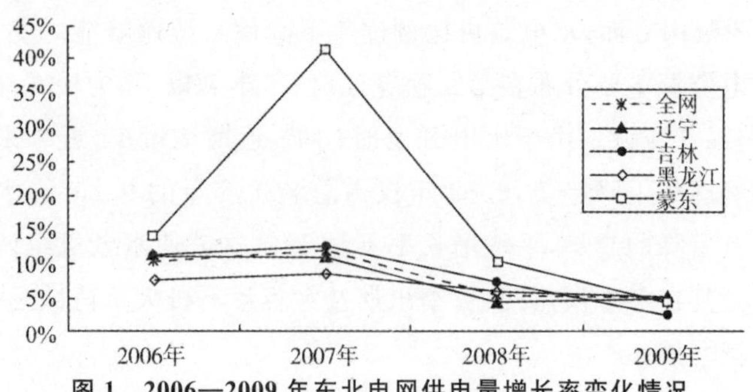

图 1 2006—2009 年东北电网供电量增长率变化情况

数据来源：东北电网运行方式工作报告，东北电网有限公司，东北电监局，2010,5.

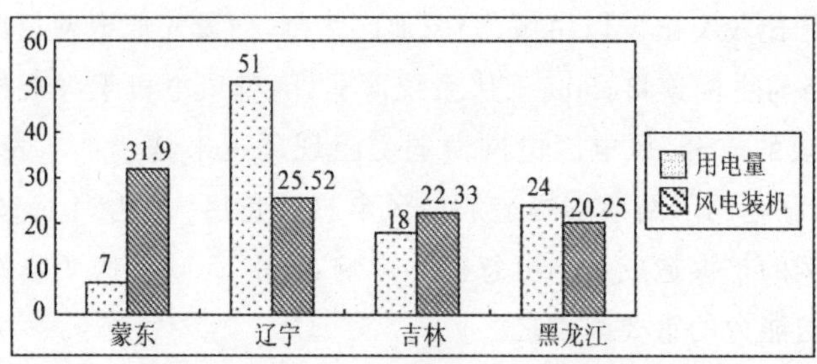

图 2 2009 年东北各省区用电量及风电并网容量比例(%)

资料来源：东北电网风电发展汇报资料(PPT)，东北电网有限公司，2010,7.

图 3 进一步显示，2006—2009 年，东北电网用电量增长也主要来自于辽宁的用电量增长，其他地区的用电量增长则比较有限。用电负荷增长的区域性特征也增大了风电消纳的难度。

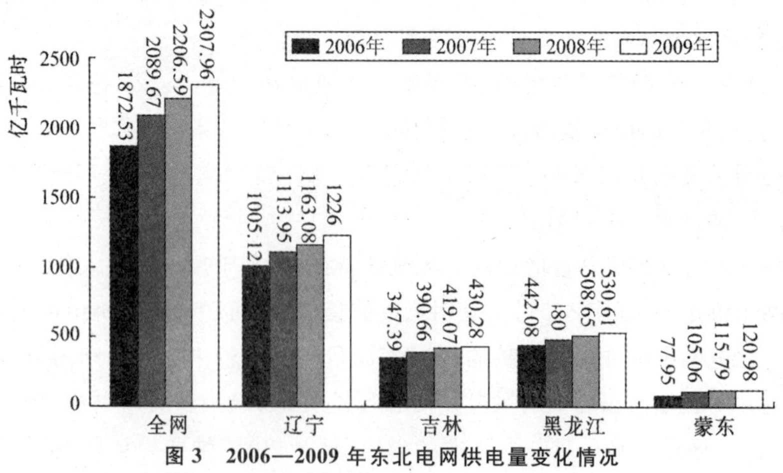

图 3 2006—2009 年东北电网供电量变化情况

资料来源：2007—2008 年数据来源于 2007—2009 年度东北电网运行方式，东北电网有限公司；2009 年数据来源于东北区域 2010 年度电网运行方式工作报告，东北电监局，2010,5.

(3) 季节性调峰特性及负荷峰谷差增大，阻碍了风电进一步发展。东北电网热电联产机组占总装机容量50%以上，在冬季取暖期，为满足基本供热需求，火电机组受到最小出力方式的约束(表3)，导致调峰能力明显下降，限制风电出力情况尤其突出。据统计，2010年1—3月东北电网全网因调峰困难所造成的限制风电发电量达214129兆瓦，占1—7月因调峰困难风电总限电量的59.3%。在国家鼓励发展热电联产机组和"上大压小"政策的背景下，东北电网热电联产机组的比例将进一步提高。另一方面，东北电网峰谷差持续增大，从2007年的972万千瓦增长到2009年的1068万千瓦，而且仍有继续扩大的趋势；由于风电反调峰特性的存在，东北电网峰谷差增大的状况进一步增大了东北电网扩大风电并网的难度。

2.3 制约东北电网风电发展的制度因素

(1) 现有电价政策中不利于风电进一步发展的因素。现有电价政策中不利于风电进一步发展的因素主要体现在两个方面：① 省间交易电价低于省内上网标杆电价，在风电收购价不得改变的政策前提下，影响了省电力公司收购风电的积极性。② 完全固定的风电并网电价机制不利于体现风电运行成本低的优势，在一定程度上影响了风电的发展。在风电弃风比例越来越高的情况下，如果能够在风力资源丰富时期(例如冬季和夜间)，在减少弃风比例、保证风电出力的情况下，适当降低风电并网价格，或者变相降低风电并网价格(风力发电的部分收益转给为其调峰的火电企业或其他电源企业)，对保障风电企业的利益，促进风电的并网发电也许能够起到更加积极的作用。

(2) 现有电力交易机制阻碍风电发展的因素。省间电力交易机制阻碍风电发展的制约因素主要包括以下三个方面：第一，省间交易价格难以达成一致意见。省间输送电价由送受双方协商确定厂网间结算电价，但该协商价格很难达成一致意见。第二，网损得不到补偿。跨省输电穿越省份的电网企业得不到网损补偿。第三，交易过程难以做到各取所需，往往是一方受益，一方损失。例如，为了增大吉林省风电并网发电量，需要将吉林省的电量售给辽宁省，此时，辽宁省不得不压低火电机组发电量，使得辽宁省的火电厂受到损失，对这种损失进行补偿的机制目前还没有形成，因此这样的交易不具有可持续性。

(3) 现有调度模式阻碍风电发展的因素。现有调度模式中不利于风电发展的因素主要体现在四个方面：第一，宏观层面，目前实行省为实体的调度模式，风电原则上自行平衡；而风电资源丰富的地区，电力负荷并不大，例如吉林省，以及蒙东地区等，这种以省为实体自行平衡的调度模式，不利于风电的进一步发展。第二，中观层面，确定开机组合、开机机组发电量及开机机组出力曲线中，对风电机组及风电出力情况优先考虑不够。第三，微观层面，对火电机组深度调峰情况下最佳安全经济调峰曲线研究不够。第四，火电机组的深度调峰和跨省区的辅助服务补偿的实施办法目前还比较缺乏，这在一定程度上影响了促进风电发展的调度模式优化调整。

3 考虑风电并网的调度模式优化研究方法

本部分借鉴 Chen Chun-Lung(2006)思想，采取常规火电机组预留一定正负旋转备用的方法，应对风功率预测不准确的风险，在火电机组一般调度模型基础上，引入系统正负旋转备用容量作为决策变量，同时考虑水电机组参与调峰的调度情形研究风电并网后的调度模式优化问题。本文计算模型中各变量的含义如表 2 所示。

表 2 模型(1)至(12)中各变量的含义

参数	含　义	参数	含　义
p_{it}	第 i 台机组第 t 小时的发电出力	$p_{i\min}$	火电机组 i 在第 t 小时的最小出力
r_{it}	第 i 台机组第 t 小时的发电备用容量	Δp_i^{up}	火电机组 i 的向上爬坡率
R_t^{up}	第 t 小时系统所预留的上旋转备用	Δp_i^{down}	火电机组 i 的向下爬坡率
r_{ht}	水电的发电功率	R_t^{down}	第 t 小时系统所预留的下旋转备用
L_t	系统负荷	r_{wt}^{down}	对风电功率缺失而需要预留的正旋转备用值
p_t^w	风电出力	r_{wt}^{up}	应对风电功率缺失而需要预留的正旋转备用值
$p_{i\max}$	火电机组 i 在第 t 小时的最大出力	u_{it}	启停变量

3.1 火电机组的成本煤耗和排放模型

发电成本函数 $f_{1i}(p_{it}) = a_{1i} + b_{1i}p_{it} + c_{1i}p_{it}^2$ (1)

发电排放函数 $f_{2i}(p_{it}) = a_{2i} + b_{2i}p_{it} + c_{2i}p_{it}^2 + \xi_i e^{\lambda_i p_{it}}$ (2)

发电备用函数 $f_{3i}(r_{it}) = a_{3i} + b_{3i}r_{it} + c_{3i}r_{it}^2$ (3)

本文将二氧化硫和氮氧化物折算成二氧化碳排放，能源消费与碳排放的换算关系为：1 吨标准煤＝2.86 吨二氧化碳(国家计委能源所 1999 年 1 月发布的《能源基础数据汇编》第 16 页数据，污染物减排计算按每燃烧一吨标煤排放二氧化碳约 2.6 吨，二氧化硫约 24 千克，氮氧化物约 7 千克)。因此，排污函数实际上是和发电能耗函数成正比的。由于 ξ_i 、λ_i 难以测定拟合，因此本文中的排放函数由发电能耗函数替代，并通过将标准煤的消耗量乘以换算常数得出相应的排放量。

3.2 可停机情况下系统调度模型

系统调度目标函数是以降低系统煤耗、提高系统经济性为目的，考虑旋转备用容量的安全约束条件及备用成本，以发电总成本和旋转备用总成本最小为目标，函数表达式为

$$\min\sum_{i=1}^{I}\sum_{t=1}^{T}[u_{it}f_{1i}(p_{it})+u_{it}f_{3i}(r_{it}^{up},r_{it}^{down})] \tag{4}$$

约束条件：

(1) 启停变量约束

$u_{it}=0$ 或者 1

(2) 功率平衡约束

$$\sum_{i=1}^{I}u_{it}p_{it}+p_t^w=L_t \tag{5}$$

(3) 机组爬坡约束

$$u_{it}p_{i,t-1\,i}-u_{it}p_{it}\leqslant\Delta p_i^{up} \tag{6}$$

$$u_{it}p_{it}-u_{it}p_{i,t-1}\leqslant\Delta p_i^{down} \tag{7}$$

(4) 机组出力约束

$$u_{it}p_{i\min}\leqslant p_{it}\leqslant u_{it}p_{i\max} \tag{8}$$

(5) 负旋转备用约束

$$\sum_{i=1}^{I}u_{it}r_{it}^{down}\geqslant R_t^{down}+r_{wt}^{down} \tag{9}$$

$$u_{it}p_{it}-u_{it}r_{it}^{down}\geqslant u_{it}p_{i\min} \tag{10}$$

公式(9)的含义是第 t 小时如果因系统负荷和风电功率增加而需要向下降低发电出力的总量，此时所有在线火电机组应当有能力减少发电出力满足总负旋转备用容量的需求。公式(10)的含义是表示负旋转备用容量与机组最小功率约束之和小于机组发电出力。

(6) 正旋转备用约束

$$\sum_{i=1}^{I}u_{it}r_{it}^{up}+r_{ht}\geqslant R_t^{up}+r_{wt}^{up} \tag{11}$$

$$u_{it}p_{it}+u_{it}r_{it}^{up}\leqslant u_{it}p_{i\max} \tag{12}$$

公式(11)的含义是第 t 小时如果因系统负荷和风电功率缺失而需要向上增加发电出力的总量，此时所有在线火电机组应当有能力增加发电出力满足总正旋转备用容量的需求。公式(12)的含义是机组发电出力与正旋转备用容量不能超过机组最大功率约束。

3.3 不停机情况下系统调度模型

火电机组启停成本分为热态、冷态。一般而言，火电机组冷态启停一次，需要8～10小时以上，因此调峰启停一般考虑热态，且只考虑30、60、100万机组的启停情况，时间一般为4～6小时。由于风电的瞬时性，如果采用关停机组的方式进行调峰，虽然调峰能力大幅度增强，但是其可靠性大幅度降低，即很可能在风电波动时不能迅速平衡电力供需，因此通常的调峰调度是考虑在不可关停机组条件下，火电机组的减出力的调度情形。不停机情况与可停机情况下的调度模式相比，只需在公式(4)至(12)基础上将 u_{it} 去掉即可，这是由于 u_{it} 表示的是机组的启停状态，模型中删除 u_{it} 则意味着机组受到最小出力约束即不能停机

3.4 数据来源

本文以辽宁省机组数据为例进行计算。由于辽宁地区的自备电厂较多，机组数据不易取得，为了方便分析，假定全部调度任务由55台直调火电机组承担，并同时假设由直调机组承担的典型日等效系统负荷曲线，这些常规火电机组的向上及向下爬坡率、最大最小出力数据来源于周玮(2010)；燃料成本系数数据来源于煤耗率数据来自电力工业统计资料汇编，2009，9，以及周玮(2010)。计算中暂不考虑网络安全约束和输电线路容量约束。55台机组及所在电厂如表3所示。本文主要运用GAMS(general algebraic modeling system，一般性代数仿真系统)软件进行仿真模拟计算。

表3 55台机组及其所在电厂的基本情况描述

标号	发电厂节点名	有功出力上限(MV)	有功出力下限(MV)	机组数
1	清河	200	140	4
2	锦州西	200	140	4
3	锦州东	200	140	2
4	铁岭220kV	300	210	2
5	600	300	2	
6	铁岭500kV	300	210	2
7	大连	350	200	4
8	阜新	200	140	2
9		350	210	2
10	金山	150	90	4
11	鞍山100MW	120	60	3

续 表

标号	发电厂节点名	有功出力上限(MV)	有功出力下限(MV)	机组数
12	鞍山 300MW	300	210	1
13	营口 220kV	320	270	2
14	营口 500kV	600	300	2
15	沈海	200	140	3
16	丹东	350	210	2
17	东方 1	350	210	1
18	东方 2	350	210	1
19	能港	200	140	2
20	抚顺	200	140	2
21	朝阳	200	140	2
22	泰山	135	80	2
23	南票	100	65	2
24	庄河	600	300	2

资料来源：周玮，含风电场的电力系统动态经济调度问题研究，大连理工大学博士学位论文，2010.09.30

4 计算结果及分析

水电参加调度后，由于水电的良好特点，风电缺失引起的正旋转备用需求可有水电机组承担，故风电并网需预留的火电正旋转备用也大大减少，极大的提高的经济性。为了简化分析，假定水电能够全部参与调峰，水电全部参与调峰之后仍然不能平衡才需要火电机组调峰。假设辽宁省共有 661 兆伏水电机组容量可以参与调峰（截至 2009 年年底，东北地区水电装机容量为 6614 兆瓦，假设 10% 为辽宁省扩大风电并网比例而调度），并忽略网络约束和调度造成的库容变化。

4.1 可停机情况下的计算结果

(1) 风电并网比例为 5% 时的调度模式。当风电并网比例 $\beta=5\%$ 时：在不同的安全裕度水平时即 θ 取不同值时，系统调度安排、经济成本及污染排放结果均一致，这是由于当风电并网比例较小时，由于有水电的调峰作用，在不同的安全裕度水平时，即 θ 取不同值情况下，只增加对水电机组的调度即可，火电机组的调度模式不需要改变。此时，经济总成本为 2238799.577 元，其中发电成本为 2167549.577 元，备用成本为 71250 元；污染气体排放为 10131680 吨，停机机组为“1、6、11、16、17”。

(2) 风电并网比例为15%时的调度模式。当风电并网比例 β=15%时，在不同的安全裕度水平时即 θ 取不同值时，计算得表4。

表5显示的是当风电并网比例分别为 β=5%，β=10%，β=15%时，系统经济成本及污染排放情况。在不停机情况下，无论风电并网的旋备比例 θ 取值为多少，对调度模式的安排以及对系统经济成本及污染排放均不发生影响。这是因为在本文中，为了简化分析，假定了水电能够全部参与调峰，且在水电全部参与调峰之后仍然不能平衡才需要火电机组调峰。辽宁地区，火电机组占有绝对优势，总装机容量远远大于风电装机容量，所以，如果火电不停机，火电机组大部分将在非满发状态下运行，进而使得火电机组可提供的旋转备用容量远远大于风电并网量，即理论上可以实现100%的旋转备用保证，因此，在不可停机情况下，无论风电并网的旋备比例 θ 取值为多少，结果都是一样的。如果风电的并网比例进一步增加，由于总负荷一定，火电机组的出力就需要进一步减低，当风电的并网量超过了火电机组的有功出力可下降的极限，便无解。

表4　当风电并网比例 β=15%，θ 取不同值时系统的成本和排放值

θ值(风电并网的旋备比例)	总成本(元)	发电成本(元)	备用成本(元)	污染排放(吨)	停机机组标号
10%	1865441.592	1865441.592	0.000	8693513.400	1、4、6、7、11、13、17
20%	1865282.178	1857032.178	8250.000	8686913.687	1、6、7、11、13、17、23
30%	1933285.354	1862035.354	71250.000	8668256.422	1、3、4、6、11、16、19、21
40%	1945435.075	1811185.075	134250.000	8718510.418	1、2、3、11、13、15
50%	2005813.410	1808563.410	197250.000	8712180.237	1、2、3、11、13、15
60%	2066346.598	1806096.598	260250.000	8705104.534	1、2、3、11、13、15
70%	2127122.500	1803872.500	323250.000	8696550.407	1、2、3、11、13、15
80%	2188234.751	1801984.751	386250.000	8687755.955	1、2、3、11、13、15

表5　不同风电并网比例下系统的经济成本和污染气体排放情况

θ值(风电并网的旋备比例)	总成本	发电成本	备用成本	污染排放
5%	3591502.347	2130877.347	1460625.000	10089900.000
10%	3761701.917	1969201.917	1792500.000	9281582.630
15%	3881719.321	1875469.321	2006250.000	8781744.400

当风电并网比例为β=5%时，系统的调度情况见表6(β=10%和β=15%情况下系统的调度结果不再给出)。

表6　当风电并网比例β=5%时，各机组的调度情况

节点标号	发电厂名	发电功率	出力比例	总装机
1	清河	560	0.7	800
2	锦州西	560	0.7	800
3	锦州东	280	0.7	400
4	铁岭 220kV	420	0.7	600
5	铁岭 220kV	786.538	0.655	1200.821
6	铁岭 500kV	420	0.7	600
7	大连	800	0.571	1401.051
8	阜新	400	1	400
9	阜新	618.077	0.883	699.974
10	金山	360	0.6	600
11	鞍 100MW	180	0.5	360
12	鞍 300MW	300	1	300
13	营口 220kV	540	0.844	639.8104
14	营口 500kV	732.692	0.611	1199.169
15	沈海	420	0.7	600
16	丹东	420	0.6	700
17	东方 1	308.846	0.882	350.1655
18	东方 2	308.846	0.882	350.1655
19	能港	280	0.7	400
20	抚顺	400	1	400
21	朝阳	280	0.7	400
22	泰山	270	1	270
23	南票	130	0.65	200
24	庄河	1200	1	1200

4.2 不同污染排放水平下系统成本及调度安排

风电并网后不同调度模式安排下，污染排放水平和系统经济成本不同。表7至表9给出了风电并网比例不同时，不同调度模式下的系统总成本及污染排放情况。研究中发现，随着风电并网比例增加，为减少污染排放的调度模式的调整范围逐渐减少。这是由于随着风电并网比例的增加，系统本身的污染排放逐渐减少，导致降低污染排放的调度模式调整范围减少。表10显示的是风电并网5%时污染排放最小时的调度模式，其他情形的调度安排不再给出。

表7 风电并网5%时不同调度模式下的污染排放及系统经济成本

A	总成本	发电成本	备用成本	污染排放(吨)	B
1	3591502.347	2130877.347	1460625.000	10089900.000	7
2	3591943.407	2131318.407	1460625.000	10079810.000	6
3	3593154.861	2132529.861	1460625.000	10069720.000	5
4	3595699.530	2135074.530	1460625.000	10059630.000	4
5	3599826.233	2139201.233	1460625.000	10049540.000	3
6	3608782.177	2148157.177	1460625.000	10039450.000	2
7	3616170.421	2155545.421	1460625.000	10035110.000	1

A代表总成本优劣排序，B代表污染排放优劣排序

表8 风电并网10%时不同调度模式下的污染排放及系统经济成本

A	总成本	发电成本(元)	备用成本(元)	污染排放(吨)	B
1	3761701.917	1969201.917	1792500.000	9281582.630	3
2	3763606.697	1971106.697	1792500.000	9272301.047	2
3	3770788.921	1978288.921	1792500.000	9263082.400	1

注：A代表总成本优劣排序，B代表污染排放优劣排序

表9 风电并网15%时不同调度模式下的污染排放及系统成本

A	总成本(元)	发电成本(元)	备用成本(元)	污染排放(吨)	B
1	3881719.321	1875469.321	2006250.000	8781744.400	2
2	3886130.913	1879880.913	2006250.000	8774022.400	1

表 10 风电并网 5%污染排放最小时的调度模式安排

标号	发电厂名	发电功率	出力比例	总装机
1	清河	560	0.7	800
2	锦州西	560	0.7	800
3	锦州东	280	0.7	400
4	铁岭 220kV	420	0.7	600
5	铁岭 220kV	600	0.5	1200.821
6	铁岭 500kV	420	0.7	600
7	大连	1075	0.768	1401.051
8	阜新	280	0.7	400
9	阜新	420	0.6	699.974
10	金山	360	0.6	600
11	鞍山 100MW	180	0.5	360
12	鞍山 300MW	210	0.7	300
13	营口 220kV	540	0.844	639.8104
14	营口 500kV	1200	1	1199.169
15	沈海	420	0.7	600
16	丹东	700	1	700
17	东方 1	210	0.6	350.1655
18	东方 2	210	0.6	350.1655
19	能港	280	0.7	400
20	抚顺	280	0.7	400
21	朝阳	280	0.7	400
22	泰山	160	0.593	270
23	南票	130	0.65	200
24	庄河	1200	1	1200

4.3 对计算结果的分析

本文的计算结果显示，风电并网后的可以极大地降低二氧化碳的排放，且减排程度和风电并网量成正相关。在可关停机组情况下，风电并网后的系统总成本并不一定降低，而是随着 θ 的取值，也就是系统为了保证系统安全而针对风电并网发电量预留的旋转备用比例，而变化。计算结果显示，在火电机组可停机的情况下，当θ取值越来越大，系统所需的备用越来越多，系统的总成本也越来越高。因此，取一个什么样的θ值，能够兼顾安全稳定和减排经济两方面的因素，是一个需要综合考虑的问题。同时，污染排放的减少是以经济成本的上升为代价，因此，在扩大风电并网比例时，也需要在经济成本和污染减排效果方面进行权衡。

计算结果还表明，在可以关停机组的情况下，系统的总成本明显低于不可关停机组的情况下的系统总成本，这是因为，常规机组在应对风电并网时必须进行调峰，如果不可关停机组，则意味着常规机组在面对较大量的风电并网时必须进行深度调峰，这也就意味着不经济的运行。当然，在模型中忽略了启停成本，如果加入机组的启停成本，则可能两者差别不大。

在本文的计算模型中，水电只考虑了其作为正旋转备用的调峰作用，而没有考虑其常规发电、库容等因素，所以导致水电参与调度后的结果和实际情况可能有所偏差。在不可停机情况下，θ取值的增大对系统的总排放几乎没有影响，常规机组的调度和成本没有变化，其原因可能是由于火电机组不可关停，使得火电机组有较大的正旋转备用裕度，即仅需要火电机组就能够保证风电的正备用旋转需求。在可停机情况下，由于各个机组的发电煤耗和发电成本不同，针对不同的旋转备用比例，调度中灵活决定开停的机组并决定已启动机组的出力水平，因此，不同的θ取值会导致不同的成本和污染排放。

5 结 论

制约风电发展的制约因素包括电源结构因素、电网结构因素、负荷因素以及制度因素等。制约东北电网风电发展的因素主要体现为供热机组比例增加使火电机组调峰能力降低，水电装机比例逐年下降使系统调峰能力受到不利影响，风电场集中地区电网建设薄弱使风电输出受到阻碍；同时，东北地区用电量增长相对缓慢，用电量及用电量增长具有区域性特征，季节性调峰特性及负荷峰谷差增大等特征不利于风电的消纳；此外，现有电价机制、交易机制以及调度模式方面均存在着不利于风电消纳的因素。本文重点针对风电并网调度模式的改进，研究了不同风电并网比例下，系统的调度模式及经济成本与污染排放情况。研究认为：在可以关停机组的情况下，系统的总成本明显低于不可关停机组的情况下的系统总成本（不考虑机组的启停成本）；在可关停机组情况下，风电并网后的系统总成本随着θ的取值，也就是系统为了保证系统安全而针对风电并网发电量预留的旋转备用比例，而变化。通过调度模式的优化促进风电并网比例的扩大，需要兼顾系统的安全稳定，污染气体减排，以及经济成本等多方面因素。

本文中存在的一个不足是算例中所取的备用成本的价格过高，备用成本等电力市场辅助设施应该按照什么计价，目前还没有定论，但是在仅考虑不同类型机组之间的关系时一般可以以多烧的燃料费用与少收的电费之和作为备用成本。在本算例中，因燃料的费用已经在发电成本中包括，故备用成本实际上等于少发的电费，且按照结算电费价格 0.375/千瓦时计算，可能比实际偏高。

参考文献

[1] Bathurst G. N., Strbac G. (2003) Value of combining energy storage and wind in short term energy and balancing markets. Electric Power Systems Research, 67(1): 1—8

[2] Bouffard F., Galiana F. D. (2008) Stochastic security for operations planning with significant wind power generation. IEEE Transactions on Power System, 23(2): 306—316

[3] Hetzer J., Yu D. C., Bhattarai K. (2008) An economic dispatch model incorporating wind power. IEEE Transactions on Energy Conversion, 23(2): 603—611

[4] Hong Y. Y., Li C. T. (2006) Short-term real-power scheduling considering fuzzy factors in an autonomous system using genetic algorithms. The Institution of Engineering and Technology, 153(6): 684—692

[5] Kennedy S. (2005) Wind power planning: assessing long-term costs and benefits. Energy Policy, 33(13): 1661—1675

[6] Miranda V., Hang P. S. (2005) Economic dispatch model with fuzzy wind constraints and attitudes of dispatchers. IEEE Transactions on power systems, 20(4): 2143—5

[7] Moyano C. F., Lopes J. A. P. (2009) An optimization approach for wind turbine commitment and dispatch in a wind park. Electric Power Systems Research, 79(1): 71—79

[8] Wang L., Singh C. (2006) Tradeoff between risk and cost in economic dispatch including wind power penetration using particle swarm optimization. International Conference on Power System Technology

[9] 裴哲义，董存，辛耀中(2010)我国风电并网运行最新进展. 中国电力，43(11): 78—82

[10] 周玮(2010)含风电场的电力系统动态经济调度问题研究. 大连理工大学博士学位论文

[11] 江岳文，陈冲，温步瀛(2007)基于随机模拟粒子群算法的含风电场电力系统经济调度. 电工电能新技术，3: 37—41

[12] 张淑谦，韩伯棠(2010)低碳经济时代我国风电产业发展对策研究. 经济问题探索，5: 34—37

[13] 余维洲(2009)我国风电产业化发展的难点与前景. 经济管理，6: 29—34

[14] 景春梅，王成仁(2010)我国风电产业可持续发展的战略选择. 宏观经济管理，10: 24—26

论美国“再生燃料使用标准量”（RFS）对经济层面之影响与冲击①

蔡岳勋　但汉蓓

（台湾云林科技大学科技法律研究所）

【摘要】在各国政府对寻求及研发替代性能源以减缓进口能源依赖与气候危机逐渐形成共识下，“生质燃料”相对于其他替代性能源被广泛使用于交通燃料中。美国藉由“再生燃料使用标准量”(renewable fuel standard, RFS)和其配套措施之强制与奖励性立法，成为全球酒精汽油生产量最多之国家与第二大出口国。然而，燃料之供需、价格、补贴与贸易等亦影响着经济表现。本文透过追踪与研析，得出国家政策对燃料供应链、能源转型、补贴机制与国际关系之因应对策建议，并期待于现今国际利用生质燃料之趋势里，寻求更完善且更永续的发展可能性。

【关键词】生质燃料；再生燃料使用标准量；生命周期温室气体排放基准量；再生能源证明基数；能源补贴

Research on Influences and Impacts for the Economic Aspect of Renewable Fuel Standard (RFS) in the United States

Yueh-Hsun Tsai, Vicky H. B. Tan

(Assistant Professor of Law, Graduate School of Sci. & Tech., Taiwan Yulin University of Sci. & Tech.)

Abstract: In the condition of exhausting fossil fuel and raising greenhouse gas (GHG) emission, governments have reached a growing consensus gradually on looking for suitable alternative energies to reduce the dependence on imported energy and climate crisis. "Biofuel" is regarded as the target renewable fuel with these

① 本研究感谢“能源科技计划：国际新能源政策及整体法规范体系的建立与趋势之研究(2/3)”计划(NSC 100—3113—P—224—001—)之补助。

features and used much more in transportation. With operating the system of "Renewable Fuel Standard"(RFS) and other incentive measures during 30 years, biofuels has embraced the reputation on the top of ethanol production and the second ethanol exported country around the world. However, the supply, prices, subsidy, and international trade on biofuels play important roles to influence the economy. This research achieved some suggestions on the supply-and-demand chain of biofuel, energy alternation, subsidy scheme, and international relationship for national policies to be the reference and aimed to explore more possibilities for people and the country with a sustainable environment.

Key words: biofuels; renewable fuel standard (RFS); baseline lifecycle greenhouse gas (GHG) emission; renewable identification numbers (RINs); energy subsidy

1 "再生燃料使用标准量"之概述

1.1 立法沿革

"生质燃料"是由属于"再生能源"之一的"生质物"(biomass)所转换之燃料用油,早在几千年前就被世人知晓及开发,不过20世纪时由于化石燃料的成本低廉且大量开采,其发展并未获得注目。而美国虽曾于汽车工业上使用生质燃料,但19世纪70年代"能源危机"(energy crisis)爆发致使"石油输出国家组织"(OPEC)提高油价与减少原油供应,及1978年至1979年的伊朗革命(Iranian revolution),有关进口能源的依赖和国家安全之议题纷纷兴起后,国会始于19世纪70年代晚期释出多项生质燃料之奖励性与强制性立法,并于相关因素之推波助澜下,生质燃料的生产与使用才得进一步成长。

美国首次定义生质燃料的法案出现在三十余年前《1978年能源税法》(Energy Tax Act, ETA)之"酒精燃料税额补贴方案"(Tax Subsidies for Alcohol Fuels),给予添加酒精燃料(乙醇与甲醇)每加仑40分的租税补贴。"1990年清净空气法"(Clean Air Act, CAA)要求汽油需达到最低要求的含氧量(minimum oxygen percentage),因此大量使用了相对便宜的"甲基第三丁基醚"(methyl tertiary butylether, MTBE)以符合法律规范和稳定成本。但由于该种化学添加物检验出含有污染水源之有毒物质,2000年起许多州政府陆续发布使用禁令,酒精汽油的推广与使用便配合州法规逐渐备受重视。然,19世纪80年代中期低廉的石油价格使生质燃料产业表现低迷,直到《1992年能源政策法》(The Energy Policy Act of 1992, EPAct 1992)规范需使用酒精汽油的替代性能源与弹性燃料车辆,才有较明显的销售成长,并因而成为目前全美主要使用的生质燃料之一。

1.2 立法背景

布什总统在2005年签署《2005年能源政策法》(Energy Policy Act of 2005，EPAct 2005)，堪称美国第一部全国性能源政策之依据。该法建立首次法定强制机制—“再生燃料使用标准量”(Renewable Fuel Standard，以下简称RFS)，授权环保署(Environment Protection Agency，以下简称EPA)为主管机关，制定2006年起于美国本土(不含夏威夷、阿拉斯加及不与美国本土相连之美国领域)所贩卖或输入之汽油，依所规范之期程与使用量，强制炼油业者(refinery)、掺配业者(blender)与进口业者(importer)等义务团体需遵守特定量之再生燃料。但此法规间接促使大量玉米与大豆等粮食作物投入生质燃料之生产，引起粮食、环境和气候等争议，亦使酒精汽油与生质柴油之永续性高度受到质疑，故掀起检讨声浪。2006年布什总统提出“美国对来自世界不稳定地区的石油已上瘾”之言论，便宣布“先进能源奖励措施”增加能源局(the Department of Energy，DOE)预算，藉由非粮食作物来产制生质燃料，预期在2025年替代75%自中东进口的原油。

EPAct 2005发布后，为呼应2006年“十年减20%”(twenty in ten)政策，并在考虑国内自EPAct 2005签署后逐渐增加再生燃料生产量、扩大生产设备及进行更大规模投资规划，使得国家的总再生燃料将超过原定目标等因素下，决议签署修订RFS于《能源自主及安全法》(The Energy Independence and Security Act of 2007，EISA)中，除提高原本在EPAct 2005中的法定使用量及延长该标准的法定时间至2022年，并将义务范围从交通工具燃料，扩张到包含家庭暖炉用油及锅炉用油。

目前施行之“第二版再生燃料使用标准量”(renewable Fuel Standard Part II，RFS2)是美国第44届总统奥巴马(Barack Hussein Obama)在执政后所公布。当时适逢2008年全球金融海啸而影响该国经济发展停滞，为了促进经济活络便先以“重整与再兴法案”[American Recovery and Reinvestment Act of 2009，又称“重整法案”(Recovery Act)，ARRA]带动及刺激各项部门发展，并藉由多项能源建设补助项目以期建制更为周全之全美能源政策架构。因而，RFS2在当时社经背景及EISA所修正之RFS的施行起始年为2009年等因素下，依据EPAct 2005第1501条与EISA第201、202及210条，并以减轻对国外原油依赖、增加国内能源来源与使能源种类组合多元化，藉石油基础经济下寻求解套以减少影响气候变迁的温室气体排放量为立法宗旨。在美国国会要求EPA、DOE与农业局(United States Department of Agriculture，USDA)等三大部门共同合作下，RFS2于2009年5月正式应运而生。

2 “再生燃料使用标准量”之法规范架构

2.1 RFS2 基础架构与“再生燃料配额义务量”(renewable volume obligations, RVOs)

自 2009 年起将透过“四大项目”：纤维素生质燃料(cellulosic Biofuels)、生质物基础柴油(biomass-based diesel)、先进生质燃料(advanced biofuel)与总可再生燃料(total renewable fuel)等依循项目，建置 RFS 嵌套要件式(nested requirements)型态中，要求 2009 年起至 2022 年止每年度在进口与生产之交通燃料分别需要被使用的标准量。表 1 即为 RFS2 之整体架构，显示“四大项目”在每年之个别使用标准量。其中，先进生质燃料与生质物基础柴油自 2009 年起开始列入本架构中，并在 2010 年起加入纤维素生质燃料共同计为每年之义务标的。

表 1 “第二版可再生燃料使用标准量”架构表

年份	纤维素生质燃料	生质物基础柴油	先进生质燃料	总可再生燃料
2008	n/a	n/a	n/a	9.0
2009	n/a	0.5	0.6	11.1
2010	0.1	0.65	0.95	12.95
2011	0.25	0.80	1.35	13.95
2012	0.5	1.0	2.0	15.2
2013	1.0	a	2.75	16.55
1014	1.75	a	3.75	18.15
2015	3.0	a	5.5	20.5
2016	4.25	a	7.25	22.25
2017	5.5	a	9.0	24.0
2018	7.0	a	11.0	26.0
2019	8.5	a	13.0	28.0
2020	10.5	a	15.0	30.0
2021	13.5	a	18.0	33.0
2022	16.0	a	21.0	36.0
2023+	b	b	b	b

Source: Regulatory Announcement-EPA Proposes New Regulations for the National Renewable Fuel Standard Program for 2010 and Beyond, Office of Transportation and Air Quality, EPA-420-F-09-023, May 2009.

整体的 RFS 架构乃是呈现“四大项目”在各年度于法规中的使用标准量，然各项目在配合实际使用的生质燃料与每年的汽油与柴油于路用和非路用交通燃料中的预估使用量等信息经由公式计算后，会产生每一年可能与 RFS 规定的使用标准量有所不同的百分比以显示该年需使用的义务量，亦即“再生燃料配额义务量”(renewable volume obligations, RVOs)。例如 2011 年“纤维素生物燃料”的 RVOs 为 0.003%，换算实际的义务量为 660 万加仑。此义务量便与该燃料在 RFS2 的基础架构中的 2.5 亿加仑使用标准量有所不同。

2.2 “生命周期温室气体排放量”[lifecycle greenhouse gas (GHG) emissions] 减排门槛

EISA2007 除了将 RFS 架构设置了四个新的再生燃料分类与其合格要件，也为“四大项目”建置第一个强制的温室气体减排门坎。该机制利用“生命周期温室气体排放量”作为审核对象，计算从原料种植到收成以及土地利用、牲畜利用量、油品炼制掺配、配销运输、直到终端消费者使用等所有阶段与过程中，直接或明显间接所产生的温室气体总量，并调整计算该排放总量对全球暖化之潜在影响。而审核是否得以贩卖和使用之标准，则采用 2005 年所配售之运输用汽油或是柴油(视该种生质燃料所替代之燃料)之平均生命周期温室气体排放量，由主管机关公告并经公众意见表达后定之的“生命周期温室气体排放基准量”[baseline lifecycle greenhouse gas (GHG) emissions]。表 2 为 EISA 建立的“生命周期温室气体排放量”的减排门槛，每一项目之生质燃料必需达成各减排比例以上之限制，得为法定合格的生质燃料。

表 2 “生命周期温室气体排放量”的减排门槛

燃料类型	减排比例
总可再生燃料	20%
先进生质燃料	50%
生质物基础柴油	50%
纤维素生质燃料	60%

Source：EPA, 40 CFR Part 80.

故，所谓“先进生质燃料”之定义乃为非自玉米淀粉所制成的再生燃料，并且符合主管机关所认定之“生命周期温室气体基准量”至少达减排比例 50%的标准。而“先进生质燃料”又可依技术别与料源不同分为“生质物基础柴油”与“纤维素生质燃料”。前者于法规中定义为生质柴油符合“1992 年能源政策法案”之

第312条第(f)项之定义与通过符合主管机关所认定之“生命周期温室气体基准量”之至少减排50%以上之门槛;“纤维素生质燃料”则需为纤维素、半纤维素(hemicellulose)或木质素(lignin)所制成的再生燃料,且符合主管机关所认定之“生命周期温室气体基准量”之至少减排60%以上的规定。

另,根据EISA明文指出需依循此机制的生质燃料为“于2007年12月19日之后着手建设(commenced construction)的新设备,且利用天然气、生质物或结合两种炼制之再生燃料与酒精汽油”。亦即,该日之前所购买且使用至今的产制设备被列为“祖父条款”(grandfathered)而得以免除该义务,并给予其近两年时间(至2009年12月31日)完成设备更新或汰换。

2.3 义务团体与施行范围

根据法规定义,应遵循本法之义务团体即为任何在美国48个州或夏威夷之生产汽油或柴油之炼油商;或者,任何在法规施行期间进口汽油或柴油至美国48个州或夏威夷的进口商;而若仅是将再生燃料“掺配”入汽油或柴油之团体,并非为本法所称之义务团体。不过,若在阿拉斯加或美国领土内之生产汽油或柴油之炼油商或进口汽油或柴油的进口商,自愿加入RFS并依循法规者,经由主管机关同意亦得为义务团体。而施用对象则扩至所有的交通燃料,除了包括路用交通工具与引擎、非路用、火车头与水用引擎等范围的汽油与柴油之外,动力交通工具、非路用、火车头与水用之柴油燃料(motor vehicle, nonroad, locomotive, and marine diesel fuel, MVNRLM)等“非汽油交通燃料”皆负有遵守RFS2之义务。

2.4 再生燃料料源之限制——再生生质物

透过EISA所规划出的RFS,“可再生燃料”的定义被置换为需要符合“可再生生质物”(renewable biomass)之料源要件。该定义不仅影响到料源的种类,种植料源土地的类型亦在要求行列。其中包括:在2007年12月19日前或当日休耕之农业土地经整顿后(cleared)所生产的农作物与农作物的剩余物(crop and crop residues);在2007年12月19日前或当日休耕之农业土地经整顿后所生产的林木与林木剩余物(planted trees and tree residues);动物废料及其副产品(animal waste material and byproducts);自非联邦之林地、非老龄树种且非因利用而具有重要危害(critically imperiled)或属“国家自然遗产项目”(State Natural Heritage program)稀有树种等之砍伐及预备商用的疏伐材料(slash and pre-commercial thinnings);自建筑物或其他可能引起野火之区域附近的生质物;藻类;庭院与食物废料。

2.5 再生能源证明基数(renewable identification numbers,RINs)与"环保署审核交易系统"(the EPA-moderated transaction system,EMTS)

EPA 根据 EPAct 2005 的授权于 2007 年 4 月公告实施细则,订定"交易系统"(credit trading program)与"法规依循条款"(compliance provisions)机制以配合实施及促进目标之达成。前者乃是为允许义务团体在不希望或是无法执行掺配一定比例的生质燃料于汽油或柴油中时,可藉由购买"再生能源证明基数"之方式达成遵守 RFS 规范之目标。后者则规范义务团体在 RFS 制度下之具体附随义务,例如生产设备的注册、生质燃料使用率之定期报告与查核、年度检讨计划以及多种燃料使用追踪系统等,这些方法都将确保 RFS 机制之实施与监督效率,并帮助 RINs 的交易机制更得以顺利施行。

RINs 为一组 38 数码字符之认证,给予自愿参加之再生燃料的"生产者"与"进口商"之 RINs 的义务团体一个交易基础,因而并非绝对义务。该认证表征生产者、年份、燃料类别及将生产者或进口商利用其所拥有的再生燃料透过公式计算后而产生的"燃料等量值"等信息,并依循相关法定规范,如欲产生 RINs 的可再生燃料需符合法规定义的"再生生质物"料源要件并取得法定证明文件;而国外生产者需遵守与国内生产者同等的义务[如注册、追踪与通报、证明保证(attest engagement) 与利用 RINs 进行移转行为等]。

为有效管理 RINs 的授予和交易,EPA 利用"环保署审核交易系统"辅以管制并于 2010 年 7 月 1 日与 RFS2 一同施行。该机制主要是解决 RINs 施行以来常出现的编码错误导致核发无效或冗长的申请程序,因而设计出适合目前更多种类的再生燃料和 RFS2 施行后新增项目问题的系统。交易过程中,每个在该系统中的 RINs 仅会呈现几个重要的信息,因而交易者的信息得以免于因 RINs 的不正确通报或 38 个编码数的错误而影响交易行为。再者,系统中的交易皆限制以 RINs 为主要标的,通常在 EMTS 的任何交易都是卖方首先发动,而买方则必须确认该交易为有效后再予以决定购买该 RINs。而主管机关也要求义务团体和 RINs 的所有者,每季提出"再生能源证明基数交易报告"(RIN transaction reports)与"再生能源证明基数产出报告"(RIN generation reports) 。是故,透过 EMTS 对 RINs 的检视及赋予其交易一个具有架构的环境,可使义务团体对其 RINs 的效度在运用时因为此程序的保障而更有信心,而 EPA 也可以节省不必要的时间追踪无效的 RINs,进而减少义务团体和企业的成本花费。

3 "再生燃料使用标准量"之执行及效果

美国目前使用量最大、使用时间最久的两大生质燃料是"酒精汽油"及"生质柴油”(biodiesel)。前者最主要料源来自中西部的玉米,与巴西同属世界产制酒精汽油之主要生产及出口国。现今大多为在90%汽油中掺配10%酒精汽油(以下简称E10)、15%的酒精汽油(以下简称E15)及使用在弹性燃料车辆(flexible fuel vehicles,以下简称FFVs)掺配比例为85%的酒精汽油(以下简称E85)为多。施行法规中,2010年10月和2011年1月EPA分别发布“部分豁免决议”(Partially Grant a Waiver),准许汽油掺配10%～15%之酒精汽油(E10～E15)并销售与使用于特定车辆中,放宽过去非FFVs仅可使用掺配为E10之规定。因此FFVs、2001年后(包括2001年当年)出厂与新的汽车、2001年后(包括2001年当年)出厂与新的轻型卡车与2001年后(包括2001年当年)出厂与新的休旅车(sport utility vehicles,SUV)等皆得以使用至E15的掺配汽油。至于生质柴油,则利用的是蔬菜油、动物油脂和厨房回收废油制成,目前多以大豆为主要料源。现今依据掺配比例不同而有在98%柴油中掺配2%、5%,20%与纯生质柴油(B2,B5,B20及B100)主要用作取代传统化石柴油。

随着以粮食作物作为料源的“第一代生质燃料”引起大幅争议之后,美国联邦政府亦透过强制与奖励性法规及措施推动“第二代生质燃料”。并期待达成减少进口能源依存度、增加国产燃料选项以降低跟随国际油价之风险、减缓GHG所引发之气候危机与促进农业和偏远地区发展等目标。因此,官方预估在RFS2与相关配套方案施行之后,未来将造成许多层面的效应与冲击,包括:降低对国外原油依赖程度、减少国内交通燃料售价、减少温室气体排放量、增加农业收入、减少玉米与大豆出口量、增加美国粮食成本与增加或减少特定空气污染物的排放量等。

4 “再生燃料使用标准量”评析

4.1 燃料供需

目前,酒精汽油居于美国使用量及生产量之冠,2010年生产量为315018千桶(约为132亿加仑),使用量为314032千桶(约132亿加仑)。居次的生质柴油则逐年于生产量及使用量上皆呈下降趋势。2009年生产12054千桶(约5亿加仑),使用7535千桶;2010年生产7401千桶(约3亿加仑),使用量为5288千桶。

当初布什总统签署EPAct 2005时,曾大力鼓吹酒精汽油的优点,例如创造乡村工作机会等立即且短期的成效和增加能源安全、减轻对国外原油的依赖程度与减少交通部门之温室气体排放量等较为长期的优点。但由于“第一代生质燃料”引起的粮食、土地、环境与经济等层面的争议,如今包括美国在内的许多国家皆纷纷投入“第二代生质燃料”的研发,亦即意味着其比起“第一代生质燃料”

在某些方面应是更有优势。这是因“第二代生质燃料”改良主要是在于其料源和栽种技术的不同，例如使用废弃物的剩余物和荒废的土地进行量产，也因此可以解决开发中地区的乡村发展和提升经济条件。因此，EPA 透过 RFS2 意图将包括“纤维素生质燃料”与“生质物基础柴油”等先进生质燃料纳入强制使用标准量的框架之中，亦透过许多补贴措施鼓励该类燃料的研发、生产与使用。

在 RFS2 的“四大项目”与官方的期待中，以玉米制成的酒精汽油大约在 2015 年起需维持在一年约 150 亿加仑的生产量直到 2022 年，而纤维素生质燃料则需要自 2010—2022 年以每年 15 亿加仑量来增加使用量。不过，以 2010 年和 2011 年的 RFS 决议来看，虽然在“总生质燃料”的使用需求量上皆不变，但在根据最新的市场分析、考虑示范炼制厂所提供之信息内容与其他官方或民间的市场调查后，两者于“纤维素生质燃料”之项目中皆调降使用量，包括 2010 年的使用标准量从原本 EISA2007 所规定 1 亿加仑降为 650 万加仑，2011 年的估计量也从原本 2.5 亿加仑降至 660 万加仑。因而，这样的发布内容，似乎可看出纤维素生质燃料之发展与使用可能不如预期；同时，也证明了多项研究指出“第二代生质燃料”尚未能完全进入商业化阶段之论点。图 1 为 RFS2 架构与自 1995 年以来之酒精汽油生产量比较。

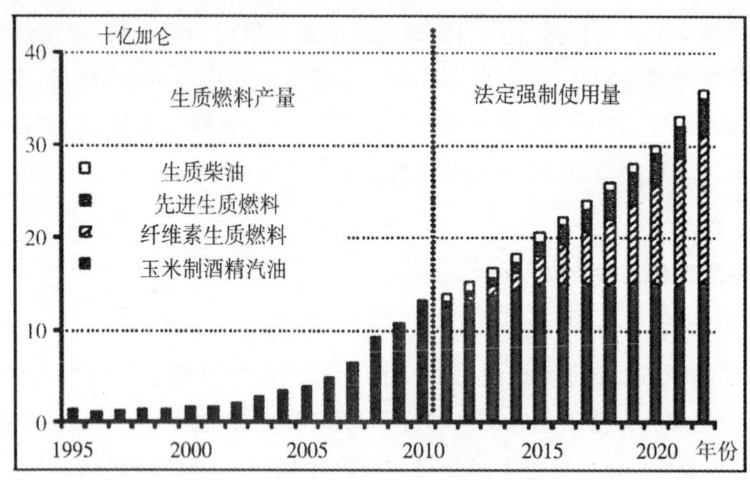

图 1 1995 年以来之生质燃料生产量与 RFS2 比较图

Source：Randy Schnepf and Brent D. Yacobucci，Renewable Fuel Standard（RFS）：Overview and Issues，CRS，Feb. 1，2011，p. 5.

图 1 中，左半部为自 1995 年至 2010 年的生质燃料生产量（historical biofuel production），显示大约自 2006 年起开始有较大幅度的增加，右半部则是 RFS2 之应然图示。除玉米酒精汽油的生产量被要求在 2011 年后需持平，其他包括

“先进生质燃料”与“纤维素生质燃料”皆需要有较大幅度的生产量成长表现。尤其是后者的要求使用量，更是在 RFS2 架构中扮演不可或缺之重要角色。

就过去立法强制力介入与补贴措施施行，如今生质燃料整体产业发展 30 余年已届成熟。但因属“第一代生质燃料”而产生许多粮食或环境层面的争议，现在，“第二代生质燃料”被认为得以和缓某些问题而被寄予厚望。然而，先进生质燃料自法规订立后即面临缺乏商业化的发展障碍，因而还处于一个起跑点相同的“竞争平台”(level the playing field)的阶段。不仅农民不想种植从未进入商业规模的能源作物，投资客不想投资料源难以收集的纤维素酒精汽油，炼油厂和银行也不愿意向一个还未受肯定与保证的科技提供一些合理的贷款额度。所以，整体的供应链一直处于难以衔接和流通的状态。IEA 的研究指出，美国与欧盟会员国的国内生产力就现况而言仍然赶不上法定的期程标准，因而其所需进口的生质燃料也会为全球的“第二代生质燃料”之发展带来强大的前进推力。所以除了美国之外，巴西与中国等国家便因具备相关技术之基础与料源之供应，被预计得成为未来热门的“第二代生质燃料”出口国。

4.2 燃料价格

替代性燃料因相对拥有较为平顺的市场环境与较为稳定的售价，总被认为得以在价格上具有胜过随政局、贸易或资源供应等因素所影响的化石燃料之优势。亦即，更可以在藉由增加燃料选项之外，对于和缓或降低原油价格将有所帮助。根据美国 DOE 的统计报告，2010 年 1 月至 2011 年 4 月的各类燃料价格：包括传统汽油、传统柴油、酒精汽油(E85)、生质柴油(B20 与 B99—B100)的市售价格，得以整理为图 2 所示。

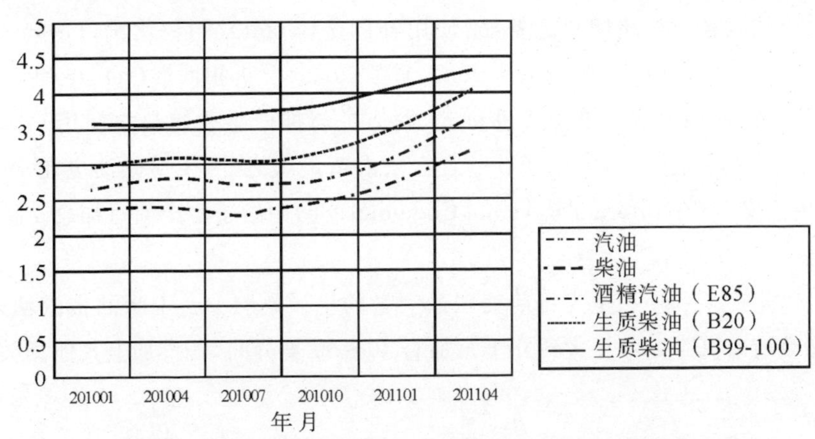

图 2 2010 年 1 月至 2011 年 4 月各交通燃料市售价格图

资料来源：本研究整理。

从这样的数据与之前的燃料价格表现可得以下结论：① 生质柴油比起传统柴油的售价高。② 酒精汽油的售价虽然比传统汽油低，但因 E85 使用的酒精汽油较 E10 或 E15 来得多，比起传统汽油的售价，应该没有省下多少。③ 只要传统的汽油或柴油的售价一升高，生质燃料因为仍须利用传统燃料进行掺配，是故仍有一定依存度。亦即只要国际油价高涨，生物燃料的售价也会一并提高。④ 生质柴油与酒精汽油的市售价格皆是经过各种联邦或州政府的补贴措施加入计算之后的结果。例如生质柴油掺配商得以享有每加仑 1 美元之租税优惠与酒精汽油掺配商之每加仑 45 分的补贴优惠。亦即，计入租税补贴或其他优惠措施的生物燃料市售价格仍然比传统柴油或汽油贵或差不多，可以想见这样的油价对消费者来说可能仍然是使用阻力之一。

除上述结论外，让人不禁疑惑的是“第二代生质燃料”作为燃料选项时的价格。虽然包括欧盟、美国、加拿大、中国、巴西、印度及泰国等国已进行各种“第二代生质燃料”的研发及生产计划，然却都还未能真正商业化销售与使用。除了因供应链不够完整成熟使产业面临无法商业化的困境之外，其他像基础设备的发展、商业化规模、持续的料源供应、减少成本支出和永续性的维持等问题为目前该产业所亟欲解决的问题。是故，未来新一代生质燃料若要以得以和传统化石燃料或“第一代生质燃料”还便宜的售价上市给予终端消费者还须多加斟酌当中经济效益是否与付出成本相均衡，更遑论能达到 RFS2 的目标可能也有一大段路要走。

4.3 燃料补贴

为推行生质燃料的生产与使用，美国多项法案或措施亦在联邦或州政府的立法中纳入各类生质燃料之补贴，使用补助金(grant)、租税奖励(tax credit or tax incentive)、减免税额(exemption)、贷款(loan)及折扣回馈(rebate)等手段针对其设备、料源、生产、掺配或进口等，以促进与推广生质燃料之使用[①]。目前，除了酒精汽油透过 ETA 给予补贴之立法沿革最久之外，生质柴油也在 1986 年“国税法案”(the Internal Revenue Code of 1986)中给予生产商每加仑 1 美元之优惠。

以生产量和使用量为目前美国最大量的生质燃料——玉米酒精汽油来说，联邦政府对其补贴额度大约介于每加仑 40～60 美分间，若再加上其他相关的补

① *See* U. S. Department of Energy-Energy Efficiency & Renewable Energy (以下简称 EERE), *Alternative Fuels & Advanced Vehicles Data Center*, *Federal & State Incentives & Law*, available at: http://www.afdc.energy.govlaws/ (last visited: 2010/10/4)

贴措施，许多人认为国家对此优惠太过，但这些补贴仍对酒精汽油产业的发展发挥实质的作用。而补贴标的的改变，亦可以从立法沿革明显发现。最初的补贴，主要是针对为了补助玉米的收购价格和农业收入；近年，“能源安全”及“气候变迁”议题使得传统化石燃料处于不稳定的状态，因而再生燃料的推动又再前进一大步。其中能源安全更被认为是美国能源政策与其走向的考虑主因。另外，从这些补贴内容亦可以发现，“全球暖化”的议题也在当中发酵。许多为了增进能源效益的奖励措施，包括对于购买设备、执行计划或交通工具之使用等，皆是寄望温室气体的减排得以有所成效。

目前推动酒精汽油中，最直接的补贴措施即为“量式酒精货物税免税额奖励措施”(volumetric ethanol excise tax credit，VEETC)，该措施给予每加仑的酒精汽油租税补贴为 0.45 美元，其最初是建置在 2004 年的“创造就业机会法案”(JOBS Creation Act)中给予每加仑 0.51 美元的租税优惠，而后于 2008 年的“农业法案”(Farm Bill)中延长，并改以每加仑 0.45 美元且至今仍施行。之后，包括纤维素酒精汽油和小型酒精汽油生产者皆有各自的补贴措施。以补贴的历史沿革来看，酒精汽油的义务团体与美国政府对其之期待和需求，似乎早已密不可分。而另一种生产与使用量也较大的生质燃料——生质柴油，在 2004 年时其生产量与消耗量每年大约在 3000 万加仑以下。然，自 2004 年延长对生产或掺配生质柴油之个体给予每加仑 1 美元的租税优惠，使得生质柴油于 2008 年时的生产量与消耗量约增长超过 10 倍，这当中最主要的原因便是强制性法规 RFS 的施行与租税补贴所促使之。不过，在该补贴于 2009 年年底到期至 2010 年前三季的期间内，生产量却下滑近 2.5 亿加仑。尔后，2010 年年底美国政府与国会在利益团体的大肆游说下，将此优惠又延长至 2011 年 12 月 31 日。这样的补贴手段，相对来说便是从纳税金额和国库中多出另一笔财政支出，相信对于国家财政应是一个负担。学者曾针对在强制性掺配法规的施行下，使用生质燃料的租税补贴与否对整体成效有何影响，在其研中中得出两者之相关性并提及，美国在 RFS 中揭示的“总可再生燃料使用量至 2022 年需达到 360 亿加仑”目标，预计每年要花费纳税人 280 亿在燃料税优惠的支出上面，而且大部分的补贴金额皆给予炼油商或掺配商，真正到生产料源的农业或林业生产者的金钱补贴相对少得多。这意味着生质燃料的租税优惠对于要达到“乡村发展”或“减少农业补贴计划中税额支出”等目标之贡献可能不如预期。

虽然，无论是赞成补贴与否的正反两方意见，皆认为如果美国没有此租税奖励，那酒精汽油产业便不会有如今的成就与规模。但就酒精汽油和生质柴油的依赖补贴程度来看未来得否燃料转型与符合 RFS2 期程目标(增加“纤维素生质燃料"与"先进生质燃料"的生产和使用比重)似乎有点本末倒置。学者针对美国政府因应生质燃料生产与掺配商的游说总是轻易过关的情形提及,如果要制造较低成本的生质物酒精汽油,就应该选用稻秆或柳枝这种作物的副产品,才可以因为制造生物燃料而获取较大的经济利益;但是就目前该种燃料的商业化程度赶不及政府政策,加上补贴措施仍然对玉米制酒精汽油有过多优惠。不过就今日利益团体透过各项说词诉请预算或补贴之嘉惠状况而言,尾大不掉的财务负担可能对一国家之整体发展平添一潜在危机。因此,如何在较少的诱因环境中,同时发展生质燃料产业,但又不会造成该种燃料料源售价不正常的高涨,将是未来政策选择面上的一大考验。

4.4 燃料贸易

为符合法规、实际需求量与交易所需,美国在国产生质燃料之外,亦进口和出口酒精汽油与生质燃料。就酒精汽油而言,大致呈现逐年减少进口量,2009年进口4720千桶与2010年的243千桶,比起2005—2008年平均在10000千桶以上少了许多,出口量则维持在1亿加仑左右,以欧盟、印度、牙买加、澳洲与加拿大等国为主要出口国。而生质柴油方面在进口与出口表现亦是下滑趋势,2009年进口量为1844千桶、出口6332千桶;至2010年时,进口546千桶、出口2503千桶。目前,美国为全球第二大酒精汽油出口国并挟带极大竞争力,包括近年因甘蔗价格上扬而使生产量减少的巴西,及中东、欧洲与加拿大等地都是其进口国。

过去几年,巴西甘蔗酒精汽油以其较便宜的售价威胁着美国产玉米酒精汽油。为了与较廉价的巴西甘蔗酒精汽油竞争,联邦政府除了对国产的玉米酒精汽油透过VEETC则给予生产每加仑酒精汽油0.45美元的补贴外,对进口酒精汽油课予2.5%之增值关税(advalorem tariff)与每加仑0.54美元的关税,这两大措施皆在2010年奥巴马总统所签署有关生质燃料之法规措施中延续施行期间。也由于美国如此做法,巴西总统鲁拉认为在全球抨击生质燃料生产会危及粮食供应量的同时,然而却不曾抨击已开发国家(地区)鲜少课征关税的石油,而仅对巴西生产的酒精汽油课征进口关税的声明便是在暗指美国所搭建的关税壁垒。此外,近年来的高粮价和生质燃料体系于美国亦常有争议,而期待美国开放国外生质燃料市场的加入,认为增加进口巴西的酒精汽油得以刺激美国经济、增加燃料竞争力、提升消费者信心、振兴美国农业供应链系统并使相关产业活络。另外,就地理政治学的因素考虑,若美国增加与南美洲中最大、最富有且最具影响力的国家进行生质燃料的互相依存与自由贸易的流通,不仅得以促进西半球的经济活络,亦可使美国在国际上的经济地位更具稳定性。

另一方面，美国与加勒比海区域及中美洲因“美国与中美洲自由贸易协议”(The U. S. -Central America Free Trade Agreement, CAFTA)里的“加勒比海区域优惠方案”(The Caribbean Basin Initiative, CBI)，对该区部分进口之酒精汽油施以免税的措施。此优惠措施不仅让加勒比海区域国家得以将该取燃料进口至美国以赚取美元，许多出口国也因该区的免税优惠而先将燃料运至该区再进口至美国。学者曾对两者规范与国内的补贴情况综合分析之，认为将导致燃料公司只是着重于利用玉米制的酒精汽油来与传统汽油抗衡，并非真正用“替代性燃料”；“先进生质燃料”产业被“玉米国王”(King Corn)所引领的燃料产业压缩而难以成长。许多燃料公司看准CBI的规范漏洞，因而在进口至美国之前，先将燃料运至优惠的加勒比海地区，再享有进口至美国免税的优惠。因而，就此状况来视关税壁垒的必要性，似乎也变调而减损原本美意。因为根据EISA所建置的RFS2架构，2022年的目标将不再把重心放在“第一代生质燃料”的生产与使用上，而必须发展出更具环保且更不影响粮价的“先进生质燃料”。因而，如果持续补贴传统生质燃料且塑造关税壁垒，那么缺乏竞争力的酒精汽油市场将无法前进与转型为未来更得符合法规的产业型态。

除酒精汽油的贸易问题之外，美国给予生质柴油补贴的措施亦与欧盟之贸易市场掀起一阵波澜。生质柴油于美国之生质燃料生产中占第二，从2006年开始，美国的生质柴油因为价格相对便宜影响欧盟的炼油商竞争力而占据一部分市场。然这当中，许多美国燃料商将来自其他地区的料源在美国掺配制成生质柴油及领取联邦政府每加仑1美元的补贴，被称为“快速停站”(splash-and-dash)，故在2009年7月公告对美国进口之生质柴油课征正式的反倾销税及反补贴税。但仍有部分燃料公司先将燃料运送到第三国后(如：加拿大)，隐瞒原产地为美国再进口至欧盟的情况。因而“欧洲生质柴油协会”(European Biodiesel Board, EBB)将针对进口至欧盟之掺配比例低于20%的生质柴油进行调查。

事实上，过去许多国家向“世界贸易组织”(WTO)要求管制美国的国际操作行为与国内农业补贴之余，美国并不认为生质燃料是“环境性商品”或“农业产品”，而应该定位于“工业产品”中。巴西曾提议应将生质燃料纳入“环境商品与服务零关税谈判项目”中，是美国国内生质燃料制造商因其无法与巴西制造商的酒精汽油成本匹敌，因而强烈反对开放该市场。这是因为关税或补贴机制在国际并未被统一管理，导致各国对生质燃料于国内和国外的诉求程度亦有所差距；再者，WTO法规对生质燃料持续增加的潜在交易似乎也无法完全掌握。除非伴随明显威胁或危害，许多贸易并非完全地依循国际秩序来进行。此外，随着永续性标准设置的风潮在全球蔓延开来，未来进口的生质燃料合于法规的要件可能愈趋严格。例如 RFS2 中所要求的“再生生质物”便需要进口商提供国外生产商的料源证明档，以符合永续性要求。

5 代结论

从过往至今的生质燃料立法沿革来看，美国能源政策的导向亦有所改变，从仅鼓励使用替代性能源及再生燃料到强制并期待生质燃料之种类得以多元化，及 RINs 与 EMTS 的推行，显示美国早已将“美元经济”作为该国能源政策之一重要依循环节。RFS2 自 2010 年 7 月 1 日起生效，适用所有于该日当天或该日后所生产的再生燃料，然也因该机制的使用也暗藏许多不确定的因素，而对政策目标及其他层面有所影响。

就目前整体表现来检视，包括基础设施欠缺、商业化缓慢、料源供应链不明与成本难以控制等因素，使其产业在其他大宗生质燃料（如酒精汽油和生质柴油）的补贴优惠旁明显萎缩。而燃料价格的相对高昂，更可能是消费者使用生质燃料的一大阻力。再者，美国如此妥适的国家主义保护政策能提升能源自主和促进发展，但却可能因此有违国际秩序或公平交易的平衡性，更可能造成使用生质燃料的反效果。因为在生质燃料的强制与补贴中，关税的设定不只关系到该种生质燃料的竞争程度，更在未来永续性标准（sustainability standard）取得国际共识后，影响着该种生质燃料在温室气体减排效益的多寡。是故，立法者的大肆补贴是否真能对推广生质燃料使用有所帮助，还是在国际贸易的纷争下应寻求另一退场机制，在政策的拟定与能源法架构的规划里，绝不得视其为全能的万灵丹。

对美国目前于生质燃料立法之施行争议与问题，拙见以为得以寻求以下解套方式参考之：

（1）规范料源作物区与限制生产。避免农民为了抢搭美元顺风车而弃农从油，使得不受规范的料源农地生产过多燃料导致粮价高涨。其中可以轮流或限额登记的方式以取得转作许可，并在有限的时间与空间中种植有限的料源。

（2）提供非料源作物区零售价的收购保证。零售价的收购让农民直接贩卖给消费者，拉近与作为料源的作物价格与收益。

（3）国家需要一个强制性的法规，利用期程目标来推行生质燃料之使用与生产，并施以多项重要配套措施以作为推广拉力。除了奖励性的补贴手段，交易型机制的运用不仅可以使美元再次流通，多元选项的施行也可以增加产业竞争力。

(4) 当国家能源政策决议将新一代生质燃料的使用量提高时,减少传统生质燃料的补贴措施与金额,并在一定期限内逐渐减少至取消。

(5) 两代燃料的转型期间,除了透过强制性的法规的规范引领,政府科技与金融方面的补助和整体投资环境的安排,更是产业发展的重要推手。

(6) 进口燃料之关税壁垒的设置,应在合乎 WTO 与国际秩序下,就生质燃料在国家能源政策发展中的定位有所改变,而非长久持续或明显针对单一燃料给予不平等待遇。

综上所述,一国的生质燃料发展首先应建置于国家政策的规划之中,并藉由强制性的推行法规使燃料于期程目标中逐渐达成。关税与补贴的措施除了经常就国际秩序、产业成长情形与政策需求作调配之外,更要透过多元选项的发展诱因给予平稳且有保障的投资环境。而强制性的永续性标准设置,不仅是未来生质燃料洁净与否的保证,国际贸易的交流也可因此更得顺畅。简言之,就生质燃料产业和相关法规及标准的制定在全球发烧的情势来看,未来国际贸易只会更加复杂与多元。此外,在许多国际贸易纠纷当中亦可发现,立法者常用生质燃料的永续性或各国之环境、社会与经济的条件来作为施行贸易障碍的托词与借口也正说明了如今世界秩序不是仅靠国际组织、法庭、条约或协议等便能管理与分配。因为这项议题不仅牵涉国与国之间的贸易平衡,更是紧密地联系着粮食的稀有性、土地利用计划、政府管理、水资源的使用与耗竭、生物多样性和生态系统的平衡等,应该创建一个公平且永续的系统提供给义务团体交易与投资,以确保生质燃料不会在生产与使用之余也危急人类的粮食、水资源与生物多样性,以求给予每个愿意投身永续性再生能源的国家统一且公正的竞争标准。

参考文献

[1] America's Advanced Biofuel(2010)President Obama signs bill extending biodiesel tax incentive into law. Available at: http://www.biodiesel.org/news/taxcredit/default.shtm

[2] America's Advanced Biofuel(2010)The biodiesel tax incentive has passed both the US Senate and House of Representatives and is on its way to President Obama for signature. Please thank your Senators and Representatives or passing this very important tax legislation, and for their support of biodiesel. Available at: http://www.biodiesel.org/news/taxcredit/default.shtm. Available at: http://www.epa.gov/ncea/pdfs/oxy_h2o.pdf

[3] Ayhan Demirbas(2009) Progress and recent trends in biodiesel fuels. Energy Conversion and Management, 50: 14—34

[4] Barsky R. B. , Kilian L. (2004) Oil and the macroeconomy since the 1970s. Journal of Economic Perspectives, 18(4): 115—34

[5] Bevill K. (2011) Head of DOE loan programs asks Congress not to cut funds. Ethanol Producer Magazine, 4(4)

[6] Chen X. G. (2010) A Dynamic analysis of U. S. biofuels policy impact on land use, greenhouse gas emission and social welfare, the degree of Doctor of Philosophy in Agricultural and Consumer Economics in the Graduate College of the University of Illinois at Urbana-Champaign

[7] Cordonnier V. M. (2008) Ethanol's roots: how Brazilian legislation created the international ethanol boom. Wm. & Mary Environmental. L. Policy Rev. , 33: 287

[8] Demirbas A. (2007) Importance of biodiesel as transportation fuel. Energy Policy, 35: 4661—4670

[9] Demirbas A. (2009) Progress and recent trends in biodiesel fuels. Energy Conversion and Management,50: 14—34

[10] DOE Energy Efficient, Renewable Energy. (2011) Alternal fuel price report-clean cities alternative fuel price report. Available at : http://www.afdc.energy.gov/afdc/price_report.html

[11] Endres J. M. (2010) Clearing the air: the meta-standard approach to ensuring biofuels environmental and social sustainability. Va. Envtl. LJ, 28: 73

[12] EPA. (2010) 40 CFR part 80 pegulation of fuels and fuel additives: changes to renewable fuel standard program. Final Rule, Federal Register,75(58): 14675

[13] EPA. (1996) Oxyfuels information needs, EPA/600/R-96/069. Available at: http://www.epa.gov/ncea/pdfs/mtbe/oxyfuels.pdf

[14] EPA. (2009) Renewable fuel standard for 2009, issued pursuant to section 211 of the clean air act. Available at: http://www.epa.gov/otaq/renewablefuels/#regulations

[15] EPA. (2010) Regulatory announcement: EPA announces E15 partial waiver decision and fuel pump labeling proposal. Available at: http://www.epa.gov/otaq/regs/fuels/additive/e15/index.htm

[16] Gardner B. , Tyner, W. (2007) Explorations in biofuels economics, policy, and history: introduction to the special issue. Journal of Agricultural & Food Industrial Organization, 5(2)

[17] Gorter H. D. , Just D, R. (2009) The economics conomics of a Blend Mandate for Biofuels. Amer. J. Agr. Econ. 91(3): 738—750

[18] IEA. (2010) Sustainable production of second-generation biofuels: potential and perspectives in major economies and developing countries. Available at : http://www.

iea. org/papers/2010/second_generation_biofuels. pdf

[19] McCarl B. A. , Boadu F. O. (2009)Bioenergy and U. S renewable fuels standards: Law, economic, policy/climate change and implementation concerns. Drake J. Agric. L. , 14: 43

[20] Miller H. (2011)The great fuel fail: ethanol from corn. Guardian. co. uk

[21] Msangi S. , Rosegrant M. (2006)Agriculture and the environment: linkages, trade-offs and opportunities. Geo. Int'l Envtl. L. Rev. , 19: 699

[22] Powers M. (2009) King Corn: Will the renewable fuel standard eventually end corn Ethanol's reign. Vt. J. Envtl. L. , 11: 667

[23] Reitze Jr A. W. (2008) Biofuels-snake oil for the twenty-first century. Or. L. Rev. , 87: 1183

[24] Renewable Fuels Association(RFA)(2010) Climate of opportunity - 2010 ethanol industry outlook. Available at: http://www. ethanolrfa. org/pages/annual-industry-outlook

[25] Schnepf R. (2011) Renewable fuel standard (RFS): overview and issues. DIANE Publishing

[26] Sensoz S. , Angin D. , Yorgun S. (2000) Influence of particle size on the pyrolysis of rapeseed (Brassica napus L.): fuel properties of bio-oil. Biomass Bioenergy, 19: 271—279

[27] Sheehan J. , Cambreco V. , Duffield J. , Garboski M. , Shapouri H. (1998)An overview of biodiesel and petroleum diesel life cycles. A report by US Department of Agriculture and Energy, Washington, DC: 1—35

[28] Solomon B. D. , Barnes J. R. , Halvorsen K. E. (2007) Grain and cellulosic ethanol: history, economics, and energy policy. Biomass and Bioenergy,31: 418

[29] Starr, S. C. (2009) Sweet rewards: how US trade liberalization and penetration of Brazilian ethanol into the US market can stimulate America's domestic economy and strengthen America's international influence. DePaul Bus. and Comm. LJ, 8: 275

[30] The White House(2005) President George W. Bush's address at the signing of the Energy Policy Act of 2005. Available at: http://www. whitehouse. gov/news/releases/2005/08/20050808—6. html

[31] Tyner W. E. (2007) Explorations in biofuels economics, policy, and history policy alternatives for the future biofuels industry. Journal of Agricultural and Food Industrial Organization, 5: 1

[32] Wyman C. E. (2007) What is (and is not) vital to advancing cellulosic ethanol. Trends in Biotechnology, 25(4): 153—157

[33] Yacobucci B. D. (2011) The market for biomass-based diesel fuel in the renewable fuel

standard (RFS). Congressional Research Service, 3

[34] Yacobucci B. D. (2008) Ethanol imports and the caribbean basin initiative. Congressional Research Service, Library of Congress

[35] 蔡岳勋(2007)能源自主与永续发展—对美国推动生质燃料之整体政策与法规的初步观察——以 2005 年能源政策法为中心. 月旦民商法杂志,18: 123—139

台湾稻秆酒精之能源平衡、温室气体排放与集运成本评估

苏美惠　黄佳慧　林妏怡　张嘉玲　左峻德

（台湾“经济研究院”，台北 10461）

【摘要】台湾地区每年约产生130万～150万吨稻秆，过去被视为农村农业废弃物，农民利用焚烧或掩埋方式处理，加值再利用的比例并不高。在纤维酒精技术发展下，纤维素及半纤维素含量达60%以上的稻秆已成为重要料源。为配合未来台湾纤维酒精产业技术发展，台湾“经济研究院”已投入建立完整本土料源基本数据，包含第一代与第二代料源。本研究将评估台湾可供利用纤维料源潜能，对最具发展潜力之稻秆，从生命周期评估观点进行纤维料源集运仓储田野调查数据，并搭配酒精生产试验数据仿真商业化量产规模之生产效率，提出本土稻秆纤维酒精之能源投入、温室气体排放与生产成本评估模式；同时，将研究结果与外国文献进行比较分析，探讨台湾纤维酒精发展潜力。

【关键词】纤维酒精；能源平衡；二氧化碳排放；成本分析；生命周期评估法

An Evaluation of The Energy Balance, GHG Emission, and Logistic Cost for Rice Straw in Taiwan

Su Mei-Hui, Huang Chia-Hui, Lin Wen-Yi, Chang Chia-Ling, Tso Chun-To

(Taiwan "Institute of Economic Research", Taipei, 10461)

Abstract: There is approximately 1.3 ～1.5 million ton of rice straw produced in Taiwan every year, which was treated as agro-residues in the rural area and was burned or buried by farmers, its added value of re-use is not popular. As the cellulosic ethanol technology develops, rice straw becomes an important feedstock for its cellulosic and semi-cellulosic components are more than 60%. To coordinate with the future technological development of cellulosic ethanol industry in Taiwan, Taiwan "Institute of Economic Research" has dedicated to set up the complete data of domestic feedstock which contains both 1st generation and 2nd generation feedstock.

This research will estimate the potential of cellulosic feedstock available in Taiwan, among these feedstocks, rice straw has the maximum potential for development. To field-survey the transportation and storage data of cellulosic feedstock through the points of view of Life-Cycle Assessment, and imitate the commercial scale production by the data of ethanol trial production, which comes out the production efficiency of ethanol; then propose a pattern evaluating the energy balance, GHG emission and logistic cost of Taiwan rice straw cellulosic ethanol. Meanwhile, comparing the research outcome with foreign document to explore the development potential of Taiwan cellulosic ethanol.

Key words: cellulosic ethanol; energy balance; greenhouse gas emission; cost benefit; life cycle assessment

根据 F. O. Licht 公司(2010)统计,2010 年全球生质酒精产量已达 8710 万公秉,占全球生物质燃料的 83%,其中巴西与美国产量合计占全球生质酒精的 88%,预估 2015 年时全球生质酒精需求量将为 2009 年的两倍(IEF ,2010)。各国和地区发展生质燃料皆有其政策规划考虑,目前不论已开发或开发中国家皆已订定生质酒精中长程发展目标,但主要以推广第一代生质燃料为主,美国是唯一强制规范第二代酒精使用量的国家。根据美国再生燃料标准(RFS),生质燃料 2022 年需达 360 亿加仑,其中纤维酒精占 160 亿加仑,传统生质燃料 2015 年达到 150 亿后不再增加(苏美惠等,2011)。属于第二代技术之纤维酒精料源美国以玉米秆及木质料源着墨较深,巴西采用蔗渣,至于欧盟地区则麦秆及木材之利用较多。目前纤维酒精运转中产能仅为示范厂,虽有工厂已达商业量产规模但尚未达商业化运转厂阶段,IEA 与欧盟评估进入实质商业化运转量产须待 2020 年以后,美国则乐观估计 2012 年可达成。

2010 年美国环保署修定再生燃料标准(RFS2),包括再生燃料每年使用量与使用比率的标准,同时,也首次提出生质燃料温室气体减量标准,其中新产能所生产的玉米酒精生命周期内温室气体排放需比汽油减少 20%,此一标准将限制玉米酒精发展(USEPA ,2010)。欧盟 2008 年 12 月 17 日通过再生能源指令(Renewable Energy Directive, RED)与燃料质量指令 (Fuel Quality Directive, FQD),以达成 2020 年再生能源在交通运输燃料比重需达 10%以上目标。并将温室气体减量精神纳入再生能源法令中,例如欧盟 RED 指令已提出永续性指标,要求 2013 年生质燃料温室气体排放需比石化燃料减少 35%,至 2017 年更需减少 50%。至于欧盟 FQD 指令则要求供货商以生命周期法计算需降低市售燃料温室气体排放量,2014 年强制降低 2%,2017 与 2020 年强制减量 4%与 6%。因此尽管欧盟所订定的再生能源指令,并未明确要求第二代生质燃料的使用量，但已能达到间接鼓励使用第二代生质燃料的目标(IEA ,2010)。

台湾地区自产能源不足且能源进口依存度高达 99.4%，近年来受国际能源价格持续飙涨影响，不但引发物价大幅波动，对经济稳定也造成极大冲击。台湾每年约产生 130 万～150 万吨稻秆，过去被视为农村农业废弃物，加值再采用的比例并不高，农民采用焚烧方式处理，造成空气污染；利用切碎掩埋方式处理，却又造成灌溉沟渠堵塞。在纤维酒精技术发展下，纤维素及半纤维素含量达 60% 以上的稻秆已成为重要料源。以台湾常见之稻秆、玉米秆、蔗渣、香蕉假茎等农业残留物而言，若以 2009 年作物种植面积推估，约可产制 41.13 万立方米纤维酒精；此外，根据台湾环保部门统计，台湾每年废木材申报数量约 5.6 万吨，推估约可产制 1.68 万立方米酒精。因此，若以现有农林业残留物产生量全数作为纤维酒精料源，理论值约具备 43 万立方米潜能。农业残留物分布于台湾各地，稻秆主要分布于中南部稻米产区，包含台中县、彰化县、云林县、嘉义县和台南市。

为配合未来台湾纤维酒精产业技术发展，台湾“经济研究院”已投入建立完整本土料源基本数据，包含第一代与第二代料源。本研究将从生命周期评估观点，以台湾云林斗六大型集草业者作为稻秆料源集运仓储田野调查对象，搭配核能研究所酒精生产试验数据仿真商业化量产规模之生产效率，提出台湾本土稻秆纤维酒精之能源投入、温室气体排放与生产成本评估模式；同时，将研究结果与国外文献进行比较分析。此外，亦将从台湾最具发展潜力之甘蔗、蔗渣与稻秆料源，探讨台湾生质酒精发展潜力。

1 研究方法说明

台湾稻秆集运操作依照机械化利用程度，可区分为人工集草与机械集草。人工集草，包含人工捆绑、田间曝晒、人工装载与田间仓储等。机械集草内容包含翻草、打包、装载、运输、仓储与堆栈等程序(图 1)，其中翻草与打包皆为利用曳引机加挂翻草与打包设备进行操作；仓储部分则可于室内仓储或户外仓储，户外仓储需使用帆布加以覆盖；机械收草会自动将稻秆打包为每捆 200 千克之球状包装，在运输上使用挖掘机作堆栈上车，再利用卡车运送至仓储地。由于人工集草作业仅于零星地区进行小规模作业，机械化集草为发展主流，因此本研究对于稻秆集运之能源投入、温室气体排放及成本分析，皆仅以机械化操作模式进行探讨。

本研究依照生命周期评估法就稻秆酒精进行能源投入估算，研究范畴界定包含稻秆集草、运输、仓储与堆栈、切碎处理和酒精产制等阶段(详见图 2，图 3)。在能源投入估算包含直接能源投入与间接能源投入，料源端直接能源投入估算稻秆收集、运输、仓储与堆栈所需投入之人力及油料，料源端间接能源投入则计算生产稻秆集草所需机械设备而耗费之能源，例如曳引机、翻草机、打包机、装载机具（挖掘机）与卡车等。稻秆酒精产制端则计算产制过程所需耗用之电力及热能，并估算利用木质素残渣提供制程能源之能源投入折抵。

（a）田间曝晒　（b）人工装载　（c）田间仓储

（d）翻草　（e）打包　（f）装载

图 1　台湾稻秆人工集草操作程序

（a）田间曝晒　（b）人工装载　（c）田间仓储

图 2　台湾稻秆机械集草操作程序

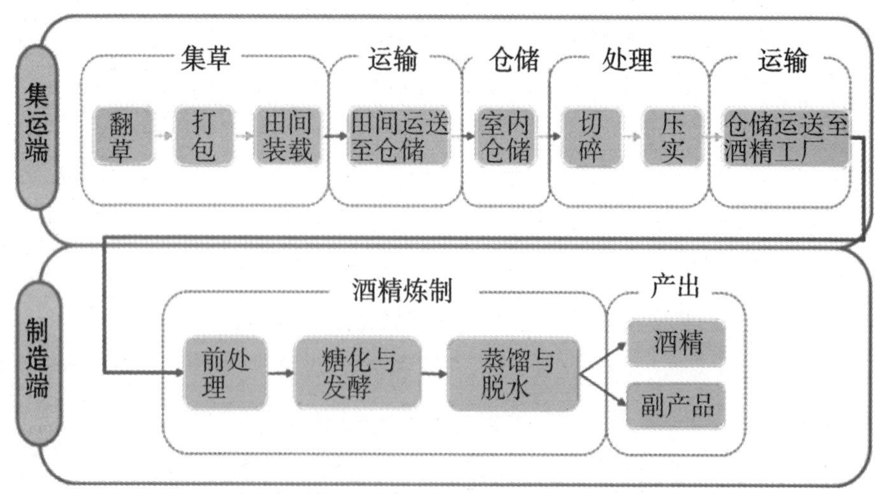

图 3　稻秆酒精生命周期评估研究范畴界定

本研究假设每人每天能源消耗 4000 千卡(Patzek,2006)、柴油热值 8800 千卡/升、每度电热值 856.8 千卡;至于运输项目则计算卡车于田间与仓储间之运送(假设运距为 10 公里),及仓储至工厂(假设运距为 40 公里)之往返过程,计算方式如公式(1):

车辆来回行驶距离(公里)×燃油效率(升/公里)×能源系数(千卡/升)　　(1)

温室气体排放分析则依据稻秆集运与酒精产制之能源使用量,及其所对应之二氧化碳排放系数,建立稻秆酒精温室气体减量评估模式。为估算稻秆酒精二氧化碳排放情形,在化石燃料之二氧化碳排放,将以联合国气候变化政府间专家委员会(IPCC,1996)因应化石能源使用,所发展二氧化碳排放估算方式进行推估,其步骤为:

(1) 估计生命周期各阶段之能源使用量。

(2) 将不同能源的消费量由原始单位转换为热值单位(焦耳)。

(3) 将各种不同能源热值单位乘以 IPCC 所使用的碳排放系数(carbon emission coefficient),可得到碳排放量初步估计;同时,扣除碳固定化(carbon sequestered)部分。

(4) 考虑燃烧不完全,将总碳排放量初步估计量扣除碳固定化,并考虑化石能源碳氧化率 99%(天然气 99.5%)折减。

(5) 将排放的碳(以重量单位表示)转换成相应二氧化碳,即可得到生产阶段能源使用二氧化碳排放量。有关化石燃料之二氧化碳排放计算如公式(2):

(能源使用量×热值单位×碳排放系数—碳固定化)×碳氧化率×单位换算(碳转换成二氧化碳)=该化石燃料之二氧化碳排放　　(2)

柴油二氧化碳排放参考经济能源主管机关所公布数据,但柴油燃烧除了排放二氧化碳外,还有 CH_4 与 N_2O 也需一并考虑,换算成其所对应之温室气体 GWP 值,即可求出柴油的二氧化碳排放当量每升 2606 千克 CO_2e;电力则参考台电公司公布 2009 年台湾之电力碳排放系数每度电 0.623 千克 CO_2e,蒸汽每吨 0.149 千克 CO_2e。

2　台湾稻秆酒精之能源投入分析

研究结果显示,机械集草部分包含收集、仓储与堆栈、运输、切碎处理等作业所投入的人工每公顷共计 14.8 小时,油料耗用每公顷约 40 升,运输部分卡车时速以市郊速限 50 公里进行估算;推估一期作机械集草的直接能源投入约每吨稻秆为 90710 千卡,二期作则约为 99781 千卡。间接能源投入计算则包括生产稻秆集草所需农机具设备而耗费之能源,一期作耗能约 1193 千卡,二期作则约

6025千卡。汇整直接与间接能源投入，整体而言稻秆机械集草每吨约投入91903～105806千卡。若稻秆酒精转化率以200升/吨计算，每升稻秆酒精能源投入约为460～529千卡。研究结果发现，由于一期作单位收获量较二期作高，在每公顷投入之资源相同下，一期作每吨稻秆投入能源较二期作为低。此外，就机械集草而言，运输阶段能源投入比重最高，其次为切碎处理；因此，若欲降低稻秆集运能源投入，控制收集料源集中度，可有效降低运距进而降低运输过程中的能源投入。

鉴于文献中有关稻秆酒精之能源投入、温室气体减量及生产成本的研究仍非常有限，在国际研究背景与台湾稻秆酒精技术之发展可能有所差异的前提下，台湾"经济研究院"与核能研究所合作进行稻秆酒精生产试验研究，藉以厘清可能影响稻秆酒精之能源、环境及经济效益的技术信息。在稻秆产制酒精能源投入部分，主要分为运输、前处理、糖化与发酵、蒸馏与脱水等，探讨国外文献在制程端之能源投入，不考虑副产品电力产出下每升约17.87～21.07兆焦，其中消耗最多的为前处理及蒸馏所使用之蒸汽，占总能源投入的60%以上，其次为电力。若仅由制程端的能源投入分析，难以显示生质燃料之环境效益，必须将木质素利用后之热值考虑进来，才有机会获得净能量。另一方面，由于核能研究所之纤维水解酵素生产制程仍在发展中，关于纤维水解酵素生产用电量及使用之化学药剂能源投入值，暂时以文献值作为推估依据。

在稻秆酒精制造端能源投入分析，酒精运输卡车运输时速以高速公路速限90公里进行估算，酒精转换率本研究现阶段以每吨稻秆可产制200升进行推估，预计2013年生产效率可精进至220升。研究结果发现，减少制程热损耗、建构热整合利用方法及提高蒸馏前发酵液的酒精浓度至4%以上，皆可减少蒸汽用量；藉由程序整合缩短制程各单元操作时间，亦可减少用电量。在未考虑副产品利用下，生产每升稻秆酒精耗能35.9兆焦，若考虑副产品使用，净能源投入为20.90兆焦。其中，前处理阶段能源投入为酒精制造端之最大宗，为18.68兆焦/升，其次为蒸馏与脱水。另一方面，若以使用能源类别分析，可发现电力消耗为最大宗，且糖化与酵素能源投入台湾约为岛外的3.5倍，因此，这些制程精进，皆为台湾未来发展纤维酒精重要关键因素。

将稻秆集运端及制造端数据加以汇整分析后，即可获得稻秆酒精能源投入评估结果。依据现有生产效率，酒精转换率以每吨稻秆可产制200升进行推估，采用生命周期法评估台湾稻秆酒精能源产出效率结果，稻秆酒精一期作能源产出投入比约为0.98，二期作则为0.96，能源产出投入比小于1，显示能源使用效率尚不具备经济性。假设酒精转换率每吨可达220升，则能源产出投入比约为

1.06～1.08；若转换率可达到美国2012年所订定之目标每吨299升，则能源产出投入比将可达1.38～1.47，显示提升纤维酒精生产效率成为达到能源效益的重要因素。

3 台湾稻秆酒精之温室气体排放分析

依据前述稻秆集运与酒精产制能源使用量，及其所对应二氧化碳排放系数，建立稻秆酒精温室气体减量评估模式。由于二期作能源投入较一期作高，因此可观察到二期作之温室气体排放在各操作阶段都较一期作高；一期作集草每兆焦约排放8.59克CO_2e，较二期作约9.45克CO_2e，具环境优势。此外，集运各阶段中以切碎处理之温室气体排放为最大宗(占48%)，运输次之(占26%)。

参考稻秆酒精产制端能源投入推估温室气体排放量，以核能研究所目前酒精转换率为200升/吨进行试算，制造每升酒精其温室气体总排放量约为1601.82克CO_2e，若以酒精转换率为220升/吨进行推估，制造每升稻秆纤维酒精排放其温室气体总排放量约为1456.20克CO_2e，若以酒精转换率可达美国2012年所订定之目标每吨299升，则制造每升稻秆制纤维酒精排放之温室气体总排放量约可减少至1071.45克CO_2e。而在纤维酒精制程五大阶段中，以糖化与发酵每升约排放970.84克CO_2e所占比例最高，显示此一制程实为纤维酒精制造过程中值得研究者及相关业者去改善之步骤，若能有效改善糖化与发酵之化学制程，可有效减少二氧化碳排放量而木质素剩余物作为燃料后可提供制程所需蒸汽与电力，所带来的减排量甚巨，使得每升之温室气体净排放量约为－994.01克CO_2e，若采热量单位计算，每兆焦排放量约为－44.57克CO_2e，相当具温室气体减排优势。

将稻秆集运与酒精制程之温室气体排放量合并加总，即可得台湾稻秆酒精温室气体排放分析。集运端以切碎、压实处理之温室气体排放为最大宗，占整体之温室气体排放5%以上，运输阶段次之(占3%)。制程端温室气体排放量占整体生命周期的极大部分(约8%)，其中糖化与发酵之温室气体排放最多，约占整体温室气体总排放53%以上。若要有效控制温室气体排放，除了应针对制程进行改善，利用木质剩余物所得之电力所带来减量每升约达2596克CO_2e，影响相当巨大。在将副产品纳入考虑后，净排放量约为－770.44～－805.64克CO_2e，显示副产品带来减排量为纤维酒精的主要优势之一。

4 台湾稻秆集运与产制酒精之成本分析

分析台湾云林地区一期作与二期作稻秆集运成本结构，计算包含稻草收购价、收草成本、从田间至仓库之运输成本、仓储与堆栈成本及稻秆切碎成本，各项操作已完全利用机械设备进行操作。因稻草以公顷为收购单位，2010 年迄今每公顷为新台币 3500 元，但由于一期作稻秆生长期较长产量较高每公顷可达 5.5 吨，二期作则约 5 吨，因此，一期作稻草收购价每千克约新台币 0.64 元，较二期作收购价 0.70 元低。分析稻秆集草成本结构，以收购稻秆及切碎比重最高，分别占 28%～32%及 21%～22%。进一步分析成本组成，可区分为收购稻秆价格、工资、柴油、材料及仓储折旧等，工资成本比重占总成本(含自家工)42%～44%，柴油则占 14%～16%。

另一方面，由于集运过程自行操作的自家工部份较难量化估算，往往会被省略不计；本研究为了完整呈现稻秆集运成本，试着将业者自家工量化计算。根据调查期间收草时间与收草量进行推估，一期作稻秆收草面积约 90 公顷，二期作则约 500 公顷，因此，一期作自家工成本明显较高。在考虑自家工的情况下，一期作稻秆集运成本每千克约新台币 2.25 元，较二期作的 2.16 元高；若不考虑自家工，则一期作和二期作稻秆集运成本相当，约 2.09 元。在售价部分，目前主要市场为养菇业者，切碎后稻秆在运距 10 公里以内售价每千克约 4 元，运距达 40 公里则约 4.3 元。

美国能源部于 2011 年 4 月所发表之 Biomass Multi-Year Program Plan 报告，分析美国纤维料源之收集成本与酒精产制成本。在纤维料源成本部分，计算包含料源收购价、采收/收集成本、仓储与堆栈、切碎及运输成本等，至 2016 年以前纤维料源收购价以每吨 23.5 美元进行推估，至于集运仓储成本 2010 年每吨约 37.8 美元，2012 年之目标则将下降至 35 美元。至于纤维酒精产制程成本，2010 年每加仑约 2.94 美元，2012 年之目标则将下降至 1.41 美元。

比较台湾与美国纤维料源集运成本，台湾稻草收购价每千克约新台币 0.64～0.70 元，与美国 2016 年以前料源收购成本 0.68 元相当；至于集运仓储，台湾在未考虑自家工成本情况下估计每千克约新台币 1.39～1.45 元，与美国 2012 年目标成本 1.02 元相比高出 36%～42%，若考虑自家工成本，则较美国高约43%～58%，主要差异在于仓储与堆栈、切碎阶段之成本，明显高于美国。整体而言，台湾稻秆集运成本在考虑自家工下每千克约 2.16～2.25 元，较美国 2012 年每吨 58.5 美元(约每千克新台币 1.70 元)高约 27%～32%。

若将酒精转换率纳入考虑，台湾包含稻秆收购价与集运成本(含自家工)每升酒精约新台币 10.8～11.2 元；美国利用玉米秆或草本作物作为料源 2010 年约 6.6 元，2012 年目标则约 6.2 元。可以发现将酒精转换效率纳入后，两地成本差距将扩大。台湾稻秆酒精现阶段每千克稻秆仅能产出 200 升酒精，美国 2010 年为 284 升，2012 年目标更设定为 299 升，因此，每升酒精成本除仓储与堆栈成本明显高于美国 3.25～3.5 倍，切碎高于美国 1.8 倍，台湾料源收购成本也较美国高出 1.3～1.5 倍。

5 结 论

本研究以台湾最大集草业者作为田野调查对象，进行料源集运仓储能资源使用分析，在酒精产制端则与核能研究所合作，利用其每日进料 1 吨之 pilot plant 进行生产试验，取得制程端参数并与外国文献数据进行比对，运用生命周期评估法进行稻秆酒精能源、环境与经济效益评估。由于制程端生产成本数据尚未建立完成，在经济效益评估方面，仅能就料源端数据进行分析并与美国数据进行比较。

研究结果发现，台湾稻秆集运能源投入约为 91903～105806 千卡/吨稻秆，以运输阶段耗能最多；若酒精转换率以 200 升/吨推估，稻秆集运每升酒精耗能约 1.92～2.22 兆焦；酒精产制阶段若考虑副产品利用，净能源投入约为 20.90 兆焦。整体而言，从生命周期评估观点看，台湾利用稻秆产制酒精能源投入每升约为 22.76～23.18 兆焦，现阶段能源产出投入比仅 0.96～0.98，显示能源使用并不具备经济性。若转换率可达到美国 2012 年的目标每吨 299 升，则台湾稻秆能源产出投入比将可达 1.38～1.47∶1。温室气体排放部分，集运端以切碎、压实排放最为明显，产制端则以糖化与发酵比重最高，但利用木质剩余物所得之电力带来的减量影响相当巨大。整体而言，台湾稻秆酒精温室气体减量效益约为 −770.44～−805.64gCO_2e/升。

台湾稻秆集运投入主要成本来自工资及机械所耗用油料，不考虑自家工成本，集运仓储每千克约新台币 2.09 元，若将自家工纳入评估则一期作约 2.25 元，较二期作 2.16 元略高。台湾稻秆含料源收购之集运仓储成本，在考虑自家工下，每千克约新台币 2.16～2.25 元，较美国 2012 年目标价 1.70 元高约 27%～32%，其中台湾与美国纤维料源收购成本相当接近；若将酒精制程效率纳入考虑，成本差距将扩大。综观台湾稻秆纤维酒精在能源投入、温室气体排放或成本评估方面，皆因为酒精转换率偏低，使目前在能源、环境与经济效益评估上，与国际相比尚无法彰显其竞争力。因此，有效提升能源使用效率、将制程所产出木质素作为燃料提供电力与蒸汽外，提高稻秆酒精转换率将成为台湾发展纤维酒精的重要议题。

参考文献

[1] DOE U. (2007) Biomass: multi-year program plan. Office of the Biomass Program, Energy Efficiency and Renewable Energy, US Department of Energy

[2] Eisentraut A. (2010) Sustainable production of second-generation biofuels: potential and perspectives in major economies and developing countries (No. 2010/1). OECD Publishing

[3] Hamelinck C. N., Hooijdonk G. V., Faaij A. P. (2005) Ethanol from lignocellulosic biomass: techno-economic performance in short-middle-and long-term. Biomass and bioenergy, 28(4): 384—410

[4] Hill J., Nelson E., Tilman D., Polasky S., Tiffany D. (2006) Environmental, economic, and energetic costs and benefits of biodiesel and ethanol biofuels. Proceedings of the National Academy of Sciences, 103(30): 11206—11210

[5] IPCC. (1997) Revised 1996 IPCC guidelines for national greenhouse gas inventories. Intergovernmental Panel on Climate Change

[6] Licht F. O. (2011) World ethanol and biofuels report. Agra Europe, 9(12)

[7] Luo L., van der Voet E., Huppes G. (2009) An energy analysis of ethanol from cellulosic feedstock-Corn stover. Renewable and Sustainable Energy Reviews, 13(8): 2003—2011

[8] Mandil C., Shihab-Eldin A. (2010) Assessment of biofuels potential and limitations. Geopolitics of Energy, 32(2)

[9] Patzek T. W. (2004) Thermodynamics of the corn-ethanol biofuel cycle. Critical Reviews in Plant Sciences, 23(6): 519—567

[10] Pimentel D., Patzek T. W. (2005) Ethanol production using corn, switchgrass, and wood; biodiesel production using soybean and sunflower. Natural resources research, 14 (1): 65—76

[11] Saga K., Imou S., Yokoyama S., Fujumoto T., Yanagida T., Minowa(2008) Study on rice straw collection system for bioethanol production. Journal of Japan Society of Energy and Resources, 29(6)

[12] Sims R., Taylor M., Saddler J., Mabee W. (2008) From 1st-to 2nd-generation biofuel technologies: an overview of current industry and RD&D activities. International Energy Agency: 16—20

[13] Tan H. T., Lee K. T., Mohamed A. R. (2010) Second-generation bio-ethanol (SGB) from Malaysian palm empty fruit bunch: Energy and exergy analyses. Bioresource Technology, 101(14): 5719—5727

[14] 苏美惠，左峻德，王嘉宝，黄文松(2008)稻秆纤维酒精之发展潜力. 能源报导，12

[15] 苏美惠，黄佳慧，张明仁，左峻德(2011)从能源环境与成本效益探讨本土酒精能源作物之发展潜力，第十二届实证经济学研讨会论文集

气候变化、低碳经济与产业转型

王 军

（南京审计学院经济发展研究中心，南京 210029）

【摘要】本文对全球气候变化、低碳经济与产业转型的关系进行了探讨，指出低碳经济是应对气候变化的必然选择，而实施低碳发展战略就必须对现有产业结构进行改造和升级。在简要分析我国气候变化政策选择的基础上，剖析了中国实现低碳发展的具体措施和关键环节；结合当前部分国家拟征收碳关税的新动向，分析了碳关税对我国相关产业可能带来的冲击，着重探讨了通过产业转型实现低碳发展的途径和政策，强调我国应围绕低碳发展的要求积极调整能源消费结构，加快产业转型的步伐。

【关键词】气候变化；低碳经济；产业转型；碳排放

Climate Change, Low Caborn Economy and the Industry Transformation

Wang Jun

(Economy Development Research Center ,Nanjing Audit University, Nanjing, 210029)

Abstract: This paper surveys the concept and characteristics of low carbon economy and its implication to the industrial transformation in China. We first document the global carbon emissions, and analyze the ways and policy choices that China would take in order to reduce emissions. Then we delve into the political economy of the low carbon, with particular emphasis on the pollution intensive industries in China. Given the new challenge of low carbon economy and the carbon tariffs abroad, we argue that China should speed up reducing the intensity of carbon emission by adjusting and upgrading the industrial structure.

Key words: climate change; low carbon economy; industrial transformation; carbon emission

1 导 言

全球气候变化(global climate change)或全球气候变暖(global warming)是当今国际社会关注的焦点问题,也是目前国际学术界争相研究的一大热点问题。许多国际一流的学术期刊过去几年都用大量篇幅刊登了这方面的研究成果,国际学术界对这一复杂而又重要的问题正保持着日益增长的研究态势。与此相应,中国学术界对气候变化问题的研究也很重视,相关的研究文献增加很快。

尽管气候变化的经济学研究已开展多年,但气候变化引起公众的普遍关注却是最近几年的事情。一方面这是由于全球范围内的气候异常现象日趋频繁,另一方面是由于多个国际组织的推动。最近在哥本哈根召开的联合国气候大会再一次为公众了解全球气候问题提供了机会,联合国等国际机构经常就气候变化召集的多边磋商和“马拉松”式的谈判在提升公众环境意识的同时还不断释放着这样一种信号,即全球气候问题的复杂性、严峻性以及解决方案的艰巨性。

应对气候变化不仅需要充分的国际合作,而且意味着世界经济增长方式需要由过分依赖稀缺的化石燃料向清洁能源发展模式转变。低碳发展不仅是减缓气候变化的必要步骤,包括新型低碳产业的培育和形成,也涉及高耗能、高污染和高排放产业的升级改造。例如,气候变化会使许多国家以往由自然禀赋决定的比较优势发生改变,如受气候影响最大的农产品贸易必将发生深刻变化。伴随着后《京都议定书》时代的到来,我国来自国际的减排压力会越来越大,而少数国家提出征收碳关税的提案无疑将对我国大宗商品的出口以及相关产业造成巨大冲击。因此,积极研究和探索我国实施低碳发展的具体路径和政策措施,加快我国相关产业的结构调整不仅重要,而且迫切。

我们注意到,目前国内学术界对于气候变化的经济学研究正在逐渐增多,相比之下,国内学者对低碳经济的研究才刚刚开始,特别是将低碳发展置于国际背景从而引申出产业涵义的文献尚不多见。本文正是在这种情况下准备的。我们将在全球气候变化的背景下,通过对气候变化、低碳经济与产业转型三者关系的探讨,揭示出低碳经济的国际化内涵和特征,分析我国实施低碳经济发展战略中遇到的具体困难和政策障碍,并拓展到产业领域来加以认识,为理解我国今后应对气候变化、走低碳经济发展之路提供理论线索和政策思路,同时也为我国制定相关产业政策、实施低碳发展战略提供灵感和建议。

2 全球气候变化:挑战与应对

在我国,无论是政府层面还是学术界对气候变化问题都给予了相当多的关注。我国政府 2007 年颁布的《中国应对气候变化国家方案》是发展中国家第一部应对气候问题的国家方案，2008 年我国又首次发布了《中国应对气候变化的政策与行动》白皮书。我国经济学界对气候变化的研究也日益丰富，潘家华等(2003)提供了一种减缓气候变化的经济学视角；崔大鹏(2003)从国际政治和法律的角度强调了国际合作的作用；陈迎等(2007)则对颇受国际社会关注的斯恩报告做了一个通俗的解读，并展望了未来气候谈判的走向；王军(2008a;2008b)综述了国内外气候变化经济学研究的理论文献，剖析了气候变化问题产生的原因和解决的难点，并对我国应对气候变化的政策选择进行了探讨。可以说，无论是我国政府发布的关于气候变化的纲领性文件，还是学术界的研究，都充分反映出中国对气候问题的高度重视，彰显出我国减缓和适应气候变化问题的重要性和紧迫性，这既体现在理论研究的探索上，也反映在具体政策的制定和实践之中。

2006 年 10 月，英国政府委托前世界银行首席经济学家尼古拉斯·斯特恩(Nicholas Stern)完成了一项耗资巨大的研究，这一研究旨在重新评估气候变化对英国的影响以便政府可及时采取相应之策。这份被称为"斯特恩报告[①]"(*The Stern Review*)的长篇大作一经发表就引起了世界媒体的广泛关注，在国际经济学界掀起一场轩然大波，成为最近一段时间以来气候政策争论的焦点[②]。

斯特恩报告指出，如果忽视全球气候变暖所造成的环境恶化，人类将再次面临类似 20 世纪 30 年代的全球性经济危机和衰退。有证据表明，过去 50 多年气温升高的趋势可能与人类燃烧化石燃料(如煤、石油和天然气等碳氢化合物)等导致的温室气体排放有关。一些气候变化已经可以"明显地"观察得到，如雪与冰层减少、海平面升高、降水模式的变化以及极端温度的范围和严重性。据估计，与 1990 年相比，2100 年的温度将上升 1.4～5.8℃。若温度升高到 5.8℃，相当于地球从冰河期到间冰河期转变时的温度变化只用了短短的 100 年，其后果将是非常严重的，如气温升高导致的海平面上升将会使某些国家面临被淹没的危险(Stern,2007)。

斯特恩报告还警告说，若不及时采取措施，气候变化还将对很多领域产生灾难性的影响。例如，正在融化的冰层将会给全球近六分之一的人口造成更多的洪水和更少的淡水供应；由于作物产量持续减少，农业与粮食生产很可能受到严重影响，并导致数百万人无法生产或购买到足够的粮食；病媒传染的疾病，如疟

① 此报告后来由剑桥大学出版社出版，参见 Stern(2007)。

② 可以说，斯特恩报告在国际社会引起的轰动效应以及在《经济学文献杂志》等国际一流期刊上得到如此多的关注和集中评介在国际经济学界是并不多见的，详见王军(2008a)对此问题的说明。

疾与登革热，将会更加广泛；本世纪中叶，由于海平面升高，激增的洪水与严重干旱会使近 2 亿人永远流离失所；生态系统将变得特别脆弱，仅仅 2℃的气候变暖就使 15%～40%的物种濒临灭绝①。报告认为，到下世纪初，全球可能因气候变暖损失 5%～20%的 GDP，报告强烈呼吁世界各国（地区）采取迅速而有效的措施减缓全球气候的进一步变暖。

虽然有理由感到担忧，但斯特恩报告却有着乐观的旋律："如果我们现在行动起来并展开国际行动，仍有时间来避免气候变化带来的最恶劣的影响，政府、企业与个人都需要合作应对挑战。政府有力、周密的政策在推动变化中不可或缺。但是任务紧急。若拖延行动，哪怕只是拖延 10 年或 20 年，也会把我们带入危险的境地。我们不能坐失这个机会。"正是基于上述认识，国外有学者甚至将气候变化列为全球危机之首，强调气候问题的解决必须着眼于寻找一种崭新的全球性方案（Lomborg，2004）。

许多国际组织的研究报告也与斯特恩报告前后呼应。例如，2007 年联合国政府间气候变化专门委员会（IPCC）发表了第四份气候变化评估报告，指出气候变暖已经是"毫无争议"的事实，人为活动"很可能"是导致气候变暖的主要原因。报告呼吁全世界的决策者尽快确定保护环境的有效措施，否则将会面临"不可逆转的"环境灾难。当年联合国在巴利岛召开的全球气候变化会议同样敦促发达国家和发展中国家为应对气候变化采取积极的措施，2009 年的哥本哈根气候变化大会让我们再一次目睹国际社会为解决气候问题所付出的不懈努力。

尽管有许多原因导致气候问题难以解决，但我们认为气候变化给不同国家造成损益不同应是主要原因，这使得各国在应对气候变化方面的动机出现了不一致。正如诺贝尔经济学奖得主 Schelling（1992）指出的那样，无论是发达国家还是发展中国家都面临着由气候变暖引发的相同威胁，但这些国家在保护全球环境方面都存在动机不足的问题。一方面，有大量的科学证据显示当今全球气候正在变暖，但同时人们对于这种趋势将发展到何种程度以及何时到来却缺乏了解，正是这种不确定性使得各国政府在协调立场、共同采取行动方面存在重大

① 全球气候变化引发的问题非常广泛，除去斯特恩报告所列举的之外，气候变化甚至还会导致军事冲突。正如最近 Lee（2009）分析的，气候变化将引起"冷战"和"热战"两类军事冲突。冷战在南北半球都可能发生，因为气候变暖使得新资源的利用成为可能，新的领土争端也会引起相关国家发生冲突，而热战将会在赤道周边国家爆发，因为干旱的加剧将导致包括水资源在内的争夺愈加激烈。

的分歧和障碍。

表1显示气候变暖对不同国家造成的损失并不一样，在全球气温升高2.5℃的情况下，印度遭受的损失将高达其GDP的4.93%，而俄罗斯却从这样的气候变化中获益。原因大致是气候变暖将使印度大量低洼的地区被上升的海平面所淹没，许多地方不再适合人类居住，而相同的情况却使俄罗斯原来不适合人类居住的寒带成为温带，成为宜于人类居住和农业生长的地区。但无论怎样，正如多数科学家指出的那样，一旦全球气温上升2℃，形成上升的趋势，那么将会带来全局性的、不可逆转和灾难性的后果。即便是少数几个能够从气候变化中暂时获益的国家，其文明路径也将发生彻底转变。

表1　气温升高2.5℃的损失估计①

国家／地区	占GDP的百分比(%)
印度	4.93
非洲	3.91
经合组织欧洲国家	2.83
高收入的经合组织国家	1.95
东欧	0.71
日本	0.50
美国	0.45
中国	0.22
俄罗斯	−0.65

显然，在保护全球环境的国际行动中，没有国家愿意做超过其预期收益的事情，气候作为全球公共物品的特征又使得“搭便车”行为难以避免。对于这样的问题，经济学家普遍认为，可以通过旁支付②和议题关联③等机制来熨平不同国

① 根据Posner和Sunstein(2008)整理而得。

② 旁支付(side-payment)是指国际社会为解决气候问题建立的一种资金筹集和财政转移的机制，当某些国家因为保护全球环境(如减排)付出的代价超过其收益时，可获得财政补贴从而起到弥补其成本，增强其参与国际合作意愿的作用。

③ 这里的“议题关联”(issue linkage)可简单理解为与国际气候合作密切相关的一组问题，这些问题既可以是环境问题，也可以是其他非环境问题，关键是这些问题影响和决定着有关国家的减排意愿和行动。当这组问题相互交织和冲突时，如果将环境问题与其他问题相互捆绑，那么，就可使那些不愿参与气候合作的国家做出让步，从而采取保护全球环境的行动。

家在收益和成本上的差距，而这样做是值得的，也是气候合作得以有效开展的前提条件，这种思路不仅与巴格瓦蒂(Bhagwati，2009)及 Barrett(2001)等人主张的“合作待售”观点不谋而合，而且也与联合国倡导解决气候问题的“清洁发展机制①”原则一脉相通。总之，尽管现实中的气候谈判和合作既复杂又困难，但如果我们能借助现代经济学中机制设计理论的分析工具，从改善有关国家的减排动机着眼，那么我们就能够找到解决气候问题的有效办法②。

从发展中国家的角度看，我们认为气候变化是一个环境问题，但同时也是一个发展问题。气候问题是发展过程中产生的，它的解决可以也应该通过发展来解决，尤其对于中国这样一个正在经历大规模现代化建设的发展中大国更是如此。从历史上看，发达国家在其工业化和现代化过程中曾肆无忌惮地排放了大量温室气体。有资料显示，从工业革命开始到 1950 年，全球排放的二氧化碳总量中发达国家占了 95%；而在 1950—2000 年间，发达国家的排放量仍占到总排放量的 77%。因此，发达国家对气候变化负有不可推卸的主要责任，也应当对减少温室气体排放承担更多的义务。这不仅是因为发达国家有条件减排，更因为发达国家有实力、有资源减轻气候的变化，同时也有义务为发展中国家应对气候变化提供资金和技术的支持。《联合国气候变化框架公约》中就特别强调，发达国家不但要率先减少温室气体排放，而且也有义务提供新的、额外的资金和技术去支持发展中国家提高应对气候变化的能力。

表 2 记录了二氧化碳这一主要温室气体历史和现实的排放情况，从中我们可以看出，无论是历史排放还是目前排放发达国家都远高于发展中国家，因此发达国家承担更多的减排责任不仅是历史责任使然，而且也是基于现实的考虑，因为目前发达国家在资金和技术上都完全有能力帮助发展中国家实现低碳发展。我们认为，通过联合国推行的清洁发展机制，一方面发达国家可实现减排，另一方面发展中国家能够获得发展，摆脱贫困，这种双赢的发展模式尤其值得推广，这也是国际社会在遏制全球气候变暖问题上通力合作的体现。

---

① 清洁发展机制(Clean Development Mechanism，简称 CDM)是联合国《京都议定书》中确立的灵活履约机制之一。其核心是允许发达国家通过向发展中国家的相应项目(即 CDM 项目)提供资金和技术支持，帮助发展中国家减少温室气体排放，并以此代替发达国家的减排指标。

② 对此问题更详尽的论述请参阅王军(2008a)。

表2 全球二氧化碳排放情况

指标国家	累计排放量	目前排放量	人口规模	经济规模(GNP)
发达国家	70%	60%	23%	84%
发展中国家	30%	40%	77%	16%

气候变化会导致现有贸易活动和贸易规则发生改变，并使各国原有的国际竞争力发生改变。不过，为保护全球环境而进行的国际合作比起贸易活动来要复杂得多。正如巴格瓦蒂(Bhagwati,2009)指出的，世界贸易组织的前身即关税及贸易总协定(GATT)曾免费给予发展中国家会员国的地位，而对于全球减排温室气体的协议而言，如果没有发展中国家的充分参与，任何协议都不可能真正有效。因此，考虑到历史排放问题，发达国家应该补偿发展中国家以换取后者参与减排的行动。

对于广大发展中国家而言，由于历史累积的排放量少，人均排放量低，当前面临的首要任务依然是发展经济和消除贫困。问题在于，无论是减缓气候变化，还是适应气候变化，都要付出高昂的成本①。因此，在应对气候变化的过程中，国际社会理应充分考虑发展中国家的发展机会。正如世界银行的经济学家 de la Torre 等(2009)所强调的，发展中国家要走一条“低碳化、高增长”的发展道路，低碳化是国际社会的要求，而追求高增长则体现了发展中国家的利益诉求。正是基于这些基本事实，《联合国气候变化框架公约》提出的“共同但有区别责任”的原则是客观的，也是公正的。那种不顾历史事实和历史责任，忽视不同国家的不同发展阶段，借气候变化问题不适当地过早、过激和过高要求发展中国家同发达国家一样承担量化的减排义务，从而限制发展中国家的发展，限制发展中国家实现工业化和现代化的论调是不客观的，也是有失公允的。在应对气候变化过程中，国际社会应当尊重发展中国家的发展权，并为其发展留出一定的排放空间，因为限制发展中国家发展所付出的代价，可能比气候变化带来的后果还要严重。

需要说明的是，即使目前世界各国(地区)全面停止温室气体的排放，大气中

① 据英国《金融时报》2009年9月2日报道，中国减排成本可能高达GDP的7.5%。这无疑是一个相当高的比例。适应也非免费，最新研究发现如果大气中二氧化碳的浓度加倍，那么中国的适应成本将高达294亿美元，约为GDP的0.22%。这里的适应成本包括水资源(如灌溉系统)的整治、海岸线保护、疾病治疗以及研发投入等。参见 Bosello 等(2010)第265页。

二氧化碳的浓度也要等上百年才能降低。显然,全面停止温室气体的排放既不可能也不现实,因此,应对气候变化的正确思路应该是,一方面要减排,另一方面要适应。减排的目的在于积极减缓气候变化的趋势,而适应就是加快社会和经济生活方面的调整以应对气候变化的影响。低碳经济正是实现减排的有效途径,同时也是适应气候变化的积极选择。

3 低碳经济:应对气候变化的必然选择

应对气候变化已成为世界各国(地区)制订和实施经济发展战略时优先考虑的一个方面。"应对"既包括减缓(mitigation)方面的行动,也涉及适应(adaptation)方面的措施,它们同属于气候政策的重要内容。减缓体现在两个方面:一是减排(abatement)即直接减少温室气体的排放,以阻止全球气温上升的趋势;二是通过各种新技术吸收温室气体即所谓碳捕获和碳贮藏①(carbon capture and storage,CCS),从而起到降低大气中碳浓度以减缓气温上升的作用。适应措施指的是随着极端天气出现频次的增多,我们需要在经济和社会各个领域加大调整以适应极端气候引发的种种情况。减缓和适应两者间存在着微妙的关系:减缓是积极的适应,而适应是当减缓成本变得无穷大时需要采取的行动。减缓气候变化的努力正是低碳发展所需要的行动,而其对应的形态恰是我们所要强调的低碳经济。

"低碳经济"(low carbon economy)最早正式出现在2003年的英国能源白皮书《我们能源的未来:创建低碳经济》中,并很快在联合国召开的气候变化大会即巴利路线图中得到进一步肯定。低碳经济概念的核心思想就是要通过能源技术创新和制度创新,提高能源利用效率,构建清洁能源结构,改变以化石燃料为主的现有能源消费格局。这一被国外学者喻为"人类社会第五次浪潮"的发展理念在2007年达沃斯论坛和"八国峰会"上得到了许多国家的赞同,2008年的世界环境日主题定为"转变传统观念、推行低碳经济"就是希望国际社会能够重视并采取有效措施使低碳概念纳入到政府的决策之中。

由于低碳经济是一个相对新的概念,因此,最近几年国内外学者纷纷试图探究低碳经济的内涵、特征和实现方式。美国学者Willey等(2007)从低碳经济低排放的目标出发,指出综合利用农场和森林资源的重要性,强调温室气体排放权交易的重要性。Foxon等(2008)则从能源政策出发,呼吁为实现低碳经济有必要从经济、制度以及管理层面进行创新。Redgwell等(2008)也从当前的能源消

① 植树和垃圾填埋等被认为是碳捕获和碳贮藏的有效手段。

费结构入手,批评了当前西方国家对化石燃料的过度依赖,并分析了中国和印度两大发展中国家对未来的影响。de la Torre 等(2009)以拉丁美洲和加勒比国家为背景,研究了这一地区在应对气候变化方面如何才能保持低碳的同时,实现经济的快速增长。由于这一地区拥有丰富的生物多样性(如巴西的热带雨林等),面临繁重的经济发展任务,因此,这一地区国家的生态和环境压力很大。de la Torre 等在分析这些发展中国家经济和环境方面的挑战后指出,必须走低碳同时高速增长的发展道路。他们最后警告说,如果拉美和加勒比国家不能尽早采取积极有效的减排措施,那么,到 2080 年这一地区由于气候变化所造成的经济损失将占到这一地区 GDP 的 11.26%,这无疑是一个庞大的数字。不仅如此,如果我们站在全球生态系统的角度思考这一地区自然资源的意义和价值,那么,气候变化对这一地区的影响及其后果将是全球性的。可以说,de la Torre 等人的研究极有启发意义,他们的建议为我们更好地保护我国众多的湖泊以及湿地提供了有益的启示。

除去上述国外学者的研究以外,我国学者对低碳经济也投入了越来越多的关注。庄贵阳(2007)为我们解释了低碳经济的概念,强调向低碳经济转型已成为世界经济发展的大势所趋,而在发展中寻求减排是中国应对气候变化的必然选择。张坤民等(2008)为我们勾勒出低碳经济的一幅长篇画卷,阐明了解决气候变化问题和走低碳之路的逻辑关系,强调低碳概念不仅涉及经济和社会等诸多方面的问题,而且还在重塑未来的人类文明。中国科学院发布的《2009 中国可持续发展战略报告》更是以“探索中国特色的低碳道路”为题,勾勒出我国今后实施低碳经济发展战略的政策选择,并对中国各省自治区的可持续发展能力进行了排队。

一般认为,低碳经济是低碳发展、低碳产业、低碳技术和低碳生活等一类经济形态的总称。低碳经济以应对碳基能源对气候变化的影响为基本要求,以实现经济社会的可持续发展为基本目的。低碳经济的实质在于提升能效技术、节能技术、可再生能源技术以及温室气体减排技术等,促进产品的低碳开发和维持全球的生态平衡。因此,低碳经济是一种从高碳能源时代向低碳能源时代演进的经济发展模式。

据世界银行统计,在 20 世纪的 100 年当中,人类共消耗煤炭 2650 亿吨,消耗石油 1420 亿吨,消耗钢铁 380 亿吨,消耗铝 7.6 亿吨,消耗铜 4.8 亿吨,同时排放出大量的温室气体,使大气中二氧化碳的浓度在 20 世纪初不到 300ppm(百万分率)上升到目前接近 400ppm 的水平,并且明显地威胁到全球的生态平衡。据预测,到 2050 年世界经济规模比现在要高出 3～4 倍,而目前全球能源消费结构中，碳基能源(煤炭、石油、天然气)在总能源中所占的比重高达87%，未来的发展如果仍然采用高碳模式，到本世纪中叶地球将不堪重负[①]。由此可见，以低碳经济为内涵的发展模式是我们的必然选择。

表3清楚地显示，我国未来二氧化碳排放将占到全球增加总量的25%左右，居全球首位。考虑到我国经济增长的趋势以及当前和未来一段时期温室气体排放的情况，我们不能寄希望后《京都议定书》时代继续对包括中国在内的发展中国家设定非强制性减排指标的做法。事实上，我国面临的来自其他国家的减排压力和呼声会越来越大，从最近哥本哈根会议的情况看，这种压力不仅来自于发达国家，而且最不发达国家也向我国提出了减排要求。因此，我国根据自身发展实际积极进行减排不仅符合我国国家利益，而且也能体现我国作为一个负责任大国的国际形象。

表3　2002—2030年二氧化碳增加总量中各国的占比[②]

国家／地区	占增加总量中的比例(%)
附录Ⅰ所列国家[③]	26
非附录Ⅰ所列国家	74
其中：	
中国	26
印度	8
印尼	3
巴西	3
墨西哥	2

最近几年，中国的能源消耗总量和二氧化碳排放总量增加很快，能源强度和碳排放强度也处于上升趋势，成为与美国并列的两大能源消耗和排放大国。我们认为，制约我国温室气体减排的主要因素有两个：一是我国以煤炭为主的较为单一的能源消费结构；二是我国较低的技术装备水平导致的能源利用率不高的现实。国际能源署(IEA)2009年针对中国煤炭清洁利用的一份报告就称，煤

① 这部分数据取自中国科学院可持续发展战略研究组(2009)。

② 根据世界银行(World Bank,2008)第47页数据整理。

③ 附录Ⅰ所列国家是指《京都议定书》中规定的需要完成强制性减排指标的发达国家，而不在附录Ⅰ中的国家大都为发展中国家，可自愿进行减排。

炭作为中国首要的能源占到其初级能源生产和消费的70%以上，这样高的比例远远高于世界许多国家也高于世界煤炭利用的平均水平，而且在可预见的未来煤炭还将继续占据这种位置。由于煤炭被公认为是“肮脏”的能源，其生产和消费过程都会释放出大量的温室气体，这就增加了我国减排的难度。考虑到今后一段时期我国经济还将保持高速增长，因此，我国总的排放还将继续增加。据我国官方公布的数据，我国的碳排放总量要到2030年前后才会逐步下降。而国际能源署预测，2030年中国三种主要化石燃料（石油、天然气和煤炭）将占到全部能源需求的84%，与此同时，二氧化碳的排放将在2005年的基础上增加57%。

由此可见，要求中国这样的发展中国家承担硬性的排放限额义务既不现实也不可能，只要我国继续保持高速的经济发展，那么就很难使温室气体的排放大幅度降低。对我国而言，现实且可实现的战略应该是努力降低单位GDP的温室气体排放即所谓降低碳排放强度，这一目标的实现同时也是提高能源综合利用率的过程。中国政府在最近的哥本哈根联合国气候变化大会上承诺在2020年将我国的碳排放强度在2005年的基础上大幅降低40%以上，我们认为这一承诺符合中国的国家利益，也符合中国未来经济发展的根本要求。

应该说，低碳经济概念的提出是对以往经济发展模式的一种校正和更新。实现低碳经济发展，必然要靠经济中最重要的载体即产业来体现和落实，而现代产业的核心是技术，因此从逻辑上推演，我们认为低碳技术是发展低碳经济的关键所在。低碳技术的涵盖面极广，包括节能技术、无碳和低碳能源技术以及二氧化碳捕捉与埋存技术（把煤炭发电过程中产生的二氧化碳收集起来，封存在地下）等。这是由于就目前的科学技术水平而言，我们尚无法把煤炭变成清洁能源。现在的可行办法一是提高燃烧效率，二是碳捕捉与埋存。一般认为，低碳技术的创新周期比较长，掌握起来非常不易，需要长期的研发、积累和沉淀。人类目前可以利用、可以展望到的低碳技术，如核能、风能、太阳能、生物能及二氧化碳捕捉埋存等相关技术，目前有的技术上已经比较成熟，能够帮助我们解决一些问题。有的虽然可在技术上实现，但应用起来成本还是过于高昂，这就需要更大的创新，比如太阳能发电等。有的技术虽然理论上可以存在，但实现起来还有相当的困难，例如核聚变等。总之，实现低碳经济的发展关键还要依靠技术，通过新的技术来推进新产业的形成。新技术的出现不仅有赖于国家对技术创新活动持续的投入，而且新技术的出现还影响到一个国家在未来世界经济竞争中的地位，我们可以毫不夸张地说，低碳技术将成为国家核心竞争力的一个标志，谁掌握了先进的低碳技术，谁就拥有了核心竞争力。

作为我国今后制定经济发展战略优先考虑的一个方面，实施低碳发展战略经济既是国内国外多种因素综合作用的结果，也是我国作为一个负责任大国在应对全球气候变化问题上采取的切实步骤。目前，我国各级政府正在深入实践科学发展观，努力建设资源节约和环境友好型社会，大力倡导循环经济，并将节能减排、推行低碳经济作为经济发展战略的重要内容。由于我国人口数量众多，经济增长快速，能源消耗巨大，自主创新能力不足，来自于能源、环境的压力将会越来越大。

针对我国外向型经济的特点，我们认为，从“内涵能源”角度来寻求低碳发展之路是必然的选择，这就意味着我们需要考虑到产品上游加工、制造以及运输等全过程所消耗的总能源，并设法使我国巨大的“内涵能源”出口净值在未来显现出来。例如，如果我国出口的商品尤其是那些高能耗、高污染的商品由发达国家自己生产，那么这些国家将不得不花更大的代价去碳交易市场购买相应的减排额度。这就意味着在后《京都议定书》时代，发达国家和发展中国家将会在温室气体减排方面有更多务实的合作，这既包括减排技术的转让，也包括发达国家对发展中国家的资金支持，而这些做法都是联合国确立的清洁发展机制所倡导的。由此可见，我国欲发展低碳经济就必须具有国际视野，不能关起门来搞低碳，而是要积极与发达国家进行沟通、协商和合作，以取得经济发展和节能减排的“双赢”之效。

总之，低碳经济不但是创造更好生活的途径，而且也为发展、应用先进技术创造了新的经济增长点，通过新型低碳产业的培育和推广还可为经济发展衍生出大量的新机会，因此，我们需要积极探索和实践。发展低碳经济，是一场涉及生产模式、生活方式、价值观念和国家权益的全球性革命，中国发展低碳经济，顺乎世界潮流、合于中国国情，是落实科学发展观和实现可持续发展的必由之路。

4 产业转型：低碳发展的必由之路

任何发展战略的实施和推进都离不开经济中最重要的载体即产业，低碳发展也是如此。低碳经济不仅依赖新型低碳产业的培育和形成，而且还需要通过现有产业的升级和改造方能实现。由于现代产业的核心是技术，因此从逻辑上看，低碳技术是落实低碳战略的关键所在。于是，具有前瞻性低碳战略的实施就需要紧紧依托技术，通过新技术来促进新产业的形成。

如前所述，低碳发展就是要降低对化石燃料的依赖，减少碳排放。因此，低碳发展的关键就在于我们能否在加快产业转型的过程中建立起新型的能源消费结构。我们可以借助能源强度这一概念来考察我国单位 GDP 消耗的能源数量。一个能源消费低的国家，如果拥有较高的生产率，那么能源强度就会很低，也表明能源利用效率高，反之则反是。表4给出了部分国家的能源强度。

表4 部分国家的能源强度①

国家	能源强度(石油桶/千美元)	初级能源消费
日本	0.70	21.8
法国	1.02	10.4
英国	1.31	9.88
美国	1.88	98.8
沙特阿拉伯	5.65	4.57
中国	6.05	36.7

表4显示，我国能源强度较高，约为日本的8.6倍，也比其他一些发达国家高出许多。能源强度高表明我国能源利用技术水平低，因而亟待通过技术进步加以改进。显然，这样的改进一定是通过产业的整体推进来实现的。也就是说，我们只有通过大力培育新型产业，加快对现有高耗能、高污染和高排放产业的升级改造才能有效降低我国的能源强度，而这一过程本身也正是产业转型的过程。表5进一步给出中国几个主要耗能行业的能源强度，通过比较，我们还可以发现我国与世界先进水平的差距。

表5 中国工业能源强度的国际比较②

行业 \ 对象	中国	经合组织国家	全球最先进水平
钢铁	36	18～26	16
水泥	5.6	3.7～44	3.4
炼油	3.5～5.0	2.9～5.0	1.3～3.8
铵	39～65	33～44	19.1
铝	16.3	14.1～19.3	—

表5显示我国若干行业在能源利用方面与国际先进水平的差距，这也应该成为未来我国能源战略的主攻方向，因为这些行业大都属于高耗能、高污染和高

① 根据Fanchi(2005)第201页数据整理。表中显示的是2000年的数据，各国依能源强度排序。GDP按1995年美元计算，初级能源消费为百万英国热单位(quadrillion BTUs)。

② 根据世界银行研究报告整理，转引自Goldemberg和Lucon(2010)第318页，表中数据显示的是2006年的情况。

排放行业。

如前述,实施低碳战略就必须调整现有过度依赖化石燃料的能源结构。越来越多学者已意识到气候变化和能源利用关系密切,有学者甚至主张气候政策就是能源政策①。毕竟,目前化石燃料仍在全球普遍使用,由此排放的二氧化碳正是造成气候变化的主要原因。由此可见,富有成效的低碳战略还应该与能源战略和产业转型结合起来加以推进。

碳排放强度是一个能够将能源消耗与经济活动联系在一起的指标,它衡量的是单位 GDP 的碳排放数量,最大特点是把导致气候变化的碳排放与能源利用效率结合起来。碳排放强度的高低还可揭示出一国使用清洁能源的程度,例如,碳排放强度越低,表明该国的能源结构和相关技术对全球气候就愈加友好,同时也表明产业结构愈加合理。

表 6 给出了世界主要国家使用化石燃料所产生的二氧化碳,反映出包括中国在内"金砖"国家由于经济快速发展,碳排放强度较高而人均排放水平较低的现实状况。除巴西以外,中国、印度和俄罗斯由单位 GDP 排放量衡量的碳排放强度都较高。

表 6 世界主要国家燃烧化石燃料所产生的二氧化碳

能源强度 / 国家	排放总量	单位 GDP 排放量	人均排放量	累计排放量
中　国	5607	2.68	4.27	9.90
欧　盟	3983	0.42	8.07	21.70
俄罗斯	1587	4.25	11.14	9.40
日　本	1213	0.24	9.49	4.80
印　度	1250	1.78	1.13	2.60
巴　西	332	0.43	1.76	1.00
总　计	19669	—	—	76.10
全球总计	28003	0.74	4.28	100

注:1. 根据 Hufbauer 等(2009)第 5 页数据整理,表中数据统计的是 2006 年的情况。
2. 包括来自煤炭、石油以及天然气等化石燃料的排放。
3. 此数据以 2000 年美元为计价单位。
4. 此数据是指各国在 1950—2004 年期间累计的二氧化碳排放量占世界的比重。

① 6. 参见 Scrase 和 MacKerron(2009)第 3 页。

从某个角度来看,碳排放强度为产业转型提供了依据。如,我国限制高耗能和高污染产业发展的努力最后都可体现为降低碳排放强度的行动。通过降低碳排放强度,我们可以减少排放从而实现减缓气候变化的目标,而这也正是低碳产业形成和发展的过程。中国政府在哥本哈根气候大会做出到 2020 年将单位 GDP 碳排放强度大幅降低 40%以上的承诺表明,今后一个时期我国都将把降低碳排放强度和提高能源利用效率作为经济增长中的一个关键环节,这既是挑战也是机遇。如有研究显示,21 世纪绿色能源和新能源开发利用相关产业将成为一个比 IT 更大的产业。

发展中国家碳排放强度较高的现实表明,这些国家在减排方面面临着能源利用效率不高、技术落后的约束,这种硬约束与那些政策措施等软约束比起来短期内更难扭转。因此,要稳定甚至降低全球的碳排放总量,掌握先进技术的发达国家就应该帮助发展中国家实现减排。我们还可以根据上表得出下面更为直观的图形(图 1)。

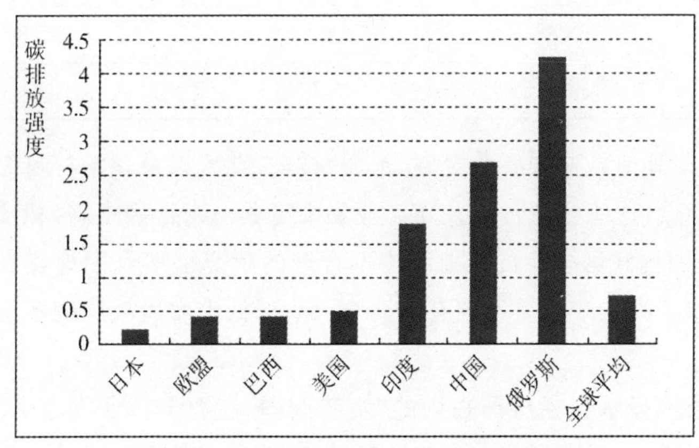

图 1　世界主要国家的碳排放强度

表 6 和图 1 显示这样一个令人不安的事实:我国的碳排放强度达到 2.68,这一数字比美国高出 5 倍以上,比日本高出 11 倍,也是世界平均水平的 3 倍多,俄罗斯和印度的情形也不容乐观。但在人均排放量方面,发达国家远高于发展中国家,如最高的美国为中国的 4.4 倍,印度的 16.8 倍。美国仅有全球人口的 4.5%却累计排放了 1/4 以上的温室气体,这些让人担忧的数字意味着无论是发达国家还是发展中家在减排方面都需承担共同但有区别的责任。

要调整我国产业不合理结构,就需要坚决对高耗能和高污染产业实施转型和升级。我国许多行业不仅存在企业规模小、分散的特点,而且这种特征还决定了我国能源综合利用效率不高的特性。因此,我国能源战略的实施还必须包括对现有高耗能和高污染产业富有成效的调整。表7给出了全球高耗能产业代表之一的钢铁行业的情况,显示我国钢铁虽产量居全球首位,但产业集中度远低于发达国家,因此导致我国钢铁业效率低下的局面。

表7 全球钢铁业:生产、市场份额与产业集中度[①]

指标 国家/地区	产量 (百万吨)	份额 (占全球百分比)	最大3家钢企份额 (占国内产量百分比)
中国	422	34.6	14.10
欧盟25国	198	16.30	44.70
日本	116	9.50	69.30
美国	99	8.10	59.10
俄罗斯	71	5.80	55.10
韩国	48	4.00	85.80
全球	1219	100	—

同样,我国其他行业如有色金属、水泥、玻璃、造纸以及化学材料等都存在与钢铁类似的特点,这些行业过去几年产业集中度非但未得到提高,相反更加分散了[②]。这表明困扰我国多年的产业结构不合理的状况依然顽固地存在着。如果我国高耗能和高污染产业得不到有效调整,那么,低碳发展战略就不可能取得实质性的效果。

表8清晰地显示包括中国在内的"金砖四国"能源分行业需求的情况,从中可见,中国当前能源需求最大来自工业领域,表明我国低碳战略的实施和能源消费结构的调整应该优先围绕工业部门来进行。可以预料,随着我国居民生活水平的提高和出行的增加,来自交通的能源需求也将逐步提高。例如,目前美国能源消费中源于交通的需求最大,为41.4%,远高于我国的12.8%。因此,未来我国低碳战略的实施还需要考虑交通方面的压力。

① 根据Bergsten等(2008)第149页整理,表中数据显示的是2006年的情况,各国依产量排序。

② 参见Bergsten等(2008)第150页。

表 8 世界主要国家和地区能源分行业需求比重①(%)

行业＼国家	中国	印度	俄罗斯	巴西	日本	欧盟27国	美国	全球
农业	4.6	7.2	2.3	4.9	0.9	2.2	1.1	2.4
工业	63.8	52.1	38.4	41.1	38.3	32.4	26.8	37.8
商业	4.7	3.0	8.1	6.8	17.7	10.5	13.0	9.0
居民	12.3	16.7	26.2	10.3	15.7	22.0	16.8	17.1
交通	12.8	18.5	22.7	36.9	26.9	29.8	41.4	31.5
其他	1.9	2.5	2.1	0.0	0.0	3.0	0.9	2.0
总计(百万吨石油)	890	199	417	128	348	1249	1546	6893

我们还可用“依赖程度”来衡量煤炭对能源总供给的贡献率，表 9 给出了全球煤炭依赖程度最高的几个国家或地区，可以看出我国对煤炭的依赖程度高达61%以上，居全球第三位。

表 9 煤炭依赖程度最高的国家或地区②

国家(地区)	南非	波兰	中国	哈萨克斯坦	印度
依赖程度(%)	72.0	65.2	61.4	57.3	54.7
国家(地区)	捷克	澳大利亚	中国台湾	美国	韩国
依赖程度(%)	52.0	43.9	33.8	24.7	22.5

由表 9 可以看出，煤炭储备远高于我国的美国，其实对煤炭的依赖程度远低于我国，美国核能发电占据了全部发电总量的 20%以上，也比我国的 1.43%高出许多。这表明，能源结构虽与自然资源禀赋有关，但自然条件并不能起到决定性的作用。通过能源战略的实施各国完全有可能选择一条更为合理的能源发展路径，特别是借助一定的技术，这种意图能更好地实现。于是，那种认为我国煤炭资源丰富就应该由煤炭来决定能源消费结构甚至由煤炭来支撑整个能源发展

① 参见 Bergsten 等(2008)第 142 页，表中数据显示的是 2005 年的情况。

② 根据 Odell(2004)第 30 页数据整理，表中显示的是 2000 年的情况。全球共有 15 个国家的煤炭依赖程度超过 20%，此处仅列出其中 10 个国家和地区。

的观点不仅狭隘和错误,而且还十分有害。

上面的论述是从低碳发展的要旨直接推演的。如果我们从全球化的角度,从中国参与国际贸易活动的角度,那么,我国同样可以获得我国产业亟待转型的结论。我们知道,在当今世界经济格局下,包括中国在内的许多发展中国家已经形成一批具有国际竞争力的污染密集型产业。例如,2007 年英国独立机构"新经济基金会"(New Economic Foundation)曾发布一份研究报告,称西方把污染转嫁到了中国。这份题为"中国依赖症"(China dependence)的报告认为,西方国家对中国产品过度依赖,变相地把大量环境污染留在了中国,把废气排放量转嫁到了中国。报告称每件在中国生产出口到英国的物品,其废气排放量比在英国生产要多 1/3。显然,这些现实的情况是中国今后参与全球气候合作和减排谈判时需要特别考虑的,也是我国今后体制改革需要逐步理顺的,如建立和完善各种环境保护法律和法规,征收包括碳排放税在内的环境税等,目标是使得产品在生产过程中对环境造成的损害尤其是温室气体排放能够真实地得以反映。

表 10 给出了美国主要污染密集型产品的进口情况,数据显示中国已经成为美国钢铁、水泥和纸张的第二大进口国,铝的第三大进口国。由于目前我国的技术装备水平整体较低,出口产品大多仍为低端产品,碳排放强度远高于发达国家,因此,如果美国以碳排放强度对上述产品征收碳关税①,那么我国上述产品的出口将面临严峻的挑战。据世界银行的研究报告,如果欧美日等国家联合对中国征收碳关税,那么在国际市场上,"中国制造"商品将可能面对平均 26%的关税,出口量因此可骤降 21%②,我国制造许多产品的低成本优势将荡然无存,国际竞争力将大打折扣。由此可见,碳关税对我国出口贸易尤其相关产业的冲击将是十分巨大的。

---

① 这部分数据源于 Goldemberg 和 Lucon(2010)第 57—59 页及第 202—203 页。

这种观点被称为污染避难所假说(Pollution Haven Hypothesis),即由于发展中国家环境管制相对松弛,环境成本低廉,于是在比较优势的推动下,发达国家的污染密集型行业倾向于迁移到发展中国家,从而令后者成为发达国家的污染避难所。

碳关税是指对高耗能的产品进口征收特别的碳排放税。这一概念最早由法国前总统希拉克提出,旨在帮助欧盟国家对那些不受《京都协定书》约束的国家课征商品进口税,确保欧盟在碳排放交易机制运行后所生产的商品将免受不公平竞争。

② 这部分数字转引自"碳关税来袭"载《21 世纪经济报道》2010 年 1 月 7 日。

表 10 美国主要污染密集型商品的进口情况

排序＼商品	钢铁			水泥			纸张		
	国家（地区）	价值（百万美元）	比例（%）	国家（地区）	价值（百万美元）	比例（%）	国家（地区）	价值（百万美元）	比例（%）
1	加拿大	5430	17.6	加拿大	387	29.2	加拿大	9509	53.1
2	中国	4473	14.5	中国	246	18.6	中国	2093	11.7
3	墨西哥	2530	8.2	韩国	121	9.1	芬兰	1063	5.9
4	日本	1794	5.8	墨西哥	116	8.8	德国	906	5.1
5	德国	1704	5.5	哥伦比亚	105	7.9	墨西哥	858	4.8
6	韩国	1610	5.2	中国台湾	99	7.5	日本	502	2.8
7	巴西	1415	4.6	巴西	39	2.9	韩国	443	2.5
8	中国台湾	1324	4.3	希腊	36	2.7	印度尼西亚	299	1.7
9	印度	1227	4.0	泰国	33	2.5	英国	219	1.2
10	意大利	1076	3.5	瑞典	25	1.9	巴西	210	1.2
进口总计	—	30909	100.0	—	1324	100.0	—	17917	100.0

需要指出的是，无论是对当前能源消费格局的调整和改造，还是新能源技术的开发利用，都与碳基能源密不可分。许多科学家都认为正是人类对于碳基能源的过度依赖和过多的碳排放，才导致全球气候变化问题的产生。因此，即使我们抛开碳基能源的可耗竭性不谈，人类应对全球气候变化也需要从减少化石燃料的消耗，从而减少碳排放，减缓气候变化。最近，Moriarty 和 Honnery(2011)在阐述碳文明(carbon civilization)时警告道，人类面临的各种挑战非常严峻而且彼此间相互交错。除去气候变化问题之外，全球环境问题还与全球资源问题密不可分，如化石燃料的消耗以及淡水资源的稀缺等。这些问题其实是相互关联的，很难把它们割裂开来。另外，目前解决这些问题的建议也多集中在国家层面，其实这些问题是全球的，因而更需要一种全球的解决方式。两位学者进而在全球视角下分析了碳文明的实现方式，并从可再生能源、核能、能源利用效率、碳

封存(carbon sequestration)以及地球工程[①](geo-engineering)等角度提出若干可供选择的途径。不过,他们也指出,上述现实的解决途径难取得实际效果,除非我们能够将全球公平(global equity)的基本伦理问题得到解决,这种公平既涉及世界各国(地区)当代人的公平,也涉及代际(inter-generational)公平问题。总之,全球经济需要重新定位,应该从那种过分强调经济增长的模式转变为满足地球上所有人基本生活需要的直接满足上来[②]。

目前,转变经济增长方式已成为我国政府和学界的共识,而加快推进产业转型的步伐进而实现中国经济低能耗、低排放、低污染为基础的发展模式正是转变经济增长方式的必由之路。问题的关键就在于提高能源利用效率和创建清洁能源结构,核心是技术创新、制度创新和发展观的转变。我们不能再走高消耗、高排放的传统的工业化道路,而是要努力走出一条低消耗、低排放、高效益、高产出的新型工业化的道路,努力实现经济发展和保护环境"双赢"的目标。为实现这些目标,中国政府一直在强调全社会的节能减排,节能是最大的减排正在成为一种共识[③]。一些综合性的措施,包括经济的、法律的和必要的行政手段也正在得到落实。例如,在能源利用方面我们需要考虑三个方面:一是少排放,二是多吸收,三是再利用。这其中也包括许多具体的考核指标,如中国政府提出到2010年单位GDP能源消耗要下降20%,同时还要调整能源结构,尽可能少用化石燃料,多生产一些可再生能源,由目前比重不到7%,增加到2020年的16%。通过这些具体措施我们不仅可以调整我国的能源消费结构,而且还可大幅度减少碳的排放,为国际社会减缓气候变化的努力承担应尽的义务。

总之,即使我们不考虑气候变化带来的减排压力,无论是发达国家还是发展中国家都应该选择低碳的新型能源,毕竟化石燃料属于可耗竭能源。国际社会需要改变过去那种过度依赖化石燃料推动经济增长的模式,包括中国在内的广大发展中国家尤其要加快技术升级的步伐,通过提高能源利用效率,实现经济发展和降低排放的目标和要求。从世界范围来看,低碳不仅是一种必然,也正在成

---

① 曾被《时代》(*Time*)周刊列为"改变世界十大设想"之一的地球工程,其要旨是通过人为干预来减少照射到地球上的太阳辐射从而起到减缓全球变暖步伐的作用。包括诺贝尔经济学奖得主Schelling(1992)在内的许多学者都对此问题做过深入的分析,近来这一问题持续升温,参见Launder和Thompson(2010)的最新研究,或访问http://www.time.comtimespecialsarticle/0,28804,1720049_1720050_1721653,00.html.

② 气候政策的制定会涉及折现率的选择因而牵扯大量伦理问题,可参阅王军(2008b)。

③ 这是由我国能源结构决定的。在我国,化石燃料的消耗是二氧化碳排放的主要来源,大体上占到二氧化碳排放的75%。因此,节能就是最大的减排。

为一种必须。因此，低碳应该纳入到我国产业结构调整和能源战略的制定和实施之中，围绕低碳和新能源技术的开发和利用必将催生一大批新型产业，从而带动产业的转型和升级，形成新的经济增长点。

5 结束语

以上我们探讨了低碳经济的内涵、特征和实现途径，指出低碳经济是应对气候变化的必然选择，而实施低碳发展战略就必须对现有产业结构进行改造和升级。在简要分析我国气候变化政策选择的基础上，我们剖析了中国实现低碳发展的具体措施和关键环节，探讨了通过产业转型实现低碳发展的途径和政策，指出我国应围绕低碳的要求加快产业转型的步伐。结合当前国外出现的碳关税，我们分析了碳关税对我国相关产业带来的冲击，强调产业转型的必要性和迫切性。

我们认为，低碳必将成为越来越多国家在制定经济发展战略时的核心内容和必然选择，原因不仅体现在应对全球气候变化为大势所趋，已成为当今国际社会迫切需要解决的问题，而且还因为坚持走低碳发展之路事关各国福祉、影响到整个人类社会长期的发展前景上。

从理论层面上看，如果说气候变化更多涉及的是理论方面的问题，那么低碳经济更多的是一个实践问题和政策选择问题。全球气候变化的挑战需要面对也必须应对，而通过新型低碳产业的培育和形成，加快现有产业的转型正是我们应对这种挑战的必由之路。因此，正确认识和理解气候变化、低碳经济与产业转型的关系无论对于理论工作者而言，还是政策制定者而言，都是至关重要的。

从政策角度看，我们认为，低碳发展必须通过产业转型来实现，尤其对于中国这样一个能源利用率较低的制造业大国而言更是如此。特别是伴随着后《京都议定书》时代的到来，我国面临节能减排的国际压力会越来越大，因此，围绕低碳发展，加快相关政策尤其围绕降低碳排放强度措施的出台，坚决抑制地方政府和企业在高污染、高耗能、高排放的“三高”产业上的盲目投资和扩建，加快产业升级和转型的步伐，推进产业链向高端转移，产业发展向高质转化、产业结构向高新转变，不仅是我国实现可持续发展的迫切需要，也履行我国到 2020 年将单位 GDP 碳排放在 2005 年基础上降低 40％国际承诺的切实步骤。

应该说，目前学术界围绕如何保护全球环境，减缓温室气体浓度上升以及实现低碳发展的研究和探索正在如火如荼地进行，相关的理论问题正在得到深化和澄清。与此同时，政府层面围绕低碳发展的探索和实践也在进行和推进，例如我国部分省市已经开始筹划建立低碳经济发展试验区。我们相信，如果政府和学界携起手来，共同探索实现低碳经济发展的有效途径和政策选择，那么，我们就一定能够走上一条资源节约、环境友好的经济发展道路。

最后需要强调的是，低碳经济概念的提出可以说是人类应对全球气候变化的必然产物，低碳经济意味着一种崭新发展观的诞生，同时也意味着一种新文明观的确立。然而，低碳经济发展之路恐怕不会是一帆风顺的，因为即便我们不考虑全球气候变化所包含的种种理论问题，也不考虑世界各国（地区）为解决气候变化正在进行的艰苦谈判，想要一个国家减少对化石燃料的依赖，进而减排温室气体也是一项代价不菲的举动，尽管我们清楚作为可耗竭资源的化石燃料总有一天会被耗尽。这是因为在目前的技术条件下，减排就意味着减少化石燃料的消耗，这必将波及整个工业文明的方方面面，汽车、照明以及房屋的制冷与取暖等等都需要重新安排和组织。显然，完成这种新型文明方式的转变即使不是不可能的，也是十分漫长的，这就意味着实现低碳发展必将是人类社会面临的长期和艰巨的任务。

参考文献

[1] Barrett S.（2001）International cooperation for sale. European Economic Review, 45: 1835—1850

[2] Bayon R., et al.（2007）Voluntary carbon markets: An international business guide to what they are and how they work. London: Earthscan

[3] Bergsten C. F., et al.（2008）China rise: challenges and opportunities. Peterson Institute

[4] Bhagwati J.（2009）Reflections on climate change and trade. In Brookings trade forum. Brookings Institution Press

[5] Chichilnisky G.（2005）Beyond the global divide: From basic needs to the knowledge revolution. Kiel Institute for World Economics

[6] Fanchi J. R.（2005）Energy in the 21st century. World Scientific Publishing

[7] Fankhauser S.（2010）Market and policy driven adaptation. In Smart solutions to climate change. Cambridge: Cambridge University Press

[8] Foxon T. J.（2008）Innovation for a low carbon economy: economic, institutional, and management approaches. Edward Elgar

[9] Goldemberg J., Lucon Q.（2010）Energy, environment and development. London: Earthscan

[10] Hufbauer G. C., et al.（2009）Global warming and the world trading system. Peterson Institute

[11] IEA.（2009）Cleaner coal in China. Organization for Economic Cooperation and Development

[12] Launder B., Thompson J. M. T.（2010）Geo-engineering climate change: Environmental

necessity or Pandora's Box? Cambridge：Cambridge University Press

[13] Lee J. R. (2009) Climate change and armed conflict：hot and cold wars. Routledge

[14] Lomborg B. (2004) Global crises，global solutions. Cambridge：Cambridge University Press

[15] Moriarty P.，Honnery D. (2011) Rise and fall of the carbon civilization：resolving global environmental and resource problems. Springer

[16] Odell P. R. (2004) Why carbon fuels will dominate the 21st century's global energy economy. Multi-Science Publishing

[17] Posner E.，Sunstein C. (2008) Global warming and social justice. Spring

[18] Redgwell C.，et al. (2008) Beyond the carbon economy. Oxford：Oxford University Press

[19] Schelling T. (1992) Some economics of global warming. American Economic Review，82：1—14

[20] Scrase I.，MacKerron G. (2009) Energy for the future：a new agenda. Palgrave Macmillan

[21] Stern N. (2007) The economics of climate change：the Stern review. Cambridge：Cambridge University Press

[22] Torre A.，et al. (2009) Low carbon，high growth：Latin American responses to climate change-an overview. World Bank

[23] Wang T.，Watson J. (2009) Trade，climate change，and sustainability. In State of the World：Into a Warming World. World Watch Institute

[24] Willey Z.，Chameides B. (2007) Harnessing farms and forests in the low-carbon economy：How to create，measure，and verify greenhouse gas offsets. Duke University Press

[25] World Bank (2008) International trade and climate change：economic，legal，and institutional perspectives. World Bank

[26] 崔大鹏(2003)国际气候合作的政治经济学分析. 北京：商务印书馆

[27] 潘家华，庄贵阳，陈迎(2003)减缓气候变化的经济分析. 北京：气象出版社

[28] 王军(2008)气候变化经济学的文献综述. 世界经济，8：85—96

[29] 王军(2008)全球气候变化与中国的应对. 学术月刊，12：5—13

[30] 张坤民，潘家华，崔大鹏(2008)低碳经济论. 北京：中国环境科学出版社

[31] 中国科学院可持续发展战略研究组(2009)2009中国可持续发展战略报告——探索中国特色的低碳道路. 北京：科学出版社

[32] 庄贵阳(2007)低碳经济：气候变化背景下中国的发展之路. 北京：气象出版社

基于 WalkGIS 的低碳城市评价系统设计

封　宁　楼　宇　米　红

(浙江大学公共管理学院,杭州 310058)

【摘要】本文提出了低碳城市评价系统。该系统操作简便,能够依据地理信息系统(GIS)的基础数据和能源、交通等专项数据,高效地进行缓冲区分析、空间分析、模拟分析、路径分析等工作,有助于找准制约低碳城市发展的主要问题,及时地为城市低碳经济管理及决策提供可靠、量化、详尽、系统的理据。该评价系统基于具有完全自主知识产权的 GIS 平台——WalkGIS。WalkGIS 依托网络和数据库,在 MS-WINDOWS 操作系统下运行。它集测绘、CAD、GIS、图文办公于一体,可用于空间数据库的创建、数据入库与维护,具有可视化、制图、查询、统计、应用建模和数据交换等功能,具有面向对象和图属一体化等特性,是适用于低碳城市评价系统的、先进的 GIS 平台。

【关键词】低碳城市;评价;地理信息系统;WalkGIS

Design of WalkGIS-Based Low-carbon City Evaluation System

Feng Ning, Lou Yu, Mi Hong

(Public Administration College, Zhejiang University, Hangzhou, 310058)

Abstract: This paper presents a low-carbon city evaluation system, which operates easily, and can efficiently do such work as buffer area analysis, spatial analysis, simulated analysis and route analysis according to basic GIS data and such specialized data as energy source data and traffic data, and therefore can help find the

---

本文为① 浙江省自然科学基金重点项目(LZ13G030001);② 国家科技支撑计划项目(2012BAK22B02);③ 国家自然科学基金项目(71303212);④ 国家社科基金重大项目(12&ZD099)研究成果。

main problems hindering the low-carbon city's development and can timely provide reliable, quantitative, detailed and systematic grounds for the administration of and decision-making about the low-carbon city. This evaluation system is based on WalkGIS, a GIS platform with complete independent intellectual property rights, which relies on network and database and runs under MS-WINDOWS, which can do surveying & mapping, CAD, GIS work and relevant office work, and which can be used to establish and maintain spatial database, and input data. WalkGIS has such functions as visualization, mapping, answering inquiry, providing statistics, modeling and data exchanging, and is object-oriented and has each icon combined with its properties, and therefore is an applicable and advanced GIS platform for low-carbon city evaluation system.

Key words: low-carbon city; evaluation; geographical information System; WalkGIS

1 引 言

煤炭、石油、天然气等燃料的过度消耗污染了大气，并引起了温室效应。全球气温的持续上升，极端天气发生频率提高，引发了越来越多的自然灾害。人类生存环境恶化。据联合国统计，全球城市人口占总人口的一半以上，城市所排放的温室气体占到总量的 75%。为了减缓气候恶化的态势、使人类社会能够持续发展，城市必须减少 CO_2 的排放，必须发展低碳经济。

“发展低碳经济，建设低碳城市”是时代对城市发展的要求。人们必须在人类生存发展的观念上来一个根本性的转变，必须在能源技术、减排技术、产业结构和管理制度等方面进行创新，以达到低能耗、低排放、低污染的目标，以使城市更加适合人类居住。当前，低碳经济发展、低碳城市建设正在全面推进，低碳城市评价系统的设计和构建已经成为相关研究人员的重要课题。构建低碳城市评价系统必须依托计算机网络和相关的数据库，必须借助适用的信息系统。

地理信息系统(geographic information systems，缩写 GIS)适用于建立低碳城市评价系统。这种信息系统以表征地球表层空间地理现象和事物的地理空间数据和信息作为运作对象，是对地理空间数据进行处理加工、提取有用的地理空间信息、分析结果、知识等的系统。GIS 正在日益完善，它可以对庞杂的空间数据进行定量分析和信息综合评价。

本文旨在提出基于 WalkGIS 的低碳城市评价系统。WalkGIS 是具有自主知识产权的先进的功能强大的 GIS 平台，能够用来为低碳城市评价提供可靠、量化、详尽、系统的理据。应用该评价系统，就可以为多方位、多层次、定量、自动、科学地进行低碳城市评价开辟广阔的前景。

2 WalkGIS 平台简介

WalkGIS 是浙江大学万维科技有限公司的测绘、GIS、数据库等方面的专家团队按照开放式地理信息系统(Open GIS)标准自主开发、拥有完全自主知识产权、符合中国国情、易学易用易维护的全数据库 GIS 平台。该专家团队曾借助 WalkGIS 平台,先后参与了国家"863"计划、星火计划、国家科技支撑计划、南极考察、国务院二次土地调查、科技部国产地理信息系统平台等重大项目。该平台作为国内多所重点大学的 GIS 教学软件平台和国内多家甲级测绘院的生产平台,还被广泛应用于地理信息相关行业。

2.1 WalkGIS 的优势

WalkGIS 是依托网络和相关数据库的、在 MS-Windows 操作系统下运行的、无须第三方软件的桌面型 GIS 系统。它集测绘、CAD、GIS、图文办公于一体,可用于空间数据库的创建、数据入库与维护,具有可视化、制图、查询、统计、应用建模和数据交换等功能,具有面向对象和图属一体化等特性。它对于解决国内基础地形数据难入国外平台、二次开发难以进行底层控制、国外平台难以表象国内地形图和国内用户难以维护国外平台等方面问题,具有突出的优势。它是适用于低碳城市评价系统的 GIS 平台。

基于 OpenGIS 标准的全数据库 WalkGIS 平台具有先进性,因而通过了科技部和国土资源部的软件平台测评并被推荐;创新的 GIS 数据增量变更机制使最小数据增量得以实现,其变更流程和一键式历史回溯具有清晰、安全、操作简便的特点,因而使该平台获得科技部"863"高科技研究发展计划成果奖;独创的新一代模板控制技术,以工业上的"六个西格玛"标准来控制 GIS 数据在建库和变更过程的数据质量,因而多次获得"全国优秀 GIS 工程"金银奖。

2.2 WalkGIS 的功能特色

WalkGIS 能够对 GIS 数据进行采集加工、建库、管理,能够采用系统应用的一系列解决方案,高效地建立适用的信息系统;面向对象,体系结构图属一体化,图形数据和属性数据统一在数据库同一张表的同一条记录中;拥有便捷的 CAD 图形操作,强大、灵活的属性录入,保障了 GIS 数据库的高质量,能灵活定制属性,支持一对一、一对多关联的方式;支持几何属性和拓扑属性(点、线、面关系)等,拓扑关系严格、高效的数据质量检查和半自动化的错误批量修正;全坐标系统的 GIS 建库解决方案,海量空间数据存储,ISO 标准的 WalkSQL 管理维护;符号体系支持多 GIS 平台的建库、出图一体化,能满足"一套数据,多种用途";具有开放的程序接口,而且在数据接口方面,与国内外主流的 GIS 和 CAD 平台能实现无损转换。

WalkGIS 所具有的以上功能特色使基于 WalkGIS 的低碳城市评价系统能够依据基础 GIS 数据和能源、交通等专项数据，高效地进行缓冲区分析、空间分析、模拟分析、路径分析等工作，有助于找准制约低碳城市发展的主要问题，及时地为城市低碳经济管理及决策提供可靠、量化、详尽、系统的依据。

3 系统设计原则

为了客观、全面、科学地衡量城市低碳经济发展的水平，找准制约低碳城市发展的主要问题，低碳城市评价系统应能够根据低碳城市管理、规划、决策和测评的实际需要，提供可靠、量化、详尽、系统的理据。

在基于 WalkGIS 的低碳城市评价系统的设计中，我们遵循以下五项原则：科学性和实用性兼顾，系统性与层次性兼顾，稳定性与动态性兼顾，可测性和可比性兼顾，完备性与代表性兼顾。

4 低碳城市层次分析模型

本系统在多层次分析的基础上为低碳城市的评价提供理据。根据 2009—2020 中国低碳城市发展战略目标，本系统的分析模型以低碳城市评价指标为目标层，以经济发展系统、低碳技术系统、低碳环境系统以及低碳社会系统为准则层。具体分析模型方案见图 1。

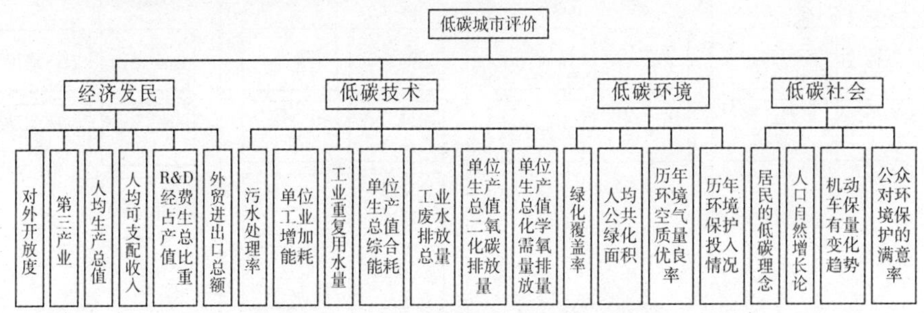

图 1 低碳城市层次分析模型方案

5 低碳城市评价的主要内容

设计和构建适用于我国的低碳城市评价系统，须以“确保可持续发展”为核心理念，须全面考虑经济发展、低碳发展、社会发展三个方面，须以评价系统全方位地、准确地反映低碳城市发展水平。

对于低碳城市评价应包含的具体内容，学术界目前没有统一的认识。气候集团发布的报告《中国低碳领导力：城市》认为，至少经济发展、能源结构、消费方式、碳强度四个方面的进步对于城市的低碳发展是必不可少的。付允等研究了低碳城市的发展路径。他们提出，城市发展低碳化包括能源消费、经济结构、社会生活方式、技术等方面的低碳化发展。辛章平等则认为，开发、利用低碳能源是低碳城市建设的根本保证，清洁生产是低碳城市建设的关键环节，循环利用是低碳城市建设的行之有效的方法，持续发展是低碳城市建设的根本方向。低碳城市建设应该包括以下几个方面：开发利用新能源、清洁生产、低碳规划、绿色建筑和绿色消费。庄贵阳的观点与上述基本相同。他认为科学的城市规划是建设低碳城市的第一要务，低碳城市的工业产业布局应做到低碳化和循环化。低碳城市要促进第三产业的发展和新能源的开发利用。他还提出，要建设低碳城市，就须建设绿色交通体系，倡导并实施公共交通优先，还须倡导绿色消费，发展绿色建筑。

学术界虽然对于低碳城市评价内容没有统一的认识，却已经从不同的侧面提出了真知灼见，这些见解包含了共同点。我们认为，确保城市可持续发展、不断提高城市的宜居程度是硬道理，评价低碳城市，要以此为着眼点。

系统主要功能和结构图 2：

基于 WalkGIS 的低碳城市评价系统与低碳城市规划业务的需求紧密地结

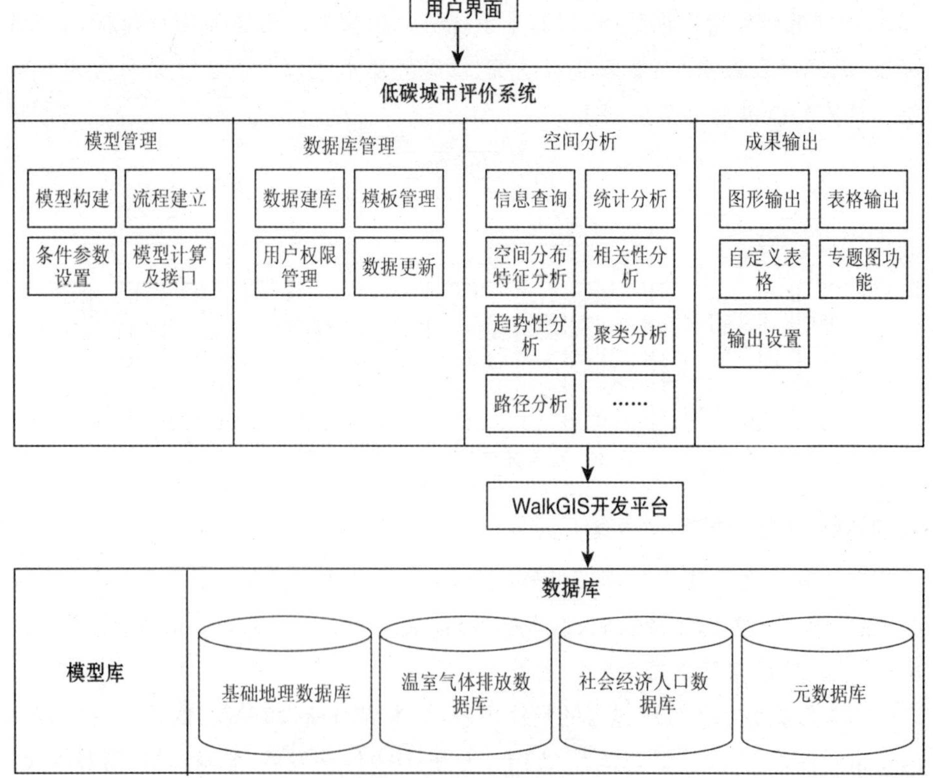

图 2 本评价系统的主要功能和结构

合;以温室气体排放数据库,社会经济、人口数据库,基础地理空间数据库和元数据库为依托;评价系统本身具有模型管理、数据库管理、空间分析和成果输出等模块,具有基本的GIS功能、信息查询功能、统计分析功能、空间分布特征分析、基于低碳经济模型的相关性分析、趋势性分析、低碳经济模型管理等功能,这些功能和结构使该评价系统具有突出的优势。

6 总 结

在本研究中,我们充分考虑了相关部门在低碳城市建设中的实际需要。本文所提出的基于WalkGIS平台的低碳城市评价系统,利用了WalkGIS先进的空间数据处理技术、多方面的强大功能,能够高效地对相关数据进行多层次的分析,因而能够低碳城市的管理、规划决策和评价提供可靠、量化、详尽、系统的理据。该系统设计合理、操作简便、运行效率高,是适用的低碳城市评价系统。

在基于WalkGIS的低碳城市评价系统中,WalkGIS现有的和潜在的功能有待进一步地充分发挥;该评价系统有待与航天航空摄影、全球定位系统、云计算机等高新技术以及有关行业本身的技术紧密地相结合。这些将是本研究后续研究的课题。

参考文献

[1] 付允,汪云林,李丁(2008)低碳城市的发展路径研究. 科学对社会的影响,2: 5—10

[2] 李俊峰,马玲娟(2008)低碳经济是规制世界发展格局的新规则. 世界环境,2: 17—20

[3] 李晓燕(2010)基于模糊层次分析法的省区低碳经济评价探索. 华东经济管理,24(2): 24—28

[4] 气候集团(2009)中国低碳领导力: 城市. 汇丰银行气候合伙人报告

[5] 辛章平,张银太(2008)低碳经济与低碳城市. 城市发展研究,4: 98—102

[6] 庄贵阳(2009)以低碳城市为主线,打造绿色中国. 绿叶,1: 62—64

中国的绿色发展政策：过去、现在和未来

潜旭明

（复旦大学国际关系与公共事务学院，上海 200433）

【摘要】论文分析了绿色发展的内涵、特征及世界各国（地区）的绿色发展政策。分析了自20世纪70年代以来中国的绿色政策的发展和演变，分析了中国绿色发展的前景，认为绿色发展是中国的长期战略选择。

【关键词】中国；绿色发展；绿色政策；前景

The Past, Present and Future of China's Green Development Policy

Qian Xuming

(International Relation and Public Afairs College, Fudan University, Shanghai, 200433)

Abstract: the paper analysis the connotation, characteristic of Green Politics of the world, and analysis the evolution of Chinese green policy. The paper also analysis the prospect of Chinese Green Policy, think the Green Policy is the Chinese long-term strategic choice.

Key words: China green development; green policy; prospect

1 绿色发展：中国与世界

绿色发展是人类发展的一个新阶段，绿色发展就是强调经济发展与环境保护的统一与协调，是一种更加积极的、以人为本的可持续发展之路。绿色发展的内涵包括四个主要特征：生态健康、经济绿化、社会公平、人民幸福，这四个方面也是科学发展观的应有之义。[①] 因此绿色发展就是资源节约型和环境友好型发展，它不同于“高消耗、高污染、低效率、低效益”的传统发展模式，绿色发展强调经济发展的同时，保护环境。

---

① 牛文元. 中国科学发展报告. 北京：科学出版社，2010

绿色发展包含四个相互关联和互补的方面：一是建立资源节约型社会；二是建立环境友好型社会；三是大力提倡循环经济；四是积极发展低碳经济。[①] 绿色发展需要一个综合的政策体系来配套促成其发展。中国经济发展模式要从“黑色经济”转向“绿色经济”，从生态开发到生态建设，从生态赤字到生态盈余。[②] 这表明中国在实现经济发展的过程中，将利用尽量少的资源，对环境的破坏降到最低的限度，绿色发展是科学发展观的主要组成部分。

在经济全球化和信息全球化浪潮的冲击下，中国的工业化、城市化进程加快，经济增长方式粗放、资源环境问题严峻，对中国的绿色发展提出了迫切的要求。有三个因素决定了中国走绿色发展道路刻不容缓：一是国内能源资源严重短缺、环境约束日益严重，如空气质量下降，水污染严重，耕地总量逐年减少，水土流失不断加剧，土地沙漠化呈加速发展的态势，淡水资源和能源供需矛盾日益突出，生态灾害频繁发生。随着重化工阶段经济快速增长和消费结构的升级，资源的需求也快速增长，一些战略性资源，如油气、铁、铜、铝等资源长期处于供需紧张的状态。环境形势也日益严峻，不容许我国继续走高耗低效、粗放型发展道路。[③] 二是应对气候变化的需要。温室气体排放引起全球气候变化已在各国形成共识。作为目前最大的碳排放国，中国将长期面临越来越大的减排压力。中国经济发展迅速，正在进入发达国家之列，按照共同但有区别的原则，中国保留发展中国家的地位或许不超过 10 年，这就要求中国改变经济增长方式，尽快走低碳发展的绿色之路。[④] 三是粗放发展模式的挑战。中国长期以来一直沿用的“高投入、高消耗、高污染、低产出、低效益”的粗放型经济增长方式，付出了巨大的资源环境代价。走绿色发展道路可以为经济可持续发展提供动力。从国内外的形势来看，绿色发展是中国的最优选择，绿色发展是中国发展的必由之路。[⑤]

发展绿色经济，实现绿色发展，具体有三个基本目标：第一，优先解决国内的资源环境问题；第二，依靠科技进步，提高产业的资源效率和绿色竞争力，解决增长脱贫和就业等发展问题；第三，通过转变发展方式，特别是绿色转型，逐步从化石能源向低碳、无碳的新能源，发展节能环保产业，促进经济体系的“绿色化”，

---

① 胡鞍钢．中国应对全球气候变化．北京：清华大学出版社，2009，第 142、143 页。

② 胡鞍钢．2020 中国：全面建设小康社会．北京：清华大学出版社，2007，第 55—56 页。

③ 王伟主编．低碳时代的中国能源发展政策研究．北京：中国经济出版社，2011，第 243 页。

④ 王伟主编．低碳时代的中国能源发展政策研究．北京：中国经济出版社，2011，第 243 页。

⑤ 王伟主编．低碳时代的中国能源发展政策研究．北京：中国经济出版社，2011，第 243 页。

以应对长期的气候变化和可持续发展挑战。①

能源是解决发展的基础物资，绿色发展必然需要绿色能源的发展。因此世界各国(地区)纷纷选择绿色能源发展作为切入点，实施绿色新政，推动低碳经济，实行一种长期稳定增长与资源消耗、环境保护"绿色"关系的新经济发展模式。如日本政府于2009年4月公布了名为《绿色经济与社会变革》的政策草案，采取环境、能源措施刺激经济，提出了实现低碳社会、实现与自然和谐共生的社会等中长期方针，并提议实施温室气体排放权交易制和征收环境税。② 韩国政府于2009年7月公布绿色增长国家战略及五年计划，在未来五年将累计投资107万亿韩元发展绿色经济。英国政府于2009年7月15日发布了《英国低碳转换计划》、《英国可再生能源战略》，对火电站进行"绿色改造"，发展风电等绿色能源，到2020年可再生能源在能源供应中要占15%的份额，其中40%的电力来自绿色能源领域。③ 德国政府于2009年6月公布了一份旨在推动德国经济现代化的战略文件，强调生态工业政策应成为德国经济的指导方针。法国政府还投资4亿欧元用于研发清洁能源汽车和"低碳汽车"。巴西政府通过补贴、设置配额、统购燃料乙醇以及运用价格和行政干预等手段鼓励民众使用燃料乙醇。④

中国的绿色现代化道路是一条创新之路，绿色发展是中国的必然选择。中国发展绿色经济，调整产业结构，投资绿色能源，应对气候变化，不仅不会影响中国的经济增长，而且还会大大提高经济增长质量和社会福利，实现经济发展与环境保护、生态安全、适应气候变化的"多赢"。⑤ 21世纪中国现代化的主题和关键词是绿色发展、科学发展。中国通过绿色现代化推动绿色发展，实现绿色崛起，为世界作出前所未有的贡献。

中国绿色发展可通过"三步走"战略来实施：第一步是从2006—2020年，为减缓二氧化碳排放、适应气候变化阶段。在"十二五"(2011—2015年)期间，大大减少排放速度，在"十三五"(2016—2020年)期间，排放量区域稳定且达到顶峰。第二步是从2020—2030年，进入二氧化碳减排阶段，到2030年，二氧化碳排放量大幅度下降，力争达到2005年的水平。第三步是从2030—2050年，二氧

---

① 中国科学院可持续发展战略研究组. 2010中国可持续发展战略报告. http：//www.chinasds.org.

② 陈建军. 日本着力发展低碳经济，http：//japan.people.com.cn/96034/6917727.html.

③ 黄堃. 英国发布"低碳"国家战略计划. 新华网，http：//paper.sciencenet.cn/htmlnews/2009/7/221528.shtm.

④ 王宇. 绿色经济政策渐渐流行，中国经济时报，2009年10月13日第3版。

⑤ 王伟主编. 低碳时代的中国能源发展政策研究. 北京：中国经济出版社，2011，第237页。

化碳排量继续大幅度下降，到2050年下降到1990年水平的一半[①]，基本实现绿色现代化。[②]

2 中国的绿色发展之路

中国的绿色发展历程，可以追溯到20世纪70年代。1972年在斯德哥尔摩召开的第一次人类环境会议推动了中国绿色发展的起步，受其影响，中国开始建立环保机构，防治工业“三废”（废水、废气和固体废物），制定环境规划。1973年，中国第一次全国环境保护会议确定了环境保护“32字方针”（全面规划，合理布局，综合利用，化害为利，依靠群众，大家动手，保护环境，造福人民），强调了规划布局、综合利用和群众路线等理念。1979年颁布了《环境保护法（试行）》，后来，一些主要的环境保护法律法规也逐步得到完善。[③]

1992年，联合国环境与发展会议（里约）结束不到两个月，《中国环境与发展十大对策》发表，提出了10个方面的政策，宣布要实施可持续发展战略。1994年，国务院批准了第一个国家级可持续发展战略：《中国21世纪人口、环境与发展白皮书》。1995年，中国确定“实施两个根本性转变”（经济体制与经济增长方式），开始了对污染严重的淮河流域的治理。1996年，随着“九五”计划的实施，全国推行“总量控制”和“绿色工程”两大举措[④]，力求基本控制住环境恶化加剧的趋势。

面对新时期的机遇和挑战，中国政府制定一系列政策措施，来促进中国的绿色发展。中国在2003年明确提出科学发展观理念，在发展过程中，中国政府提出的节能减排、生态保护、循环经济、低碳发展等政策和措施都贯彻着绿色发展的理念。

2006年年底，科技部、中国气象局、发改委、环境保护总局等六部委联合发布了中国第一部《气候变化国家评估报告》。2007年6月，中国政府发布实施了《应对气候变化国家方案》，制定了到2010年应对气候变化的具体目标、基本原则、重点领域和政策措施，是世界上第一个制定应对气候变化国家方案的发展中国家。中国还成立了国家应对气候变化及节能减排领导小组，部署应对气候变化方面的工作。2007年9月8日，国家主席胡锦涛在亚太经济合作组织

---

① IPCC(2007)报告认为，到2050年使大气中温室气体浓度长期稳定在$445\times10^{-6}\sim490\times10^{-6}$水平，就要使全球温室气体排放比1990年减少一半.

② 王伟主编.低碳时代的中国能源发展政策研究.北京：中国经济出版社，2011，第237页。

③ 李士、方虹、刘春平编著.中国低碳经济发展研究报告.北京：科学出版社，2011，第57页。

④ 国家环境保护“九五”计划和2010年远景目标.北京：中国环境科学出版社，2004

(APEC)第15次领导人会议上，明确提出“发展低碳经济”主张。

2007年10月，胡锦涛同志在党的十七大报告中指出，2020年“全面建设小康社会”的国家目标之一是“建设生态文明，基本形节约能源和保护生态环境的产业结构、增长方式、消费模式，循环经济形成较大规模，可再生能源比重显著上升。主要污染物排放得到有效控制，生态环境质量明显改善。生态文明观念在社会牢固树立”。“在环保上相互帮助、协力推进、共同呵护人类赖以生存的地球家园。”[①]

2009年8月，中国全国人大常委会通过了《关于积极应对气候变化的决议》，强调要立足国情发展绿色经济、低碳经济，把积极应对气候变化作为实现可持续发展战略的长期任务纳入国民经济和社会发展规划。2009年胡锦涛主席在联合国气候变化峰会上发表讲话，第一次就气候变化问题阐述中国的立场，他承诺，中国将采取有力措施，争取到2020年单位GDP的二氧化碳排放比2005年有显著下降。

2009年11月，国务院常务会议提出2020年单位GDP的二氧化碳排放比2005年下降40％～50％，并作为约束性指标纳入国民经济和社会发展中长期规划。会议还指出，到2020年，非化石能源占一次能源消费的比重达到15％左右；森林面积比2005年增加4000万公顷，森林蓄积量比2005年增加13亿立方米。这些数据的公布，是中国绿色发展的里程碑事件，表明中国正在积极为全球气候变化承担义务。

在2010年的两会上，生态环保、可持续发展成为两会的主题，温家宝总理在政府工作报告中指出，要大力发展新能源、新材料、节能环保、生物医药、信息网络和高端制造业，同时指出要打好节能减排攻坚战和持久战；要大力开发低碳技术，推广高效节能技术，积极发展新能源和可再生能源建设，这都为2010年中国经济发展的“低碳之路”指明了方向。[②] 2010年9月，国务院常务会议原则通过《国务院关于加快培育和发展战略性新兴产业的决定》，该决定确定了现阶段节能环保、新一代信息技术、生物、高端装备制造、新能源、新材料、新能源汽车等七大战略性新兴产业，其中节能环保产业被放在首位，具有鲜明的绿色特征。2010年12月的中央经济工作会议确定了2011年经济工作要“以科学发展观为主题，以加快转变经济发展方式为主线”，其中战略新兴产业被视为经济发展的新增长点。

中国“十一五”规划纲要也明确提出绿色发展目标，力图优化结构、提高效益和降低能效，提出在“十一五”期间，单位国内生产总值能耗降低20％左右，主要

---

① 十七大报告辅导读本.北京：人民出版社，2007

② 李士、方虹、刘春平编著.中国低碳经济发展研究报告.北京：科学出版社，2011，第58页。

污染排放总量减少10%,绿色能源已经开始在中国的能源供应中占有举足重轻的一席之地。

“十二五”规划纲要首次提出了“绿色发展”的概念,并且独立成篇,展现了坚持科学发展的决心与信心。绿色发展不仅关乎未来五年中国的前行步伐,也将为国家长期可持续发展奠定基础。规划纲要明确要求:面对日趋强化的资源环境约束,必须增强危机意识,树立绿色、低碳发展理念,以节能减排为重点,健全激励与约束机制,加快构建资源节约、环境友好的生产方式和消费模式,增强可持续发展能力,提高生态文明水平。

规划纲要明确了绿色发展的激励约束机制,首次将深化资源型产品价格和环保收费改革作为五年规划改革攻坚的方向。要求强化节能减排目标责任考核,合理控制能源消费总量,把绿色发展贯穿经济活动的各个环节。

“十二五”规划纲要中,有关资源环境的约束性指标增加,占总数比重由“十一五”的27.2%提高至33.3%。例如:单位工业增加值用水量降低30%,非化石能源占一次性能源消费比重达到11.4%,化学需氧量、二氧化硫排放分别减少8%,氨氮、氮氧化物排放分别减少10%……约束性指标的扩展,一方面来自不断强化的资源环境压力,另一方面也是一种自我加压,以硬约束促进发展方式向资源节约型、环境友好型转变。

规划纲要首次提出以构建生态安全屏障、强化生态保护与治理、建立生态补偿机制为内容的生态安全战略,目的是从源头上扭转生态环境恶化的趋势,为促进人与自然和谐付出努力。充分反映了中国对控制温室气体排放、增强适应气候变化能力的重视,展现了负责任的大国形象。

3 中国的长期战略选择:绿色发展

促进经济向绿色、低碳转型,已成为新一轮国际经济竞争的主要着力点。中国绿色经济正循序突破。中国绿色发展与中国传统理念、与中国可持续发展理念是相通的,中国绿色的前景发展看好。

3.1 绿色发展是中国实现可持续发展理念的模式

绿色经济是将能源、环境、经济三者联系起来的一种可持续发展理念和模式。低碳经济以降低对自然资源依赖为目标,以能源可持续供应为支撑,在发展的过程中注重生态环境的保护,是可持续性发展的经济。发展绿色经济就是要在保持现有经济发展速度和质量不变的甚至更优的条件下,通过改善能源结构、调整产业结构、提高能源效率、增强技术创新能力、增加碳汇等措施实施碳排放总量和单位排放的减少以及能源的可持续供给。绿色发展的理想状态是不会损害能源可持续性供应、破坏生态环境的，绿色发展只会进一步增加能源的可持续供应能力，进一步优化生态环境，确保能源、环境、经济三大系统的和谐发展。[①]绿色发展是中国解决能源、资源和环境问题的内在要求，中国只有积极发展绿色经济，才能实现发展目标与气候目标的融合，实现经济发展与减排“双赢”。[②]

3.2 绿色发展是中国能源与环境和谐发展的助推器

能源是国民经济发展所必需的基础物资，中国经济高速增长使其对能源需求始终保持强劲增长的态势。在中国经济的高速发展的过程中，能源安全越来越成为制约中国经济持续增长的瓶颈。

从1993年起，中国成为石油进口国，1996年成为原油进口国，目前中国已成为世界最大的石油消费国。2003年以来，国际原油价格不断攀升。虽然中国非常注重能源结构的清洁化，但国内替代选择方式有限，以煤炭为主的能源结构在相当长的一段时期内难以改变。考虑到国际社会对中国石油进口国的过度敏感，以及中国从西方国家在第一次和第二次石油危机时期获得的经验，中国必须重视能源供给安全。节能减排、发展绿色经济有助于中国能源安全目标的实现。[③]

在能源瓶颈问题日益突出的同时，中国的环境生态的压力更为严重，工业废水、废气和固体废弃物的排放均保持较高的增长率。经济运行成本和社会成本进一步扩大。中国大量地大气污染排放物如二氧化碳、二氧化硫、氮氧化合物等都是由燃煤引起的。2001年世界银行发展报告列举的全世界20个空气污染最严重的城市中，有16个在中国。世界卫生组织指出，中国30%的地区受到严重的酸雨影响。2004年，中国只有31%的城市符合世界卫生组织的空气质量标准。而发展绿色经济可以调整能源结构，改变能源利用的方式，提高能源利用的效率，有助于中国保护环境目标的而实现。[④]

3.3 绿色发展是中国经济与环境融合的最佳选择

发展绿色经济，是中国经济与环境融合的最佳选择。在全球气候变化的大背景下，发展绿色经济正成为各级部门决策者的共识。节能减排，低碳经济的发展，既是解决全球变暖的关键措施，也是落实科学发展观的重要手段。解决我国环境问题关键在于要落实科学发展观，把经济与环境的融合落实在行动中。有

---

① 朱有志，周少华，袁男优. 发展低碳经济应对气候变化——低碳经济及其评价指标，中国国情国力，2009(12).

② 李士、方虹、刘春平编著. 中国低碳经济发展研究报告. 科学出版社，2011年版，第307页。

③ 李士、方虹、刘春平编著. 中国低碳经济发展研究报告. 科学出版社，2011年版，第306页。

④ 王立庆. 中国能源环境战略与对策. http：//www. zhb. gov. cn/info/ldjh/200604/t20060414_75790. htm. 2006—04—14.

效利用能源，实施节能减排是低碳经济发展的核心，制定绿色经济发展战略，促进可持续发展，是低碳经济的发展方向。这就要求进行科学的规划，发展绿色经济，高效利用土地、能源、资源，保护环境，实现工业布局低碳化、循环化。低碳经济是绿色经济的重要内涵，需要构建绿色经济系统，绿色交通体系，绿色物流体系，绿色农业体系，发展绿色建筑，倡导绿色消费。我国最近大力发展风能、核能、太阳能和潮汐能，但是65％～70％的能源来自煤炭的事实难以改变。因此，在国民经济的各个层面，全面采取一切措施发展低碳经济，才能达到“中国的二氧化碳排放量在2050年以后不会上升”的目标。[①] 绿色经济有助于实现经济、社会、环境发展的目标。[②]

参考文献

[1] 曹凤中，李丽萍，姬庆(2009)发展低碳经济是我国经济与环境融合的最佳选择. 黑龙江环境通报，3

[2] 国务院(2004)国家环境保护“九五”计划和2010年远景目标. 北京：中国环境科学出版社

[3] 胡鞍钢(2007)2020中国：全面建设小康社会. 北京：清华大学出版社

[4] 胡鞍钢(2009)中国应对全球气候变化. 北京：清华大学出版社

[5] 李士，方虹，刘春平(2011)中国低碳经济发展研究报告. 北京：科学出版社

[6] 牛文元(2010)中国科学发展报告. 北京：科学出版社

[7] 王伟(2011)低碳时代的中国能源发展政策研究. 北京：中国经济出版社

[8] 王宇(2009)绿色经济政策渐渐流行. 中国经济时报，10月13日

[9] 朱有志，周少华，袁男优(2009)发展低碳经济应对气候变化——低碳经济及其评价指标. 中国国情国力，12

① 曹凤中、李丽萍、姬庆.发展低碳经济是我国经济与环境融合的最佳选择，《黑龙江环境通报》，2009，(3)。

② 李士、方虹、刘春平编著.《中国低碳经济发展研究报告》，科学出版社，2011年版，第307页。

“一国两制”下的香港与内地区域经济一体化发展趋势研究
——以能源与环境政策为视角

许勤华[1]　薛　永[2]　张　璋[3]　潘俊文[4]

（1 中国人民大学国际能源战略研究中心；2 香港特区政府机电工程署；3 中国人民大学国际关系学院世界经济专业硕士研究生；4 奥地利维也纳外交学院硕士研究生）

【摘要】区域经济与一体化分为两种类型，消极一体化即功能性整合、积极一体化即制度性整合。大量的经贸往来是消极一体化基本因素，功能性整合也推动了经贸合作的不断深化；消极一体化达到一定阶段后，出现更深层次的区域一体化问题需要制度性一体化来解决，比如关系社会经济命脉的能源问题，以及社会赖以生存的环境基础。香港与内地区域经济一体化在香港回归后经历了高速发展的阶段，经济一体化实现了巨大的经济社会效益。在近几年，香港与内地区域经济一体化出现了新的发展趋势。香港与内地在政府推动下，建立了制度性合作协议，并在能源、环保领域展开了多领域、多种类型的合作。能源与环保领域的一体化实践将推进更深层次的区域经济一体化发展。

【关键词】一国两制；区域经济发展；能源与环境政策

1　概　述

1997 年香港回归后，香港与内地的区域一体化出现新的趋势：一是一体化涉及的范围不断扩大，从贸易流动、资本流动的经济合作向能源合作、环境保护合作等基础领域合作、公共服务领域合作扩展；二是一体化的推动力也从市场自发推动向政府合作推动的方向转变。

美国经济学家巴拉萨认为：“经济的整合既是一个过程，也是一种状态。就过程而言，它包括旨在消除各国经济单位之间的差别待遇的种种措施，就状态而言，则表现为各国之间各种形式的差别待遇的消失。”经济整合可以分为两种形态：功能性整合、制度性整合。功能性整合指消除一定区域内阻碍经贸活动的因素，以此实现经济的融合，这主要是自发的市场力量推动和引导的结果，反映了区域内经济发展的内在要求；制度性整合是通过区域内各方建立协议，并由特定的一体化组织管理机构加以指导和按照明确的制度安排推进的一体化过程，它反映了功能性整合的要求并将其制度化和法制化，使功能性整合的成果得到巩固并不断提高。制度性整合的区域一体化程度要高于功能性整合，制度性整合涉及更多非市场力推动的领域出现合作趋势。

诺贝尔经济学奖获得者丁伯根(Tinbergen，1965)在分析国际经济整合时，提出了消极一体化和积极一体化的概念。消极一体化是指在区域一体化进程中，只消极地解决了歧视与流通限制等因素；积极一体化是指修订已有法规法律，改善机构设置，或成立新的机构，发布新法律法规，以实现区域内宏观政策目标。消极一体化是由经济实践自发推动的，可以归纳为需求推动供给。而积极一体化具有一定的规划性、前瞻性。

结合上述两种区域一体化形态的特点，制度性整合阶段即为积极一体化进程。制度性整合阶段要求集团宏观政策目标的预先订立及协调，旨在共同建立良好的市场环境、社会环境。制度性整合是积极一体化的一个有效的实践途径，领先于市场自发需求，并确立了统一的、有制度保障及协议引导的区域合作基础。

香港与内地天然具备实践制度性整合的条件，两者优劣势互补，也有积极推进一体化的动力。

1997 年香港回归后，“一国两制”政策的确立与成功实施为香港与内地的经济一体化提供了政治支持。2003 年 6 月，CEPA 的签署标志着香港经济的全面回归。2003 年 7 月，在全球区域经济一体化意义发展的态势下，广东省委省政府主要领导同志以科学发展观的理念，率先提出构建包括广东、广西、福建、云南、湖南、贵州、海南、四川、江西以及香港、澳门在内的跨省区的泛珠江三角洲经济区，这一举措得到了其他省区的积极响应，也得到国家有关部门的高度重视。2004 年 6 月 3 日，《泛珠江三角洲区域合作与发展的框架协议》在广州正式签订，在此前后，泛珠江三角洲 9＋2 省区相关的职能部门和各种协会以及省会城市的合作、交通运输的合作、科教文化的合作、工商管理的合作和环境保护等一系列合作协议分别得到签订。由此标志着面积和人口均占全国 1/5、GDP 总量占全国 1/3 的泛珠江三角洲经济区全面启动。CEPA 的签署及泛珠江三角洲的提出及各项协议的制定，表明香港与内地区域一体化关系，已经开始从功能性整合向功能性与制度性整合相互协调和相互促进的方向转变。

2 内地与香港经济关系的演变

新中国成立后，内地与香港的经济关系分为三个时期：

第一时期，内地市场基本封闭时期，从20世纪50年代至70年代末。经香港进口的货值占中国进口总值的比重曾一度高达55%左右，出口值则达40%左右。香港几乎成为内地与国际市场联系的唯一通道。香港凭借自由港的地位、国际性的商贸网络以及与内地特殊的联系，承担了内地与国际市场之间有限的贸易转口港的作用。在此时期，内地与香港的经济关系基本停留在单纯的贸易链接程度，即消极经济一体化的初期阶段。

第二时期，内地市场的局部开放时期，从20世纪70年代末至21世纪初。这一时期从内地实行改革开放开始到中国加入WTO和CEPA签署为止。1978年中国采取了改革开放的基本国策，中国国内市场选择了渐进式、逐步开放的道路。内地与香港形成了“前店后厂”的合作模式，将香港的体制、资金和它掌握的国际市场与内地和珠江三角洲的劳动力、土地等资源优势在内地市场局部开放条件下相结合。内地在香港外来直接投资和香港向外直接投资中均名列首位。在此时期，内地与香港的经济一体化依旧是由经贸需求推动的消极一体化。因此经济一体化涉及的领域均为经贸发达的纺织服装、电子业等。

第三时期，内地市场全方位开放时期。以中国加入WTO为标志，内地市场进入了全面开放时期。珠江三角洲经过近20年的高速经济增长，基本实现了从传统农业经济向工业经济的转变，进入了工业化的后期阶段。内地市场的全面开放和粤港澳之间比较优势的变化，导致了CEPA的产生，影响着“前店后厂”模式的发展方向。最大限度地降低区域内商品和生产要素流动的障碍，建立起开放和统一的市场。

从香港与内地的经济关系变迁可以看到，香港与内地的区域一体化在逐步由消极一体化向积极一体化转变，由市场引导下的企业自发的合作向市场引导、政府规制和企业为主体的自觉合作转变。粤港之间过去以功能性整合为特征的经济合作，主要是在市场的引导下，由经贸行业参与者推动的自发性合作。内地市场的有限开放、香港与珠江三角洲要素价格的巨大差异造就了“前店后厂”的制造业合作模式。随着内地的全面开放，区域一体化从功能性整合发展到制度性整合层面时，需要政府或成立特定的组织机构在区域一体化中发挥更加重要作用。并且随着CEPA的不断深化、泛珠江三角洲一体化程度不断提高，内地与香港的合作将从制造业领域垂直的产业分工即“前店后厂”的模式合作向建立开放和统一的商品和要素市场转变。能源合作、环境保护政策合作具有重大的经济价值、社会价值，是制度性整合、积极一体化的重要合作领域。

3 香港与内地区域经济一体化从经贸合作向能源、环保合作转型

香港与内地区域经济一体化从功能性整合向制度性整合的转变意味着，香港与内地区域经济一体化不再是简单的经贸关系合作，而是向更广的领域扩展，其中能源和环保合作是利益聚集点。同时，制度性整合更多的是通过政府在协调战略利益的前提下主动推动的整合进程。能源和环保是保持经济社会稳定的两大问题，在能源环保领域的合作由于投资大、周期长、收益难以完全衡量而很难全部由市场推进，政府合作是此领域的最优选择。因此可以说，香港与内地区域经济一体化的发展要求开展能源、环保领域的整合；而能源环保问题也需要区域经济一体化提升到新的阶段。

香港与内地的能源一体化合作有着极大的优势互补空间，能源方面的合作对于香港与内地均具有很高的经济价值、社会价值。首先，香港缺乏自然资源，能源需求依靠外部进口来满足。靠近香港的四川省具备丰富的天然气资源、广东省具备核电厂建设条件，这为香港的能源需求提供了稳定的、多元的供应。其次，香港作为世界金融中心，吸引着丰富的资本，也具备成熟的交易市场。利用香港的经验和金融地位，内地能够建立国际化的能源交易或者碳交易市场，增强中国在世界能源市场的竞争力。最后，香港经济在区域经济一体化进程中已转型为服务型社会，对清洁能源有着更高的需求。香港清洁能源市场是内地进行清洁能源生产的动力和保障。

同能源合作相似，在环保领域，香港具备资金、市场优势，以及国际化的先进理念。在环保的区域一体化进程中，香港的辐射带动作用更加突出。同时，内地环境的改善也将有利于香港环境质量的提高。因此，香港与内地在环保方面的合作必将是双赢的局面。

4 改革开放后香港与内地区域经济一体化的能源合作

4.1 香港与内地在核电方面的合作：内地的支持是香港能源稳定的保障

大亚湾核电站由中广核集团和香港中电控股共同出资兴建，是内地改革开放初期在能源领域最大的中外合资项目和大型商用核电站建设的起步项目。1994—2014 年为合营期。按照《合营合同》，大亚湾核电站上网电量的七成销往香港，三成销往广东。

为了进一步加强 2014 年合营到期后两公司在大亚湾核电站项目上的合作，中广核集团和香港中电控股于 2007 年 7 月签署了《关于建立长期战略合作的意向性框架协议》，双方同意在互惠互利的基础上尽快商谈 2014 年合营期结束后

继续合资经营大亚湾核电站以及中电购买大亚湾核电站电力事宜。

2008 年 8 月 28 日，国家能源局与香港特区政府签署关于能源合作的谅解备忘录，支持中广核集团在原有协议基础上，续签 20 年供电协议，原则上供电量不低于现有供电水平。2009 年 9 月 22 日，香港特区政府行政会议批准中华电力把大亚湾核电站供电合约的年期，由 2014 年 5 月 7 日起延长 20 年，至 2034 年 5 月 6 日止。现行购售电比例维持不变，每年向香港输送大亚湾核电站 70％的上网电量。

香港环境局局长邱腾华表示，延长大亚湾供电合约，对香港的消费者及环境都有利。一是稳定了香港安全的气源，二是符合香港所追求的清洁能源原则，也就是低污染低耗能，三是对香港市民而言这是很大的优惠，因为核电发电下每度电只是港币 6 角，若香港自行发电的话则会是 1 元。

时任中共中央政治局常委、国家副主席的习近平出席大亚湾核电站延长合营期签字仪式，并表示这次签约仪式是中央给香港的礼物，代表中央对香港的支持。国家重视包括香港在内的区域发展，而跨境能源合作对整个地区来说都有利。截至 2010 年 12 月 31 日，大亚湾、岭澳核电站 4 台机组，加上刚刚投产不久已连续安全运行 61 天的岭澳二期 1 号机组，年度上网电量累计达 318 亿千瓦时，输送香港为 105 亿千瓦时，约占香港社会用电量的四分之一。

习近平表示，清洁能源目前是全球的话题。大亚湾 1987 年动工，1994 年投入营运，供电合约原本于 2014 年届满。现时延长合约 20 年，是一个积极的信号，反映粤港两地会继续加强紧密合作，对确保能源稳定及生态环境有重要意义。习近平指出，希望这次的签约是一个新起点，将来两地在清洁能源合作上可以扩展广度，希望香港与内地企业，进一步加强在能源、金融方面合作，共同为香港民众谋福祉，为香港持续繁荣稳定做出贡献。

4.2 香港与内地地区在电力方面的其他合作：香港与内地互为补充，实现资源优势配置

广东省每年在用电高峰期均从香港中电进口部分电力，以缓解电力供应紧张问题，此举促进了内地与香港电力贸易的平稳发展。2010 年 1 月至 4 月，西南大旱，西电东输无法继续，广东共进口电力 9.23 亿度，比 2009 年同期增加 7.8％，其中 4 月份实际进口电力同比增长近 50％。从香港进口的电力，主要供应深圳和东莞，以保证社会用电需求。

另外，香港中电自 20 世纪 70 年代到内地发展，至今已成为内地最大的外资发电公司。主要项目除大亚湾核电站外，还包括山东燃煤发电项目、广州抽水蓄能电站等。

4.3 天然气供应合作，香港与内地互为补充

内地地区与香港天然气供应合作主要包括三大项目：

香港中华煤气和香港电灯参股中外合资广东液化天然气接收站线项目，该项目是我国第一个进口液化天然气项目，1998 年经国务院批准建设，2006 年 9 月底正式投入商业运营。该接收站位于深圳大鹏湾的秤头角，总投资超过 36 亿美元，其中中国海洋石油总公司占了三成以上的股份。根据协议，该项目每年从澳大利亚进口 370 万吨的液化天然气，其中六成半用于发电，三成半供应珠三角地区和香港，为期 25 年。

中华煤气是该项目在香港的最主要用户。2003 年 3 月，中华煤气正式参与该项目，签订了为期 25 年的长期购气协议，并从 2006 年 10 月起每年通过海底管道从深圳大鹏湾接收站运送 30 多万吨天然气到大埔制气厂，供给 160 万香港煤气用户。同时，香港电灯公司也自建海底输气管线以将天然气从深圳大鹏湾接收站运送至南丫岛新扩建电厂，作为发电燃料。

香港中电公司从南海崖城气田购买天然气。

南海崖城气田位于三亚以南 100 公里海域，系我国最大的海上天然气田，由中海油、英国石油及科威特海外石油勘探共同开发，并由中海油负责营运。1992 年，内地与香港签署协议，自 1996 年起 20 年内，崖城气田每年向中电屯门龙鼓滩发电厂供应约 250 万吨液化石油气，用以供应香港民用和工业所需，占香港发电总量的比重达 25％以上。

中石化、中石油等公司在港开展加油(气)站零售业务。

中石化香港公司在港运营油气站 40 个，并供应驻港部队所有液化气的需求。该公司在香港车用和民用液化气市场所占份额分别为五成和两成。中国石油(香港)公司已投入运营油气站 5 座，已签约收购加油站 7 座。

未来发展中，香港与内地地区天然气合作将更加紧密。2008 年 8 月底，香港特区行政长官曾荫权与国家发改委副主任兼国家能源局局长张国宝签署《关于向香港供气供电有关问题的谅解备忘录》备忘录，就未来 20 年内地向香港持续供应天然气达成共识。根据备忘录，中央政府分别支持中国海洋石油总公司 20 年长期供气协议。此外，双方原则同意就使用已规划的“西气东输二线”向香港供气，开展可行性研究。

5 新能源合作

香港是内地新能源生产商的巨大市场，香港与内地公司新能源合作项目广泛。

香港生产力促进局考察团于2010年6月21日到河北省保定市考察，寻求与新能源企业的合作商机。考察团一行36人，由制造企业、投资公司、能源服务企业的领导及董事组成。此次来保，考察团希望通过对风能、太阳能、环保能源等产业的考察，找到投资新能源企业所需配套零部件、复合材料、铸件等生产加工项目的合作商机。他们先后到中航(保定)惠腾风电设备有限公司、河北保定国电联合动力有限公司、天威集团有限公司、英利绿色能源控股有限公司进行实地参观考察。

2009年12月1日，重庆市能源投资集团公司下属重庆松藻煤电有限责任公司与香港中华煤气下属全资子公司易高环保投资有限公司在香港签署了共同投资、建设和运行煤矿瓦斯液化项目的合资合同，组建的合资公司将对松藻煤电的瓦斯进行综合利用。该项目被纳入美中经济战略对话框架下，中国15个煤矿煤层气综合利用项目合作名单，由美国联邦环保署出资，美国著名项目咨询公司美国拉文雷治资源公司(Raven ridge Resources, Incorporated)承担，并完成了项目可行性研究报告的编制。该报告是美国联邦环保署资助在中国完成的第一个煤矿煤层气综合利用项目可行性研究报告。项目将建设在綦江松藻矿区，应用最新的"含氧煤层气催化脱氧"技术，将瓦斯(含甲烷40%左右)提纯(含甲烷98%以上)、冷却、液化。预计总投资5.2亿元，年利用1.1亿立方米煤层气，生产9100万立方米液化煤层气，相当于减排156万吨二氧化碳；计划于2010年一季度开工，2011年竣工。该项目是目前全球最大的瓦斯脱氧液化项目，竣工投入运营后可实现销售收入2.3亿元，利润5700万元。该项目的建成投产，将为重庆提供新的清洁能源，进一步缓解重庆用气难的状况。香港易高环保投资有限公司是一家于香港注册的大型企业，致力发展新兴能源业务，在内地的主要发展项目包括煤层气及天然气开发利用、煤基能源及化工、环保车用能源等。而当中的内蒙古乌审旗及山西吕梁甲醇项目、江西丰城焦炭项目和陕西及山西重载车CNG加气站等项目都已取得良好进展，香港易高环保投资有限公司在内地新能源的战略布局已全面展开。除内地业务，香港易高环保投资有限公司同时在香港开展堆填区沼气利用项目、永久航空煤油储配项目及车用燃料加气站项目等和参与国外油气田的上游开采项目。

2011年4月，贝尔照明设备有限公司、深圳公司和香港应用科技研究院签订的聚光太阳能发电系统和大功率路灯IED的技术合作协议。贝尔照明设备有限公司是一家集生产、科研、高科技节能产品企业的发展。公司的技术领先者是由香港政府特殊人才引进的绿色能源专家。香港应用科技研究院下的香港创新科技委员会是运用科学和技术为基础的研究机构，IED技术拥有世界领先技术的冷却技术、电力驱动技术和光学加工技术。IED的技术，填补了路灯电源的空白。这项深港产学研技术合作项目的签署，标志着深圳和香港的研究机构合作的新的里程碑，并将促进能源节约和减排项目在能源领域的技术合作的企业更密切合作。

2011年5月16日至20日，江西省新余市组团参加在香港举办的"2011江西（香港）招商引资活动周"，并在香港国际会展中心举办新能源项目推荐会。新余是国家新能源科技示范城，新能源产业对工业经济的贡献率达25%，已形成以光伏产业为核心，以动力与储能电池、风电产业和节能减排设备制造为补充的"一大三小"新能源经济板块，2010年的主营业务达到330亿元，特别是光伏产业已经形成了完善的产业链，在世界上具有较大影响。为进一步加快新能源产业发展，完善产业配套，提升产业集聚水准和竞争力，推动产业向纵深发展，新余此次赴港招商专案将以新能源产业为重点，拟引进一批光伏产业项目、锂电材料及锂电成品项目、风力发电产业永磁电机配套项目，以及低温余热发电产业膨胀螺杆发电机组配套项目。

6 香港与内地地区环保政策合作

曾荫权在2009年指出，面对金融危机的挑战下，有调查显示市民最重视就业和经济问题，第二就是关心空气质量。这对香港的民生及投资，意义十分重大，因此香港会继续关注空气质量的问题。2009年2月7日，香港环境局局长邱腾华在深圳出席国家西气东输二线工程建设领导小组第二次工作会议的发言时提到，改善空气质量亦是香港特区政府的首要工作之一。

从1990年开始的港粤环境合作在近30年的时间里，双方在空气质量监管、水环境保护等领域均取得了令人瞩目的成绩。特别是2004年泛珠三角区域环境保护合作拉开序幕、2005年年初泛珠三角区域环境保护合作协议正式签署之后，泛珠三角地区与港澳全面启动了在生态环境保护、污染防治、环境管理、环境科技与环境保护产业方面的全方位合作。

6.1 CEPA中详细规定了有关环保问题的协议

环境保护合作具有一定的系统性，涉及环境服务（服务贸易）、环境保护项目投资（贸易投资便利化）及环境保护产品（货物贸易）三个方面。CEPA第二阶段补充协议在零关税产品清单、享受货物贸易优惠措施的香港货物原产地标准表中，列明了一些对环境问题可能造成影响的产品。CEPA第二阶段补充协议附件3服务贸易中，对专业技术人员资格考试类承诺向港澳居民开放内地环境影响评价工程师资格考试。CEPA第五阶段补充协议4的第1条第2款、第3条及第4条分别就环境服务的市场准入、环境保护项目投资及专业资格相互承认做出了规定。其附件就具体开放的环境服务部门做出了规定。传统环境保护主要以保护的对象或客体进行分类，如生态环境保护合作、水环境保护合作、大气污染防治合作、环境监测、环境保护科技产业等。而CEPA规定的措施是以贸易对象划分的，如服务贸易、贸易投资及环境相关产品贸易。在CEPA的框架下就环境保护进行合作需要通过一定的机制与方式，将传统的环境保护各领域的问题有机纳入CEPA，以加深经济合作与发展、促进三地服务业发展。

6.2 《泛珠三角区域环境保护合作专项规划(2005—2010年)》有关香港与内地环保合作的规划

开展泛珠三角区域大气环境监测合作。在粤港珠江三角洲空气监控系统通过鉴定验收的基础上，建立启用粤港珠三角区域空气自动监测质量保证试验室、自动监测数据中心和监控中心，实现珠三角地区三个区域中心、九个城市和香港空气监测联网和投入运行。

合作编制泛珠三角区域大气环境监测网络与酸雨监测网规划。合作编制泛珠三角区域大气环境与酸雨监测规划方案、能力建设要求和运行机制方案；推动各省(区)政府批准实施建立泛珠三角区域大气和酸雨监测网。

建立环境监测信息管理平台，实现各类环境监测信息共享。建立以实现污染源监测信息的连接能力、信息多功能的管理中心、实现直接远程监控和获取实时的现场数据等为目标的污染源信息系统。建立具有综合功能的环境信息社会发布系统。以粤港空气监测网为基础，建立区域城市空气和酸雨环境监测信息共享平台。逐步开展生态环境监测等其他环境监测信息的共享。

7 结 语

现阶段，合作与竞争的基本单位既不是政府也不是企业，而是中心城市及其所在的城市群。中心城市和城市群是区域经济活动的核心部分，即区域性经济中心凭借强大的集聚效应和辐射作用，成为所在区域的“经济心脏”和增长的“发动机”。区域性经济中心聚集了一定地域范围内的各种生产要素资源和相应的经济活动，从而成为社会生活和生产力布局的中心与枢纽，具有高度的聚集性和开放性。它能够有效地在更广的范围内配置资源、安排市场、布局网络，形成优势互补和资源互补的创新格局，并以此为基本单位展开全球的经济往来与合作。

在珠三角城市群发展过程中，香港和内地城市相呼应，带动了广州、深圳、东莞以及珠三角西岸一大批城市的繁荣。在城市自身发展过程中，深圳、香港、广州等中心城市也在产生城市群经济圈的辐射和扩散效应，并且这种扩散效应越来越明显。深、港与大珠三角、泛珠三角之间由于产业关联和经济关联引发的巨大经济流量，对周边城市和地区发展产生巨大的冲击。随着城区的总量增长、存量优化、增量扩张、流量扩大、质量提升，整个城市群呈现几何级数的飞跃和提升。

城市群效应发展到一定程度，消极一体化便难以满足区域内更多领域的一体化要求，这就需要从消极一体化向积极一体化转变。区域一体化从经济层面上升到社会层面尤其需要制度性整合的推动。能源是经济发展的命脉，环境是社会赖以生存的基础，两者均是对积极一体化需求最显著的两个领域。在制度性整合的阶段的初期，香港与内地优势互补，展开了密切的能源、环境合作，是香港与内地提高区域竞争力，提升区域经济、社会发展水平的有益途径。

参考文献

[1] Balassa B. (1961) The theory & economic integration. London: Allen & Unin

[2] 甘长求(1990) 香港对外贸易. 广州：广东人民出版社

[3] 周运源(2009) 区域一体化——香港在泛珠三角的作用研究. 北京：社会科学文献出版社